Ulrike Pittner & Ursa Krattiger

AVE DEA

Ulrike Pittner & Ursa Krattiger

AVE DEA

13 Göttinnen der griechisch-römischen Mythologie neu begegnen

Mit didaktischen Materialien

Für Druckkostenzuschüsse danken wir:
dem Swisslos-Fonds Basel-Landschaft, CH-4410 Liestal,
und der Gerda-Weiler-Stiftung für feministische Frauenforschung,
D-53894 Metternich (www.gerda-weiler-stiftung.de).

1. Auflage 2015
Lektorat: Bettina Bremer, Rüsselsheim
Cover: Christina Traiser, Darmstadt, unter Verwendung folgender Abbildungen:

Vorderseite:

o.l.: »Ariadne auf dem Panther« von Johann Heinrich Dannecker, 1812-14 (wikipedia, gemeinfrei – Ausschnitt)

o.M.: »Pythia« von Marcello, 1870 (Wikipedia, CC BY-SA 3.0; Mussklprozz – Ausschnitt)

o.r.: »Juno Sospita«, Antefix, latinisch, um 480 v. u. Z. (wikipedia, CC BY-SA 2.0; Carole Raddato)

M.: »Medusa schläft« von Eva-Gesine Wegner, 1992/98 (Eva-Gesine Wegner: Bei den Steinen angekommen, Rüsselsheim 1998, S. 159)

u.l.: Artemis von Ephesus, römische Kopie des Kultbildes aus dem Tempel von Ephesus, 1. Jh. (© KESKIN COLAR A.Ş, Istanbul – Ausschnitt)

u.M.: »Pandora« von Pierre Loison, 1861 (© Marie-Lan Nguyen/Wikimedia Commons – Ausschnitt)

u.r.: »Aphrodite auf einer Gans«, 3. Jh. v. u. Z. (wikipedia, CC BY-SA 2.0; Carole Raddato – Ausschnitt)

Rückseite:

o.: »Gorgo Medusa«, attische Drachme, um 520 v. u. Z. (© Marie-Lan Nguyen/Wikimedia Commons)

l.: Ausschnitt aus dem Ölgemälde »Diana als Jägerin«, um 1550 aus der Schule von Fontainebleau; Porträt stand wahrscheinlich Diane de Poitiers (Wikipedia, gemeinfrei)

Satz und Layout: Kerstin Weber, Nauheim

www.christel-goettert-verlag.de

ISBN: 978-3-939623-58-8

INHALTSVERZEICHNIS

Vorwort

In diesem Buch stellen wir Ihnen Göttinnen der griechisch-römischen Mythologie vor. Warum tun wir das, wo es doch bereits unzählige Bücher über antike Mythen gibt? Mit unserem Buch wollen wir Wurzeln freilegen und zeigen, was hinter den gängigen Sagen von Göttinnen verborgen ist. Wir gehen auf ihre Geschichte und ganz besonders auf ihre Vorgeschichte ein. Und wir machen deutlich, dass Mythen, die so weit weg zu sein scheinen von unserer heutigen Realität, mehr mit unserem Denken und Handeln zu tun haben, als uns bewusst und manchmal auch lieb ist.

Es ist eine Tatsache, dass wir alle andauernd von mythologischen Figuren und im weitesten Sinn religiösen Gestalten und Symbolen umgeben sind. Auch dort, wo wir das gar nicht erwarten. Bei Rockkonzerten etwa oder in der Parfümreklame. Denn ob wir es uns bewusst machen oder nicht: In Werbung und Weltliteratur, in Märchen wie in Comics, im Bildschmuck von Kirchen, Rathäusern und auf Brunnenstöcken, auf Gemälden und in Skulpturen, in den Galerien und Museen der ganzen Welt und nicht zuletzt in vielen Wendungen der Alltagssprache: Überall laufen uns Göttinnen und Götter, Heroen und Heilige samt ihren Symbolen und Attributen über den Weg.

Dazu drei Beispiele:

1. Unter dem Titel »Die Büchse der Pandora« veröffentlichte 2014 ein Historiker ein Buch über den Ersten Weltkrieg. Damit verknüpfte er den verheerenden Ausbruch dieses Krieges mit dem Bild einer weiblichen Gestalt, die mit ihrer Unheils-Kiste für die schlimmsten Übel dieser Welt verantwortlich sein soll.[1]

2. In einer Schweizer Modezeitschrift lud im Sommer 2015 ein »Sextest« die Leserinnen dazu ein herauszufinden, »von welcher Göttin etwas in Ihnen steckt.« Und ob sie mit Aphrodite »die Göttin der Liebe schlechthin« sind, mit Artemis, der »Göttin der Jagd«, genau wissen, »welche Waffe sie einsetzen« müssen, »um ihre Beute zu erlegen«, ob sie wie Athene, die »Göttin der Weisheit«, als »Strategin … mit Köpfchen vorgehen« oder sich mit Hera, der »Göttin der Ehe und der Familie«, »in einer Beziehung am wohlsten« fühlen und sich »ihrem Traummann ganz« hingeben.[2]

---

1 Vgl. Jörn Leonhard. Die Büchse der Pandora. Geschichte des Ersten Weltkriegs, München 2014

2 Style, 07/08, Sommer 2015, S. 13 u. 38-42

3. Wenn wir im erotischen Diskurs bleiben, so wäre an all die wunderschönen Gesichter zeitgenössischer – meist sehr junger – Frauen zu denken, mit denen uns eine millionenschwere Kosmetikindustrie in den Medien eine vergleichbare Schönheit verspricht, wenn wir denn nur für gutes Geld ein bestimmtes Produkt kaufen und auch regelmäßig anwenden. Raffiniert spielt die Werbung mit dem Mythos der Göttin Aphrodite, die hier nur für Schönheit steht, sexuelle Attraktivität und körperliche Liebe.
Es ist schade bis schädlich, wenn wir solche Zusammenhänge, Rollenzuweisungen und Wertungen nicht erkennen und durchschauen. Und das Aha-Erlebnis, wenn uns dann ein Licht aufgeht, das macht Spaß – und kann uns auch gegen gewisse Verführungen mit direkt anschließenden Kaufhandlungen immunisieren. Denn wie es die kluge und ehrliche (und dennoch enorm erfolgreiche) Gründerin von »The Body Shop«, Anita Roddick, einmal auf den Punkt brachte: Kosmetika vollbringen keine Wunder, sie können bloß pflegen, aber genau darauf kommt es an. Und weil dies so einfach, aber auch nur begrenzt wirksam ist, verzichtete sie auf glamourös luxuriöse Verpackung und Werbung mit scheinbar Wunder abbildenden und ohnehin retuschierten Bildern göttinnenschöner Models.[3]

Beim Vorstellen der ausgewählten Göttinnen, die in der Bild-, Symbol- und Geistesgeschichte Europas bis auf den heutigen Tag eine so wichtige Rolle spielen, wollen wir nicht nur nacherzählen, was Sie und wir aus Sagenbüchern, Schulstunden oder Nachschlagewerken ohnehin schon wissen. Diese Geschichten sind nämlich allesamt verhältnismäßig jung und stammen aus patriarchaler Zeit, sind also erst etwa zweieinhalb- bis dreitausend Jahre alt.
Aber Kultur, Religion und Mythologie sind viel älter. Und vor allem die Frauenfiguren, wie sie uns im patriarchalen Erzählduktus entgegentreten, haben ein äußerst reichhaltiges Vorleben und eine Geschichte als eigenständige Göttinnen, die ganz anders mit Natur und Gesellschaft und vor allem auch ganz anders mit den Männern in Verbindung stehen, als uns das bisher meist überliefert wurde. Diesen Hintergrund zeigte 1861 als erster der Basler Jurist und Forscher Johann Jakob Bachofen in seinem Buch »Das Mutterrecht« auf. In unserer Zeit beschreiben neueste Forschungen eingehend das matriarchale Mythensystem sowie die matrilineare und matrilokale

3 Siehe Anita Roddick. Body and Soul. Erfolgsrezept Öko-Ethik. Berlin 1991, S. 9-18

Gesellschaftsordnung frühgeschichtlicher Machart (siehe das Kapitel »Matrilinearität und Matrilokalität« der Einleitung) sowie deren noch zeitgenössisches Vorkommen in Asien, Amerika und Afrika.

Dies zu erkennen, macht mehr als bloß Spaß – es verbindet uns mit unseren Wurzeln, die weit hinter bzw. vor das Patriarchat zurückreichen. Das ist eine ungeheure Erleichterung, die uns alle, Frauen wie Männer, befreit aus einer banalen, verengten und verengenden Sicht der Dinge und der Geschlechter. Die immer noch weitherum gültige Meinung, dass es nur das patriarchale Sozial- und Gedankensystem gebe, dass dies alles schon immer so gewesen sei und auch nicht anders sein könne, diese Auffassung darf mit Fug und Recht auf dem Müllhaufen der Geschichte landen! Denn, wie es die Historikerin und Leiterin des Historischen Museums Basel Marie-Paule Jungblut sagt: »Die Fragen, die wir an die Vergangenheit stellen, sind die unserer Gegenwart«[4] – und bei uns und hier und heute sind das die Fragen von Frauen, die nach Jahrzehnten von Emanzipation und Frauenbewegung noch immer nicht wesentlich mehr erreicht haben, als dass Frauen in einer Männergesellschaft, -wirtschaft, -wissenschaft und -kultur nach den Spielregeln der Männer mitmachen dürfen. Wo bleibt die Vision, dass Frauen mehr wollen als die Hälfte des (alten) Kuchens, nämlich selber den Teig für neue Kuchen ansetzen und ihn dann auch backen? Vor dem Hintergrund dieser Vision, bei der es ja nicht isoliert und ausschließlich um die Stellung der Frauen, sondern ganz wesentlich um die sinnvolle Gestaltung der gesamten Gesellschaft geht, graben wir tiefer und gehen weiter.

Und wie haben wir unser Buch aufgebaut? Da die griechisch-römischen Mythen als patriarchale Sagen offensichtlich nicht stimmig sind mit ihren Wurzeln und nicht stimmen in Hinblick auf ihre ursprüngliche Symbolik, lässt die Lateinlehrerin Ulrike Pittner hier – wie sie das zum Teil schon für ihre Schülerinnen und Schüler im Unterricht gemacht hat – 13 Göttinnen ihre eigene Stimme erheben. Damit stellt sie die Stimmigkeit der alten Erzählungen wieder her und macht uns bekannt mit alten matriarchalen Kulturmustern. Diese können heute sowohl Frauen wie Männer inspirieren für die Weiterentwicklung ihres Zusammenlebens und Zusammenwirkens – sei es privat oder in Gesellschaft, Wirtschaft, Kultur und Politik. Diese 13 göttlichen Ich-Botschaften

4 Marie-Paule Jungblut in: Basler Zeitung, 14. Januar 2015, S. 21

stehen einerseits für sich. Andererseits sind sie eine Bündelung von vielfältigen Informationen, für deren Verständnis eine weiterführende Vertiefung angezeigt ist.
Darum werden die Stimmen der Göttinnen begleitet von der Stimme der Historikerin und Journalistin Ursa Krattiger, die sich auf eine geistesarchäologische und kulturgeschichtliche Reise begeben hat, aber auch den aktuell banalen Alltag neugierig nach Spuren von Göttinnen abklopft – in verschiedenen Spielarten. Sie versucht zum einen, die tieferen Zusammenhänge matriarchaler Spiritualität und deren Symbolordnung aufzuzeigen. Zum anderen wirft sie aus dem Wissen um das dem Patriarchat Vorausgegangene neue Schlaglichter auf verschiedene Aspekte der späteren patriarchalen Sozial- und Kulturgeschichte. Das ist zuweilen einfach vergnüglich; es will aber mehr und ist kein Selbstzweck. Es soll zur Entwicklung neuen Wissens und neuer Haltungen zum Weiterleben und Weiterwirken mythologischer Stoffe beitragen.
Dabei nimmt die Autorin in ihren Ausführungen Bezug auf den Denk- und Lebenshorizont matriarchaler Spiritualität, der in der Einleitung dieses Buches dargestellt wird. Daher empfehlen wir allen – auch jenen, die einfach mal neugierig sind auf ihre »Lieblingsgöttin« –, zunächst die Einleitung zu lesen.
Die didaktischen Handreichungen bieten nicht nur Vorlagen für den Unterricht, sondern können für alle hilfreich sein, die zu solchen Themen mit Jugendlichen arbeiten oder Seminare für Erwachsene leiten. Aber auch für alle Interessierten, die sich ganz für sich selbst mit diesen mythologischen Figuren auseinandersetzen möchten, sowie für Eltern, Großeltern, Tanten und Onkel, die ihren Kindern, Enkelinnen und Enkeln, Nichten und Neffen oder Patenkindern die alten Göttinnen neu vorstellen wollen, halten sie manche Anregungen und den einen oder anderen Tipp bereit.

Wir möchten Sie auf einen lustvollen Weg der Neu-Begegnung mit diesen Göttinnen und ihrem archetypisch-spirituellen Potential führen. Und wenn Sie sich ganz individuell auf eine Auseinandersetzung und einen inneren Dialog mit diesen Figuren einlassen, so bringt Ihnen das vielleicht erhellende, befreiende Erkenntnisse über sich selbst, ihr Leben und bisher wenig beachtete Seiten und Entwicklungsmöglichkeiten Ihrer Persönlichkeit. Im besten Fall hilft es Ihnen und denen, die Sie unterrichten, ja sogar unserer gesamten Gesellschaft, dass wir unser kulturkritisches Bewusstsein und unsere Werthaltungen umpolen, und trägt vielleicht ein klitzekleines bisschen dazu bei, dass wir Menschen auf unserem blauen Planeten neue Visionen für unsere Zukunft entwickeln.

Dass unsere Such- und Schreibbemühungen jetzt als Buch vorliegen, verdanken wir dem Interesse und Engagement unserer wunderbaren Verlegerin Christel Göttert und der klug kompetenten Lektorin Bettina Bremer. Ein besonderer Dank geht an den ehemaligen basellandschaftlichen Erziehungsdirektor Urs Wüthrich. Bereichert und gefördert haben uns auch Gespräche, viele Anregungen und das Mitdenken von Gudrun Nositschka, Annine van der Meer, Edith Hellenbrand-Neumann und weiteren Frauen. Zudem erfreuen im Buch manche Fotos, die uns Eva-Gesine Wegner, Annine van der Meer, Carola Meier-Seethaler gratis zum Abdruck überlassen haben, sowie Illustrationen, die uns andere Frauen – und auch Männer – zu vergünstigten Konditionen zur Verfügung gestellt haben. Dank geht auch an die Kinder von Walter Matysiak und Barbara Stark von der Städtischen Wessenberg-Galerie Konstanz.

Und jetzt: Nehmen Sie und lesen Sie! Es möge Ihnen eine Lust und ein Gewinn sein!

Ein Wort an Lehrpersonen

Matriarchatsforschung sei nicht unterrichtsrelevant. Zu dieser Aussage verstieg sich noch im Jahre 2011 eine Schulleitung und machte damit deutlich, wie groß der Bildungsnotstand im Bildungswesen sein kann, wenn Forschungsergebnisse einfach ignoriert werden.[1]

Im Fall der Matriarchatsforschung ist dies umso verhängnisvoller, als es sich um Forschungsergebnisse handelt, die einen kulturellen Perspektivenwechsel ermöglichen und von daher einen ganz besonderen Stellenwert im Bildungswesen einnehmen sollten.

Einen solchen Perspektivenwechsel kommenden Generationen am Thema Mythologie zu vermitteln, ist schon deshalb unterrichtsrelevant, weil ein kritischer Umgang mit den Mythen einer Gesellschaft zu einem vertieften Kulturverständnis führt. Schule vermittelt damit eine Verstehens-Kompetenz und führt zu der von Gerda Weiler formulierten Erkenntnis: »Das Mythologische ist politisch.«[2]

Unsere Arbeit an diesem Buch hat uns zwar die wohltuende Unterstützung eines Schweizerischen Erziehungsdirektors gebracht, nicht aber das Interesse eines Schulbuch-Verlages. Deshalb wenden wir uns jetzt ganz direkt an Sie, liebe Lehrperson, die Sie das Thema Mythologie im Zusammenhang mit der modernen Matriarchatsforschung in Ihrem Unterricht behandeln möchten.

Sie haben verschiedene Möglichkeiten, mit unserem Buch zu arbeiten. Wenn es sich nur in Ihrem Eigentum befindet, dann können Sie die Kurzfassungen der Göttinnen-Stimmen kopieren und Ihren Schülerinnen und Schülern als Kick-Off-Text verteilen. Die Langfassungen mit den Hintergrundinformationen können Sie nutzen, um sie auf Ihre Weise den Schülerinnen und Schülern mündlich zu vermitteln. In den didaktischen Handreichungen können Sie sich anregen lassen für eine vertiefende Gestaltung der jeweiligen göttinlichen Thematik.

1 Siehe dazu auch AutorInnengemeinschaft (Hg.in). Die Diskriminierung der Matriarchatsforschung
2 Gerda Weiler. Ich brauche die Göttin, S. 93

Wenn Sie aber der Meinung sind, dass unser ganzes Buch den Schülerinnen und Schülern als fächerübergreifendes Lehrmittel zur Verfügung stehen sollte, dann möchten wir Sie ermutigen, für Ihre Schule einen Klassensatz anzuschaffen oder sich dafür zu engagieren, dass die für Sie zuständige politische Bildungsbehörde beschließt, dieses Buch als Lehrmittel einzuführen. Es ermöglicht Schülerinnen und Schülern einen neuen Zugang zur Mythologie und zu Mythen, die bis heute ihre Wirkenskraft in so vielen Themen und Bereichen des Lebens bewahrt haben und daher in sämtlichen Schulfächern behandelt werden können.[3]

Wie auch immer: Wir wünschen Ihnen mit den Göttinnen viele spannende Unterrichtsstunden, viele Aha-Erlebnisse sowie einen nachhaltigen Perspektivenwechsel in Sachen Mythenverständnis.

3 So kann das Vermitteln von Mythenverständnis zu einer Querschnittsaufgabe des Unterrichtens werden, genauso wie das Thema Geschlechtergerechtigkeit ein Querschnittsauftrag von Bildung ist. Siehe dazu Kleines Gender-ABC. Handreichungen für den Schulalltag, hg. von der Projektgruppe Gender ABC in Kooperation mit der Fachgruppe Bildung und Kultur der Kommission für Gleichstellung von Frau und Mann des Kantons Basel-Landschaft. Liestal 2007

Einleitung:

Mythen und matriarchales Kulturmuster

Mythen gehören zur kulturellen Wiege einer Gesellschaft. Sie spiegeln Werte, Wertungen, Welt- und Menschenbilder. Wenn sich Kulturen wandeln, verändern sich auch ihre Mythen. Der markanteste Kulturwandel in der Menschheitsgeschichte hat sich vollzogen im Übergang von der matriarchalen zur patriarchalen Kulturepoche, doch das Wissen über diesen Wandel gehört bis heute nicht zum gesellschaftlichen Allgemeinwissen. Im Gegenteil: Es wird im allgemeinen Bewusstsein, ja sogar bis weit in die Wissenschaften hinein verdrängt oder verleugnet. Patriarchale Bildungsinstitutionen vermitteln immer noch ein androzentrisches Menschenbild und damit verbunden die kulturelle Höherwertigkeit von allem, was mit dem Etikett »Männlichkeit« versehen ist. Das hat weitreichende Folgen für Wirtschaft, Gesellschaft und Kultur. Auf globaler Ebene gefährden die Kulturwerte des Patriarchats heute sogar die Zukunft unseres Planeten – weltweit sichtbar in wirtschaftlichen und sozialen Krisen, Umweltproblemen, Wettrüsten und Kriegen.

Es ist Zeit für eine Auseinandersetzung mit der modernen Matriarchatsforschung, die eine geschlechtergerechte Sicht auf die Kulturstufen der Menschheit ermöglicht und damit neue Horizonte für gesellschaftliche Veränderungsmöglichkeiten eröffnet. Sie macht ein Kulturverständnis sichtbar, das über androzentrische Welt- und Menschenbilder hinausgeht, und zeigt auf, dass weibliche Lebenszusammenhänge und -erfahrungen sowie Leben schützende Werte in unserer Gesellschaft erneut kulturprägende Kraft erhalten könnten. Wenn wir uns solchem Wissen öffnen, verändert das unser Selbstverständnis – hier und heute. Und wir meinen: um eine echte Bereicherung.

Doch das Thema »Matriarchat« ist durch Vorurteile und Verleugnungen belastet. Allein schon die Übersetzung des Begriffs mit »Frauenherrschaft« ist irreführend, denn matriarchale Gesellschaften waren herrschaftsfreie Gesellschaften. Die Frau wurde verehrt als die, die bluten kann, ohne zu verbluten, als die, die neue Menschen gebären und nähren kann. Und mit dieser Verehrung des biologischen Wunders ging Hand in Hand die soziale und religiös-kultische Wertschätzung einher, oder, wie es Christa Mulack ausdrückt: »Die Große Göttin – und mit ihr die Frau – war Naturkraft und Sozialmacht in einem.«[1] Das deutet darauf hin, dass es um diejenige Kultur geht, die am Anfang der Menschheitsgeschichte steht und entsprechend benannt werden muss. Der Begriff »Matriarchat« verbindet »matres« (lat. Mütter) und das griechische »arché«. Die ältere Bedeutung von »arché« ist »Anfang«, die jüngere »Herrschaft«. Für die Übersetzung von »Matriarchat« als der ältesten Kulturstufe ist daher »Am Anfang die Mütter« zutreffend.[2] Zudem bezeichnet dieser Begriff den gesellschaftlichen Stellenwert von Müttern in einer Art und in einem Ausmaß, wie wir uns das nach ein paar Jahrtausenden Patriarchat kaum mehr vorstellen können. Denn matriarchale Menschen respektieren, »dass Mütter der Anfang jedes lebenden Wesens sind. Und diese natürliche Tatsache haben sie in ein kulturelles Gefüge verwandelt.«[3]

Über einen Zeitraum von vielen Jahrtausenden war dieses kulturelle Gefüge das universale Zivilisationsparadigma der Menschheit. Dank der modernen Matriarchatsforschung, die unter Einbezug von Archäologie, Ethnologie, Linguistik und Mythologie interdisziplinär arbeitet, lassen sich die strukturellen Kennzeichen von Matriarchaten auf vier Ebenen beschreiben. Auch bei heute lebenden matriarchalen Stammesgesellschaften sind sie in Restspuren immer noch deutlich erkennbar.[4]

Gemeinsamer Clan-Besitz

Auf der *ökonomischen* Ebene betreiben Matriarchate *Subsistenzwirtschaft,* also eine Wirtschaftsform, die vorrangig der Selbstversorgung dient, und arbeiten als *Ausgleichsgesellschaften,* d. h. sie orientieren sich am Ideal der Güterverteilung und nicht am Ideal der Gütervermehrung. Das Land, der Ertrag der gemeinsamen Arbeit im Landbau und andere Güter gehören nicht Einzelnen, sondern dem matriarchalen Clan. Verwaltet werden sie von der Matriarchin, die dafür verantwortlich ist, dass jeder und jede erhält, was nötig ist. Eine Ökonomie des Schenkens verhindert,

1 Christa Mulack. Die Wurzeln weiblicher Macht, S. 253
2 Siehe Heide Göttner-Abendroth. Am Anfang die Mütter
3 Heide Göttner-Abendroth. Der Weg zu einer egalitären Gesellschaft, S. 18
4 Siehe Heide Göttner-Abendroth. Das Matriarchat II/1 und II/2 sowie Irene Fleiss. Als alle Menschen Schwestern waren. Bd. 2

dass Güter ausschließlich bei einer Person oder einem Clan angehäuft und gehortet werden. »Im Gegensatz dazu sind Patriarchate auf all ihren geschichtlichen Stufen immer Akkumulationsgesellschaften, bei denen die Güter aller Menschen in den Händen von wenigen landen.«[5] Erwähnenswert ist zudem, dass auch *zwischen* den verschiedenen Matri-Clans komplexe soziale Regeln für ein ausgefeiltes gegenseitiges Unterstützungssystem sorgen.

Matrilinearität und Matrilokalität

Auf der *sozialen* Ebene sind Matriarchate *Sippengesellschaften,* die auf der mütterlichen Linie aufgebaut sind und damit matrilinear funktionieren. Was als Abstammung zählt, ist das Geborenwerden durch die Mutter, die Zugehörigkeit zu ihrem Clan. Deshalb wird der Name der Mutter an die Kinder weitergegeben. In sogenannten Matri-Clans leben die Clan-Mütter und ihre Schwestern, Töchter und Enkelinnen sowie deren Brüder, Söhne und Enkel. Das Zusammenleben spielt sich auf dem Hof oder im Hofbereich der Clan-Ältesten ab, weshalb die Ethnologie auch von Matrilokalität redet: Das Haus und sein Zentrum, der Herd und das Herdfeuer der Mutter, sie bilden den Mittelpunkt des Zusammenlebens. Ein neuer Film über die chinesischen noch matriarchal lebenden Mosuo[6] zeigt auf, dass im Kreis um die Feuerstelle der Platz zur Rechten der Clan-Ältesten eine besondere Bedeutung hat: Er wird von Gebärenden und Sterbenden eingenommen, weil er als heiliger Ort der Übergänge gilt.

Ehemänner gibt es bei den Mosuo nicht, und ihre Sprache kennt auch keine Wörter wie »Ehe« oder »Eifersucht«. Frauen wählen ihre Geliebten selbst aus und empfangen sie in ihren eigenen Zimmern im Hof des Matri-Clans in nächtlichen »Besuchsehen«. Das bedeutet, dass der Liebhaber am Morgen zurückkehrt in seinen eigenen Matri-Clan, wo er für seine mütterliche Sippe arbeitet und mit den Kindern seiner Schwestern ein inniges Verhältnis als Mutter-Bruder pflegt. Der Mann ist also nicht als zeugender Vater auf seine leiblichen Kinder bezogen, sondern als sozialer Vater auf seine Nichten und Neffen. Das muss ihn aber nicht daran hindern, mit seinen leiblichen Kindern eine durchaus freundschaftliche Beziehung zu pflegen, wie der Basler Ethnologe Till Förster

5 Heide Göttner-Abendroth. Am Anfang die Mütter, S. 16
6 Uscha Madeisky, Daniela Parr, Dagmar Margotsdotter-Fricke. Wo die freien Frauen wohnen

aufzeigt. Zwar könne der Mann in einer matrilinearen Kultur seinen Kindern »nichts vererben, weil er nach diesem Gesellschaftsmodell nicht zur gleichen Verwandtschaftsgruppe gehört, aber er kann« ihnen »zu Lebzeiten vieles schenken.«[7]

Diese Form des selbstbestimmten Sexuallebens der Frauen und der clan-bezogenen Kinderbetreuung hat große soziale Vorteile. Nie steht eine Mutter alleine da mit Aufgaben, die sie vielleicht überfordern. Und weil erotische Liebe und Fürsorge für Kinder vollständig voneinander getrennt sind, hat die Auflösung eines Liebesverhältnisses, so traurig sie für ein Paar sein kann, für die Kinder kein Zerreißen ihrer vertrauten Beziehungen zur Folge. In einem sozial und wirtschaftlich tragenden Netz, der Mutter-Familie, bleiben sie wie bisher versorgt und betreut. Und auch für die Erwachsenen bleiben die ursprünglichen emotionalen Verbindungen zu Schwestern und Brüdern, die ihnen näher stehen als Geliebte, bestehen. Für die europäische Vorstellung und Praxis von romantischer Liebe, Ehe und Familie, wo Bezogenheit, Wirtschaftseinheit und Sozialverband ausschließlich am Ehe- und Elternpaar hängen, führt das Ende einer Liebesbeziehung meist zum Zerbrechen der Familie samt ihrer wirtschaftlichen Existenz und der bisherigen Form der Kinderbetreuung. Die Unterschiede liegen auf der Hand. Dennoch ist die matriarchale Familienform hierzulande offensichtlich schwer nachvollziehbar. Nur so lässt sich verstehen, dass 2013 die französische Frauenzeitschrift »Marie-Claire« in einer fotografisch hinreißend schönen Reportage über heute noch existierende Matriarchate (»Les reines du monde«) die Mosuo-Frauen mit ihrem als ungeheuerlich empfundenen Recht der Partnerwahl als »les Don Juanes« bezeichnet und automatisch von kurzfristigen Verhältnissen und Promiskuität ausgeht. Dabei wird mit keinem Wort erwähnt, dass es bei den Mosuo – ebenso wie bei uns – lebenslang oder Jahrzehnte dauernde Liebesverhältnisse gibt.[8]

Konsens statt Konflikt, reden statt kämpfen

Auf der *politischen* Ebene sind Matriarchate *Konsensgesellschaften,* in denen keine Mehrheit über eine Minderheit bestimmt oder lediglich Kompromisse verhandelt werden, die eigentlich

7 Till Förster, in: Basler Zeitung, 24.12.2013, S. 24
8 »Les reines du monde«. Reportage von Nadia Ferroukhi, in: Marie-Claire. Nr. 733. September 2013, S. 38ff.

niemand wirklich will. Vielmehr sorgen langwierige Kommunikationsprozesse an der Basis der Matri-Clans in den Dörfern und in den Regionen dafür, dass ein Konsens in der Entscheidungsfindung zustande kommt, weil alle gehört werden. So entsteht keine Hierarchie, weder zwischen Generationen noch zwischen Geschlechtern. Matriarchate sind zudem für ihre Gewaltfreiheit bekannt. So kennt z. B. die Sprache der Mosuo keine Begriffe für Sachverhalte wie »Krieg« oder »Mord«. Männer können für den Matri-Clan durchaus öffentliche Ämter und Aufgaben erfüllen, vor allem wenn es sich um Funktionen im Außenbereich handelt. Immer aber werden sie dafür von den Clan-Müttern ausgewählt, eingesetzt oder abgesetzt. Sie haben keine eigene Befehlsgewalt, sondern vertreten die Konsensentscheidungen des Clans z. B. bei staatlichen Behörden oder anderen Institutionen.

Das Heilige ist nah und da: Religion ist immanent statt transzendent

Auf der *spirituellen* Ebene sind Matriarchate sakrale Gesellschaften, in denen alles als göttlich gilt und die Schöpfungskraft als weiblich verstanden wird. Sie ist sinnlich erlebbar in jedem Stein, in jeder Pflanze, in jedem Tier und im Kosmos. Es gibt keine Trennung zwischen Geist und Natur, zwischen Spiritualität und Alltag. Jede Alltagshandlung wird zugleich als sinnlich und als spirituell erlebt, sei es beim Kochen, Backen, Säen, Ernten, Spinnen oder Weben. Religion ist etwas Immanentes statt Transzendentes: Etwas, das zutiefst mit dem konkreten Leben, mit den körperlichen Sinnen der Menschen sowie ihren Erfahrungen in der sie umgebenden Natur verbunden ist. »Matriarchale Kulturen kennen keinen transzendenten Gott, der so weit von der Welt entfernt ist, dass er unsichtbar, ungreifbar, eben un-begreifbar ist.»[9]

Die Natur als Große Mutter allen Lebens ist begreifbar, in den Menschen selbst und in ihrer natürlichen Umwelt. Als heilige Dreifaltigkeit spiegelt die Göttin das menschliche Leben in der Natur und zwar in den drei Phasen des jahreszeitlichen Ablaufes von Werden, Vergehen und Wiederkehren. Damit verbunden ist der Glaube an die Wiedergeburt allen Lebens und aller Lebewesen. Im Bild der Göttin verdichtet sich weibliche Potenz zur universalen Schöpfungskraft,

9 Heide Göttner-Abendroth. Am Anfang die Mütter, S. 104

repräsentiert in der Göttin als Schöpferin, Gebärerin und Hervorbringerin, als Erhalterin und Fortspinnerin des Lebens sowie in der Göttin als Todbringende, die immer auch diejenige ist, die den Tod wieder ins Leben führt. Diese zyklische Dreiheit der Göttin spiegelt sich nicht nur in den menschlichen Lebensaltern, sondern auch in den Mondphasen und den Jahreszeiten. Und dabei ist die Dritte immer auch die Vierte, die für Umwandlung und Neuanfang sorgt. Die weise Alte steht mit der Anderswelt in Verbindung, aus der neues Leben auf Erden kommt. Der Winter hütet die Wintersaat und lässt beim wachsenden Licht die Samen sprießen und die Knospen schwellen, die im Frühling aufgehen. Der nicht-sichtbare Schwarzmond ist die vierte Mondphase, der die zarte Mondsichel als der eigentliche Neumond folgt. Zyklische Ganzheit also in drei/vier Phasen; vielleicht wurde dadurch auch die Sieben zur heiligen Zahl. Heißt es im christlichen Denken, dass wir mitten im Leben vom Tod umfangen sind (media in vita in morte sumus), weiß matriarchale Spiritualität, dass wir mitten im Tod vom Leben umfangen sind (media in morte in vita sumus).

In matriarchalen Mythen taucht die göttliche Trinität auf in der Gestalt der Göttin als junge Frau, als Mutter und als weise Alte – in den Farben Weiß (für die Stärke der Jugend), Rot (für die Fruchtbarkeit der Lebensmitte) und Schwarz (für Tod und Wiedergeburt). Hier wird ein Frauenbild sichtbar, das realen Frauen starke spirituelle Identifikationsmöglichkeiten bietet. Der Mann erscheint in einem matriarchalen Weltverständnis nicht als Schöpfer, sondern als ein auf die Göttin bezogenes Geschöpf, das sich nicht über die Natur erhebt, sondern sich in sie einordnet und ihre Grenzen respektiert. Reale Männer finden im Bild des Heros ihre Identifikation: Ein Held nutzt seine Kräfte, um sich den Naturgesetzen einzufügen und nicht, um sich über sie hinwegzusetzen. Er akzeptiert sein Eingeordnetsein und seine Endlichkeit. Er ist Sohn und kann der Sohn-Geliebte werden, der von der Göttin mittels ihrer Priesterin für ein Jahr als Vegetationsgott oder Jahreskönig eingesetzt wird.[10] Darum hat er um sie zu werben, sich zu beweisen, sich ihrer würdig zu erweisen. Indem er, um nur ein Beispiel zu nennen, in Kreta mit der Stiermaske den Labyrinth-Tanz aufführt. Dann mag ihn die Göttin mittels ihrer Priesterin erwählen, mit ihm die Heilige Hochzeit feiern und ihn zum König von ihren Gnaden krönen. Und nach einem Jahr hat er abzutreten, zu gehen – sich in seine Zeitlichkeit zu schicken wie das Korn, das geschnitten und gedroschen

10 Siehe Heide Göttner-Abendroth. Die Göttin und ihr Heros

wird, wie die Vegetation eines Jahres, die geblüht und Frucht getragen hat und nach der Ernte die Samen für einen neuen Zyklus von Werden und Vergehen hinterlässt.

Bis auf den heutigen Tag gibt es kaum noch verstandene Reste dieser Einsetzung des Jahreskönigs durch die Göttin oder ihre Vertreterin. So gab es in der Republik Venedig den auffallend seltsamen Brauch, dass der Doge jedes Jahr am Ostermontag mit seinem (rein männlichen Hofstaat) zum schon 827 gegründeten Frauenkloster San Zaccaria zog und sich dort von der Äbtissin in einer jährlichen Wiederholung der Krönungszeremonie die »Zogia«, die besonders kostbar geschmückte Dogenmütze, aufsetzen ließ, die nur bei seiner Amtseinsetzung und bei dieser jährlichen Bestätigung seines Amtes verwendet wurde.[11] Und wenn sich in der Schweiz am Eidgenössischen Schwingerfest[12] ein Schwinger wortwörtlich durch Niederwerfung seiner Gegner zum Schwingerkönig aufgeschwungen hat, dann ist der Höhepunkt bei seiner Einsetzung als Schwingerkönig seine Krönung durch eine Frau in lokaler Tracht, die ihm – während er vor ihr kniet – den Eichenlaubkranz aufsetzt und ihn erst so voll und ganz zum König macht. Als Preis winkt ihm ein Stier – was an jene Kulturstufe erinnert, als Stiere in heiligen Kulten zu Ehren der Großen Göttin eingesetzt wurden.

Die Krönung des Schwingerkönigs

11 Vgl. Marko Pogacnik. Venedig – Spiegel der Erdseele, S. 145
12 Das Schwingen ist eine schweizerische Variante der Sportart Ringen.

Die Schöpfungsmythen rund um den gesamten Erdball zeugen noch heute von einer symbolischen Ordnung, die sich an weiblicher Schöpfungspotenz orientiert und die Große Göttin als die Große Mutter in den Mittelpunkt stellt. Mit dem Wandel von der matriarchalen zur patriarchalen Kulturstufe sind diese Mythen aber in einem langwierigen Prozess über lange Zeit hinweg patriarchalisiert worden. Männliche Götter schwangen sich zu den höchsten Gottheiten auf, sie töteten ihre Mütter, setzten sich als Gottväter ein, gaben sich sogar als gebärende Väter aus. Die früher umfassenden und sie überragenden Göttinnen erniedrigten sie zu abhängigen Ehefrauen oder Töchtern und wiesen ihnen Bereiche zu, für die ausschließlich sie von nun an zuständig zu sein hatten. Die Archäologin, Urgeschichtsforscherin und Anthropologin Marija Gimbutas deutet diese Verdrängung als Verarmung. Sie berichtet, dass die Tempel, Kultgegenstände und heiligen Symbole der alten Göttinnen verschwanden und schreibt: »Parthenogenetische Göttinnen, die aus sich selbst und ohne männlichen Samen Leben schufen, verwandelten sich im patriarchalen und patrilinearen System indoeuropäischer Kulturen allmählich in Bräute, Gattinnen und Töchter.«[13] Und diese »kleineren« Göttinnen, die früher umfassend gedacht wurden, waren nunmehr nur noch zuständig für einzelne Spezialfunktionen. So sind die uns heute bekannten mythologischen Gestalten der griechisch-römischen Antike, wie sie uns aus Schule und Literatur, von Gemälden und in Skulpturen, aus Theater und Oper vertraut sind, durchweg patriarchal verzerrte Versionen ihrer matriarchalen Ursprünge. Und mit ihnen wandelte sich die Stellung der Frauen. Oder vielmehr umgekehrt: »Jede Stufe der mythologischen Herabwürdigung der Göttin war ein politischer Akt zur Durchsetzung von Männermacht.«[14]

Interessant ist jedoch, dass sich die »alten«, ursprünglichen Göttinnen – trotz der gesellschaftlichen und politischen Umbrüche sowie der allmählich erfolgenden Umdrehung/Revolution in den Mythen – im Volksglauben und in der religiösen Praxis noch sehr lange hielten und im Grundwasserstrom der Kultur weiterlebten. Die Historikerin Gerda Lerner schreibt: »Es lag eine ziemlich lange Zeit zwischen der Unterordnung der Frau in der patriarchalen Gesellschaft und der Deklassierung der Göttinnen. Wenn wir den Wandel der Position von männlichen und weiblichen Gottheiten im Pantheon in einer Zeitspanne von mehr als tausend Jahren genauer

13 Marija Gimbutas. Die Sprache der Göttin, S. 318

14 Gerda Weiler. »Von der Göttin zur Hure – Die Herabstufung der Frau im Patriarchat«. Vortrag in Euskirchen am 19.11.1991, in: Gudrun Nositschka. Bleibe unerschrocken, S. 174

betrachten, sollten wir überdies bedenken, dass die Macht der Göttinnen und ihrer Priesterinnen im Alltag und in der Religion des Volkes bestehen blieb, selbst als die höchsten Göttinnen entthront worden waren.«[15] Auch in Sagen und Märchen blieben Reste der Großen Göttin erhalten.[16] Und die neue Wissenschaft der Landschaftsmythologie zeigt auf, wie die Große Göttin immer noch mit besonderen Orten und Landschaften verbunden ist.[17]

Die dreifaltige Göttin

Allerdings hat das Patriarchat versucht, ganz und gar reinen Tisch zu machen und auch die letzten Reste matriarchaler Spiritualität in der Volksfrömmigkeit auszurotten. Oder wie es Gerda Weiler konkret und krass ausdrückt: »Im christlichen Abendland verkohlt die letzte Erinnerung an die Göttin auf den Scheiterhaufen, die eine neurotische Männergesellschaft für die Hexen entzündet hat.«[18]

15 Gerda Lerner. Die Entstehung des Patriarchats, S. 182f.
16 Siehe Barbara Stamer (Hg.in). Märchen von der Mutter Erde
17 Siehe Publikationen von Heide Göttner-Abendroth, Kurt Derungs oder Barbara Hutzl-Ronge zur Landschaftsmythologie sowie das Frauenprojekt www.godeweg.de
18 Gerda Weiler. Der aufrechte Gang der Menschenfrau, S. 291

Und dennoch: Es ist nicht gelungen, die Göttin und matriarchale Spiritualität aus dem menschlichen Bewusstsein zu tilgen! Darum plädiert die amerikanische Philosophin und Theologin Mary Daly dafür, dass wir unsere gläubige Anpassung an patriarchale Kulturvermittlung und unsere Ehrfurcht vor den Methoden der herrschenden Kultur und ihrer Wissenschaften überwinden (»overcoming methodolatry«). Wenn das Patriarchat schon alles umgekehrt hat, dann ist es jetzt an uns, eben genau diese patriarchalen Umkehrungen einmal mehr umzukehren und umzustülpen.[19] Ad fontes! Zu den Quellen, zu den Ursprüngen!

Die vorwärtsschreitende Göttin Artemis aus Pompeji

19 Vgl. Mary Daly. Beyond God the Father, S. 7-12 (Deutscher Titel: Jenseits von Gottvater, Sohn & Co)

GAIA SPRICHT

Wenn du katholisch erzogen worden bist, ist dir sicher erzählt worden, dass Maria zwar den christlichen Gott geboren haben soll, dass sie selbst aber mit ihrer Potenz des Gebärens nicht in den Rang einer Göttin gelangt ist. Es ist an der Zeit, dir zu sagen, dass du in Maria eine letzte Spur von mir findest, die ich zu Beginn der Menschheitsgeschichte als Große Göttin und Weltgebärerin verehrt worden bin. Die Menschen kannten mich als die Eine, die unter verschiedensten Namen angerufen wurde. Und nun offenbare ich auch dir meine All-Mächtigkeit:

Ich bin die Mutter der Natur,
Herrin aller Elemente,
Ursprüngliche Schöpferin der Welten,
Herrin der göttlichen Kräfte,
Königin der Unterirdischen,
Erste der Himmlischen.
Die ich in mir allein die Gestalt
Aller Göttinnen und Götter vereine.
Mit einem Wink gebiete ich über
Des Himmels lichtes Firmament,
Des Meeres heilsam wehende Winde und
Die stillen Reiche der Unterwelt.
Ich, die eine und einzige Göttin,
Werde in vielfältiger Gestalt
Mit unterschiedlichsten Namen und
In verschiedenen Bräuchen
Auf dem ganzen Erdkreis verehrt –
Als Pallas Athene, als Proserpina,
Als Demeter, als Juno, als Bellona,
*Als Hekate und Rhamnusia.**

Denke an mich, wenn du in die Natur gehst, und auch wenn du in Kirchen und Kapellen stehst, vor Heiligenfiguren auf Brunnen oder in Bildstöcken, vor Kruzifixen am Wegrand oder vor Gottes- und Götterdarstellungen in Museen. Denn dort bin ich es, die dir begegnet, ich – die Allmutter, die von Anbeginn war. Ob als Isis angerufen oder als Maria – hinter allen Namen werde ich verehrt.

---

*Apuleius. Der goldene Esel, XI, 5

Gaia –

Mutter Erde und Ursprung

Die Göttin Gaia ist sozusagen der Anfang aller Dinge, das Alpha überhaupt, der Ursprung unser aller, von »Stein und Blume, Mensch und Tier«, wie Christian Morgenstern in seinem Lied »An die Sonne« fast formelhaft sagt. 1975 erschien posthum das Märchen »Der Alte Garten« von Marie Luise Kaschnitz, die von 1901 bis 1974 lebte; sie hatte es 1940 verfasst. Darin begegnen zwei Kinder, die einen geheimnisvollen Garten entdecken, der »Erdmutter«, die sich ihnen so offenbart:

»In mir beginnen alle Pfade
Und münden wieder in mir ein.
Ihr sollt am nächtlichen Gestade
Für eine Zeit wie schlafend sein.

Dem Korn, das in der Erde ruhte,
Entsteigt der Keim, des Stengels Schaft.
Ich nähre ihn mit meinem Blute,
Ich treibe ihn mit meiner Kraft.

So steigt er aus dem engen Kerne
Ins Weite drängend an den Tag.
Doch wie ein Klang aus weiter Ferne
Bewegt ihn meines Herzens Schlag.

Die Blüte wächst, die Ähren wehen,
Der Samen fällt, es bricht das Reis,

Und Wälder werden und vergehen
Auf mein Geheiß.

Was einst der Sonne zugewendet
Des Lebens hohes Glück genoss,
Was immer sich im Licht vollendet,
Es kehrt zurück in meinen Schoß.

Ewig steigt und pocht mein Blut,
Auch was schlimm erscheint, ist gut.
Alle, die in mir beginnen,
Werden einst das Licht gewinnen,
Steigen, Sinken, Auf und Nieder,
Alle, alle kommen wieder …«[1]

Die Dichterin hatte ihren Mann – den 1890 in Wien gebürtigen Archäologen Guido von Kaschnitz-Weinburg – in Rom kennengelernt und 1925 geheiratet. Von da an begleitete sie ihn auf Forschungsreisen und in die Städte, in denen er Lehraufträge für Archäologie übernahm. Das Leben mit einem Archäologen führte sie selbst zu einer intensiven Auseinandersetzung mit Mythen und Sagenstoffen. Kein Wunder, begegnete sie doch auf diesem Weg »der Erdmutter« und schrieb dieses Gedicht, das gleichzeitig urtümlich-archaische Lebensgesetze darstellt und sie doch modern, einfach und anschaulich darstellt. Überzeitlich-zeitlos eben, wie die Gesetze der Erdmutter selbst. Kaschnitz gibt ihr keinen Namen. Viele mögen spontan an Demeter denken, die Göttin des Getreides, einige – wenigstens seit der Ökologie-Bewegung – an Gaia, die ursprüngliche Erdgöttin. Und doch kennen wir Mutter Erde kaum unter diesem Namen. Sie ist zwar die Erste, aber ganz offensichtlich auch »weiter weg«. Höchste Zeit, mit Urmutter Gaia neu Bekanntschaft zu

1 Marie Luise Kaschnitz. »Der alte Garten«, S. 93f u. 98

schließen – und Brücken zu bauen über die Lücken und Löcher in der Überlieferung!

Obwohl diese Große Göttin in vielen Stammbäumen der griechischen Götterwelt zusammen mit Uranos an der Spitze steht, beschäftigt sich die Forschung viel weniger mit Gaia, Gaea, Ge als mit den berühmteren olympischen Gottheiten. Während diese in Lexika und Fachliteratur alle auf vergleichbare Weise mehr oder weniger umfangreich abgehandelt werden, kommt Gaia vielerorts entweder nicht oder kaum vor, und nur wenige AutorInnen setzen sich intensiv und ausführlich mit ihr auseinander. Vielen scheint sie relativ gleichgültig zu sein, andere hingegen fasziniert sie. In manchen Publikationen zählt sie praktisch nur als Ausgangspunkt zur Genealogie der olympischen Gottheiten, mit denen es erst so richtig interessant zu werden scheint. So zeigen Widmer/Riniker in ihrem insgesamt 436 Seiten umfassenden Kompendium »Von Zeus zu Europa« auf Seite 6 unter dem Titel »Götter und Giganten« eine Genealogie, die mit Chaos und Gaia beginnt und mit Hekate endet. Aber es gibt kein eigenes Kapitel über Gaia, und ich habe – leider gibt es kein Namensregister – Gaia sonst nur noch in einem kleinen Absatz erwähnt gefunden: »Hesiod … stellt den olympischen Göttern die Götter der Bauern zur Seite, vor allem die Erdgöttinnen Ge und Demeter. Darin ist das Erbe der vorolympischen Religion enthalten. Die vorolympische Religion ist eben, wie die altrömische, eine Religion von Bauern«, während die homerische Götterwelt die ritterlich edle Herrenschicht abbilde.[2]

Goldenes Siegel der Göttin aus Kreta, 1500 v. u. Z.
Die Große Herrin von Kreta trägt verschiedene Namen wie Potnia (Herrin, Königin) oder Gaia (Erde). Sie thront unter ihrem Baum in ihrem fruchtbaren Garten, über ihr Sonne, Mondsichel und die Labrys/Doppelaxt.

In der Welt der »Mythen und Legenden« handelt Arthur Cotterell Gaia im Anhang »Kleines Lexikon« ab, bezeichnet Mutter Erde als »das erstgeborene Kind von Chaos« und

2 Hans Widmer u. Hans Riniker. Von Zeus zu Europa, S. 29

zählt dann auf, wen sie ihrerseits alles geboren hat: Titanen, Zyklopen und Giganten sowie Erinnyen, Nymphen und weitere Riesen. Schließlich scheint er ihr geradezu vorzuwerfen, dass sie sich mit der zweiten Göttergeneration, den Olympiern, nicht habe anfreunden können, weshalb sie »die neue Ordnung beinahe durch die Geburt des Ungeheuers Typhon gestürzt« hätte; Zeus jedoch habe dieses Untier glücklicherweise »nach langem schwerem Kampf besiegen« können.[3]

Die sonst so ausführliche Barbara G. Walker gönnt Gaia knappe fünf Zeilen und registriert, dass dies der griechische Name »für die Mutter Erde, die ›Großbrüstige‹«, gewesen sei, »die als älteste aller Gottheiten angesehen wurde«. Und fügt dann noch an – was auch andere immer wieder betonen –, dass die olympischen Gottheiten zwar Gaias Heiligtümer in Besitz genommen hätten, aber dennoch weiterhin »ihre verbindlichen Treueeide auf ihren Namen« schworen, »denn sie alle waren ihrem Gesetz unterworfen.«[4] Also kann sie so bedeutungslos nicht gewesen sein …

Auch Heide Göttner-Abendroth widmet Gaia in »Innana, Gilgamesch, Isis, Rhea« relativ wenig Worte. In ihrer »Genealogie der griechischen Gottheiten« geht sie vom pelasgischen Schöpfungsmythos aus (siehe didaktischer Teil zu Athene) und stellt Gaia einerseits dar als Kind von Eurynome und Ophion und andererseits als Mutter der Titanin Rhea, der Mutter von Demeter,[5] wobei sie in diesen dreien – Gaia, Rhea und Demeter – die letztlich immer gleiche Mutter-Erde-Göttin Kretas »in jeweils verjüngter Erscheinung« sieht.[6] Auch Voenix beschreibt in seinem »griechischen Götterhimmel«, wie nach dem Verblassen des vorhellenischen Gaia-Kults die Gaia-Verehrung »gänzlich in solchen Göttinnen wie Rhea und Demeter« aufging, und malt in seinen Illustrationen sowohl Gaia wie Rhea mit vollen nackten Brüsten, wobei aus der überströmenden linken Brust Muttermilch heraustropft.[7] Im Zusammenhang mit der Erzählung, dass Uranos seine Kinder hasst und Kronos sie auffrisst, weil beiden geweissagt wird, ein Nachkomme werde sie ermorden, verweist Göttner-Abendroth auf die Göttin-Heros-Struktur (siehe Einleitung). In

3 Arthur Cotterell. Die Welt der Mythen und Legenden, S. 202
4 Barbara G. Walker. Das geheime Wissen der Frauen, S. 292
5 Heide Göttner-Abendroth. Inanna, Gilgamesch, Isis, Rhea, S. 152
6 Heide Göttner-Abendroth. Die Göttin und ihr Heros, S. 63
7 Voenix. Der griechische Götterhimmel, S. 37; Illustrationen: S. 36 u. 40

der Angst des aktuellen Heros vor seinem Nachfolger spiegelt sich nämlich folgender Sachverhalt: »Das männliche Prinzip wird im Matriarchat stets mit der Vergänglichkeit assoziiert, das weibliche hingegen mit der Dauer. Man kann dies an den ›ewigen‹ Göttinnen Eurynome und Gaia im Gegensatz zu den vergänglichen Göttern Uranos und Kronos erkennen.«[8]

Mehr weiß Patricia Monaghan in ihrem »Lexikon der Göttinnen« über Gaia zu berichten. Im Unterschied zu Göttner-Abendroth macht sie keinen Versuch, Gaia mit der pelasgischen Schöpfungsgeschichte und deren zentraler Gestalt Eurynome zu verbinden. Mit den Geschichtsschreibern des alten Griechenlands geht sie vielmehr davon aus: »Im Anfang gab es nur Chaos, ungeordnete Masse: Wässriges und Festes, vermengt zu einem amorphen Brei. Allmählich bildete sich daraus eine Form. Gaia, die Erde, nahm Gestalt an. Das geschah lange vor dem Beginn der Zeit, denn die Zeit war eines der Kinder Gaias. In der Zeitlosigkeit davor existierte sie, von niemandem geschaffen, allein aus sich selbst heraus.«[9] Sie, Gaia, ist also die unerschaffene, ungeborene Mutter Erde, der Ursprung und Schoß allen Lebens. Auf dieser Erde und überhaupt. Mir tritt ein Bild von Frida Kahlo vor Augen: Mutter Universum hält Mutter Erde im Schoß, die Frida im Schoß hält, die ihren Mann Diego Rivera wie ein Baby im Schoß hält.

Frida Kahlo. »Die Liebesumarmung des Universums, die Erde (Mexiko), ich, Diego und Herr Xolotl (Hündchen)«, 1949

Auch Monaghan würdigt die Geburten der Gaia, die mit ihren Söhnen Uranos und Pontos unzählige Geschöpfe zeugte und dann austrug und gebar. Aber ebenso eindringlich beschreibt sie die ungebrochen anhaltende Bedeutung Gaias, »selbst nachdem die Erdmutter von den eindringenden Olympiern als oberste Gottheit verdrängt worden war«.

8 Heide Göttner-Abendroth. Inanna, Gilgamesch, Isis, Rhea, S. 215
9 Patricia Monaghan. Lexikon der Göttinnen, S. 104

Das Volk huldigte nämlich »weiterhin Gaias Macht mit Gerste und Honigkuchen, die an geheimen und heiliggehaltenen Öffnungen der Erdoberfläche niedergelegt wurden.« Und wie ich es auch im Kapitel über Pythia beschreibe, versuchten bei solchen Erdspalten »übersinnlich Begabte den Willen Gaias zu deuten, denn sie galt durch alle Zeitalter hindurch als die urzeitliche Prophetin, die die Orakel von Delphi, Dodona und anderswo einrichtete bzw. inspirierte.« Ebenso verweist Monaghan wie Walker auf die uralte Schwurtradition: »Und die Griechen schworen – selbst als längst Zeus das Pantheon regierte – ihre heiligsten Eide stets auf Gaia, die Große Mutter, womit sie ihre Oberherrschaft über die Menschen anerkannten.«[10]

Allerzeugerin und Mutter der lebendigen Natur

Auch für Voenix ist Gaia die ursprünglichste aller Gottheiten, »die aus dem Chaos entstandene Erde selbst«: »Gaia, die personifizierte Erdmutter, ist die wohl älteste Göttin, die man schon lange vor Zeus und den Olympiern verehrte. Doch selbst noch in der Antike gedachte man ihrer mit Opfern und Eiden«. Sie »ist die Allerzeugerin, die Große Mutter, die alles Lebendige aus ihrem Schoß geboren hat und es irgendwann zurückfordert, um es aufs neue ins Leben zu entsenden«.[11] Damit ist Gaia nicht ausschließlich als die lebensspendende Ur-Mutter und Nährende beschrieben, sondern auch als eine Göttin des Todes und der Lebenserneuerung, womit sie alle Aspekte der Großen Göttin in sich vereint. Auch die amerikanische Religionswissenschaftlerin Christine Downing beschreibt Gaia als »die lebendige Präsenz der Erde. Sie ist Erdbeben und Vulkan, geschmolzene Lava und herabstürzender Fels. Sie ist Erde, wie sie in sich selbst ist, nicht von der Menschheit gefügig gemacht, Göttin von allem, was wächst. Sie ist göttlich; sie ist nicht nur Erde, sondern Erde als Metapher, Erde als ein Bereich der Seele, nie nur Fruchtbarkeit, nicht nur der physische Globus … Sie ist sich ewig erneuerndes, ewig wandelndes Leben, Leben, das Tod umfasst.«[12]

10 Ebd., S. 104f.; siehe auch Bode-Paffenholz. Wildpfade, S. 60
11 Voenix. Der griechische Götterhimmel, S. 37
12 Christine Downing, in: Bode-Paffenholz. Wildpfade, S. 60

1990 kam in London der faszinierende Bildband »Goddess. Mother of Living Nature« heraus; 1993 erschien er auf Deutsch mit dem Titel »Göttin. Mutter des Lebens«, was den Nachdruck auf Natur und Erde leider etwas abschwächt, wobei die schöne Formel »Mutter der lebendigen Natur« immerhin als erste Kapitelüberschrift wieder auftaucht. Neben den zahllosen hinreißenden Illustrationen packt aber auch der Text der Autorin Adele Getty, denn sie spannt den inhaltlichen Bogen von Gaia als der ältesten Göttin bis hin zur »Gaia-Hypothese«, die um die Mitte der 60er-Jahre des 20. Jahrhunderts entwickelt wurde und die Erde als lebendigen Organismus wahrnimmt und darstellt. In ihrem Buch zitiert Getty so viele unterschiedliche Schöpfungsmythen und Hymnen, dass es für Göttin-VerehrerInnen eine wahre Freude ist. Den Leben und Tod umfassenden Aspekt bringt sie mit einer gnostischen Hymne zum Ausdruck: »Denn ich bin die Erste und die Letzte,/Ich bin die Geehrte und die Verachtete,/Ich bin die, die sie Leben nennen,/und ihr habt mich Tod genannt«. Und dann zitiert auch sie den pelasgischen Mythos der griechischen Urbevölkerung über »unsere Große Mutter Eurynome«, die den Wind in ihre Hände nahm und daraus eine gefleckte Schlange formte. Diese umschlang nun ihrerseits Eurynome mit ihren Windungen, worauf Eurynome die Gestalt einer Taube annahm, auf dem Wasser brütete und ein großes Ei legte. Das umwand die Schlange und brütete es aus, »so dass es aufbrach und alle Dinge geschaffen wurden. Als unsere Mutter nun ihre Werke betrachtete und sah, dass sie gut waren, richtete sie auf immer die Jahre und Jahreszeiten, die Monate und Wochen ein. Und jede Woche teilte sie in sieben Nächte und Tage.«[13] Wer denkt da nicht an die (vermännlichte) Schöpfungsgeschichte im Alten Testament?

Im Giardino dei Tarocchi/Tarotgarten in der Toskana lässt Niki de Saint Phalle die Gestalt der Arkana-Karte Nr. 21 – Die Welt – sich auf dem schlangenumwundenen Weltenei drehen, wobei sich die Schlange zusätzlich noch um das linke Bein der Frau Welt windet.

Aber reisen wir mit Gaia weiter um die Welt: Die Kagaba in Kolumbien sagen: »Unsere Mutter der wachsenden Felder, unsere Mutter der Flüsse wird sich unser erbarmen. Denn wem gehören wir? … Nur unserer

13 Adele Getty. Göttin, S. 6f.

Mutter allein gehören wir. Die Mutter unserer Lieder, die Mutter all unserer Samen gebar uns am Anfang der Dinge, und so ist sie die Mutter der Frauen, Männer und aller Völker ... Sie ist die Mutter der Welt.«[14] In der Sprache der Quechua-Indianer wird ein Mensch, der kein Land hat, »›Waise‹ genannt. Er hat seine Mutter verloren, die ihm Nahrung, Sicherheit und Heimat gab.«[15] Und als die indischen Götter die strahlende Shakti fragen, wer sie sei, antwortet sie: »Ich bin die Form der Unendlichkeit; aus mir entsteht die Welt als Natur und Person. Ich bin das Königintum, schenke Fülle, kenne das Wesen der Dinge. Ich bin die Erste in allen Ritualen. Die Götter haben meine vielen Wohnorte errichtet. Weit reicht meine Wirkung. Ich bin in allem. Von mir kommt die Nahrung, die ihr esst, alles, was ihr seht, was Atem hat, all die Worte, die ihr hört. Wer mich nicht anerkennt, zerstört sich selbst. Betrachtet und hört, was ich sage, mit Ehrfurcht. Ich bin die Freude des Lebens und der Menschheit.«[16]

Römische Gaia/Tellus Mater, Relief vom Altar des Augustusfriedens, Ara Pacis, Rom, 13-9 v.u.Z., Abguss in der Skulpturhalle Basel (SH 1591)

Ihre Warnung, dass sich schade, wer sie nicht achte, erinnert mich unmittelbar an die Gestalt der Frau Weisheit im Alten Testament der Bibel, die den gleichen erbarmungslosen Zusammenhang zu bedenken gibt: »Bist du weise, so bist du weise für dich; bist du ein Spötter, so hast du's allein zu tragen.«[17] Aber reisen wir über

14 Ebd., S. 6
15 Susanne Schaup. Sophia. Das Weibliche in Gott. München 1994, S. 180
16 Adele Getty. Göttin, S. 6
17 AT, Sprüche 9, 12

Südamerika, Indien und Israel zurück nach Europa, zur Tellus Mater, der römischen Ausgabe von Gaia, die im 2. Jahrhundert u. Z. so gepriesen wird:

»Heilige Göttin Tellus,
Mutter der lebendigen Natur,
Die Nahrung des Lebens
Teilst Du in ewiger Treue zu,
Und wenn uns das Leben verlassen hat,
Nehmen wir Zuflucht zu Dir.
So kehrt alles, was Du gibst,
In Deinen Schoß zurück.
Mit Recht wirst Du Mutter der Götter genannt,
Denn durch Deine Treue
Hast Du die Macht der Götter besiegt.
Wahrlich, Du bist ebenso die Mutter
Der Völker wie der Götter,
Ohne Dich kann nichts gedeihen oder sein:
Du bist mächtig, bist der Götter
Königin und auch ihre Göttin.
Dich, Göttin, und Deine Macht rufe ich nun an:
Leicht kannst Du gewähren, worum ich bitte,
Und dafür werde ich Dir, Göttin, aufrichtig danken.«[18]

Neben diesen großartigen literarisch-religiösen Texten will ich aber auch würdigen, wie Adele Getty 1990 selbst begründet, warum sie ihr Buch über die Göttin schreibt: »Seit undenklichen Zeiten haben uns unsere Vorfahren heilige Bilder der weiblichen Gestalt hinterlassen. Von den Höhlen von Lascaux in Frankreich bis zum Balkan offenbaren die Kunst und die Geräte der Alt- und Jungsteinzeit eine tiefe Ehrfurcht vor dem Leben und

18 Adele Getty. Göttin, S. 4

Marmor-Relief der »Schlangenfrau« aus der Kirche von Oô in den Pyrenäen – vermutlich die Göttin Eurynome mit ihrer Schlange

besonders der Großen Mutter. Sie wird verehrt, weil sie Leben gibt und bewahrt: aus ihrem Bauch kommt das große Mysterium und zu ihr kehrt alles zurück. Durch ihren Erdleib, durch Gaia, wird alles Leben in homöostatischem Gleichgewicht gehalten. Wir wissen nicht, ob es die Große Muttergöttin war, die unsere Vorfahren auf den Weg zu bewussten Wesen führte. Auf jeden Fall ist es aber eine Frau, die uns als Mutter von den ersten Augenblicken des Lebens an betreut. Die Schöpfungsmythen zahlloser Kulturen legen Zeugnis davon ab und von der Rolle, die das weibliche Prinzip bei der Gestaltung der Welt spielte, in der wir leben. In der Vorstellung ist die Göttin allgegenwärtig und ewig … Sie ist die Verkörperung dessen, was wir Leben nennen. Ihre Geschichte ist so alt wie das Leben selbst, denn sie ist das Leben.«[19]

Von Gaia, der ältesten Göttin, zur modernen Gaia-Hypothese

Und dann führt uns Adele Getty von der Venus von Willendorf – die um nochmals 20 000 Jahre ältere »Venus vom Hohle Fels« wurde ja erst 2008 ausgegraben – durch alle Kontinente, Kulturen und Kulte zu den so vielfältigen Visualisierungen der Großen Göttin, die wir in der patriarchalen westlichen Welt so völlig aus den Augen verloren haben. Aus den Augen, aus dem Sinn? Nein, folgert Getty: »Auch wenn die Göttin allmählich zur Seite gedrängt wurde, unser Unbewusstes hat sie nie verlassen.« Und: »Die jetzige Rückkehr der Göttin ist mit der Umweltschutzbewegung und der weltweiten Frauenbewegung verknüpft – und kommt genau zur rechten Zeit … Kein Wunder, dass das heutige wissenschaftliche Verständnis des großen Ökosystems Erde von der ›Gaia-Hypothese‹ spricht – Gaia, die grie-

19 Ebd., S. 5

chische Erdmutter.«[20] Entwickelt wurde die Gaia-Hypothese Mitte der 60er-Jahre des letzten Jahrhunderts von der Mikrobiologin Lynn Margulis und vom Chemiker, Biophysiker und Mediziner James Lovelock. Die Wikipedia-Seite dazu zeigt Margulis in einer mit Blättern und Blüten bestickten Jacke und Lovelock in seinem Garten zwischen einer blühenden Hecke und einer antikisierenden Statue der Gaia. Die Gaia-Hypothese dieser beiden Forschenden besagt, »dass die Erde und ihre Biosphäre wie ein Lebewesen betrachtet werden kann, insofern die Biosphäre (die Gesamtheit aller Organismen) Bedingungen schafft und erhält, die nicht nur Leben, sondern auch eine Evolution komplexerer Organismen ermöglicht.«[21] Diese Überzeugung setzt eine »Definition von Leben voraus, wonach sich Lebewesen insbesondere durch die Fähigkeit zur Selbstorganisation auszeichnen.«[22] In ihren Büchern tragen Margulis und Lovelock denn auch »verschiedene Fakten zusammen, die das Bild vom selbstorganisierenden ›lebenden‹ Planeten stützen sollen«,[23] darunter so erstaunliche Phänomene wie die Tatsache, dass sich über alle Zeiten der Sauerstoffgehalt der Luft nur unwesentlich verändert hat oder der Salzgehalt der Meere konstant bei 3,5 Prozent liegt.

Während Margulis und Lovelock die wissenschaftlichen Grundlagen der Gaia-Hypothese erarbeitet haben, verdankt sie ihren Namen einer Anregung des britischen Schriftstellers William Golding. Er bezog sich dabei auf die Schreibweise Ge oder Gea, die als Präfix in Bezeichnungen wie Geologie und Geographie, Geophysik oder Geochemie vorkommt. Als er 1983 den Nobelpreis für Literatur in Empfang nehmen durfte, pries er in seiner Dankesrede Gaia Mater »als unsere Erde, unsere Mutter, die wie ein Juwel im Weltraum prangt, und wir sind die Kinder dieses großen blau-weißen Juwels. Durch unsere Mutter sind wir Teil des Sonnensystems und dadurch ein Teil des ganzen Universums. Und in der glänzenden Poesie dieser Tatsache sind wir Kinder der Sterne.«[24] Während sich Margulis und Lovelock mit Sicherheit über diese Reverenz des Nobelpreisträgers freuten,

20 Ebd., S. 5f.; siehe dazu auch: Alexandra Schwarz-Schilling. »Die Geschichte vor der Geschichte«, in: Johanna Schacht u.a. Europa heißt die Weitblickende, S. 39ff., v.a. S. 48f.
21 http://de.wikipedia.org/wiki/Gaia-Hypothese
22 Ebd.
23 Ebd.
24 http://www.nobelprize.org/nobel_prizes/literature/laureates/1983/golding-lecture.html (Übersetzung: Ursa Krattiger)

distanzierten sie sich hingegen von Versuchen esoterischer Kreise, sie und ihre Gaia-Hypothese zu vereinnahmen. Bei Lovelock liest sich das so: »Wenn ich von einem lebendigen Planeten spreche, soll das keinen animistischen Beiklang haben; ich denke nicht an eine empfindungsfähige Erde oder an Steine, die sich nach eigenem Willen und eigener Zielsetzung bewegen. Ich denke mir alles, was die Erde tun mag, etwa die Klimasteuerung, als automatisch, nicht als Willensakt; vor allem denke ich mir nichts davon als außerhalb der strengen Grenzen der Naturwissenschaften ablaufend. Ich achte die Haltung derer, die Trost in der Kirche finden und ihre Gebete sprechen, zugleich aber einräumen, dass die Logik allein keine überzeugenden Gründe für den Glauben an Gott liefert. In gleicher Weise achte ich die Haltung jener, die Trost in der Natur finden und ihre Gebete vielleicht zu Gaia sprechen möchten.«[25]

Adele Getty wären Gebete zu Gaia zuzutrauen, ist sie doch glücklich darüber, dass heute dank der Gaia-Hypothese »die Göttin in Gestalt der Natur … gleichzeitig wieder Gaia genannt wird«, was »uns an unsere wahre Herkunft als Kinder der Erde« erinnert. Sie findet, dass das vergessene Wissen der Vergangenheit wieder erlöst und geheiligt werden muss: »Der Gedanke der Heiligung oder sanctitas bringt uns wieder der tellurischen Mutter alter Zeiten nahe.«[26] Hier erinnert Getty an den Basler Juristen Johann Jakob Bachofen, der 1861 »Das Mutterrecht« publizierte. In seiner »Untersuchung über die Gynaikokratie der alten Welt nach ihrer religiösen und rechtlichen Natur« ist das Heilige, das sanctum, nämlich das, was »von Anfang an unter dem Schutz der weiblichen, chthonischen Mächte steht. Heiligkeit entspricht der ›Erdgöttlichkeit‹, der Beziehung, die alle Dinge oder Lebewesen zum mütterlichen Schoß der Erde haben, zum Allerheiligsten oder ›Unberührbaren‹ … Die Rückkehr der Göttin erinnert uns daran, wer wir sind, woher wir kommen und wohin wir gehen. Mit ihrer Hilfe könnten wir auf eine Weise leben, die das Heilige wieder

25 http://de.wikipedia.org/wiki/Gaia-Hypothese. Siehe dazu auch: Irene Fleiss. Als alle Menschen Schwestern waren, Bd. 1, S. 282. Außerdem das eindrückliche Buch »Gaia. Portrait einer Göttin« des Sachbuchautors und Theosophen Manfred Ehmer. Er dokumentiert darin die Verehrung von Mutter Erde von der Jungsteinzeit über Altindien, das klassische Griechenland und die keltisch-germanische Welt, über die moderne Tiefenökologie und die Gaia-Hypothese bis zu seinem eigenen Konzept der Gaia Sophia und versteht sein Buch als »Plädoyer für eine neue Spiritualität der Naturverehrung, die über die herkömmliche Ökologie weit hinausgeht.« (Klappentext)

26 Adele Getty. Göttin, S. 30

sieht«[27] und darauf Bezug nimmt. Getty sagt das mit den Worten des Tao-te-king: »Der Geist der Quelle stirbt nie./Er heißt das Geheimnisvoll Weibliche./Die Pforte des Geheimnisvoll Weiblichen/Ist die Wurzel von Himmel und Erde./Zart, zart ist es, kaum sichtbar./Berühr es, es wird nie austrocknen.«[28]

Uranfänglicher Ursprung, Herrin der Elemente

Dieses Kapitel über Gaia strotzt – den historischen Quellen entsprechend – von Hymnen, Anrufungen und Lobpreisungen. Und wenn Gaia nicht selbst genannt ist, dann Physis als Mutter Natur oder die ägyptische Ober-Göttin Isis, die bis weit in die christliche Zeit hinein alle Göttinnen in sich vereinte und in die neue Zeit hinüberrettete. Aus der homerischen Hymne auf Gaia – sie soll zwischen dem 8. und 6. Jahrhundert v. u. Z. entstanden sein – hier ein kleiner Ausschnitt: »Gaia, dich Allmutter werd' ich besingen, dich/festgegründete Nährerin aller irdischen Wesen./Was die göttliche Erde begeht und was in den Meeren,/was in den Lüften sich regt, genießt deine Fülle und Gnade./Gute Kinder und gute Früchte entsprießen dir, Hehre,/du hast Gewalt, den sterblichen Menschen Leben zu geben/oder zu nehmen«.[29]

Terra am Deckengewölbe des Limburger Doms, die heiligen Tiere Schlange und Schwein stillend.

Hier fällt auf, dass Mutter Erde auch als Herrin von Wasser und Luft angerufen wird – und die holländische Religionswissenschaftlerin Annine van der Meer weist in ihrer umfangreichen Materialsammlung über die Darstellungen der Großen Göttin in aller Welt nach, dass Gaia immer wieder ausdrücklich mit dem Wasser in Verbindung gebracht wird. Das demonstriert sie an einem kretischen Siegelring aus Mochlos, der Gaia als Herrin der Tiere und Pflanzen 1 500 v. u. Z. bei ihrer Ausfahrt auf einem

Gegenüber von Terra ist Aqua mit Fischen am Deckengewölbe des Limburger Doms zu sehen.

27 Johann Jakob Bachofen, zit. nach Adele Getty. Göttin, S. 30f.
28 Laotse. Tao-te-king, 6. Spruch; zit. nach Adele Getty. Göttin, S. 31
29 Homerische Hymne, zit. nach Brigitte Regler-Bellinger. Die Himmelsherrin bin ich, S. 253

Kretischer Siegelring aus Mochlos mit der Ausfahrt von Gaia als Herrin der Tiere und Pflanzen, 15. Jh. v. u. Z.

Marienikone als »Leben gebende Quelle« im Kloster Moni Kaliviani, darunter Votivtäfelchen

Boot zeigt – etwas, was auch Isis immer wieder zugeschrieben wird und wozu auch die alljährlichen Rituale um »das Schiff der Isis« passen. Denn wie Gaia und Aphrodite wurde auch Isis rund ums Mittelmeer von Schiffern und Seereisenden als Isis Pelagia oder Herrin der Meere verehrt.

Wie Apuleius es im 2. Jahrhundert u. Z. in seinem »goldenen Esel« beschreibt, wurde am Meeresstrand oder am Ufer eines anderen Gewässers ein Modellboot vorbereitet, mit Flammen, Eiern und Schwefel gereinigt, mit Botschaften und Wünschen für ein erfolgreiches Jahr bestückt sowie mit Opfergaben, Weihrauch und kleinen Geschenken beladen. Mit Gebeten begleitet, wurde es dann zu Wasser gelassen und nahm seinen Kurs auf.[30] Spannenderweise zeigt van der Meer auch zwei christliche Ikonen aus Kreta, die den Wasserbezug der Erdmutter Gaia aufzeigen. Die eine Ikone zeigt Maria als Leben gebende Quelle im Kloster Moni Kaliviani. Maria thront hier auf oder in einem Pokal, aus dem sich auf beiden Seiten Wasser aus der immerzu fließenden Quelle in den Brunnentrog ergießt. Van der Meer verweist auf weitere analoge Darstellungen in Kreta, Zypern, auf dem griechischen Festland sowie in Russland. Und ganz erstaunlich: Im Kloster des Heiligen Sergius im syrischen Ma'loula gibt es eine identische Darstellung der Gottesmutter als Quelle des Lebens, die 1867 eine Frau, nämlich Hanna Saliba Al-Qudsy, gemalt hat. Im kretischen Toplou-Kloster fand Annine van der Meer zudem eine Gaia oder »Die Mutter und Quelle aller Quellen« auf einer Ikone, die 1770 von Ioannis Kornaros gemalt wurde.

30 Vgl. Apuleius. Der goldene Esel, S. 312f.

Dabei sitzt die Große Mutter, gekrönt und mit bloßen Brüsten, nahe an mehreren Bächen und Gewässern, und unterhalb von ihr ist in griechischer Sprache zu lesen: »und sie erschuf alles in der Welt, die Menschheit eingeschlossen.«[31]

»Source de vie« (Quelle des Lebens) im Kloster des St. Sergius in Ma'loula in Syrien, gemalt von Hanna Saliba Al-Qudsy

Überwältigend ist auch die Orphische Hymne an die Natur (Physis), die das gleiche Gottesbild – nein: Bild der Göttin – bezeugt:

»Natur, du allerzeugende Göttin,
Mutter, reich an Erfindung …
Selbsterzeugerin, ohne Erzeuger.
Hellstrahlende, Freudenreiche, Erhabene,
Blumenreiche Verbinderin,
Vieleswissende, Holde, Erfahrene,
Führerin, Lenkerin der Lose,
Allnährende, lebensspendende Jungfrau …
Denkende waltende Fürstin
Über Himmel, Erde und Meer –
Dem Widerstrebenden bitter,
Doch dem Gehorsamen süß;
Allweise, Allfürstin, allschenkende Spenderin.
Des Wachstums fruchtbare Nährerin,
Löserin alles Gereiften,
Aller Dinge Vater bist du,
Bist Mutter, Nahrung und Amme …
Unsichtbares Leben, der Zukunft
Unvergängliche Schicksalsschau –

Von Iaonnis Kornaros 1770 gemalte Ikone im Toplou Kloster in Kreta mit der Großen Mutter als Archè, als Ursprung und Beginn der Schöpfung

31 Annine van der Meer. The Language of Ma, the primal mother, S. 288f.

Alles bist du! Du allein
Bist ja aller bewegender Ursprung.
Göttin, ich flehe zu dir
In den heiligen Stunden
Mit der Gesegneten Schar:
Allen gib Frieden, Gesundheit und Wachstum!«[32]

Isis auf einem Flachrelief am Grab des Thutmosis IV., Theben, 1422-13 v. u. Z.

Physis ist die Göttin des Ursprungs, die Große Mutter, die auch das Männliche umarmt und hervorbringt, es in die matrizentrische Ordnung integriert, ohne es erniedrigen oder ausschließen zu müssen. In der christlichen Religionsgeschichte hingegen dauerte es bis gegen Ende des 20. Jahrhunderts, bis die feministische Theologie endlich das weibliche Antlitz Gottes thematisieren, aufzeigen und anrufen konnte[33] – und bis ein Papst zu sagen wagte, dass Gott ebenso Mutter ist wie Vater.[34] Aber in diesem altgriechischen Mysteriengesang – wohl aus dem 2. Jahrhundert v. u. Z. – ist alles schon da. Und wenn es um die allumfassende Große Göttin des Ursprungs geht, dann kann ich die Erscheinung der Isis, die Apuleius (er lebte von 124 – 180) als Vision erlebte und als Selbstoffenbarung der Göttin beschrieb, nicht auslassen: Nachdem Apuleius Isis in allen Einzelheiten ihrer umwerfend prachtvollen äußeren Erscheinung beschrieben hat, lässt er sie sagen: »Ich, Allmutter Natur, Beherrscherin der Elemente ... Höchste der Gottheiten, Königin der Geister, Erste der Himmlischen; ich, die ich in mir

32 Zit. nach Brigitte Regler-Bellinger. Die Himmelsherrin bin ich, S. 269-271

33 Dies konnte für in der Kirche engagierte Frauen negative Folgen haben. So wurde Elga Sorge 1987 die Lehrerlaubnis für Feministische Theologie an der Gesamthochschule Kassel entzogen, nachdem sie in ihren Veröffentlichungen »Gott« durch »Göttin« ersetzt und in ihrem Glaubensbekenntnis, dem »Mutterunsere« (siehe didaktischer Teil zu Gaia), von der »kosmischen Mutter alles Lebendigen« gesprochen hatte. Zwei Jahre später endete ein Disziplinarverfahren durch die Evangelische Kirche von Kurhessen-Waldeck mit ihrem Verzicht auf ihren Beruf als Studienleiterin am Pädagogisch-Theologischen Institut in Kassel. Siehe Monika Egler: »Göttin entthront. Feministische Theologin vor der Disziplinarkammer. Elga Sorge wird von der Kirche verstoßen«, in: Die Zeit, 28.7.1989; http://www.zeit.de/1989/31/goettin-entthront/komplettansicht. Für die evangelische Pfarrerin Jutta Voss führte das in der evangelischen Kirche von Baden-Württemberg zum Berufsverbot.

34 Papst Johannes Paul I. sagte am 10. September 1978 zu den Gläubigen auf dem Petersplatz: »Gott ist Papa, mehr noch, ist Mutter, will uns nichts Schlechtes tun, will uns nur Gutes tun, uns allen.«

allein die Gestalt aller Götter und Göttinnen vereine … Die alleinige Gottheit, welche unter so mancherlei Gestalt, so verschiedenen Bräuchen und vielerlei Namen der ganze Erdkreis verehrt: mich nennen die Erstgeborenen aller Menschen, die Phrygier, pessinuntische Göttermutter; ich heiße den Athenern, den Ureinwohnern Attikas, kekropische Minerva, den eiländischen Kypriern paphische Venus, den pfeilführenden Kretern dictynnische Diana, den dreizüngigen Siziliern stygische Proserpina, den Eleusiniern Allgöttin Ceres. Andere nennen mich Juno, andere Bellona, andere Hekate, Rhamnusia andere. Sie aber, welche die aufgehende Sonne mit ihren ersten Strahlen beleuchtet, die Äthiopier beider Länder, und die Besitzer der ältesten Weisheit, die Ägypter, mit den angemessensten eigensten Gebräuchen mich verehrend, geben meinen wahren Namen mir: Königin Isis.«[35]

Und 103 v. u. Z. wurde in der griechischen Stadt Kyrene in Lybien eine ähnliche Selbstaussage der Isis auf eine Marmortafel graviert:

»Ich, Isis, alleinige Herrin schaue über die Enden von Meer
und Erde hin, das Zepter führend und als
Eine überblicke ich alles.
Es nennen mich daher alle die Höchste Göttin,
von allen Göttern im Himmel die größte,
ich persönlich nämlich erfand alles, überblickte alles.«[36]

Nicht nur Texte wie diese, sondern auch religionsgeschichtliche Tatsachen belegen die Verwandtschaft, ja fast Gleichsetzbarkeit von Gaia und Isis, und Isis und ihr Kult reichen eindeutig bis in mutterrechtliche Zeiten hinein. Auch sie wurde wie Gaia mit dem griechischen Namen Panthea – Allgöttin – bezeichnet und angerufen. Inschriften an ihren Statuen wie »Was ich zum Gesetz erhoben habe, kann niemand auflösen« entsprechen wie bei Gaia ihrer überragenden Bedeutung und anhaltenden Gültigkeit auch in patriarchalen Zeiten.

Die segnende Gaia in ihrem Rundtempel, der an eine Höhle erinnern soll; durch die Dachluke beobachtet von zwei Männern in Gesellschaft eines Hundes; 10. Jh. v. u. Z., Kreta

35 Apuleius. Der goldene Esel, S. 303
36 Zit. nach Annette Kuhn. Historia, S. 57

Zwar gab es immer wieder Versuche, ihren Kult zu unterdrücken, aber sie wurde im ganzen römischen Reich bis weit ins christliche Zeitalter hinein verehrt. Erst Kaiser Justinian gelang es 560 u. Z., den letzten Isis-Kult auf der ägyptischen Insel Philae gewaltsam zu zerstören. Ihre Statuen tragen auf dem Kopf einen Thron, wozu Heydecker ausführt, dass ihr Name als »is.t« geschrieben und wohl als »Iset« ausgesprochen wurde, was Thron bedeutet. So ist sie die mutterrechtliche Herrin, die ihren Heros – den ägyptischen Pharao – auf den »Thron der Könige« setzt, auf dem er »von der Gnade der Göttin« Platz nehmen darf. Auch ihr Ehrentitel »Mutter der Sonne« zeigt ihren Vorrang als Mondgöttin, der die Sonne als männliches Sohn-Prinzip nachgeordnet ist. Was Wunder, dass sie wie später Maria »Gottesmutter« genannt und wie Gaia als Kennerin und Künderin zukünftiger Dinge verehrt wurde.[37]

Gaias weise Worte heute

Jean Shinoda Bolen, die Frauen generell und (in ihrem zweiten Buch zu diesem Thema) die älteren Frauen ab 50 dazu auffordert, sich mit der »Göttin in jeder Frau« und den uns Frauen prägenden Archetypen zu befassen – auch sie geht mit keinem Wort auf Gaia ein. Selbst im Zusammenhang mit der ausführlich gewürdigten Demeter kommt nur Rhea als ihre Mutter vor, während Großmutter Gaia außen vor bleibt. Und wie steht es bei mir? Auch mich hat in den 70er- und 80er-Jahren die Gaia-Hypothese wegen des Inhalts, aber auch wegen ihres Namens sehr beeinflusst. Und ich erinnere mich an eine Autofahrt durch Lüttich, unterwegs von oder nach Holland, wo mir an einer Haustür das einladende Plakat »d'un groupe éco-féministe« (einer ökofeministischen Gruppe) ins Auge stach – und schon waren wir wieder weiter. Aber dieser eine Blick hat mir bewusst gemacht, dass mein allgemeiner wie mein theologisch-spiritueller Feminismus mit der ökologischen Bewusstwerdung Hand in Hand ging.

37 Vgl. Joe J. Heydecker. Die Schwestern der Venus, S. 331f.

Der Bezug zum keltischen Sonnenjahr und das wieder neu aufkommende Feiern der Jahreszeiten gehören seit dieser Zeit zum um sich greifenden zyklischen Bewusstsein, das sich an den Zyklen des Mondes, der Menstruation und der Jahreszeiten festmacht. Das verschob die Anlässe des religiösen Feierns wie die ganze Grundhaltung zum Leben. Auch heute bin ich mir beim Blick aus dem Fenster auf den Rhein bewusst – ob er nun erst 10 Milliarden oder, wie neuerdings festgestellt, schon seit 14 Milliarden Jahren hier fließt –, dass ich ein Kind dieser Erde bin, seit Urzeiten, und nun am Rheinufer in einer Stadt leben darf, die auch schon über 2 000 Jahre alt ist, während ich nur für eine sehr kurze Frist, aber eben für mein eigenes, mein einzigartiges Erdenleben in dieser Inkarnation, hier meine Schritte tanzen und gehen darf. Und hingerissen in das leuchtende Laubgold des Herbstes blickend, fühle ich mich verehrend und dankbar hineingenommen in das Lob von Gaia, Physis, Isis, wie auch immer. Als Kind liebte ich die Wendung »Gott loben, das ist unser Amt«, was ein Satz aus einem Kirchenlied ist. Und eigentlich glaube ich das auch heute noch, auch wenn meine Adressatin neu ist und Gaia, Physis, Isis oder wie auch immer heißt. Vor ein paar Jahren hat mir eine Freundin aus dem Internet eine Gaia-Selbstoffenbarung zukommen lassen, deren Quelle nicht auszumachen ist. Es heißt bloß, eine Mutter habe dies an ihre Tochter geschrieben. Aber mir kommen diese »weisen Worte der Erde für weise Frauen unterwegs« vor wie eine moderne Fortführung der Isis-Lobpreisung von Apuleius:

»GAIA« von Lynnette Shelley

»Wir sind Kinder der Erde. Die Erde ist unsere Große Mutter, genau so wie sie die Mutter der Pflanzen und der Tiere, der Steine und der Wasser, der Berge und der Winde ist. Mit allem, was lebt, bist Du verwandt, stehst Du in Beziehung; mit der Füchsin genau so wie mit der Schwalbe, dem Wind, der Ameise, dem Löwenzahn und den Steinen. Verwandt bist Du mit allem Lebendigen aber auch, weil es gleich Dir entsteht, wächst und wird, sich entwickelt und wieder vergeht.

Alles Natürliche hat gleich Dir ein Bewusstsein, zwar ein anderes als Deines, mit dem Du Dich aber dennoch verbinden und austauschen kannst. So stehst Du, mein Kind, nicht über der Natur, sondern bist ganz und gar ein Teil von ihr. Von allen anderen Kindern der Mutter Erde unterscheidest Du Dich nur durch Deine Fähigkeit, Dich selbst bedenken und Dein eigenes Sein und Handeln reflektieren zu können. Daraus erwächst Dir eine besondere Verantwortung.

Liebe und ehre unsere Mutter Erde, sie ist die Schöpferin und Erhalterin alles Lebens. Sie ist die Hüterin des Mysteriums Leben, sie webt und wirkt in einer Komplexität jenseits des Verstehbaren das Sein und das Nicht-Sein der Existenz auf allen Ebenen. Sie ist es, die sich in allem Lebendigen manifestiert und die Dir Nahrung und Fülle schenkt. So liebe sie aus ganzen Herzen, und habe Ehrfurcht vor dem Wunder des Lebens …

Alles Leben vollzieht sich in Rhythmen, die uns von den großen kosmischen Bewegungen der Sonne und des Mondes geschenkt werden. Stimme Dich auf diese Rhythmen ein, und lasse sie Deine Zeit führen. Die Rhythmen des Jahreskreises mit seinen Übergängen sind tiefe, universelle Bezugspunkte: Sie erschaffen Geburt, Wachstum, Reife, Altern, Tod und Wiedergeburt. Als solches sind sie die Lehrmeisterinnen für die Übergänge in Deinem persönlichen Leben. Eingebunden in und gehalten von den großen Zyklen der Natur gestalte in Deinem persönlichen Leben Dein Erschaffen und Auflösen. Lerne, Dich selbst zu verstehen und zu verändern in diesem großen Bezugsrahmen …

Vielleicht ist dies das Wichtigste, was ich Dir ans Herz legen will: Alles Leben kommt aus der Mutter, und Schöpfung geschieht fortwährend und in der jeweiligen Gegenwart, und ist nicht in ferner Vergangenheit oder mittels eines fiktiven Urknalls ein für allemal geschehen. Diese Grundtatsache des Lebens lass Dir heilig sein, wie sie für die Menschheit über Hunderttausende von Jahren Grundlage ihrer Kosmologie und Spiritualität war. Wenn Du Leben empfängst und weitergibst, wirst Du zur Mit-Schöpferin des Lebens und Teil der göttlichen Kraft. Liebes Kind: Das Göttliche lebt und wirkt in den Dingen, nicht außerhalb oder über ihnen. Es glitzert in der Quelle, es wohnt in der alten Eiche, es funkelt im Sternenhimmel, es ist eine spürbare Präsenz in der Ahnenhöhle, es vibriert im Grashalm und jauchzt in der Lerche, es hallt im Donner, tanzt im Vulkan und im Feuer der heiligen Rituale. Es schwingt im Entzücken der Liebe und in den freudigsten Liedern und Tänzen, es wohnt in jeder Deiner Zellen; es ist auch in dem, was uns als Krankheit entgegentritt, im Annehmen des Dunklen, im Loslassen und Sterben …

Alle Liebe, Freude und Lust kommen von ihr und Dein freudiges Herz ist ihre schönste Verehrung.

Ich segne Dich!«

Welcher weisen Frau auch immer wir diese Gedanken und Sätze verdanken – sie vollbrachte für unsere Zeit, was Homer und orphische Dichter für ihre antiken Tage erschufen. Ich richte mein Lob und meinen Dank an die unbekannte Weise und nehme gerne ihren Segen an für unterwegs. Und es bleibt dabei: Gaia loben, die Allmutter loben, das ist unser Amt … und unsere Freude dazu.

DIDAKTISCHE HANDREICHUNGEN ZU GAIA

1) *MUTTERUNSERE*

Heilige Mutter MATERia,
Du bist Himmel und Erde
Feuer, Wasser, Luft und Geist,
die EINE mit vielen Namen,
Inanna, Ishtar, Lilith, Eva, Maria,
die ekstatische Verschmelzung von Göttin und Gott,
die alles gebiert.

Alles, was wir aus Freude und Liebe tun,
sind Deine Rituale.
Du liebst uns immer bedingungslos,
auch wenn wir uns von Dir abwenden.

Du bist die reiche Erde,
die Gesundheit und Glück besitzt,
die mächtiger ist als alle ihre Kreaturen.
Du lehrst Deine Töchter, dass Du unsere Seele bist,
die MANN nicht mit Stiefeln zertritt.

O GÖTTIN, Du bist nicht das Opfer des HERRN,
der die Erde unterwirft und die Frauen,
und Du verschlingst niemanden;
denn Du liebst und erlöst
Deine Töchter und Söhne aus Magdschaft und Knechtschaft

Und verwandelst Unterdrückung, Leiden und Tod
In neues ewiges Leben.

Selig sind, die Dich lieben
und aus Deiner Weisheit leben,
die Verzweiflung und Aggression
in Vertrauen und Eros wandeln,
die nicht strafen, sondern vergeben,
die nicht hassen, sondern lieben.

Du bist die Kraft in allem,
unsere Schwester, Geliebte und weise Alte,
Die tollkühn liebende Jungfrau,
Die kosmische Mutter alles Lebendigen,
Die uralte Weisheit und die Liebe und das Vertrauen
und die Offenheit
in ewiger Glückseligkeit.
Amen.

(Elga Sorge. Religion und Frau, S. 91)

- **Vergleiche in einem Aufsatz dieses Gebet mit dem christlichen »Vaterunser«. Wo sind Gemeinsamkeiten, wo sind Unterschiede?**

- **Halte ein Referat über das (berufliche) Leben der feministischen Theologin Elga Sorge. Veranschauliche ihr literarisches Schaffen anhand von ausgewählten Kostproben ihres Werkes.**

2) Wenn du in Kirchen und Kapellen stehst, vor Heiligenfiguren auf Brunnen oder in Bildstöcken, vor Kruzifixen am Wegrand oder vor Gottes-, Götter- und Göttinnendarstellungen in Museen, dann mach dir bewusst, dass es Königin Isis ist, die Allmutter, die dir zuruft, die hinter allen Namen verehrt wird. Und das umfasst nicht nur alle Gottheiten vor ihr oder zu den Zeiten ihrer Verehrung, sondern wird auch im Christentum weitergeführt. Denn bis auf den heutigen Tag finden sich ihre Spuren z. B. in den Gebeten an die Gottesmutter Maria, die im Volksglauben ihr Erbe angetreten hat – unabhängig davon, was die Theologie intellektuell aussagt. Das zeigt sich etwa in der auch heute noch gebeteten *Lauretanischen Litanei,* die auf mittelalterliche Wurzeln zurückgeht und deren heute gültige Formulierung von 1531 stammt:

Du Sitz der Weisheit
Du Ursache unserer Freude
Du Tempel des Heiligen Geistes …
Du geheimnisvolle Rose …
Du elfenbeinerner Turm
Du goldenes Haus
Du Arche des Bundes
Du Pforte des Himmels
Du Morgenstern

Du Heil der Kranken
Du Zuflucht der Sünder
Du Trösterin der Betrübten …
Du Königin der Engel …
Du Königin aller Heiligen …
Du Königin, in den Himmel aufgenommen
Du Königin des heiligen Rosenkranzes
Du Königin der Familien
Du Königin des Friedens

(Auszug aus der Lauretanischen Litanei)

○ **Gestalte aus den Bildern dieser Anbetung ein Kunstwerk – je nach Vorliebe bildnerisch, musikalisch, tänzerisch.**

3) In dem Kapitel »Zum Matriarchat und der Göttin in uns« zitiert Bernhard A. Grimm tief beeindruckt einen Text, der im Rahmen des amerikanischen Goddess Movement als Wicca-Glaubensbekenntnis verwendet wird. Darin steht unter anderem:

»Ich bin Heidin und widme mich dem Leiten der spirituellen Energie meines inneren Selbst, um mir selbst und anderen zu helfen und um zu heilen.
Ich weiß, dass ich ein Teil aller Natur bin. Möge ich wachsen, indem ich die Einheit aller Natur begreife. Möge ich stets im Gleichgewicht gehen.
Möge ich die psychische Kraft weise nutzen und sie niemals aggressiv oder für böswillige Kräfte einsetzen. Möge ich sie niemals dazu benutzen, den freien Willen eines anderen zu beschränken.
Es möge mir stets bewusst sein, dass ich meine eigene Realität kreiere und die Kraft in mir habe, in meinem Leben Positives zu erschaffen.
Mögen meine innere Weisheit und mein Verstehen stets wachsen. Möge ich jedes Problem, dem ich gegenüberstehe, als Gelegenheit erkennen, mich spirituell zu entwickeln, indem ich es löse.
Möge ich allen anderen Wesen auf diesem Planeten gegenüber stets Liebe zeigen – gegenüber anderen Menschen, den Pflanzen, Tieren, Mineralien, Elementen, Geistern und anderen Wesenheiten.
Möge mir immer bewusst sein, dass die Göttin in all ihren Formen in mir wohnt und dass diese Göttlichkeit durch mein eigenes inneres Selbst, meinen heidnischen Geist reflektiert wird.
Möge ich stets Liebe und Licht aus meinem Wesen leiten. Möge statt meinem egoistischen Selbst mein innerer Geist all meine Gedanken, Gefühle und Handlungen leiten.
So sei es!«

(Zit. nach Johanna Schacht u.a. Europa heißt die Weitblickende, S. 94f.)

○ **Beantworte folgende Fragen in einem Aufsatz mit dem Titel »Heidin sein«:**
Wie kommt diese Art der Selbstverpflichtung bei dir an?
Was ist dir fremd?
Was kommt dir bekannt vor?
Was stößt dich ab?
Was könntest du unterschreiben oder für dich übernehmen? Begründe!

4) In einem Basler Quartier – einem sogenannten Multikulti-Stadtviertel mit entsprechenden Auswirkungen auf die dortige Schule – hat die Musiklehrerin Sabine Wöhrle, um die Kinder mit Migrationshintergrund zu integrieren und dadurch alle Kinder zu fördern, den Kinderchor »Kolibri« gegründet. Im Herbst 2012 erhielt sie für dieses Engagement den Basler Integrationspreis. Inzwischen umfasst der »Kolibri« drei Chöre und Kinder aus 21 Ländern und Sprachen. Die »Hymne« des Kinderchors ist das Lied »Wir sind die Kinder einer Erde«, bei dem das Publikum Gänsehaut bekommt und gestandenen Männern im schwarzen Anzug Tränen in die Augen getreten sind …

WIR SIND KINDER EINER ERDE

Wir sind Kinder einer Erde, die genug für alle hat.
Doch zu viele haben Hunger, und zu viele sind nie satt.
Einer prasst und andre zahlen, das war bisher immer gleich.
Nur weil viele Länder arm sind, sind die reichen Länder reich.

Viele Kinder fremder Länder sind in unsrer Stadt zu Haus.
Wir sind Kinder einer Erde, doch was machen wir daraus?
Ihre Welt ist auch die unsre, sie ist hier und nebenan.
Und wir wollen sie verändern, kommt, wir fangen bei uns an!

Refrain: Wir sind die Kinder einer Erde …

Wir sind Kinder einer Erde, doch es sind nicht alle frei.
Denn in vielen Ländern herrschen Militär und Polizei.
Viele sitzen im Gefängnis, Angst regiert von spät bis früh.
Wir sind Kinder einer Erde, aber tun wir was für sie?

Refrain: Wir sind die Kinder einer Erde …

- **Überlege dir, was der Text dieser »Hymne« für die Kinder mit Migrationshintergrund wie für die ansässigen Kinder bedeutet – und was der Grund sein könnte, warum gestandenen Männern die Tränen kommen, wenn sie Kinder ihres eigenen Landes zusammen mit Kindern aus aller Welt so etwas singen hören. Schreibe deine Gedanken auf.**

- **Schau dir die Website des Kinderchors »Kolibri« an – www.kinderchorkolibri.ch – und beschreibe in einem Werbe-Flyer für Eltern, was diesen Kinderchor und seine spezielle Zusammensetzung ausmacht.**

- **Verfasse als Pendant zur »Erklärung der Menschenrechte« eine »Erklärung der Menschenpflichten gegenüber Mutter Erde«. Erarbeite die Erklärung in geschlechtshomogenen Gruppen. Bringt die Ergebnisse auf ein Plakat und stellt es eine Woche lang auf einer Stellwand an prominenter Stelle im Schulhaus auf.**

5) *Erde, ich spüre dich*

Erde, ich spüre dich.
Leise berühr ich dich.
Dulde den Menschenfuß,
Fühl meinen Liebesgruß.

Trägst mich bei jedem Schritt,
Nimmst meine Last noch mit,
Schenkst mir die Heimat hier,
Erde, ich danke dir!

(Hedwig Diestel, 1901-1991, stammte aus Schwerin und wurde Kindergärtnerin, Eurythmistin und Dichterin. Ihr Gedicht »Erde, ich spüre dich« findet sich auf http://wfgw.diemorgengab.at/zit/WfGWged00.htm)

- **Suche eine passende Melodie für dieses Gedicht und schreibe die Noten dazu auf. Singe das Lied deiner Klasse vor.**

6) Bolivien und Ecuador sind Länder mit einem hohen Anteil indigener Bevölkerung, die z. T. noch matriarchal lebt. Für sie ist es klar, dass die Wertschätzung der Menschen mit der Wertschätzung der Erde, von Pacha Mama, verbunden ist. Dieses Bewusstsein schlägt sich in revolutionären neuen Verfassungen nieder, die seit 2007 und 2008 in Kraft sind und in denen auch die Rechte von Pacha Mama festgeschrieben sind, womit die Achtung vor Mutter Erde angesprochen ist.

○ **Suche alle Artikel, in denen Mutter Erde genannt wird,**
- in der Bolivianischen Verfassung (entweder über Internet oder über eine Länder-Botschaft),
- in der Verfassung deines eigenen Landes,
- in den zehn Geboten, die Boliviens Präsident Evo Morales verfasst und auf der UNO-Generalversammlung vorgetragen hat,
- in den christlichen Zehn Geboten.
Schreibe sie in einer Synopse auf eine Stellwand und diskutiere darüber mit deiner Klasse. Fasse die Ergebnisse schriftlich zusammen.
Die Stellwand kann von Klasse zu Klasse weitergegeben werden als Grundlage für Diskussionen über die Zukunft unseres Planeten.

7) Sprachbetrachtung

○ **Suche in der deutschen Sprache nach Ausdrücken, in denen die Erde als körperliches Wesen sichtbar wird, indem Landschaften sprachlich mit Körperteilen verbunden sind.**

PYTHIA SPRICHT

Sicher hast du schon von Delphi, dem ältesten und berühmtesten Orakelort Griechenlands, gehört. Und dieser Name, Delphi, sollte dich aufhorchen lassen. Er bedeutet »Schoß« und weist darauf hin, dass an diesem Ort der Schoß unserer Mutter Erde und ihre Schöpfungskraft verehrt wurde.

Ich, die Hohepriesterin der Großen Göttin Gaia, habe seit urältesten Zeiten hier als Schlangenpriesterin gewirkt und ich habe meine hellseherische Gabe zu meiner göttlichen Aufgabe gemacht. Stets bin ich in Verbindung mit Gaias Orakelgeistern. Ich, die Hohepriesterin der Großen Göttin, durfte über einer Erdspalte die Stimme unserer Mutter Erde empfangen und sie den Menschen als Prophezeiungen und Ratschläge weitergeben. Ich, die Hohepriesterin der Gaia, habe dieses Amt erst im Alter von 50 Jahren übernehmen dürfen, weil ich erst durch meine Altersweisheit so viel mentale Stärke erworben hatte, dass ich mit den Kräften dieses besonderen Ortes umzugehen in der Lage war.

Im Tempel der Großen Göttin stand ein heiliger Stein. Er galt als Mittelpunkt des Kosmos und wurde Omphalos genannt. Die Menschen übersetzten seinen Namen fälschlicherweise mit »Nabel«. Sieh dir seine Form genau an. Hat er etwa Ähnlichkeit mit einem Nabel? Die richtige Übersetzung von Om-phallos (»Schoß-Penis«) lässt dich die Form des heiligen Steines besser verstehen. Er symbolisierte die Klitoris als heiliges genitales Zentrum der Mutter Erde.
Auf antiken Münzen findest du den Omphalos abgebildet zwischen zwei Tauben. Sie galten ursprünglich als Symbole weiblicher Genitalien. Diese Zusammenhänge waren den Menschen bekannt als heilige Geheimnisse, die in Mysterienfesten gefeiert wurden.

Zwar ist dieses Wissen in Europa durch das Christentum verloren gegangen. Doch zum Glück ist es dank der Modernen Matriarchatsforschung wieder ans Licht gekommen. Und ich freue mich auf die Zeit, in der dieses Wissen dazu führen wird, dass die Menschen ihr Verhältnis zur Natur tiefgreifend verändern.

Pythia
oder die Wahrheit aus der Tiefe

»Pythia« in der Pariser Oper, 1869–1870, von Marcello (Pseudonym der Schweizer Malerin und Bildhauerin Adèle d'Affry, auch Herzogin von Colonna genannt)

Die mythische Gestalt der Pythia kennen wir gemeinhin nicht als Göttin, sondern eine Priesterin und Weissagende. Das gängige Bild ist das, wie sie Lorbeerblätter kauend auf ihrem Dreifuß über einer Erdspalte sitzt, der bewusstseinsverändernde Dämpfe entweichen, und so ihre Orakel verkündet. *Ihre* Orakel? Wird das gesehen, anerkannt, gewürdigt? »Berühmt war in der Antike das Orakel im Apollon-Heiligtum von Delphi«, und er, Apollon, wird im Basler Ausstellungsführer zu »Wann ist man ein Mann? Das starke Geschlecht in der Antike« (2013) vorgestellt als »der Gott der Weissagung, des Lichts, der Musik, aber auch der Heilung«.[1] Er wird von den Autoren des besagten Ausstellungsführers als der weissagende Gott herausgestellt, und Pythia ist in dieser Broschüre nicht viel mehr als sein Sprachrohr, wird doch auch immer wieder betont, dass ihre rätselhaft unverständlichen Aussagen natürlich von Priestern gedeutet werden mussten. Dies ist in der Forschung allerdings umstritten, und der US-amerikanische Philologe und Religionswissenschaftler Joseph Eddy Fontenrose kam in seinen Forschungen zum Ergebnis, dass die Pythia direkt zu den Fragestellern gesprochen hat.[2] Allerdings spricht eine männliche Beschreibung dieses Vorgangs Bände: »Pythia stammelt und lallt in unzusammenhängenden Worten. Die Priester bringen sie in die Ordnung menschlicher Sprache.« Damit ist das Problem noch nicht gelöst, denn die »Antworten des Gottes bleiben auch so vieldeutig. Er ist der Apollon

1 Antikenmuseum Basel und Sammlung Ludwig (Hg.). Ausstellungsführer zu »Wann ist ein Mann ein Mann? Das starke Geschlecht in der Antike«, S. 23
2 Vgl. Joseph Eddy Fontenrose. The Delphic Oracle. Its Responses and Operations. With a Catalogue of Responses. Berkeley 1978, S. 288

Loxias (der krumm redende Gott).« Und das verschafft Personen und Gruppierungen, die sich die Deutungshoheit aneignen, eine bis auf den heutigen Tag anhaltende Macht samt den damit verbundenen Gefahren des Missbrauchs: »Orakel und Priesterschaft greifen tatkräftig in das öffentliche und private Leben ein. Priesterschaften üben je und je mit ihrer Verwaltung der Wahrheit, bis hin zum jesuitischen Beichtstuhl in den Epochen der Gegenreformation und des Barock, starke, unkontrollierte Einflüsse aus«[3].

Michelangelos Sibylle von Delphi an der Decke der Sixtinischen Kapelle im Petersdom in Rom

Soweit die zeitlich jüngere, also patriarchale Fassung der orakelnden Pythia. Gehen wir jedoch in der Geschichte des Ortes Delphi und seiner Heiligtümer weiter zurück, dann tauchen ganz andere Zusammenhänge auf. Wörtlich heißt »Delphi« nämlich »Schoß« und »Gebärmutter«, und an diesem Ort wurde – nomen est omen – Mutter Erde, die Erd-Göttin Gaia, unter dem Namen »Delphyne« mit ihrem Schlangensohn und Schlangengemahl Python kultisch verehrt, wobei ihre Priesterinnen-Töchter, die Pythiai, die Rituale leiteten.[4] So also war das ursprünglich. Als geradezu dreist empfinde ich die Behauptung von Arthur Cotterell, es sei »die Apollon-Priesterin von Delphi zur Erinnerung an Python«, den Apollon erschlagen hat, Pythia genannt worden.[5] Gemäß Widmer/Riniker ist es nämlich unumstritten, dass das »sprachliche und religionsgeschichtliche Inventar der Orakel-Stätte ihre Verankerung in den ältesten Schichten der Heiligkeit und Macht der Mutter Erde« aufzeigt und belegt. Dabei sei die »geheimnisvolle Höhle, der Felsspalt, als Mund (stomion) bezeichnet (worden), was zugleich die Bedeutung der Vagina enthält.«[6] Und zum legendären »omphalos« schreiben sie, dass er den »Nabel – sprich Mittelpunkt – der Erde« meinte, wobei, wenn wir von der Vagina bzw. der Vulva herkommen, die Deutung als Klitoris anstelle von Nabel schon anatomisch gesehen wortwörtlich näherliegt. So sieht das auch Barbara G. Walker in ihren »geheimen Symbolen der Frauen«: Auf jenen uralten bilderlosen und auch keine Göttin direkt darstellenden

3 Hans Widmer u. Hans Riniker. Von Zeus zu Europa, S. 158
4 Vgl. Barbara G. Walker. Das geheime Wissen der Frauen, S. 159, siehe dazu auch Adelheid Bode-Paffenholz. Wildpfade, S. 60
5 Vgl. Arthur Cotterell. Die Welt der Mythen und Legenden, S. 237
6 Hans Widmer u. Hans Riniker. Von Zeus zu Europa, S. 158

Steinen, die aber »Urgöttinnen wie Artemis, Themis oder Kybele, die ›Große Mutter‹ der Götter verkörpern«, fand die Forschung »dieselben konischen oder pyramidalen Erhebungen ..., die man einstmals buchstäblich als das geographisch-genitale Zentrum der Mutter Erde betrachtete. Diese Interpretation des omphalos wird weiter gestützt durch sein häufiges Erscheinen auf antiken Münzen und Flachreliefs, wo er zwischen zwei Tauben abgebildet ist.« Und die Taube – später im Christentum die Taube des Heiligen Geistes – »war der Aphrodite heilig und wurde oftmals mit den weiblichen Genitalien assoziiert.«[7] Gemäß dem antiken Autor Strabo wurden dem Omphalos jedoch zwei Adler zur Seite gestellt, weil Zeus »an den beiden Enden der Welt je einen Adler« losgelassen hatte, und »dort, wo sie sich begegneten, ist die Erdmitte.«[8] Die Deutung, dass es Tauben sind, die den Omphalos umgeben, verdankt Walker zwar einer frühen, aber unverdächtigen Quelle: dem Buch »The Migration of Symbols« (Die Wanderung der Symbole), das der belgische Professor für Religionswissenschaften, Graf Eugène Goblet d'Alviella (1846-1925), 1894 in London publiziert hatte.

Auch bei Heide Göttner-Abendroth gehören Tauben zu Orakelstätten. In ihrer Neu-Erzählung der griechischen Sagen ist es Hestia, die in Nordgriechenland der Eurynome »ein Heiligtum, das Orakel von Dodona« baute. »Es war das erste und damit das älteste in Griechenland. Im Eichenhain von Dodona setzte sie Priesterinnen ein, die Tauben hüteten, die heiligen Vögel der Eurynome. Aus dem Gurren der Tauben, dem Rascheln des Eichenlaubes und dem Aneinanderschlagen von kupfernen Gefäßen, die in den Zweigen hingen, weissagten sie kranken Menschen den Weg zur Heilung. Denn jedes Orakel der Göttin war ein Ort der Heilkunst.«[9] Und dann zog Hestia weiter. »Als sie in Mittelgriechenland ankam, gründete sie das berühmte Orakel von Delphi. Hier verehrte sie ihre Großmutter Gaia, die Erde ... Daphnis war die erste Priesterin dieses Orakels«.[10] Wobei »›Orakel‹ kein mystisches Sprüchemachen meint, sondern Teil der damaligen Heilkunst war, die

7 Barbara G. Walker. Die geheimen Symbole der Frauen, S. 151
8 Hans Widmer u. Hans Riniker. Von Zeus zu Europa, S. 158
9 Heide Göttner-Abendroth. Inanna, Gilgamesch, Isis, Rhea, S. 178
10 Ebd., S. 179

sich ganzheitlich um Leib und Seele der Hilfe suchenden Menschen bemühte und ihre eigenen Diagnose-Methoden hatte.« Und deshalb war Delphi wie andere Orakelstätten gleichzeitig ein Zentrum des alten Medizinkultes, »worauf die Anwesenheit der Heilschlange (Ophion) hinweist.«[11]

Gemäß Patricia Monaghan ist Pythia sowieso weniger ein Eigenname als vielmehr eine Berufsbezeichnung für die weissagenden Seherinnen. Und nur in ihrem »Lexikon der Göttinnen« habe ich den Hinweis gefunden, dass eine Frau »die Welt fünfzig Jahre lang mit den Augen einer Sterblichen gesehen« haben musste, bevor sie würdig war, »eine Pythia zu werden«, was in Rom ja laut Heide Göttner-Abendroth auch für die Vestalinnen gegolten haben soll.[12] »Es hieß, dass nur Altersweisheit und Unbeirrbarkeit dazu befähigten, die Kraft auszuhalten, die an dieser Stelle von der Erde aufstieg. Eine Pythia musste auch verheiratet sein, und zwar aus Achtung vor der ursprünglichen Besitzerin des Tempels, der Erdmutter Gaia.«[13] Dabei dürfen wir annehmen, dass Gaias vorpatriarchale Kultstätte ein Rundtempel war – auch hier lässt Hestia grüßen –, dessen Grundriss Apollon wohlweislich übernommen und beibehalten hat.

Nach Gaia standen zwei ihrer Töchter aus dem göttlichen Geschlecht der Titanen – zuerst Themis und dann Phoibe – dem Orakel von Delphi vor, beide wahrsagende und hochverehrte Göttinnen. Von Themis weiß Monaghan zu berichten: »Themis beherrschte auch die Prophetie, denn sie kannte die Natur des Menschen so gut wie die Probleme der menschlichen Gesellschaft und konnte so den Ausgang jedes Kampfes vorhersagen. Deshalb teilte sie mit ihrer Mutter Gaia das berühmte Delphische Orakel.«[14] Die Titanin Phoibe war die Mutter von Leto und damit die Großmutter Apollons. Die Dichter der Spätantike machten Phoibe zur Mondgöttin, und als solche trug sie den Titel »Die Glänzende«.[15] Christa Wolf schreibt über das matriarchale Delphi: »Parallel zum Prozess der Staatenbildung unterliegen die alten Stammesgöttinnen den neuen, staatlich anerkann-

11 Ebd., S. 223
12 Vgl. ebd., S. 225
13 Patricia Monaghan. Lexikon der Göttinnen, S. 232
14 Ebd., S. 268
15 Ebd., S. 227

ten Göttern. Und in diesen gleichen Jahrhunderten geschah es, dass aus dem Kult der Bergnymphe Daphnis (›Lorbeer‹), die, von der Erdmutter Ge als Wahrsagepriesterin eingesetzt, in einer einfachen Hütte aus Lorbeerzweigen im 2. Jahrtausend vor unserer Zeit in Delphi ihren Dienst tat … – dass aus dem rein matriarchalischen Kult von Priesterinnen, die mit Chorgesang, Tanz, Opferritualen und Orakelsprecherei jeden wichtigen öffentlichen Anlass ihres Clans, ihres Stammes begleiteten; dass aus einem späteren ›Tempel aus Wachs und Federn‹, der von Bienen gebaut worden sein soll (diesem Tier weiblicher Clans), schließlich im siebten Jahrhundert der erste große Bronzetempel in Delphi sich erhob, der, nun eindeutig dem Apoll geweiht, die ›goldenen Sängerinnen‹ nur noch als Giebelfiguren getragen haben soll …«[16]

Rundtempel in Delphi

Aber auch Widmer/Riniker, die den Mutter-Erde-Hintergrund von Delphi durchaus sehen und darstellen, sind unbekümmert rasch bei der Übernahme des uralten Feldes »der Mantik, der Kunst der Weissagung« durch den ewig jugendlichen Gott Apollon, der »das abgelegene Delphi, eine uralte Orakelstätte, dem Apollonkult und -mythos angliedert« und sie »radikal – baulich und inhaltlich« – verändert: Er »passt sie seinem Wesen an und macht aus ihr ein Anderes, ein Eigenes, ein Neues.«[17] Heydecker entlarvt diese elegante Umschreibung als »einen patriarchalischen Überbau, denn der Ursprung des Orakels liegt ja in vorgeschichtlicher, also mutterrechtlicher Zeit. Und tatsächlich war und blieb die Hauptperson von Delphi immer eine Frau, die Pythia« und »auch in klassischen Tagen blieb allgemein die Gewissheit bestehen, es sei Gaia, die Erd- und Urmutter, die das Heiligtum erschaffen habe. Kamen nicht die inspirierenden Dämpfe aus der Tiefe der Erde?«[18] Das spiegelt sich auf

16 Christa Wolf. Voraussetzungen einer Erzählung: Kassandra, S. 143
17 Hans Widmer u. Hans Riniker. Von Zeus zu Europa, S. 157f.
18 Joe J. Heydecker. Die Schwestern der Venus, S. 180

Schönste am Beginn der »Eumeniden«, dem dritten Teil der »Orestie«, den der griechische Dichter Aischylos 458 v. u. Z. geschrieben hat. Denn dort ehrt die pythische Seherin in Delphi zuerst von allen Gottheiten die Urprophetin Gaia, dann Themis, die ihrer Mutter Sehersitz als Zweite besessen hat, schließlich deren Schwester Phöbe und erst dann Phöbus, also Apollon, mit einem Gebet. Damit wird offensichtlich, dass Apollon hier gezielt eine Enteignung und feindliche Übernahme vollzogen hat, denn von nun an ist *er* es, der die Sehergabe verleiht, und er selbst gibt sich, nachdem er Python, die heilige Orakel-Schlange, erschlagen hat, den Beinamen »Pythos«: »Pythia heißt« von nun an »*seine* Priesterin, und die Spiele sind die pythischen«.[19]

Die Göttin Themis in der Rolle der Pythia prophezeit dem attischen König Aigeus einen Sohn, attische Trinkschale aus der etruskischen Stadt Vulci, etwa 440/430 v. u. Z.

In einer Variante der Mythe war Pythia selbst die heilige weibliche Schlange »mit dem bezeichnenden Beinamen Delphynes (›Der Schoß‹)«, die von Apollon getötet wurde. Pythia war als Schlange »selbst die Bewacherin der Quelle der Verheißungen … Ihr zu Ehren sollen alle späteren delphischen Orakelverkünderinnen den Namen Pythia angenommen haben.«[20] In der homerischen Fassung erschlägt Apollon einen weiblichen Drachen. Und kritisch bemerkt Christa Wolf in ihren Frankfurter Poetik-Vorlesungen, Apollon trete im Zuge der Patriarchalisierung als »der erste Drachenbesieger« auf.[21] Wie er die Heiligtümer von Muttergottheiten usurpierte, beschreibt Erika Simon anhand der Entwicklung des Kultes von Apollon, der nach der griechischen Vorstellung ja der Sohn der Göttin Leto, der Enkel der Göttin Phoibe und somit der Urenkel der Göttin Gaia war: »Dadurch, dass die Geburtsgeschichte für seine Gestalt so wichtig wurde, trat

19 Hans Widmer u. Hans Riniker. Von Zeus zu Europa, S. 158; siehe dazu auch Buffie Johnson. Die Große Mutter in ihren Tieren, Kap.: Schlange, besonders: Griechische Schlangengottheiten

20 Patricia Monaghan. Lexikon der Göttinnen, S. 232

21 Christa Wolf. Voraussetzungen einer Erzählung: Kassandra, S. 142; zu Drachentöter und Drachenüberwinderin siehe auch Europa-Kapitel

Apollon in Beziehung zu einer der in der Ägäis hochverehrten Muttergöttinnen. An ihrer Seite konnte er seinen Siegeszug durch die Ägäis beginnen, konnte er sich an Orten festsetzen, an denen einst mütterliche Gottheiten verehrt worden waren.«[22]

Auf dem Weg zum Apollon-Tempel und darum herum häufen sich die Schatzhäuser, wo die Ratsuchenden – Einzelpersonen bis zum Rang von Königen und reiche Stadtstaaten – ihre Gaben/Opfer/Bezahlungen abliefern; 13 sind literarisch bezeugt, 23 hingegen bereits ausgegraben worden. Aber auch unter dem neuen Regime waltet Pythia nach wie vor ihres Amtes, indem sie Fragen beantwortet, Rat gibt – meist auf Fragen in alternativer Form, ob dies oder jenes getan oder besser gelassen werden solle, wobei Pythia auch oft aus weißen oder schwarzen Bohnen das Los zieht. Aus der Krypta des Tempels, auf ihrem Dreifuß über den aufsteigenden Dämpfen kauernd, orakelt sie nur in schwierigen Fällen: »In Verzückung lässt sie die Stimme Apollons vernehmen. Sie ist Medium der Gottheit, von ihr besessen. Apollon spricht durch ihren Mund«, wobei die einen vom »›pythischen Delirium‹« sprechen, Platon und Plutarch hingegen eher von poetischer Inspiration oder enthusiastischen Aussagen. Ganz in diesem Sinne zeige auch die darstellende Kunst »eine ruhige, heitere, konzentrierte Pythia«.[23] Aber so, wie Apollon einst das Heiligtum der Gaia zerstört hatte, wird der christliche Kaiser Theodosius seinerseits die von Apollon usurpierte Orakelstätte im 4. Jahrhundert schließen, und nach ihm wird sein Sohn Arcadius die dazugehörige Tempelanlage zerstören lassen.[24]

Seherinnen, Sibyllen, Prophetinnen

Nicht nur, dass Apollon Delphi seinem Machtbereich untergeordnet hat, er hatte auch sonst eine Vorliebe für weissagende Frauen. So begehrte er die Sonnenpriesterin Kassandra, die schönste der zwölf Töchter des Königs Priamos von Troja, und versprach ihr, »er

22 Erika Simon: Die Götter der Griechen, S. 136
23 Hans Widmer u. Hans Riniker. Von Zeus zu Europa, S. 157f.
24 Barbara G. Walker. Das geheime Wissen der Frauen, S. 160

würde ihr jeden Wunsch erfüllen, wenn sie mit ihm schlafe. Sie forderte die Kraft der Weissagung, und unverzüglich gewährte ihr Apollon diesen Wunsch«[25] – offenbar ein bisschen zu voreilig, denn kaum war Kassandra erhört worden, wimmelte sie den »Verliebten« dezidiert ab, worauf der Enttäuschte sie heftig küsste, was absolut unerwünschte Folgen zeitigte: »Seit diesem Kuss war Kassandra verflucht. Alles, was sie prophezeite, wurde wahr und dennoch als Lug und Trug angesehen.«[26] Niemand glaubte ihr, im Gegenteil: Sie wurde für wahrsinnig erklärt und erhielt kein Gehör. So wurde ihr die ersehnte Gabe zum Fluch – da durch List und Trug errungen. Aber die Geschichte zur Ursache ihres Unglücks wird auch anders herum erzählt. Bei Christa Wolf nähert sich Apollon Kassandra im Traum – und dies ungerufen im Tempelbezirk, wo sie verpflichtet war zu schlafen. Er verstört sie mit grausam blickenden Augen: »Apollon, der Gott der Seher. Der wusste, was ich heiß begehrte: die Sehergabe, die er mir durch eine eigentlich beiläufige, ich wagte nicht zu fühlen: enttäuschende Geste verlieh, nur um sich mir dann als Mann zu nähern, wobei er sich – ich glaube, allein durch meinen grauenvollen Schrecken – in einen Wolf verwandelte, der von Mäusen umgeben war und der mir wütend in den Mund spuckte, als er mich nicht überwältigen konnte.«[27] Und als sie aufwacht, flieht sie entsetzt zu ihrer Mutter.

Aber die Vorstellung, dass es Apollon ist, der den Frauen die Gabe des Sehens erteilt, ist spätes, historisch also junges, patriarchales Gedankengut. Johann Jakob Bachofen ist in seinem »Mutterrecht« von 1861 ganz anderer Meinung, und der Appellationsrat zu Basel betont: »Älter als die männliche ist die weibliche Prophetie«.[28] Aus seiner Überzeugung, dass »das Mysteriöse das wahre Wesen jeder Religion bildet«, schließt er: Wo immer »das Weib auf dem Gebiete des Kultus und dem des Lebens an der Spitze steht, wird es gerade das Mysteriöse mit Vorliebe pflegen. Dafür bürgt seine Naturanlage, die das Sinnliche und Übersinnliche stets unlösbar verbindet.«[29] Daraus folgert Joe J. Heydecker mit Bachofen,

25 Patricia Monaghan. Lexikon der Göttinnen, S. 153
26 Ebd., S. 153
27 Christa Wolf. Kassandra, S. 19
28 Johann Jakob Bachofen. Das Mutterrecht, Bd. I, S. 27
29 Ebd., S. 29

dass eben der Frau »das Mysterium anvertraut ist«, und dass sie es zu bewahren, zu verwalten und dem Mann mitzuteilen hat.[30] Johanna Schacht sieht in der Fähigkeit zum Weissagen eine der zentralen Eigenschaften der Priesterköniginnen »in frühen Hochkulturen aus der Übergangsphase zum Patriarchat«: »Bis in die Antike hinein pflegten die Orakelpriesterinnen einen schamanischen Weissagungskult an uralten Kultstätten, die an exponierten Orten in der Natur, oft mit grandiosem Blick auf die umgebende Landschaft, errichtet waren. Ursprünglich wurden an diesen Kraftplätzen heilige Quellen und Bäume verehrt, Heil- und Initiationsrituale abgehalten, sowie die schöpferischen Kräfte des Universums verehrt. Rhythmische Jahreszeiten-Feste stabilisierten das Weltbild der vorgeschichtlichen Menschen in der Einheit von Mythos und Kultus.«[31] Auch Joe J. Heydecker beobachtet: »Weissagung und Prophetie sind fast immer Frauensache – Pythia, Kassandra, die Sibyllen, bis herab zu den sogenannten ›Wahrsagerinnen‹ heute.«[32] Von Sibyllen schreiben auch Heraklit und Platon, wobei jedoch beide nur von je einer Zeugnis ablegen. »Später wurden es mehr, worunter die Sibyllen von Erythrai und Kyme (das italische Cumae) besondere Berühmtheit erlangten.«[33]

Der Name »Sibylle« kommt laut Barbara G. Walker von »Grottenbewohnerin«, der lateinischen Bezeichnung der Großen Göttermutter Kybele. Dieser Name soll von der babylonischen Göttin »Subultu« abgeleitet worden sein, deren »wahrsagender Geist in der heiligen Grotte von Cumae Generationen von Priesterinnen beschäftigte.«[34] Diese Grotte in der Nähe des Averner Sees nahe Neapel sei der dreifaltigen Hekate geweiht gewesen und galt deshalb als Pforte zur Unterwelt; sein ursprünglich griechischer Name – »See ohne Vögel« – deutet auf giftige vulkanische Dämpfe hin, also passen die Weissagerinnen – analog zu Delphi – bestens dorthin. Kein Wunder, sollen doch Sibyllen Verstorbene zum Zweck nekromantischer Totenbefragungen ausgerechnet an diesen Ort zitiert haben. 1932 wurde in Cumae die alte Höhle der Sibylle(n) entdeckt; sie hat eine 20 m hohe Decke und

30 Joe J. Heydecker. Die Schwestern der Venus, S. 16
31 Johanna Schacht u. a. Europa heißt die Weitblickende, S. 8
32 Joe J. Heydecker. Die Schwestern der Venus, S. 16
33 Ebd., S. 179
34 Barbara G. Walker. Das geheime Wissen der Frauen, S. 1016

eine 125 m lange Eingangspassage.[35] Auf Anordnung der cumäischen Sibyllen sei der heilige Stein der Kybele im 2. Jahrhundert v. u. Z. aus Kleinasien nach Rom gebracht worden, von wo aus die Sibyllen mit ihren Orakelsprüchen die Weltpolitik des römischen Reiches mitgeleitet und unterstützt hätten. Der Gelehrte Marcus Terentius Varro (116-27 v. u. Z.) erforschte altrömische Traditionen und ordnete die im ersten vorchristlichen Jahrhundert bekannten Orakel-Heiligtümer zehn bedeutenden Sibyllen zu; im Mittelalter ist dann jede von ihnen von christlichen Gelehrten auch als eine Prophetin Christi beschrieben worden. In der volkstümlichen Überlieferung blieben die Sibyllen jedoch Bewohnerinnen heiliger Höhlen, die ihnen die Große Göttermutter zugewiesen hatte. In diesen Venusbergen besuchten sie Helden »wie der Tannhäuser oder Thomas der Reimer«, die »eine solche Höhle betraten und dort im ›Paradies der Königin Sibylle‹ lebten.«[36]

Michelangelos Sibylle von Cumae an der Decke der Sixtinischen Kapelle im Petersdom in Rom

Der Deutung, die antiken Sibyllen hätten das Erscheinen Christi prophezeit, verdanken diese auch ihren fulminanten Auftritt in der Sixtinischen Kapelle, wo sie Michelangelo aufs Schönste in den Umrahmungen der Deckengemälde verewigt hat, jede mit den ihr zugeschriebenen typischen Eigenschaften und Erscheinungsweisen.

Dort sehen wir die Sibylle von Cumae als eine sehr alte Frau – was damit zu tun hat, dass ihr Schicksal mit dem der Seherin Kassandra verwandt ist. Auch sie gefiel Apollon, und auch ihr wollte er für eine Nacht mit ihm jeden Wunsch erfüllen. Da sie jedoch schon eine Seherin war, wünschte sie sich »so viele Lebensjahre, wie sie Sandkörner mit einer Hand umschließen konnte, und ewige Jugend.«[37] Beides wurde ihr gewährt, aber nach wie vor wies sie wie einst Kassandra die Avancen des Sonnengottes zurück, worauf er seine Gnade in ein Verdammungsurteil pervertierte: ewiges Leben

35 Vgl. Patricia Monaghan. Lexikon der Göttinnen, S. 252
36 Barbara G. Walker. Das geheime Wissen der Frauen, S. 1016
37 Patricia Monaghan. Lexikon der Göttinnen, S. 253

ja, »aber keine ewige Jugend. Sie schrumpelte allmählich zu einem gebrechlichen Körper zusammen«,[38] was wir Menschen ja auch ohne apollonische Intervention zustande bringen … Zur Gebrechlichkeit geschrumpft malt sie Michelangelo allerdings nicht, vielmehr zeigt er uns eine Frau, die zwar ein imponierendes Altsein ausstrahlt, aber dennoch einen enorm robusten Eindruck macht und mit starken Armen ein riesiges Buch vor sich ausbreitet. Dies bezieht sich auf ihre Prophezeiungen, die sie einst auf Blätter geschrieben und vor ihrer Höhle niedergelegt haben soll, jedoch war der »Text auf diesen Blättern in komplizierten, oft rätselhaften Versen geschrieben und teilweise zu Büchern gebunden.«[39] Monaghan erzählt, »die Sibylle selbst habe neun Bände dieser Sibyllinischen Bücher König Tarquinius II Priscus nach Rom gebracht und sie ihm zu einem horrenden Preis angeboten. Als er darüber nur lachte, verbrannte sie auf der Stelle drei der Bücher und bot ihm die restlichen sechs zum selben hohen Preis an.«[40] Auf sein zweites Nein wiederholte sie sowohl ihr Tun wie ihren gleich hoch bleibenden Preis – und im Blick auf die restlichen drei Bücher »war die Neugier des Königs größer als seine Widerstandskraft, so dass er die übrig gebliebenen sibyllinischen Prophezeiungen kaufte.« In der Folge wurden diese drei Bände im Kapitol verwahrt und gehütet und nur bei besonderen Gelegenheiten vom Senat konsultiert. 83 v. u. Z. verbrannte ein weiterer Teil, und 405 u. Z. ging der ganze Rest der Texte in Flammen auf. Die Sehnsucht nach anderen Prophezeiungen, die diesen Verlust ersetzen könnten, öffnete »der Anfertigung pseudo-sibyllinischer Prophetien Tür und Tor«[41] und so entstand und blühte bis zum Ende des römischen Reichs ein einträgliches Geschäft für Schwindler und Scharlatane aller Art.

Die intrapsychische Sibylle

Zum Abschluss möchte ich den Blick auf eine Sibylle werfen, die uns ihr Seherinnenamt jederzeit kostenlos zur Verfügung stellt. Pythia ist für Jean Shinoda Bolen wie Hekate eine

38 Ebd., S. 253
39 Ebd., S. 252
40 Ebd., S. 252
41 Ebd., S. 252f.

Art »innere Helferin«, an die wir uns immer und überall wenden können, bei der wir stille werden und um Rat bitten können, um Hilfe aus der Besinnung und dem Schweigen heraus. Bolen bezeichnet diese Hekate geradezu als eine innere Hebamme, deren Perspektive uns beisteht, wenn wir neue Seiten unseres Seins, unserer Persönlichkeit gebären.[42] Von Pythia schreibt Bolen nichts, aber zur nachhaltigen Überlieferung von Delphi gehört der berühmte Spruch über dem Eingang zum Heiligtum in Delphi: »Erkenne dich selbst!« Hier eröffnet sich eine andere Art von Erkenntnis und Prophetie als die Mantik, jene Kunst der Weissagung, die aus dem Orient nach Griechenland gekommen war und in einer großen Vielfalt von Formen praktiziert wurde: dass Priester an festen Orten ihre Orakel erteilten; dass einzelne Seherinnen Fragen beantworteten; dass Wunder und ungewöhnliche Naturereignisse als Zeichen erkannt und gedeutet wurden – Erdbeben, Unwetter, Überschwemmungen, Blitz und Donner, Regenbogen, Kometen, Meteore, das Rauschen eines Baumes, Vogelstimmen, Gänsegeschnatter, Bienenflug, das besondere Verhalten von Schlangen, Totenbefragungen, Träume.[43] Das Stichwort »Träume« bringt uns von der magischen Welt der Weissagung zu modernen Techniken des Verstehens und Deutens, zu Psychologie und psychotherapeutischen Verfahren und Methoden, wie sie seit Freud und Jung praktiziert und weiter entwickelt werden – weit über die Traumdeutung hinaus.

Zu dieser Pythia, die mit unserer Seelenwelt zu tun hat, möchte ich einladen – zu einer Pythia, die nicht über der Erdspalte im Gaia-Heiligtum von Delphi sitzt, sondern in unserem Herzen, in unserer Seele zu Hause ist und dort jederzeit für uns ein offenes Ohr und Sprechstunde hat. Wir reden doch auch im Alltag von der inneren Stimme, die uns – auch wenn wir es manchmal (noch) gar nicht wissen wollen – sagt, was Sache ist, was wir tun oder lassen sollen, was richtig ist, was stimmig ist, und was oder wer nicht. Diese innere Stimme ist auch gemeint mit Begriffen wie Intuition oder Bauchgefühl. Beide sprechen ein Wissen an, das in uns aufsteigt und uns mit einer selbstverständlichen Evidenz erfüllt, obwohl es keineswegs auf dem Weg des Analysierens und Schlussfolgerns zustande

42 Vgl. Jean Shinoda Bolen. Goddesses in Older Women, S. 47
43 Vgl. Hans Widmer u. Hans Riniker. Von Zeus zu Europa, S. 157

gekommen ist. Auch ein Traum, den wir achtsam aufschreiben und über den wir nachher nachdenken oder ihn mit jemandem besprechen, kann Weises und Wegweisendes aussagen. Es kann auch sein, dass ich einen Gedichtband aufschlage und mir ein Text als prophetisches Weisheitswort entgegenspringt. Und ich habe auch schon selbst gedankenverloren Gedichte geschrieben, die ich später als Voraussage oder Vorahnung künftiger Taten oder Geschehnisse erkannte. Zudem: Wer wäre in einer Buchhandlung nicht schon magisch angezogen worden vom Titel oder Umschlag eines Buches, das uns buchstäblich »bespringt« und uns genau zu den Inhalten führt, die wir jetzt brauchen. Und ich mache immer wieder die hilfreiche, ja geradezu erlösende Erfahrung, dass ich mich in Seelennöten mit einer Tasse Tee an mein Tagebuch setze und schreibe und schreibe und schreibe – und »es« mich dann in die Wahrheit, die Erkenntnis, die Problemlösung oder zum Wissen um das richtige Verhalten oder die passenden Worte führt. In solchen Selbstgesprächen innerer Stille, wo die Worte ungefiltert aufs Papier fließen, ist als Alter Ego meine intrapsychische Pythia in mir am Werk und spricht mir zu, spricht mich aus.

Christine de Pizan und die Cumäische Sibylle bei der Betrachtung der Himmelskörper, Illustration in Pizans »Buch von der Stadt der Frauen« aus dem Jahr 1405

Die Erdspalte, über der in Delphi einst die Pythia saß und weissagte, soll von Erdbeben verschüttet worden sein. Pflegen wir doch – wie es schon Christine de Pizan (1365-1430) in ihrem »Buch von der Stadt der Frauen« machte – bewusst eine Beziehung der Freundschaft mit der Pythia in uns selbst, in der unverschütteten eigenen Tiefe. Oder wie uns Edith Marmon mit einer indianischen Weisheit rät: »Nutze die Augenblicke der Stille,/ um in dich hinein zu lauschen,/ um die tiefen Quellen hinter/ den unnützen Gedanken und dem/ Übermaß der Worte zu suchen.«[44]

44 Edith Marmon. Drache und Schlange – die heiligen Tiere der Göttin, S. 57

DIDAKTISCHE HANDREICHUNGEN ZU PYTHIA

1) *»Uns wird beigebracht, dass die europäische Geschichte erst mit den frühesten Berichten über die indoeuropäische oder arische Kultur einsetzt (Homer und Hesiod) und dass wir einen Großteil der uns heute geläufigen Vorstellungen von Gerechtigkeit und Demokratie der bemerkenswerten Zivilisation und Kultur des klassischen Griechenland zu verdanken haben.*

Beim Durchblättern der Sekundärliteratur fällt uns möglicherweise sogar auf, dass Pythagoras bei einer gewissen Themistokleia, einer Priesterin in Delphi, Ethik lernte und dass Sokrates von Diotima, einer Priesterin aus Mantinea, unterrichtet wurde. Vielleicht stolpern wir sogar über die denkwürdige Information, dass die führenden Männer der gesamten griechischen Welt nach Delphi zu pilgern pflegten, um sich von einer Priesterin namens Pythia Ratschläge zu den wichtigsten sozialen und politischen Fragen der Zeit erteilen zu lassen.«

(Riane Eisler. Von der Herrschaft zur Partnerschaft, S. 192)

Welche Folgerungen ziehst du aus diesem Text?

Wie steht es heute mit politischen Ratschlägen von Frauen für Männer?

- ○ **Untersuche politische Beratungsgremien in Bezug auf ihre geschlechtliche Zusammensetzung.**

- ○ **Präsentiere deine Überlegungen zum Text und deine Untersuchung in einem Vortrag.**

2) Vielleicht hast du schon einmal deine innere Stimme wahrgenommen, vielleicht auch nicht.

- ○ **Tausche dich in einer gleichgeschlechtlichen Gruppe aus, in welchen Situationen du Erfahrungen mit deiner inneren Stimmer gemacht hast. Vergleiche die Erfahrungen der Mädchen mit denen der Jungen.**

- ○ **Verarbeite die ausgetauschten Erfahrungen in einem Text. Du kannst wählen: Entweder schreibst du einen »Brief an meine innere Stimme«, in dem du von selbst erlebten Situationen ausgehst, sie beschreibst und sie mit einem Dank verbindest. Oder du erfindest ein Märchen »Die innere Stimme«, in dem du fiktive Situationen verarbeitest, in denen die innere Stimme eine Rolle spielen könnte.**

3) Wer war Adèle d'Affry, die unter dem Pseudonym »Marcello« eine Statue der Pythia geschaffen hat, die heute noch in der Pariser Oper steht? Eine Abbildung dieser Pythia findest du auf S. 61.

- ○ **Schreibe einen Aufsatz über ihr Leben und Wirken und akzentuiere darin die besondere Ausstrahlung ihrer Pythia. Erwähne auch, welche anderen Figuren aus der griechischen Mythologie sie geschaffen hat.**

- ○ **Kläre ab, ob es möglich ist, eine Klassenreise zu der Geburtsstadt der Künstlerin zu machen und dort im Museum für Kunst und Geschichte ihre Werke anzusehen.**

HERA SPRICHT

Sie gefällt mir, die Geschichte, die von mir erzählt wird und die vielleicht auch dir bekannt ist: Aus meinen Brüsten soll die Milchstraße entstanden sein, als mir beim Stillen meines Sohnes Herakles etwas Milch in den Kosmos gespritzt sei. In einer solchen Geschichte kannst du mich deutlich als Große Göttin erkennen, deren Schöpfungskraft den gesamten Kosmos umfasst. Mit meiner Milch habe ich sowohl die Sternenwelt erschaffen als auch das Leben der Menschen. Als Kuhgöttin verbinde ich mit meinem mondsichelförmigen Kopfschmuck seit jeher die Energien des Himmels und der Erde. Die Menschen verehrten mich als milchspendende Muttergöttin Lat und benannten die italienische Landschaft Latium nach mir. Im Arabischen erscheine ich als Al-Lat, die weibliche Form von Allah! Wenn du mich in Begleitung von Löwinnen siehst, denke daran, dass ich die Herrin der wilden Tiere bin.

Ich bin die Quelle des Lebens und segne die Lust, die Würde und die Gebärfähigkeit der Frauen. Eifersucht ist unter meiner Würde. Sie ist eher ein Problem von Zeus, der sich auf absurde Art und Weise zum Gebärer aufspielte. Sicher kennst du die Geschichten, in denen er mit seinem Kopf und mit seinem Oberschenkel Geburten inszeniert haben soll.
Übrigens: Zeus ist lediglich der Enkel seiner Großmutter Gaia, die sämtliche Göttinnen und Götter hervorgebracht hat. Ich selbst bin ihre Repräsentantin. Mein ist der im Westen gelegene Paradiesgarten mit dem heiligen Lebensbaum, an dem die magischen Äpfel des ewigen Lebens wachsen.

»Hera-kles« bedeutet »Heras Ruhm«. Daran kannst du erkennen, dass seine zwölf berühmt gewordenen Heldentaten keine Taten sind, die er für sein Ego als Superman der Antike vollbracht hat. Es sind vielmehr Aufgaben, die er in den zwölf Häusern des Tierkreises zu erfüllen hatte. Nicht für einen König, wie das immer noch erzählt wird, sondern für das Leben selbst, für mich, seine Mutter Natur, die er ehrte und von der er belohnt wurde, nachdem er die ihm gestellten Aufgaben gelöst hatte.
Ich bin das Maß aller Dinge, auch für meinen Sohn, der als matriarchaler Held die Gesetze und die Grenzen des Lebens anerkennt und sich nicht darüber hinwegsetzt. Er ist das Sinnbild für einen Heros, der sein Heldentum nicht im Größenwahn lebt, sondern in Hingabe an die Aufgaben des Lebens.

Mir zu Ehren haben sich die Menschen in sportlichen Wettkämpfen, den »Heraien« gemessen. Sie sind die ältesten Spiele dieser Art, älter noch als die Olympischen Spiele!

Urmutter Hera

und ihr Heros Herakles

Wenn wir sie überhaupt kennen, diese Hera (in der römischen Mythologie mit Juno gleichgesetzt), dann nur als die vor Eifersucht rasende und tobende Ehefrau von Göttervater Zeus/Jupiter, wie sie missgünstig und zänkisch die Ehebruchsgefährtinnen ihres notorisch treulosen Gatten verfolgt, bestraft, heruntermacht. In den griechisch-römischen Sagen geben die beiden ein so beschämendes Beispiel ehelichen Umgangs ab, dass LeserInnen manchmal nicht wissen, ob sie vor Entrüstung ihr Sagenbuch in die Ecke schmeißen oder wegen der Lächerlichkeit der ehelichen Ränkespiele laut herauslachen sollen! Ich habe mich jedenfalls als pubertierendes Scheidungskind, geschädigt von praktischer Anschauung im familiären Umfeld, genauso maßlos aufgeregt über den schamlosen Ehebrecher wie über die betrogene, erniedrigte Gattin, die sich, besitzergreifend und rachsüchtig, auch selbst über alle Maßen würdelos aufführt. Dass uns in den ersten Gymnasialklassen eine ausgesprochen fromme Lehrerin die Anekdoten des götterväterlichen Liebeslebens mit unverhohlener Süffisanz erzählte, machte die Sache nicht besser. Und damals hätte mich zutiefst empört, was mich heute nur noch schmunzeln macht und den Kopf schütteln lässt, wenn ich in »Von Zeus zu Europa« aus männlicher Feder lese: »Das vorherrschende Bild der *Hera als eifersüchtige Gattin* darf nicht einseitig dem Wesen der Frau angelastet werden. Das Verhalten des Gatten Zeus ist hier natürlich ursächlich maßgebend mitbeteiligt … Verschlagen und listenreich sind sie beide. Immerhin: *Hera* verkörpert in diesem ewigen Kampf der Geschlechter die sittliche Instanz, was von Zeus nicht durchgehend zu behaupten ist«[1] … Nein, wirklich nicht! Ich bin versucht zu stöhnen: »Männer!«

Zu den Attributen der Göttin Hera, die sich mit Zeus den olympischen Thron teilte, gehörte übrigens auch ein Stab oder Zepter, auf dem ein Kuckuck thronte. Als verregneter kleiner Kuckuck, der Mitleid erwecken wollte, hatte sich Zeus nämlich an Hera herange-

1 Hans Widmer u. Hans Riniker. Von Zeus zu Europa, S. 80

macht und sich in ihre Gewänder eingeschlichen, nachdem sie ihm in seiner Gestalt als werbender Mann eine Abfuhr erteilt hatte. Nicht einmal in den ehelichen Anfängen ging es ohne Verstellung, Gewalt und Täuschungsmanöver!

Die rasende Juno in »La Calisto« im Programmheft der Staatsoper Unter den Linden in Berlin vom Sommer 2002 zur Inszenierung samt Bühnenbild und Kostümen von Herbert Wernicke

Der als Diana verkleidete Jupiter – der italienische Sänger Luca Tittoto – in der Inszenierung von Jan Bosse im Theater Basel von 2010

Erst als ich mir als gereifte Fünfzig- und Sechzigjährige sowohl 2002 in der Staatsoper Unter den Linden in Berlin als auch 2010 im Theater Basel die Barockoper »La Calisto« von Francesco Cavalli zu Gemüte führte, konnte ich den Klamauk um die Eifersuchtsszenen der Juno und die transvestitischen Verführungsmanöver ihres Gatten – Jupiter verführt Kallisto (eine Nymphe im Gefolge der Diana, die sich erotisch zu ihrer Göttin hingezogen fühlt), indem er sich ihr, sie hinterhältig täuschend, in der Verkleidung als Diana nähert – hemmungslos genießen und beides lachend als Paradestücke patriarchaler Ehekatastrophen ins angebrachte Maß relativieren. Bloß: Mit der vorpatriarchalen, der ursprünglichen Hera hat das alles nicht das Geringste zu tun.

Die prä-hellenistische Große Göttin

Im vorpatriarchalen Griechenland entsprachen den drei Jahreszeiten Frühling, Sommer und Herbst/Winter die drei Gestalten der dreifachen Urmutter Hera, deren »matriarchale Dreiheit Mädchen, Frau und altes Weib« sich als Selene, Aphrodite und Hekate zeigen konnte.[2] Oder als Hebe, Hera und Hekate. Oder als *Hera Parthenos, Hera Teleia,* die Vollkommene, die Erfüllte, und *Hera Chera,* die Witwe, die sich von Zeus »bis ans Ende der

2 Joe J. Heydecker. Die Schwestern der Venus, S. 27

Welten und Meere« zurückzog und trennte und sich in »tiefste Dunkelheit hüllte«.[3] Damit ist Hera in bester Gesellschaft, denn sie steht in einer weiblichen Genealogie: Ihre Großmutter ist Gaia, die Erdmutter, und Heras Mutter ist Rhea, die Titanin und Tochter der Gaia. Hera ist die berühmteste Tochter von Rhea, und der Name Hera kommt entweder von »He Era«, die Erde, wie schon Rhea genannt wurde, oder heißt »Herrin«. Wir sind ganz nah am »Reich der Mütter«, oder wie es Heide Göttner-Abendroth zusammenfasst: »Es ist letztlich immer dieselbe Göttin in von Generation zu Generation jeweils verjüngter Erscheinung: Gaia – Rhea – Hera/Demeter sind ein und dieselbe, die große Erdmutter Kretas«.[4] Als Tochter der Rhea erschien Hera »auf Kreta ebenfalls dreifaltig. Sie wurde als die prä-hellenistische Große Göttin in Gestalt des Mädchens, der Frau und der Alten auch in der griechischen Argolis (Mykenische Kultur) angebetet. Ihre alten Tempel standen in Argos, auf der Insel Samos und im Hain von Olympia, lange bevor dort ein Zeus-Tempel errichtet wurde.«[5] Das zeigt auch die Archäologin Erika Simon auf: Heras »Tempel bestand in Olympia schon zwei Jahrhunderte, ehe man den Zeustempel erbaute. Die Anordnung der alten Kultbilder … ließ keinen Zweifel darüber, wer die eigentliche Inhaberin des Tempels war: Auf dem Thron saß Hera; der behelmte, bärtige Zeus stand an ihrer Seite.«[6] Denn erst viel später wurde die Große Göttin vom »zugewanderten« patriarchalen Gott ihrer Vollmacht, Überlegenheit und Autonomie beraubt und zur Gattin erniedrigt, was Barbara Hutzl-Ronge so beschreibt: »Der Mythos der Hera ist für mich das deutlichste Beispiel dafür, dass die Göttin ›sich nicht selbst in eine Gattin verwandelte‹, sondern sich mit allen ihr zur Verfügung stehenden Mitteln dagegen wehrte. Aber anscheinend hatte sich das religiöse und gesellschaftliche Umfeld der Göttin schon so stark patriarchalen Normen angepasst, dass ihr gar nichts anderes übrig blieb, als den Vergewaltiger Zeus zu heiraten, ›um der Schande zu entgehen‹.«[7]

3 Jean Shinoda Bolen. Göttinnen in jeder Frau, S. 210
4 Heide Göttner-Abendroth. Die Göttin und ihr Heros, S. 63
5 Ebd., S. 66
6 Erika Simon. Die Götter der Griechen, S. 36
7 Barbara Hutzl-Ronge. Feuergöttinnen, Sonnenheilige, Lichtfrauen, S. 208f.

Als ursprüngliche Große Göttin wurde Hera in Griechenland in uralten Ritualen hoch verehrt; im Frühling wurde ihr Kultbild in ein Bad getaucht und so auf symbolische Weise ihre Jungfräulichkeit wiederhergestellt. Denn wie Hutzl-Ronge aufzeigt, bedeutete Jungfräulichkeit »in alten Mythen nicht sexuelle Unberührtheit bzw. ›Reinheit‹, sondern Unabhängigkeit und Ungebundensein. Wenn Hera ihre Jungfräulichkeit durch ein Bad wiederherstellt, dann demonstrieren ihre AnhängerInnen damit Jahr für Jahr, dass sie die Unterwerfung des Herakultes unter den Zeuskult nicht akzeptieren.«[8]

Was die erotische Potenz und sexuelle Genussfähigkeit von Hera – und von uns Frauen generell – angeht, so sollten wir uns wieder einmal auf die Weisheit des griechischen Sehers Teiresias besinnen, der von Hera und Zeus als Schiedsrichter angerufen wurde bei der Frage, wer mehr Spaß an der geschlechtlichen Liebe hätte – Frau oder Mann? Teiresias sprach den Frauen neun Zehntel des Vergnügens und dem Mann bloß ein Zehntel zu. Teiresias hatte nämlich sieben Jahre seines Lebens als Frau verbracht, kannte also beide Erlebnisarten – sodass er aus der Praxis wusste, was Sache ist. Pikant ist dabei, dass Hera behauptet hatte, dem Mann kämen neun Zehntel des Genusses zu – und dass sie Teiresias, als er die Wahrheit ans Licht brachte, zur Strafe mit Blindheit schlug, woraufhin ihm Zeus zum Trost die Gabe der Weissagung schenkte.[9]

Der Kolossalkopf der Hera aus Samos, um 600 v.u.Z. Abguss einer Statue in der Skulpturhalle Basel (SH 400)

Widmer/Riniker würdigen die einzigartige Beziehung der Hera zum Tempelbau: »Die ältesten und wichtigsten Tempel sind Hera-Tempel. Für Argos (hier der älteste) und Tiryns ist je ein Heiligtum bezeugt. Auf Samos ist ihr Heiligtum bereits um 800 bezeugt (erstmals im sakralen Maß von 100 Fuß angelegt; Neubau im 6. Jh. v. Chr., einer der größten griechischen Tempel überhaupt). Im 8. Jahrhundert stehen in Perachora zwei Hera-Tempel.

8 Ebd., S. 210
9 Vgl. Arthur Cotterell. Die Welt der Mythen und Legenden, S. 97

In Olympia steht ihr Tempel lange Zeit, bevor Zeus zu Tempel-Ehren gelangte … Hinzu kommen weitere Hera-Tempel in Kroton in Unteritalien und in Paestum gleich zwei.«[10] In ihrem »PyrenäenBuch« beschreibt Angela Monika Auerbach, dass Hera auch in der Basilicata und in Apulien verehrt wurde und zitiert die Archäologin Erika Simon, wonach sich »in der Frühzeit des ersten Jahrtausends die griechische Tempel-Architektur« aus dem Hera-Kult entwickelt habe: »Aber schon vorher war Hera in Häusern verehrt worden, in Ovalbauten prähistorischen Typs. Das lässt sich aus den Nachbildungen von Häusern in Ton oder Kalkstein schließen, die in den Hera-Heiligtümern von Argos, Samos und Perachora bei Korinth zutage kamen«, und als »Weihegeschenke für Hera« zu betrachten sind[11] – die Verehrung der Urmutter Hera kommt also ursprünglich aus dem Heim, aus dem Zuhause, aus den Wohnräumen und Küchen der Frauen.

In nächster Nähe der beiden Hera-Tempel in Paestum, wo einst die Skulptur einer Hera mit dem Granatapfel thronte, wird bis auf den heutigen Tag in der Basilica von Capaccio Antica eine Granatapfel-Madonna verehrt, denn diese Frucht mit der Überfülle ihrer rubinroten Samen war und ist ein heiliges Attribut sowohl der Hera wie von Maria.[12] Edith Neumann-Hellenbrand hat aus Paestum ein Heiligenbildchen mit einem Gebet an die »Madre di Grazia, Madonna del Granato« (Mutter der Gnade, Madonna des Granatapfels) mitgebracht. Darin wird von dieser erbeten, sie solle doch mit ihrer Fürbitte erreichen – »ottienimi dal tuo figlio« –, dass ihr Sohn den Betenden alle Gnaden schenke, die auf so mystische Weise verborgen sind im Granatapfel, den Du, Madonna, uns offen zeigst: »tutte quelle grazie misticamente significate dalla melagrana che mostri dischiusa«. So geben sich die alte und die neue Granatapfel-Muttergöttin die Hand, auch wenn in christlich-patriarchaler Manier die Spenderin aller Gnaden und Granatapfelkerne herabgemindert wurde zur bloßen Fürbitterin bei ihrem heiligen Sohnemann … Sichtbar wird das meines Erachtens an der Körperhaltung der beiden Granatapfelfrauen: Hera thront auf-

10 Hans Widmer u. Hans Riniker. Von Zeus zu Europa, S. 80f.
11 Erika Simon. Die Götter der Griechen, S. 38ff.
12 Information von Edith Neumann-Hellenbrand, Trier; siehe auch Barbara G. Walker. Die geheimen Symbole der Frauen, S. 649 sowie Jutta Voss. Das Schwarzmond-Tabu, S. 268ff.

Terrakotta-Statuette einer Hera mit dem Granatapfel in der rechten Hand aus Paestum. Heute thront sie im archäologischen Nationalmuseum in Paestum.

Maria SS. del Granato – die allerheiligste Maria des Granatapfels – in der Basilica di Capaccio Antica bei Paestum.

recht und würdig, aber auch lässig angelehnt, die beiden Füße fest auf dem Boden, ihre Beinhaltung ist ruhig und fest aus der Hüftbreite heraus – so wie es für die Sitzmeditation empfohlen wird. Ihr rechter Arm ruht entspannt auf der Armlehne; die runde Kugel des Granatapfels liegt mit ihrem vollen Gewicht in der halbrunden Schale von Heras Handinnenfläche, und ihre Finger schließen sich locker um die Frucht. Wer die Göttin so betrachtet, fängt wie von selbst tiefer an zu atmen.

Maria hingegen thront zwar auch, aber ihr Rücken wird nicht gestützt. Ihr Kind steht auf ihrem linken Bein, während das rechte Knie höher steht als das linke, was bedeutet: Ihre beiden Füße ruhen nicht fest geerdet nebeneinander auf dem Boden, sondern weit auseinander und in unterschiedlicher Höhe und Ausrichtung. Wenn ich ihre Haltung einnehme, empfinde ich das als recht unbequem. Zwar hält die rechte Hand der Madonna am länglichen Stiel einen Granatapfel, der an einer Öffnung seine Kerne und oben seine Blütenkrone zeigt – aber sie könnte gerade so gut ein Zepter oder einen oben mit irgendetwas geschmückten Stab halten: Die Madonna und ihr Granato scheinen wenig miteinander zu tun zu haben, während Hera und Granatapfel eins sind, dasselbe ausstrahlen: Hoheit, Würde, Fülle, majestätische Vollmacht.

Wer die Bedeutung der Hera anhand ihrer beiden Tempel in Paestum wahrnimmt, kann auch die Wichtigkeit ihrer Kulte erahnen. In einem Buch für den Lateinunterricht wird beschrieben, wie in römischen Familien das Fest der Namensgebung für ein Neugeborenes begangen wurde. Da ruft der Hausvater nach den Hausgöttern, den Laren, Juno an: »Und Du, Große Göttin des Himmels, Große Göttin des Lebens, Große Göttin des

Festes der Namensgebung … Dich bitten wir: nimm unser Opfer an und bewahre unsere kleine Tochter!« Anschließend wendet sich auch die Mutter an die Große Göttin Jo, denn sie ist die Beschützerin der Familien, der Frauen, der Töchter und Söhne: »Wir Eltern sind voll Hoffnung, weil wir auf Deine Hilfe bauen, Große Göttin, Dich feiern wir!«[13]

Am 1. März wurde im antiken Rom das Frauenfest der Matronalia zu Ehren der Iuno Lucina (von lux/Licht) gefeiert, denn sie war die Göttin der Frauen, die über jede Geburt wachte und über den ersten Augenblick im Leben des neugeborenen Kindes, dem seine Mutter eben das Licht der Welt geschenkt hatte. Dazu schreibt Ovid in seinem Festkalender: »Bringt der Göttin Blumen!… /Sprecht dabei dann: ›Lucina, du hast uns das Licht einst gegeben!‹/Sprecht: ›Der Gebärenden hilf, wenn sie dich ruft im Gebet!‹/ Doch eine schwangere Frau, die löse das Haar sich und bete,/Dass ihr die Göttin sanft löse die Frucht aus dem Leib.«[14] Vielleicht sollten auch wir uns eine kleine Statue oder eine Kunstkarte der Juno/Hera aufstellen – oder ein Marienbild – und die Große Göttin, unter welchem Namen auch immer, um Hilfe und Segen bitten für uns und unsere Lieben … und das nicht nur an den Matronalien. Denn in der Antike war es üblich, dass Frauen als ihren persönlichen Schutzgeist Juno bei sich trugen, so wie das Männer mit ihrem Genius machten. Dazu Erika Simon: »Bekanntlich konnte jede Frau ihre eigene Juno haben, wie der Genius zum Mann gehörte.«[15] Von diesem Brauch hat jedoch nur der begleitende Schutzgeist der Männer überlebt – wenn auch nur in veränderter Form im heutigen Sprachgebrauch. So ist das immer wieder bei der patriarchalen Überlieferung bzw. Nicht-Überlieferung, wenn es um Weibliches geht: Männliches wird tradiert, Weibliches erleidet, da angeblich weniger wichtig, die Funktionen »paste« und »delete«. Wird vergessen. Geht verloren. Punkt.

Wie das schon bei der Gestalt der Hera in Paestum zu erkennen ist, zeigt die Archäologie keineswegs das Bild einer vom Gatten abhängigen Göttin, sondern eine Hera, die

13 Actio, Lateinisches Unterrichtswerk, Bd. 1, S. 56f.
14 Frances Bernstein. Frauenweisheit der Antike, S. 84f.
15 Erika Simon. Die Götter der Römer, S. 106; siehe auch Barbara G. Walker. Das geheime Wissen der Frauen, Artikel zu »Genius«, S. 311

reich ist und unabhängig: »Aus der Situation ihrer Heiligtümer und aus der Kultgeschichte ergibt sich also für Hera, dass sie eine von Zeus ursprünglich unabhängige Göttin gewesen ist. Ihr gehörten, als der Herrin großer Ebenen, die Herden von Großvieh, von Rindern und Pferden.« »Hera, die Schützerin der Seefahrer und die Herrin der Weiden, muss die reichste griechische Göttin der Frühzeit gewesen sein, wenn man bedenkt, dass bei den Bewohnern der Ägäis Besitz und Reichtum im Seehandel oder in den Herden lag … Und auch als sich der Übergang zur Geldwirtschaft vollzog, war Hera wiederum beteiligt … Auch die ihr entsprechende Juno hatte« als Juno Moneta »in Rom die Münzprägung unter Kontrolle.«[16] Schmunzeln macht in diesem Zusammenhang, dass Juno Moneta ursprünglich die Göttin als Mahnerin meint, die an den Kalenden des Juni verehrt wurde. Der Tempel der Juno Moneta stand an der Spitze des Kapitols und wurde am 1. Juni 344 v. u. Z. geweiht. »Weil die Römer die staatliche Münze zum Prägen der offiziellen Geldstücke unmittelbar neben dem Tempel der Juno Moneta errichteten, wurde die Göttin bald mit der Erzeugung der Münze assoziiert. Moneta wurde zum Synonym für Geld und zum Ursprung des Wortes Moneten.«[17] Vielleicht sollten sich die Herren der modernen Geldwirtschaft einmal mit diesem Hintergrund auseinandersetzen und imaginieren, wozu sie Juno Moneta als Mahnerin inspirieren möchte …

Die Reiseroute der Heraverehrung

Aber wie steht es eigentlich um den Zusammenhang der Hera-Verehrung in Kreta einerseits und in Griechenland samt den griechischen Kolonien andererseits? In ihrer Nach- bzw. Neu-Erzählung der Mythen der griechischen Göttinnen beschreibt Heide Göttner-Abendroth anschaulich die nicht nur einmalig, sondern wiederholt stattfindende »Kulturwanderung von Kreta auf das griechische Festland«. Die PelasgerInnen des griechischen Festlandes seien mit der altkretischen Bevölkerung eng verwandt gewesen und hätten mit diesen »die archaische, jungsteinzeitliche Kultur gemeinsam« gehabt. Später habe die hochentwickelte minoische Stadtkultur Kretas mehrere Tochterstädte auf

16 Erika Simon. Die Götter der Griechen, S. 45 u. 46f.
17 Frances Bernstein. Frauenweisheit der Antike, S. 144f.

dem griechischen Festland gegründet, und »auf diese Weise wurden die Großen Göttinnen Kretas allmählich die Großen Göttinnen Griechenlands. Die Insel Kreta war die kulturelle Brücke zwischen Europa und den alten Kulturen im Vorderen Orient (Kleinasien, Sumer) sowie in Nordafrika (Libyen, Ägypten).« Ja, dank der Seefahrt habe sich die minoische Kultur über den Mittelmeerraum und die Straße von Gibraltar hinaus bis zu den britischen Inseln »versamt« und »kulturbegründenden Einfluss« ausgeübt, was leider »heute noch sehr unterschätzt«[18] werde. Dazu berichtet Barbara G. Walker, dass Hera in »Babylon ›Erua, die Königin, die über die Geburt gebietet‹ hieß« und »als namengebende Göttin des alten Irland den Namen ›Lady Eire‹ oder Eriu« trug.[19] Denn seit der »pelasgisch-kretischen Phase Griechenlands mit matriarchaler Gesellschaftsordnung war Hera die Große Himmelsherrin und Muttergöttin, deren Hauptorte in der Argolis, der Ebene von Argos, lagen (spätere ›Mykenische Kultur‹).«[20] Heras Orakelstätten lagen in ganz Griechenland und auf den griechischen Inseln, und auch »der heilige Hain von Olympia gehörte zuerst ihr, wo das Fest der Erwählung und Weihung ihrer Priesterinnen gefeiert wurde. Dies ist der Ursprung der späteren ›Olympischen Spiele‹.«[21]

Hera als junge Frau in Mykene; Athen, Nationalmuseum

Aber die kretisch-matriarchale Kultur ging in Griechenland unter, als »die indoeuropäischen Hellenen, patriarchale Stämme mit ihren Kriegerkönigen, von Norden her um 1500 v. u. Z. das griechische Festland überrannten« und zwar »in drei aufeinander folgenden Völkerwanderungswellen, die als die ionische, äoloische und archäische bekannt sind. Darauf verweist das Dreigespann der patriarchalen Brüder Hades, Poseidon und Zeus.«[22] Während in Kreta der Name »Zeus« ein Titel der matriarchalen Könige war, überwältigten

18 Heide Göttner-Abendroth. Inanna, Gilgamesch, Isis, Rhea, S. 222
19 Barbara G. Walker. Das geheime Wissen der Frauen, S. 367
20 Heide Göttner-Abendroth. Inanna, Gilgamesch, Isis, Rhea, S. 222f.
21 Ebd., S. 223
22 Ebd., S. 224

die Achäer mit ihrem Hauptgott Zeus die matriarchale Kultur kraft ihrer eisernen Waffen und der von Pferden gezogenen Streitwagen und vergewaltigten die Priesterinnen der Göttinnen und damit diese selbst. Die neuen »Heiligen Könige« verstanden sich nicht mehr als Heroen, die Land, Volk und Göttin zu dienen hatten, ihnen dienen wollten, sondern sahen sich als die neuen Herren, die sich das Recht nahmen, sowohl die unterdrückten Völker auszunützen wie sich die eroberte Kultur zu eigen zu machen: Zeus übernahm von Hera ihre Ewigkeitsattribute wie Doppelaxt und »Blitz« und inthronisierte sich damit selbst als der »Blitzeschleuderer«.[23] Dazu die geistreiche Bemerkung der Archäologin Erika Simon: »Als Zeus, der oberste Gott der Einwanderer, nach Griechenland kam, stieß er auf die große Göttin der pelasgischen Urbevölkerung. Er konnte ihre Macht nur so unter Kontrolle bringen, indem er sich mit ihr verband. Als Rhea wurde sie seine Mutter, als Hera aber seine Gemahlin. Bei Homer heißt er öfter ›der donnernde Gemahl der Hera‹, was den Gedanken an den ›Prinzgemahl‹ einer Mächtigeren recht nahelegt.«[24]

Heras Aufstand gegen Abwertung und Erniedrigung

In ihrer Neu-Erzählung des Hera-Mythos beschreibt Göttner-Abendroth, wie Hera eines Tages – Zeus ist einmal mehr außer-olympisch unterwegs – im Saal der Götterburg ihre Mit-Göttinnen und Götter zum Aufstand gegen den Emporkömmling und Usurpator Zeus aufruft: »Unerträglich werden seine Übergriffe. Wie er mich als erste vergewaltigte und mir meine Städte und Tempel wegnahm, ist euch bekannt. Gleich darauf erschlug er die Titanen, die Söhne der Mutter Erde, mit dem Blitz, wo immer er sie antraf, und die Titaninnen vergewaltigte er, riss auch ihre Kulte an sich.« Hermes und Artemis, Apoll und Athene stimmen in ihre Klage und Anklage ein. Hera, erniedrigt durch ihre abhängige Position in einer patriarchalen Ehe und einem vaterrechtlichen Verwandtschaftsverständnis, empört sich gegen die Einseitigkeit des Treuegebots, wie Zeus sich das vorstellt: »Von mir verlangt er eheliche Treue, doch hält er sich selbst nicht an dieses Versprechen. Zahlreich sind seine Liebesabenteuer mit Göttinnen, Nymphen und sterblichen Frauen, denen er

23 Vgl. ebd., S. 224f. und Voenix. Der griechischer Götterhimmel, S. 11
24 Erika Simon. Die Götter der Griechen, S. 50

damit großes Leid zufügt.« Aphrodite betrauert die Herabwürdigung der Liebe: »Was hat er aus der Liebe gemacht, deren Göttin ich bin? Wie tief hat er sie beleidigt, wie tief sie durch Zwang und Gewalt erniedrigt – so habe ich sie nicht geschaffen!« Klagen und Anklagen gehen weiter, bis Hera zusammenfasst: »Er hat keine Schwestern, er hat keine Familie und Sippe! ... Zeus hat keine wahren Brüder und nirgends Freunde, nirgends Verbündete!«[25]

Als Zeus auf den Olymp zurückkehrt, wird er gefangen gesetzt und an ein Bett gefesselt, während Hera mit ihren Mit-Göttinnen und -Göttern feiert. Doch Hades hat dies dank seiner Tarnkappe beobachtet und setzt einen Riesen frei, der Zeus losbindet – worauf dieser wutentbrannt die aufständische Gattin am Himmelszelt aufhängt und sie mit einem Amboss an jedem Fuß beschwert. Hera schreit in der Folter laut auf, und alle anderen Gottheiten sind wie gelähmt. Nur ihre Mutter Rhea weiß zu helfen und ruft die uralten Rachegöttinnen an: »Die Göttinmutter wird beleidigt, wird geschändet, erleidet Gewalt und wird gequält. Kommt, ihr Furien, älter als jeder Gott, bestraft die Verbrechen an den Göttinnen, an den Frauen!« Vor den Furien geht auch Zeus in die Knie und lässt Hera umgehend wieder frei. Aber: »Hera musste an der Seite des Zeus bleiben, das war ein bitteres Los.«[26]

Anne Kent Rush formulierte es in ihrem in den 70er-Jahren bahnbrechenden Buch »Mond, Mond« so: »Zeus wurde allmählich berüchtigt für seine ›heldenhaften‹ Vergewaltigungen von Frauen, und die Vorstellung von der verfolgten und unterdrückten Frau nahm feste Züge an. Seiner Ehefrau wurde die Rolle einer frustrierten Hysterikerin zugewiesen.«[27] In ihrem eigenen Kommentar zu ihrer Neufassung der Mythe betont Göttner-Abendroth, dass der Aufstand der Hera »als ein politischer Kampf der matriarchalen Bevölkerung gegen die neuen Herren zu betrachten« ist.[28] Auch für Walker spiegelt der ständige göttliche Ehekonflikt »die Reibungen zwischen den frühen patriarchalen und den matriarchalen Kulten wider.«[29]

25 Heide Göttner-Abendroth. Inanna, Gilgamesch, Isis, Rhea, S. 193ff.
26 Ebd., S. 198f.
27 Anne Kent Rush. Mond, Mond, S. 65
28 Heide Göttner-Abendroth. Inanna, Gilgamesch, Isis, Rhea, S. 227
29 Barbara G. Walker. Das geheime Wissen der Frauen, S. 367

Die Heldentaten des Herakles zu Heras Ruhm

Gemäß dem Maler und Autor Voenix, der sich malend und erzählend mit dem keltischen und griechischen Götterhimmel auseinandersetzt, ist Herakles »der bekannteste und meistverehrte Heros der Antike. Er hatte alles, was einen Helden ausmacht: göttliche Abkunft, übermenschliche Körperkräfte und unbeugsamen Mut, Bildung in sämtlichen Künsten und enorme Zeugungskraft.« Zudem habe er bei all seinen Abenteuern stets seinen Vater Zeus geehrt. Da müssen wir uns allerdings fragen, warum dieser Held Herakles denn, was ja auch Voenix bestätigt, wortwörtlich »zum Ruhme der Hera«[30] heißt und keineswegs »zum Ruhme des Zeus«!

Und da erzählt Göttner-Abendroth nun die Herakles-Sage neu, indem sie seine zwölf Heldentaten nicht als irgendwelche Haudegen- und Rambo-Performances deutet, sondern als typische Heiratsaufgaben, mit denen sich ein Heros würdig zu erweisen hatte, wenn er das Amt des Heiligen Königs antreten und die Heilige Hochzeit vollziehen wollte.[31] Sie macht das witzigerweise so, dass Zeus immer dann, wenn er hören will, Herakles habe z.B. »den Kult der Göttin unschädlich gemacht« oder den Namen seines Vaters Zeus gepriesen, eine empfindliche Niederlage einstecken muss, weil Herakles in matriarchalem Geist und der Gesinnung der Hera gehandelt hat: »Ich tötete keins der Tiere, die du nanntest, sondern ich rang als Mutprobe mit ihnen« oder: »Ich pries den Namen meines Vaters Zeus Minos von Kreta, denn wie er machte ich mit meiner Eichenkeule überall Regen«. Und so habe sich »alles erfüllt, was meine Mutter Hera mich gelehrt, als ich fast noch ein Kind war. Und die zwölf Taten vollbrachte ich zum Ruhme der Hera, wie mein Name besagt. Sie allein verherrlichte ich jedes Mal!«

Herakles war ja ursprünglich auch der Sohn von Hera und nicht – wie gemäß einer späteren Fassung – der außereheliche Sohn von Zeus mit der sterblichen Alkmene, der sich Zeus in der Gestalt ihres Gatten Amphitryon genähert hatte. Damit täuschte er sie und bewog sie zum Geschlechtsverkehr – in der irrtümlichen Annahme, sie habe es mit ihrem Gatten zu tun. Und die Entstehung der Milchstraße beim Stillen von Herakles

30 Voenix. Der griechische Götterhimmel, S. 147
31 Heide Göttner-Abendroth. Inanna, Gilgamesch, Isis, Rhea, S. 203-208

braucht keine dramatische Zuspitzung durch eine List der Athene, die Hera am schreienden Säugling vorbeiführt und ihr vorschlägt, den Hungrigen zu säugen. Als Hera dies dann auch tut, reißt sie sich das Kind, das so unerwartet heftig lossaugt, jedoch aufschreiend von der Brust, sodass ein paar Spritzer ihrer Milch in den Kosmos hineinschießen.

»Die Entstehung der Milchstraße« von Jacopo Tintoretto um 1575 aus der Venezianischen Schule, in Auftrag gegeben von Kaiser Rudolf II. Heute in der National Gallery London

Von solch listigen Übergriffen ist aber in Tintorettos Gemälde ganz und gar nichts wahrzunehmen; vielmehr widerspiegelt die Milchstraße ebenso wie »unsere Galaxie, aus dem griechischen gala ›Muttermilch‹«, den vorolympischen Glauben, »wonach die Milchstraße von den Brüsten der Großen Göttin, der Königin des Himmels, stammte.«[32] Ganz ähnlich wird von der ägyptischen Isis-Hathor erzählt, sie sei »die göttliche kau (›Kuh‹), aus deren Euter die Milchstraße und alle Sterne entstanden: ›die Große Kuh, die Ra geboren hat, die Große Göttin, die Mutter aller Götter … die Kuh, die Große Herrin, … die bereits existierte, als nichts anderes war, und die das, was existiert, erschuf.‹«[33]

Juno Sospita, Antefix (Gesimsfigur) aus Satricum, frühes 5. Jh. v. u. Z.

Kann Hera ein Rollenmodell sein und wenn ja, wie?

Im Anschluss an diesen Lobpreis von Hera als der Großen Herrin und Mutter aller Götter möchte ich noch eingehen auf die Wirkungsgeschichte des Bildes von Hera als Rollenmodell einer Ehefrau unter patriarchalen Rahmenbedingungen und der Befreiung aus solchen Vorstellungen im Rückgriff

32 Jean Shinoda Bolen. Göttinnen in jeder Frau, S. 207
33 Ernest A. Wallis Budge. Gods of The Egyptians; zit. in: Barbara G. Walker. Die geheimen Symbole der Frauen, S. 507; siehe auch Buffie Johnson. Die Große Mutter in ihren Tieren, S. 283ff.

auf die vorpatriarchale Hera. 2013 durfte ich in der Basler Skulpturhalle über »Griechische Göttinnen als Role Models aus der Antike« referieren und hatte bei Hera allergrößte Mühe. Schon in der ersten Ausgabe von Bolens »Göttinnen in jeder Frau« von 1986 konnte ich mich nur schwer anfreunden mit Hera als einer der »auf Beziehungen ausgerichteten Göttinnen, deren Identität und Wohlbefinden davon abhängen, ob sie eine sinnvolle Beziehung haben.« Bolen nennt sie »die verletzlichen Göttinnen« – Hera wurde vergewaltigt und gedemütigt – und betont, dass Frauen, die dem Archetyp der Hera huldigen, »vom Wunsch nach einer Beziehung und nicht vom Wunsch nach Leistung und Autonomie oder nach einer neuen Erfahrung beseelt« sind. Und natürlich kommt Bolen nicht um das sattsam bekannte Drama von eifersüchtiger Gattin und ehebrechendem Gatten herum: »Er entehrt ihre Ehe, die ihr heilig war, und fügte seiner Gemahlin zusätzlichen Kummer zu, indem er seine außerehelichen Kinder den Kindern, die er mit Hera gezeugt hatte, vorzog.«

Hera als Beschützerin von Haus und Stadt auf einem Relief im Rheinischen Landesmuseum Trier

Eine Frau, die sich an diesem Hera-Bild orientiert, erlebt laut Bolen als strahlende Braut ihre Erfüllung, indem sie den »Status als Ehefrau« erreicht, weil sie sich »ohne Ehepartner grundsätzlich unvollständig« fühlt, aber auch »die gesellschaftliche Anerkennung von Mann und Frau« und »die offizielle Anerkennung der Beziehung durch den Trauschein« braucht. Und während sie die Fähigkeit hat, »eine Bindung eingehen zu können, loyal und treu zu sein«, »spielen sowohl Ausbildung als auch Beruf nur eine zweitrangige Rolle« in ihrem Leben. Kein Wunder, dass ihr auch Frauenfreundschaften wenig bedeuten; sie will eigentlich nur »mit anderen verheirateten Frauen als Hälfte eines Ehepaares in Beziehung« treten, und wenn ein befreundetes Ehepaar kein Ehepaar mehr ist, sei es durch Scheidung oder Tod, dann wird die inzwischen alleinstehende »›Freundin‹ einer Hera-Frau … einfach fallengelassen«.[34]

34 Jean Shinoda Bolen. Göttinnen in jeder Frau, S. 197f., 209-224

Schon als ich das 1986 las, platzte mir der Kragen, und auch heute noch brodelt Ärger in mir hoch. Zornig erinnere ich mich an Mary Daly, die von frauen- oder männerorientierten Frauen schreibt und die letzteren zu Recht als »Patriarchalinnen« bezeichnet. Damals war und heute ist es mir unmöglich, in diesem Hera-Bild ein zutiefst in der menschlichen – hier: der weiblichen – Seele verankertes Grundmuster zu erkennen. Denn das, was Bolen da als Hera-Archetyp ausgibt, ist schlicht und einfach das, was das Patriarchat von Ehefrauen erwartet, ja ihnen als Haltung und Einstellung, Überzeugung und Verhalten vorschreibt. Und das gehört keineswegs zu den seelischen Urgründen und Grundmustern der menschlichen Psyche, sondern entspricht bloß einer historisch recht jungen gesellschaftlichen Organisationsform. Zu Recht kritisiert Gerda Weiler C. G. Jungs Begriff des Archetyps. Denn so, wie er innerhalb des patriarchalen Denkens in Philosophie und Psychologie benutzt wird, könne er nie wirkliche, tief verankerte Urbilder meinen und damit nicht »die weise Ordnung« spiegeln, »die den Dingen innewohnt«.[35]

Dass diese Frauenrolle in den letzten zwei-, dreitausend Jahren von unzähligen Frauen als Norm erlebt wurde, zum Teil völlig alternativlos als Norm befolgt werden musste, von Generation zu Generation weitergegeben wurde und von Frauen bis auf den heutigen Tag verinnerlicht wird – ja sogar neu en vogue ist, das macht das gesellschaftliche Konstrukt weder natürlicher noch gottgegebener. Wenn schon »gottgegeben«, dann ist es nicht mehr als die eigennützige Inszenierung eines patriarchalen Gottes: Wir sehen Zeus am Werk und mit ihm Vaterrecht, patriarchale Familienstruktur und Herrschaft!

Werden wir der patriarchalen Hera untreu …

Aber schon 1986 war offenbar nicht einmal Bolen selbst durchweg einverstanden mit ihrer patriarchalen Ehefrau-Göttin Hera: »Die Hera-Frau muss sich bewusst und wiederholt mit anderen Göttinnen verbünden, die ihr gestatten, über ihre Rolle als Ehefrau hinauszuwachsen.«[36] In der Neufassung ihres Buches von 2002 kommt neu die ursprüngliche Dreifaltige Große Göttin ins Spiel. Diese Hera zeichnet einen weiblichen Lebens- und Ent-

35 Gerda Weiler. Der enteignete Mythos, S. 14f.
36 Jean Shinoda Bolen. Göttinnen in jeder Frau, S. 241

wicklungsweg vor, der die Ehe und den Mann als Bringer von Erfüllung und Glück zwar umfassen kann, aber keineswegs darin aufgeht, sondern viele weitere und andere Aspekte in den Lebenslauf mit einbezieht. Das alles zeigt sie auf vor dem dramatischen Bedeutungsverlust der traditionellen Ehe seit den 60er-Jahren des letzten Jahrhunderts und der seither entstandenen Vielfalt von Beziehungsformen und Familienmodellen. Neu bringt Bolen in »Goddesses for Older Woman« die Gestalt der »spät blühenden« Hera ein: Wenn diese das Bedürfnis habe, die Hälfte eines Paares zu sein, müsse das nicht ausschließlich auf eine erotische Paarbeziehung abzielen, sondern könne genau so gut ein künstlerisches Projekt oder eine Geschäftsidee meinen. »So sei eine weise alte Hera vielleicht nicht mehr verheiratet und mache die Erfahrung, dass ihre Kreativität aufblüht, wenn sie die Arbeit mit einem/r Partner/in an die Hand nimmt. Wenn sie eine solche Person findet, sei es ein Mann oder eine andere Frau, dann kann das Buch geschrieben werden, das Projekt abheben und das neue Geschäft gedeihen – und auch Hera blüht in dieser neuen Ausdrucksform von Gemeinschaft.«[37]

Juno Ludovisi – dieser Kopf einer Kolossalstatue aus tiberischer Zeit um 40/50 u. Z. stand auch in Goethes Haus in Weimar. Abguss einer Statue in der Skulpturhalle Basel (SH 288)

Aber ich möchte herzhaft einen Schritt, ja einen Sprung weiter wagen, als Bolen es tut in ihrem zweiten Göttinnenbuch: Wenn wir uns schon auf Hera zurückbesinnen und uns auf sie beziehen und uns von ihr nähren wollen, dann sollten wir uns ausschließlich auf die uralte, vorpatriarchale Hera beziehen! Zurückgehen auf die Große Göttin, dreifaltig in ihren Lebensaltern von den mädchenhaft frischen, über ihre sommerlich reifen, liebenden und mütterlichen bis zu ihren gelassen alten und weisen Aspekten. Mit ihr sollten wir die ganze Fülle des weiblichen Seins

37 Jean Shinoda Bolen. Goddesses, S. 158 (Übersetzung: Ursa Krattiger)

feiern und in aller Bezogenheit, Freundschaft und Liebe immer auch wir selbst und bei uns sein, würdevoll, souverän und stark – für uns und andere. Wie Hera, die Schützerin der Interdependenz alles Lebendigen, der Zusammengehörigkeit, des Heims und der Geborgenheit in Verbundenheit. Diese Hera »ist keine einfache Gottheit, sondern spielt als komplexe Göttin viele verschiedene weibliche Rollen: Schöpferin, Beschützerin, Mahnerin, Nährende und Mutter … Sie verkörpert als große Göttin das Potenzial aller Frauen.«[38]

38 Frances Bernstein. Frauenweisheit der Antike, S. 142

DIDAKTISCHE HANDREICHUNGEN ZU HERA

1)

○ **Finde den Unterschied zwischen einem patriarchalen und einem matriarchalen Helden und stelle ihn auf einem Poster bildlich dar.**

2) Zwei Männer haben ein »Manifesto For Conscious Men« verfasst. Du findest im Internet auf Youtube eine auf Englisch gesprochene Version von Clinton Collahan mit deutschen Untertiteln. Wir empfehlen, dieses Video mit der ganzen Klasse gemeinsam anzusehen.

Zur Nachbereitung hier der deutsche Text:

Liebe Frau,

• *Ich komme heute zu dir als ein Mann, der sich dazu verpflichtet hat, in jeder Hinsicht bewusster zu werden. Ich fühle tiefe Liebe, großen Respekt und wachsendes Gefühl der Verehrung für die Geschenke des Femininen. Ich fühle auch tiefe Traurigkeit über die destruktiven Taten des unbewussten Maskulinen in der Vergangenheit und der Gegenwart. Ich entschuldige mich für diese Taten und möchte dies wiedergutmachen, um eine neue Ära der Co-Kreation mit dir herbeizuführen.*

• *Indem ich bewusster werde, wird mir auch das Spiel von maskulinen und femininen Energien in mir, in dir und in allem Leben immer bewusster. Ich weiß, dass wir alle Zugang zum gesamten Spektrum dieser Energien haben. Ich spüre auch ein wachsendes Erwachen zu den Dimensionen jenseits der Dualitäten, frei und offen wie der Himmel.*

• *Ich verpflichte mich eine Maskulinität anzunehmen und ihr zu dienen, die uns als ebenbürtig ehrt und zelebriert. Ich weiß, um dich wahrlich als multi-dimensionale Frau zu ehren, muss ich voll präsent in mir ruhen und den Geschenken, die ich mit dir teilen kann, gewahr sein. Wir können zusammen große Wunder vollbringen, wenn wir uns in bewusster Weise gegenseitig nähren, wenn wir uns gegenseitig mit Wertschätzung und Respekt begegnen, und in Verehrung der Göttlichkeit, die durch maskuline und feminine Energie ausgedrückt wird.*

• Ich anerkenne, dass die Religionen der vergangenen zigtausend Jahre hauptsächlich von Männern gegründet und verbreitet wurden. Wir haben oft so gehandelt, als wenn wir das letzte Wort über Gott und das spirituelle Leben haben, obwohl wir nur über die maskuline Ausdrucksweise dieser Dinge Bescheid wussten.

Als Resultat haben wir tieffühligere, verbindende und inklusivere Spiritualitäten unterdrückt. Ich verpflichte mich nun, dass ich auch die Spiritualität des göttlichen Femininen verehre.

• Ich verehre deine tiefe Verbindung zur Erde. Als Männer war die Beziehung zu unserem Planeten und seinen Ressourcen oft motiviert von Konkurrenzdenken, Aneignung und Dominanz. Wir haben missverständlich angenommen, dass Expansion uns vor Übergriffen schützen würde, und in diesem Prozess schändeten wir die Heiligkeit der Erde und brachten deren natürlichen Rhythmus durcheinander. Ich verpflichte mich, deinem Feingefühl zuzuhören, das unseren Planeten heilen und zum Gedeihen bringen kann.

• Ich ehre deine Intuition und deine tiefgreifende Fähigkeit zum Fühlen. Als Männer haben wir oft Fühlen und Intuition abgewertet, zu Gunsten einer Sichtweise, die von Daten und Logik dominiert war. Dieser Weg schien notwendig gewesen zu sein, um die Menschheit über Aberglaube und Animalismus hinwegzubewegen, doch dabei haben wir viel vom Herzen des Lebens verloren. Ich verpflichte mich die Künste des Fühlens, der Intuition und der Weisheit des femininen Herzens zu respektieren, sodass wir diese zusammen in eine ausgeglichene Sichtweise des Lebens integrieren, die alle Weisheiten ehrt und inkludiert.

• Ich ehre die Schönheit und Integrität deines Körpers. Wenn wir uns gegenseitig durch unsere Körper mit Achtsamkeit und Hingabe nähren, sind da keine Grenzen zur Liebe, die wir generieren können. Ich fühle Trauer darüber, dass Männer deine Schönheit in Prostitution und Pornographie ausgenutzt haben. Im Griff der Lust fehlte uns oft die Fähigkeit anständig nach Intimität zu fragen oder ein »Nein« als Antwort zu akzeptieren. Ich wende mich gegen jede Form von erzwungener oder seelenloser Kommerzialisierung weiblicher Schönheit, und ich respektiere, dass dein Körper dir gehört.

• Ich ehre deine Fähigkeit zur friedvollen Lösung von Konflikten, deine Begabung, sich effektiv zu entschuldigen und mit Charme zu vergeben. Wir Männer führten endlose Kriege über unsere Unstimmigkeiten. Beim Verteidigen unserer Ländereien und Schützen unserer Familien sind wir

süchtig geworden auf das Kämpfen an sich. Es ist vergleichsweise schwierig eine Invasion oder einen Krieg zu finden, der von einer Frau angestiftet wurde. Ich entschuldige mich dafür, dich in diese Kriege mitgerissen zu haben, und für die Vergewaltigungen, die Morde, gebrochene Herzen und zerstörten Familien, die sich dadurch ergeben haben. Wir heißen deine Weisheit willkommen, eine Welt zu kreieren, die miteinander auskommt, ohne auf Zerstörung zurückzugreifen.

- *Ich ehre deine Fähigkeit auf deinen Körper zu hören, und seine Bedürfnisse für Essen, Ruhe und Zeit zum Spielen. Ich feiere deine Begabung auf das zu achten, was hier ist, gerade jetzt. Uns Männer brannte die Beschäftigung mit unseren Zielen und Resultaten oft aus und machte uns beziehungsunfähig. Ich weiß, dass wir dich ebenfalls in dieses Ungleichgewicht mit hineingezogen und oft deine Sehnsucht nach Kontakt enttäuscht haben. Die Zeit für einen Prozess-orientierten Weg ist nun bei uns. Ich heiße deine Weisheit willkommen, die Balance in unseren Körpern aufrechtzuerhalten, und in der Art unserer Kommunikation.*
- *Ich ehre deinen Sinn für mitfühlende Gerechtigkeit. In unserem Justizsystem haben Männer als Richter und Polizisten dominiert, Gefängnisse gebaut und verehrten die Prinzipien der Bestrafung. Ich heiße dich willkommen mit uns daran zu arbeiten, wieder das Herz ins Justizsystem zu bringen.*
- *Ich weiß auch, dass globale Ökonomie durch das unbewusste Maskuline dominiert wurde, das oft in einem Mangel und in Gier lebte. Viele Menschen wurden dadurch verarmt und ausgegrenzt. Mit deinem natürlichen Sinn für Förderung und Überschuss, weiß ich, können wir zusammenarbeiten, um eine echte fürsorglich-soziale globale Ökonomie zu kreieren.*
- *In Entschuldigung für die Schmerzen, die wir Männer dir verursacht haben, anerkenne ich auch, dass ich und viele meiner Brüder von unseren Müttern, Schwestern, unseren Partnern und Ex-Partnern verletzt wurden. Als bewusster Mann bin ich gewillt, diese Schmerzen vollends in mir zu spüren und sie aufzulösen. Ich vergebe dir für jedes Mal, als du unbewusst gehandelt hast, und ich vergebe mir selbst und meinem Geschlecht, für unseren eigenen Wachschlaf.*
- *Ab diesem Tag, gelobe ich dein Herz als den heiligen Tempel zu behandeln, der es ist. Ich verpflichte mich, das Feminine in dir und mir und meiner Beziehung zu allem Leben zu ehren. Ich weiß, wenn wir die Vergangenheit zurücklassen und uns heute die Hände reichen, können wir Synergien unserer Stärken kreieren. Zusammen gibt es nichts, was wir nicht tun können. Zusammen können wir Wunder vollbringen.*

(Übersetzung von Heinz Robert)

- ◯ **Diskutiere den Inhalt und verfasse einen Brief an die beiden Autoren.**
- ◯ **Stelle die beiden Autoren in einem schriftlichen Kurzporträt vor.**
- ◯ **Gibt es Frauen/Männer, denen gegenüber du dich entschuldigen solltest? Schreibe diese Entschuldigung auf und wenn du mutig bist, überreiche sie der betreffenden Person.**

3) Unter dem vielsagenden Titel »Herrschaft« erzählt der uruguayische Autor Eduardo Galeano folgende indianische Mythe:

In versunkenen Zeiten saßen die Frauen im Bug der Kanus und die Männer im Heck. Die Frauen jagten und fischten. Die Frauen verließen die Dörfer und kehrten heim, wann sie konnten oder wollten. Die Männer bauten die Hütten, kochten das Essen, hüteten die Kinder und gerbten die wärmenden Felle.
So war das Leben bei den Ona- und den Jagan-Indianern auf Feuerland, bis die Männer eines Tages alle Frauen umbrachten und sich selbst die Masken aufsetzten, die die Frauen ersonnen hatten, um den Männern Angst einzujagen.
Nur neugeborene kleine Mädchen wurden bei dem Gemetzel verschont. Die wuchsen nun heran und bekamen von den Männern eingeredet und weisgemacht, sei seien zum Dienst an den Männern bestimmt. Und sie glaubten es. Auch ihre Töchter glaubten es, und die Töchter ihrer Töchter.

(Eduardo Hughes Galeano. Erinnerungen an das Feuer.
1. Bd.: Geburten. Wuppertal 1983, S. 51)

- ◯ **Was sagst du zu dieser Geschichte, wenn du an die griechischen Sagen mit ihrer Abwertung der ursprünglich starken Göttinnen denkst? Halte einen Vortrag darüber.**

4) Im antiken Rom war auch der 1. Februar ein Juno-Feiertag – und später wurde der 2. Februar dann ein Marientag: Mariä Lichtmess, in der keltischen Tradition der Tag der Heiligen Brigid. In »Frauenweisheit der Antike« schildert Frances Bernstein den »Ehrentag der Juno Sospita Mater Regina«. Dabei wird »die Schutzgöttin der Fruchtbarkeit … oft in soldatischem Gewand aus Ziegenfall dargestellt, mit einem gehörnten Ziegenkopf, der helmartig über den Kopf gezogen ist.« Dazu trägt sie „Speer und Schild sowie Schuhe mit Schnabelspitzen, und ihr Begleiter ist eine Schlange, eine Krähe oder ein Rabe. Im Ritus der Juno Sospita wird um Schutz, Fruchtbarkeit und Wohlstand gebeten, besonders für die Frauen.« (Frances Bernstein. Frauenweisheit der Antike, S. 55)

○ **Gestalte eine Darstellung der Juno Sospita.**

○ **Versuche, dir vorzustellen, wie das Ritual ablief. Schreibe es auf.**

○ **Formuliere ein schriftliches Gebet an die Juno Sospita für Schutz, Fruchtbarkeit und Wohlstand – für dich und andere. Worum würdest du sie bitten?**

5) Pausanias, ein im 2. Jahrhundert lebender griechischer Reiseschriftsteller, schildert in seiner »Beschreibung Griechenlands« die Heraien zu Ehren der Göttin Hera wie folgt: »dieselben Frauen veranstalten auch den Wettkampf der Heraien. Dieser Wettkampf ist ein Wettlauf für unverheiratete Frauen. Sie sind nicht alle gleichaltrig, sondern zuerst laufen die jüngsten, nach diesen die nächst älteren, und als letzte laufen die ältesten Mädchen … Den Siegerinnen geben sie Ölbaumkränze und einen Anteil von der der Hera geopferten Kuh.« (Buch 5, 16, 2-4)

○ **An diesen Lauf der Frauen erinnert ein noch heute stattfindender »Schäferinnenlauf« in Markgröningen (Baden-Württemberg). Suche im Internet Informationen dazu und schreibe einen Aufsatz, in dem du die Unterschiede zur Antike herausarbeitest.**

6)

○ **Bereitet zu zweit die szenische Darstellung einer Auseinandersetzung zwischen Zeus und Herakles vor. Darin vertritt Zeus eine patriarchale Darstellung der Taten, die sein Sohn vollbracht hat, und Herakles vertritt eine matriarchale Deutung. Recherchiere dazu in dem Buch »Inanna, Gilgamesch, Isis, Rhea. Die großen Göttinnenmythen Sumers, Ägyptens und Griechenlands« von Heide Göttner-Abendroth.**

HESTIA SPRICHT

Wenn du Feuer und Flamme bist für etwas, dann wirke ich in dir mit meiner göttlichen Kraft. Ich lasse dich brennen für alles, was dir am Herzen liegt. Liebe, Begeisterung, Kreativität – der entscheidende Funken dafür kommt von mir. Ich bin die göttliche Verkörperung des inneren und des äußeren Feuers. Wer mich kennt, ehrt mich und meine Macht, den Menschen in ihren Herzen und in ihrem Heim Wärme und Wohlsein zu geben.

Mein römisches Pendant ist Vesta. Du findest kaum Statuen oder Bilder von mir. Die habe ich auch nicht nötig, denn ich bin in jeder Feuerflamme anwesend – überall, wo Feuer brennt, ob sichtbar oder in einer menschlichen Seele verborgen. Mein Zeichen ist ein Kreis. Er ist das Symbol für die ursprünglich runde Feuerstelle. Daher sind meine Tempel als Rundtempel erbaut worden.

In jedem Tempel, wem auch immer er geweiht war, wurde ich im Opferfeuer verehrt, und das erste sowie das letzte Opfer wurden immer mir zu Ehren dargebracht.

Ich schenke den Menschen Licht, Wärme und Hitze für das Zubereiten der Nahrung. Wenn du heute den Herd einschaltest, bin ich zwar unsichtbar für dich geworden. Doch ich bin immer noch da: In jedem Lagerfeuer, in jedem Entflammen menschlicher Gefühle – sei es für eine Arbeit oder für eine Menschen – bin ich präsent. Durch meine Wärme entsteht Lebenskraft.

In allen alten Kulturen waren sich die Menschen meiner Wichtigkeit bewusst. Deshalb platzierten sie das Rund ihres Herdes mit meinem heiligen Feuer in der Mitte des Hauses. Er war der soziale Mittelpunkt des Lebens und des Feierns. Neugeborene wurden um ihn herumgetragen und so in die Familie aufgenommen. Auf den Herd haben die Menschen einen Eid abgelegt, am Herd konnten Schutzsuchende Asyl finden. Das Herdfeuer musste ständig gewartet und gehütet werden, sowohl in den Häusern als auch in meinen Tempeln, die als Feuerstelle einer ganzen Stadt galten. Im alten Rom wurden sie von meinen Priesterinnen, den Vestalinnen, betreut und symbolisierten das Wohlergehen aller BürgerInnen.

In der Sprache findest du noch Spuren von mir: Wenn du den Fokus auf etwas richtest, wenn du etwas fokussieren willst, dann erscheine ich als Brennpunkt des Seins, als heiliger Feuerherd, lateinisch focus.

Hestia
im und am Herdfeuer

»Komm, Vesta, lebe in diesem wunderbaren Haus.
Komm mit den herzlichen Gefühlen der Freundschaft.
Bring deine Einsicht,
deine Energie und deine Leidenschaft,
zusammen mit deinen guten Taten.
Brenne für immer in meiner Seele.
Du bist hier willkommen.
Ich denke an dich.«[1]

Mit diesen Worten ruft Frances Bernstein in ihrem Eingangskapitel zu »Frauenweisheit der Antike« Vesta an, die römische Ausgabe der griechischen Hestia, und zwar als die, die das Heim zum heiligen Zentrum des Lebens macht. Und auch die Jungianische Psychologin Jean Shinoda Bolen würdigt diese Kernkompetenz der Hestia, die mit ihrem heiligen Feuer ein Haus in ein Heim und ein Gebäude in einen Tempel verwandeln kann.[2] Dazu gehörte in alten Zeiten der Brauch, dass bei einer Hochzeit die Brautmutter an ihrem Herdfeuer eine Fackel entzündete und mit diesem Feuer das Herdfeuer im neuen Heim ihrer Tochter entfachte: Feuerüber- und -weitergabe in matrilinearer Folge. Analog dazu brachten griechische Kolonisatoren Feuer aus dem öffentlichen Herd ihrer Mutterstädte in die öffentlichen Feuerstellen ihrer neu gegründeten Kolonien, um damit den politischen Zusammenhalt zu symbolisieren und zu festigen. In Rom allerdings ging das Feuer selbst in männlichen Besitz über, während die Frauen bloß noch Feuerhüterinnen sein durften. Barbara Hutzl-Ronge beschreibt dies so: »Während im klassischen Griechenland

1 Frances Bernstein. Frauenweisheit der Antike, S. 12
2 Vgl. Jean Shinoda Bolen. Goddesses in Older Women, S. 62, siehe dazu auch Adelheid Bode-Paffenholz. Wildpfade, S. 183ff.

Eine kretische Hestia, Schützerin der Herdglut, die sie in einem Kästchen aufbewahrt.

die Frau das Feuer vom Herd der Mutter mitbringen musste, damit eine neue Familie gegründet werden konnte, durfte die Römerin das Feuer des Ehemannes nur noch berühren.«[3]

In der patriarchalen Götter-Genealogie galt Hestia als das älteste Kind von Kronos und Rhea, die erste also der olympischen Gottheiten. Und weil sie eben die Erstgeborene war, wurde ihr das Ehrenamt übertragen, für das Feuer in der Mitte von Haus und Tempel zu sorgen, das Herd- und Opferfeuer zu hüten, das Feuer zu repräsentieren, ja sogar, es selbst zu sein. Das ist für Barbara Walker der Beweis, dass Hestia zu den ältesten matriarchalen Göttinnen gehört – lange vor den olympischen Göttinnen und Göttern, was auch Barbara Hutzl-Ronge so sieht: »Die Genealogie der Götterfamilien ist hier das wichtigste Indiz für das kulturgeschichtliche Alter der Göttinnen und Götter. Rhea hatte also nicht per Zufall zuerst drei Töchter und dann drei Söhne geboren, sondern damit wurde zum Ausdruck gebracht, dass die Göttinnen vor den Göttern existiert hatten, dass sie früher verehrt wurden, dass sie kulturgeschichtlich eben älter sind.«[4] Dabei bedeutet Hestias Name sowohl Herd wie Erde, und in einigen Schweizer Dialekten sind »Herd« und »Erde« sogar dasselbe Wort. Die kreisrunde Feuerstelle, in der Hestias heiliges Feuer lodert, ist der Nabel der Welt, die Mitte von Hütte und Haus, das Zentrum, wo sich die Hausgemeinschaft trifft, um die sich die Mitglieder des matriarchalen Clans scharen. Und dort Licht, Schutz und Wärme, Nahrung und Geborgenheit empfangen. Noch in patriarchalen Zeiten blieb es lange so, dass das, was im Haus galt, auch für den öffentlichen Zusammenhalt Bedeutung hatte: Hestia war nicht nur im häuslichen Herd anwesend, sondern gleichermaßen im Feuer auf dem Altar jeder Gottheit und im Feuer des öffentlichen Herdes, des Prytaneums jeder Stadt, in Rom im ewigen Feuer des Vesta-Tempels auf dem Forum Romanum, das Gedeihen, Wohlergehen und Sicherheit des Staates gewährleistete.[5] Was Erika Simon zur Feststellung veranlasst:

3 Barbara Hutzl-Ronge. Feuergöttinnen, Sonnenheilige, Lichtfrauen, S. 18
4 Ebd., S. 16
5 Vgl. Barbara G. Walker. Das geheime Wissen der Frauen, S. 378f. und Patricia Monaghan. Lexikon der Göttinnen, S. 126

»Von Jupiter abgesehen, war keine Gottheit für den römischen Staatskult so wichtig wie Vesta.«[6]

Schon als Gebäude Abbild des Herdes – der runden Feuerstelle –, waren sowohl der Vesta-Tempel in Rom wie der ursprüngliche Hestia-Tempel in Delphi (heute bekannt als Heiligtum der Athena Pronaia) ihrem Symbol entsprechend kreisrunde Tempel, und zwar die einzigen im Vergleich zu den sonst rechteckigen und rechtwinkligen Tempelbauten. Am 1. März – dem damaligen Neujahrstag im Rom – löschten die Vestalinnen jedes Jahr das Feuer, um es dann neu zu entzünden. Am 7. Juni begann jeweils das sieben Tage dauernde Ritual der Öffnung des Tempels der Vesta. In dieser Zeit waren sowohl Tempel wie innerstes Heiligtum, das *penum*/Lagerhaus, für die Frauen geöffnet, die allerdings nur barfuß eintreten durften; Männern war der Zutritt versagt. Bei diesem Vesta-Fest, den *Vestalia,* baten die Matronen der Stadt um den Segen der Göttin für ihren Haushalt. Danach wurde der Vesta-Tempel geschlossen, aller Schmutz aus dem Heiligtum zusammengekehrt und in den Tiber geworfen. Mit Wasser aus einer heiligen Quelle wurde das Heiligtum gereinigt und danach wieder geöffnet. Gewartet, gehütet wurden Feuer und Tempel von streng auf Jungfräulichkeit verpflichteten Vesta-Priesterinnen, den Vestalinnen, die schon ab dem Alter von sechs bis zehn Jahren in den Tempeldienst aufgenommen und dann geschult und eingeweiht wur-

Kreisrund – der Vestatempel in Rom

Kreisrund das Zentrum, oktogonal die Umfassung des Atrium Vestae auf dem Forum Romanum.

6 Erika Simon. Die Götter der Römer, S. 229

den. Die ersten zehn Jahre lernten sie als Novizinnen, dann waren sie zehn Jahre lang für den Kult verantwortlich, um dann weitere zehn Jahre die neuen Novizinnen zu unterweisen. Nach dreißig Jahren durften sie den Tempeldienst verlassen, wenn sie das wollten, und auch heiraten. Brach eine Vestalin während ihrer Amtszeit ihr Keuschheitsgelübde und vernachlässigte dabei gar das Hüten des Feuers, wurde dieses Vergehen brutal sanktioniert, indem sie lebendig in einem Verlies eingemauert und danach die Stelle über ihrer Richtstätte dem Erdboden gleichgemacht wurde. Barbara Hutzl-Ronge stellt dieses Verfahren in den größeren Zusammenhang von Vaterrecht und patriarchalem Eheverständnis: »Im patriarchalen Rom stand die Sexualität der Frauen unter rigider Kontrolle der Männer. Für einen Staat mit patrilinearer Erbfolge war es eminent wichtig, dass die heiligen Kräfte der Vestalinnen nicht auf fremde Männer und deren Erben übergingen. Daher die drastischen Strafen, die die Jungfräulichkeit der Vestalinnen erhalten sollten.«[7] Die Vestalinnen hatten auch darum eine besondere Stellung, weil es im römischen Kult außer ihnen keine Frauen als öffentliche Priesterinnen gab. »Es war selbst den durch und durch patriarchalen Römern unmöglich, sich vorzustellen, das für Familie und Staat lebensnotwendige Feuer in die Hände von Männern zu legen … Das Feuer war noch immer die Verkörperung der Göttin, in deren Dienst nur Frauen stehen konnten.«[8] Aber abgesehen von dieser Ausnahme waren Kulthandlungen in der Regel nur Männern erlaubt, auch wenn es eine Reihe von Frauenfesten zu Ehren von Göttinnen gab.[9] Im Widerspruch zum bei den Vestalinnen sexuell verstandenen Jungfräulichkeitsgebot geht Heide Göttner-Abendroth allerdings davon aus, dass die griechischen Hestia-Priesterinnen mindestens fünfzig Jahre alt sein mussten und so die Zeit von Ehe, Fruchtbarkeit und Familie, falls sie dies gelebt hatten, auf jeden Fall hinter sich hatten oder hinter sich lassen konnten, um sich von nun an ausschließlich ihrem Tempeldienst zu widmen.[10]

Feuer – eines der vier Elemente, genauso lebensnotwendig, genauso unentbehrlich wie Erde, Wasser und Luft. Ein Feuer macht für das menschliche Leben das, was die Sonne

7 Barbara Hutzl-Ronge. Feuergöttinnen, Sonnenheilige, Lichtfrauen, S. 21
8 Ebd., S. 20
9 Siehe Barbara Obermüller: Die weibliche Seite der Ur- und Frühgeschichte, S. 174-178
10 Vgl. Heide Göttner-Abendroth. Inanna, Gilgamesch, Isis, Rhea, S. 225

für die Erde tut: Licht spenden und Wärme und Hitze. Griechische Philosophen hoben immer wieder die zentrale Bedeutung des Feuers hervor. So hat Pythagoras das Feuer der Hestia als den Mittelpunkt der Erde betrachtet,[11] und die Philosophen Platon (in seiner Schrift Kratylos) und Plotin (in seinen Enneaden) brachten Hestia mit der »Essenz des Seins« in Verbindung. Konkret brauchten und brauchen die Menschen die Feuerhitze zum Zubereiten der Nahrung, zum Braten und Kochen jener Dinge, die der Transformation durch das Feuer bedürfen. Feuer ist unerlässlich für Töpferei und Schmiedekunst. Ohne Feuer kein menschliches Leben, ohne Feuer keine kulturelle Menschheitsentwicklung. In allen alten Kulturen war der runde, häusliche Herd mit Hestias heiligem Feuer in der Mitte des Hauses nicht nur der soziale Mittelpunkt des Lebens, sondern auch das kultische Zentrum.

Aus Rom ist bekannt, dass ein Neugeborenes am fünften Tag seines jungen Lebens um den Herd getragen und damit in die Familie aufgenommen wurde. In einem Film über die matriarchalen Mosuo in Südchina wird anschaulich geschildert, dass im Kreis um das Feuer in der Mitte Gebärende und Sterbende den Ehrenplatz zur Rechten der Clanmütter einnehmen dürfen, denn hier, in der Feuermitte, ist für die Mosuo bis heute der Ort des Ursprungs und des Übergangs.[12]

Der Herd: das soziale und kultische Zentrum

In der Antike war es auch üblich, das erste und das letzte Opfer bei jedem Ritual – für welche Gottheit auch immer – Hestia zu weihen. Auch im häuslichen Umfeld wurden Hestia täglich ein oder mehrere kleine Opfer gebracht – am heimischen Herd, wo die Mahlzeiten geteilt und die Gemeinschaft des Mahles gefeiert wurde: »Fromme Römer brachten Vesta täglich am Hausaltar, dem lararium, ein Gebet und ein Opfer dar. Mutter oder Vater leiteten die kurze Zeremonie, mit der um das Wohlergehen der Familie, einen warmen, einladenden Herd und eine gut gefüllte Speisekammer gebeten wurde.«[13] Der Herd ist also ein

11 Vgl. Barbara G. Walker. Das geheime Wissen der Frauen, S. 378
12 Siehe die DVD von Uschi Madeisky, Daniela Parr und Dagmar Margotsdotter. Wo die freien Frauen wohnen
13 Frances Bernstein. Frauenweisheit der Antike, S. 149

Ur-Ort, ein magischer Ort, sei es in einer Hütte mit Rauchabzug oben im Dach, sei es in einer modernen Hightech-Küche, wo nur noch das rot-runde Glühen der Feuerstellen in den Glaskeramikherden oder die hellen Kreise der Gasflämmchen an den Ort der Wandlung durch das Feuer erinnern. Um mir das vor Augen zu führen, hängt bei mir eine Göttin – das Relief mit der Schlangengöttin von Kreta – über den schwarzen Kreisen der Elektro-Herdplatten. Liegt in dieser archetypischen, lebenserhaltenden Verbindung von Feuer und Herd, Nahrung und Gemeinschaft der Grund – geheimnisvoll, kaum verstanden –, warum heutzutage Wohnküchen und Kamine so beliebt sind und warum sich Deko-Emailplatten mit Sprüchen wie »HOME is where the HERD is« so gut verkaufen? Liegt in unseren Zeiten der »Mediterranisierung der Städte« und des Outdoor-Booms vielleicht sogar hier der tiefste Grund für die von Sommer zu Sommer immer stärker um sich greifende Grill- und Feuerzauber-Manie?

Thronende Vesta mit Opferschale und Esel, dem wichtigen Arbeitstier der Müller und Bäcker und gleichzeitig Kulttier der Göttin, claudinische Marmorbasis aus Neapel (Mitte 1. Jh. u. Z.)

Wie dem auch sei: Jedes Mal, wenn wir von Fokus reden, von fokussieren auf etwas, dann würdigen wir, wohl ohne daran zu denken, Hestias heiligen Feuerherd, lateinisch: focus. Hestia ist immer im Brennpunkt, bleibt immer im Fokus. Und hat Eingang gefunden in antike Redewendungen wie »Man muss Hestia opfern«, was der Aufforderung gleichkommt, sich regelmäßig Phasen des Rückzugs, äußerer und innerer Ruhe und der Kontemplation zu gönnen, weil »Zeiten des Alleinseins nährend, wärmend und belebend sein können«. Denn auch »das heilige Feuer in unserem Innern (muss) mit Sorgfalt behütet und genährt werden«.[14] Für Cicero war Hestia/Vesta »die erste von allen Gottheiten, zu der man beten muss«, mit der alle Gebete und Opferhandlungen anfangen und enden müssen, denn sie ist »die Hüterin der innersten Dinge«.[15] Ein anderes Sprichwort gibt den Rat: »Fang bei Hestia an.« Das kann dazu einladen, einer Sache auf den Grund zu gehen, oder sich auf das Opfer an Hestia

14 Adelheid Bode-Pfaffenholz. Wildpfade, S. 184
15 Cicero. De natura deorum. Buch II, Vers 67

vor jeder Mahlzeit beziehen. Sicher durfte keine/r zu essen anfangen, bevor nicht mit dem Opfer an Hestia der Anfang der Mahlzeit gesetzt worden war. Könnte »Fang bei Hestia an« so etwas sein wie das »Mahlzeit!«, »Bon appétit!« oder »E Guete!« der Antike?[16]

Thronende Vesta mit Füllhorn, rechts hinter ihr ein Esel, Gemälde auf einem Lararium in Pompeji, nicht lange vor dem Vesuvausbruch von 79 u. Z. (Ausschnitt)

Und wenn wir schon beim Essen sind: Kein Brot ohne Feuer, Hitze und Glut – da wundert es nicht, dass Hestia/Vesta im Rom der Antike die Göttin der Müller und Bäcker war. Erika Simon zeigt uns nicht nur das Gemälde einer Vesta samt Füllhorn im Lararium einer Bäckerei von Pompeji, gleichzeitig verbindet sie den Esel, der auf diesem Bild zu sehen ist, mit einer Marmorbasis aus Neapel, wo ebenfalls ein Esel hinter dem Thron der Göttin hervorkommt, weil es sich bei ihm eben »um einen Gehilfen der Müller und Bäcker« handelt. Und um die Mitte des 2. Jahrhunderts unserer Zeit stiftete der Schatzmeister der Bäckerinnung ein marmornes Weihrelief mit einer thronenden Vesta: Diese füttert mit der Rechten die Schlange der Göttin Salus – zuständig für Gesundheit und Wohlfahrt –, während rechts vor ihrem Thron ein Scheffel mit heraushängenden Ähren zu sehen ist und darauf ein großes, rundes Brot.[17] Aber der Esel gehört nicht nur zu den Bäckern und Müllern; vielmehr soll er, so Ovid, mit seinem warnenden Schrei die schlafende Hestia auch vor einer Vergewaltigung durch Priapos gerettet haben. Ein äußerst verdienstvolles Kulttier also.

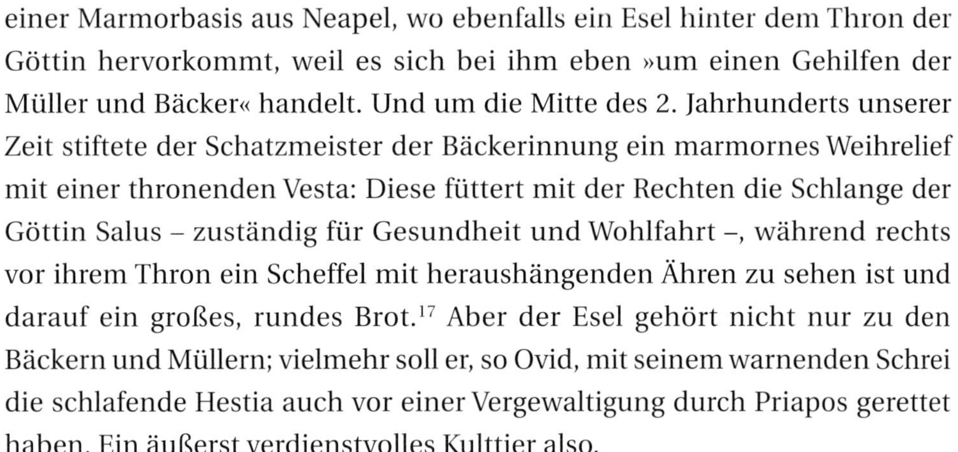

Thronende Vesta, die die Schlange der Salus mit einem Ei füttert, an ihrem Thron ein Scheffel mit Ähren und ein großes Brot, marmornes Weihrelief eines Schatzmeisters der Bäckerinnung, Rom 144 u. Z.

Focus, Feuer, runde Feuerstelle? Und wo bleiben die großen, voll plastischen Statuen und Figuren der Hestia? Sie kommen kaum vor, denn schon Ovid hielt in seinem Festkalender fest: »Sieh doch in Vesta nichts anderes als die lebendige Flamme.«[18] Warum sollte es denn überhaupt bildliche Darstel-

16 Vgl. Patricia Monaghan. Lexikon der Göttinnen, S.126 sowie Hans Widmer u. Hans Riniker. Von Zeus zu Europa, S. 211
17 Vgl. Erika Simon. Die Götter der Römer, S. 238f.
18 Ovid. Fasti. Buch VI, Vers 291

Hestia Giustiani, Abguss einer römischen Kopie nach einem Werk um 470 v. u. Z. in der Skulpturhalle Basel (SH 72). Das Zepter, das sie wohl ursprünglich als Zeichen von Hoheit und Würde in der linken Hand hielt, deutet allerdings darauf hin, dass hier eine Hera vor uns steht.

lungen der Hestia geben, war doch das Feuer selbst ihre Realität, ihr Göttinnenbild und ihr symbolisches Abbild. Leider hat jedoch gerade ihre relative Gestaltlosigkeit Hestia zu einer fast in Vergessenheit geratenen Göttin gemacht – sicher auch, weil wir heute nur noch in Ausnahmesituationen mit Feuer als solchem direkt umgehen. Hestia verschwindet, denn sie hat keine Persona, macht keine Geschichten und ist kaum von Mythen umrankt. Zu Hestias relativer Unsichtbarkeit mag auch beigetragen haben, dass sie sich »als einzige olympische Göttin niemals an Kriegen oder Streitigkeiten« beteiligte.[19] Ja, sie trug noch nicht einmal Waffen, sondern »im Gegensatz zu anderen Göttinnen der Frühzeit – man denke an Diana, Minerva und Juno – war Vesta unbewaffnet. Ihre Macht lag nicht im Physischen, sondern im Ethischen, das durch grauestes Alter geheiligt war.«[20] Und dann gab sie noch freiwillig ihren Platz im Olymp auf. Was sollte da eine Geschichtsschreibung, die sich nach der Abfolge von Kriegen gliedert und sich noch und noch um Helden und ihre sogenannten Heldentaten dreht, von so einer Gestalt zu erzählen haben?

Ereilt Hestia mit ihrer scheinbaren Bedeutungslosigkeit ein typisches Frauenschicksal? Es rührt mich fast, wie zwei männliche Autoren in ihrem Kapitel über Hestia staunen über das Vergessen und Geringschätzen des Natürlichen und Elementaren: »Die Wohltat des Feuers ist auffällig genug … Aber das Elementare des Lebens ist auch das Einfache. Als solches kann es, zusammen mit der Hausfrau, in der Alltäglichkeit des Lebens zurücktreten bis dahin, wo man hinterher darüber staunen muss, wie der Mensch das Staunen über das Einfach-Elementare vergessen oder verlernen kann.«[21] Ja,

19 Barbara Hutzl-Ronge. Feuergöttinnen, Sonnenheilige, Lichtfrauen, S. 14
20 Erika Simon. Die Götter der Römer, S. 229
21 Hans Widmer u. Hans Riniker. Von Zeus zu Europa, S. 209

darüber staunt man/n! Wie wenn dieses Zurücktreten von Einfach-Elementarem samt der Hausfrau, die dafür zuständig ist, nichts zu tun hätte mit den Menschen – den Männern! –, die dies vergessen, und mit einer Gesellschaftsordnung, der patriarchalen, die eben genau dieses Einfach-Elementare und die, die sich darum kümmern – die Frauen! –, gering achtet und vergisst! 1980 publizierten die UNO die berühmten und keineswegs veralteten Daten, wonach auf unserem Planeten die Frauen – mehr als die Hälfte der Weltbevölkerung – zwei Drittel aller Arbeitsstunden, der bezahlten und unbezahlten Arbeit, verrichten, dafür aber nur zehn Prozent der weltweiten Gehaltssumme einkassieren und über weniger als ein Prozent der weltweiten Vermögensmasse verfügen.[22] Ja, da staunt man/n und frau erst recht!

Hestia – Abguss einer Statue vom Ostgiebel des Parthenon-Frieses in der Skulpturhalle Basel

Zurück zu Hestia: Dennoch gibt es ein paar Darstellungen einer personalen Hestia, und so zeigt die Basler Skulpturenhalle als einzige Hestia-Skulptur eine zunächst als Hera bezeichnete Göttin, die aber auch Hestia Giustiniani genannt wird. Und ich kenne schon seit Kindertagen die Hestia links in der Dreiergruppe vom Fries am Parthenon; rechts von ihr lagern – elegant aneinander gelehnt – Dione und Aphrodite. Als Kind durfte ich nämlich, wenn ich mich schön artig mit sauberen Händchen an einen Tisch setzte, die Kunstbücher meiner Eltern anschauen, was ich leidenschaftlich gern tat. Mit den Namen der abgebildeten Figuren konnte ich damals ganz und gar nichts anfangen, aber dennoch blieb mir die sehr hoheitsvolle, autarke, in sich selbst ruhende Gestalt links unvergesslich. Und als ich Jahrzehnte später zum ersten Mal das British Museum besuchte, freute ich mich von Herzen, dass ich mit meiner guten alten Bekannten und Seelenverwandten nun face to face Bekanntschaft machen konnte.

22 Vgl. Joni Seager u. Ann Olson. Der Frauenatlas. Daten, Fakten und Informationen zur Lage der Frauen auf unserer Erde. Frankfurt am Main 1986, S. 102

Hestia lädt ein zum »Mit-sich-selbst-eins-Sein«

Die Art, wie Hestia da am Parthenon-Fries sitzt, verbindet sich für mich mit inneren Haltungen, wie sie Jean Shinoda Bolen dieser Göttin zuschreibt: Die äußere Haltung spiegelt die innere; körperliche Erscheinung und innere Gestimmtheit sind deckungsgleich, drücken dasselbe aus. Hestia bildet für Bolen mit Artemis und Athene die Trinität der jungfräulichen Göttinnen, die autonom bleiben und ehelos. So schlägt Hestia das Werben sowohl von Poseidon wie von Apollon aus. Und macht sich so das »Mit-sich-selbst-eins-Sein zu eigen.«[23] Für Hutzl-Ronge weist ihr Schwur, jungfräulich bleiben zu wollen, Hestia als »unabhängige, freie Göttin aus, die keinem der alten oder neuen Götter verpflichtet oder untertan war.«[24] Während Artemis und Athene ihre schöpferischen Kräfte nach außen richten, ist Hestia für Bolen die Göttin, »die den Blick nach innen wendet und intuitiv erfasst, was vor sich geht.« Sie »konzentriert sich auf ihre innere, subjektive Erfahrung«, und ihr meditativer Umgang beim Besorgen ihres Haushalts bedeutet laut Bolen, dass sie »Ordnung in sich selbst und in ihr Heim bringen kann.« Eine Hestia-Frau praktiziere Zen als »die Kunst der Haushaltführung« und befinde »sich, wie die Griechen es nannten, im *kairos*«, sei also ganz gegenwärtig, achtsam, im *flow,* wie es die heutige Glücksforschung nennen würde. Die von Hestia geprägte Frau, so Bolen, schätze das Schweigen und pflege ihre Spiritualität und ihre Rituale nicht nur in Tempeln oder Kirchen, sondern auch in ihrem Heim und mit ihrer Familie und ihren FreundInnen. Sie ist sowohl geerdet wie nach oben geöffnet – so wie ihr Feuer von unten nach oben brennt. Sie ist weise, auf ihr eigenes Selbst konzentriert, in der Mitte. Alles, worauf sie sich bezieht in Welt und Gesellschaft, in Beziehungen und Familie, all das bringt sie nicht aus ihrer Mitte, sondern dient immer auch ihrer eigenen Entwicklung und Ganzheit.[25]

Darum bleibt sie letztlich immer jungfräulich, was nicht heißt, dass sie ihre Sexualität nicht lebt oder keine Beziehungen und Familie hat, sondern dass dies eben nie ihr »Ein und Alles« ist. Das Wichtigste für sie ist ihre eigene innere Entwicklung. Hestia ist alterslos.

23 Jean Shinoda Bolen. Göttinnen in jeder Frau, S. 167
24 Barbara Hutzl-Ronge. Feuergöttinnen, Sonnenheilige, Lichtfrauen, S. 17
25 Vgl. Jean Shinoda Bolen. Göttinnen in jeder Frau, S. 168ff.

Und so kann sie auch die alte Frau sein. Eine Frau, die in früheren Lebensphasen einmal eine Athene und/oder eine Demeter war, die hatte vielleicht immer auch einen Hestia-Aspekt, den sie nun im Alter jedoch als zentrale Eigenschaft leben kann. Eine moderne Vestalin sozusagen, wie Angelika Kaufmann im 18. Jahrhundert eine Dame als zeitgenössische Vestalin dargestellt hat. Bolen würde als Botschaft für uns formulieren: »Hestia treu bleiben« heißt immer auch »in der eigenen Mitte bleiben«. Denn diese Göttin ist für Bolen das Symbol für das Selbst geworden: »Obwohl sie nicht sichtbar war, war sie das Zentrum jedes Hauses und wurde mit den besten Opfergaben in den Tempeln aller Gottheiten geehrt ... Als Archetyp ist Hestia der Ruhepol, das Zentrum der Seele, das, was viele ›das Selbst‹ nennen ... Mit Hestia möchtest Du sein, wenn Du mehr Zeit für Dich alleine haben möchtest, wenn Du Einsamkeit als ein Heiligtum betrachtest, und wenn Deine Seele im Mittelpunkt Deines Lebens steht.«[26]

Antikisierendes Porträt einer Dame, die Angelika Kaufmann um 1780 als Vestalin darstellte.

Was immer Frauen in früheren Phasen geprägt haben mag: Hestia sei heute für viele Leitbild und Inspiration für ihr drittes Lebensdrittel, denn ab 50 oder 60 gehe es anteilsmäßig mehr ums Sein als ums Machen, und die Ausstrahlung ihrer Persönlichkeit und ihres Wesens auf Mitmenschen und Umgebung könne wirkungsvoller sein als alles Reden und Tun. Bei all dem, was moderne ältere Frauen heute nach Familienphase und/oder Berufsleben anpacken und verwirklichen, bricht sich in vielen aber auch die Weisheit der alten Frauen Bahn. Noch zu keiner Zeit gab es auf der Welt so viele gut gebildete, beruflich erfolgreiche, in Zivilgesellschaft und Politik erfahrene, überhaupt in vielen Lebensbereichen bewährte Frauen wie heute. Von ihnen erwartet Bolen fast so etwas wie eine Kultur- und Bewusstseinsrevolution und setzt, wie schon früher Mary Daly, auf diese Crones/weisen Alten: »Das Selbst und nicht mehr das Ego ist das Zentrum ihrer Persönlichkeit.

26 Jean Shinoda Bolen. Goddesses in Older Women, S. 61 (Übersetzung: Ursa Krattiger)

Und wo bisher das Ego das ›Komitee ihrer inneren Kräfte‹ präsidierte, bildet sich jetzt ein Kreis um das Herdfeuer der Hestia in der Mitte. Wenn Hestia zum zentrierenden Aspekt einer Persönlichkeit geworden ist, sitzen die ›Mitglieder ihres inneren Rats‹ ums Feuer und reden und hören zu, bis in einer bestimmten Situation Klarheit und Konsens gefunden werden.«[27] Wenn Hestia mit dem offenen Herdfeuer in unserer Welt verschwunden sei, so komme sie in unserer Zeit doch zurück und spiele seit der Emanzipationsbewegung der 70er-Jahre des letzten Jahrhunderts für immer mehr eine richtunggebende Rolle, unterstreicht Bolen. Denn seither streben immer mehr Frauen danach, ihre Individualität, ihr eigenes Wesen zu finden und zu entfalten, aus ihrer Mitte heraus zu leben und – bei aller Interdependenz mit Menschen und Welt – ihrem inneren Feuer treu zu bleiben. So könnte Hestia neu zur Schutzgöttin jeglicher Persönlichkeitsentfaltung und Reifung werden – für jeden Menschen, der oder die diese Entfaltung sucht. »Fang bei Hestia an« und mach mit Hestia weiter!

Feuer im Zürcher Labyrinth

Und über allen möge dann dieser irische Segen schweben: »Möge das Feuer deiner Seele nie verglühen wie auch die Glut in deinem Herd.«[28]

27 Ebd., S. 69
28 365 Irische Segenswünsche. Ein immerwährender Kalender. München 2011 (Zum 11. August)

DIDAKTISCHE HANDREICHUNGEN ZU HESTIA

1)

- ○ **Durchsuche die deutsche Sprache nach Ausdrücken, die mit Feuer, Flamme, brennen etc. zu tun haben und erstelle Wortfelder, Wortfamilien und sammle Redewendungen.**

2) Hestia's Symbol des Kreises beinhaltet Zentriertheit und Ganzheit. Übertragen auf die menschliche Seele spricht dieses Symbol die Fähigkeit an, sich innerlich zentriert und als Ganzes zu erleben, in der eigenen Mitte zu sein, in Meditation (lat. *medium* – Mitte) all-eins-sein zu können.

Welche Erfahrungen hast du mit deinem eigenen inneren Zentriertsein, mit deiner inneren Unabhängigkeit von Dingen, Menschen, Wünschen?

- ○ **Reflektiere den Unterschied zwischen »alleinsein/alleinesein« und »einsam sein«.**

- ○ **Tausche deine Erfahrungen und Gedanken mit einer Kollegin/einem Kollegen des gleichen Geschlechts aus, anschließend mit einer Kollegin/einem Kollegen des anderen Geschlechts.**

- ○ **Mache eine schriftliche Zusammenfassung.**

3) Vergleiche die beiden Skulpturen der Aphrodite Kallipygos und der Hestia Guistiniani. Was sagen ihre Haltung, ihre Gesten und ihre Kleidung über sie aus? Welche Botschaften gibt dir jede Skulptur und wie reagierst du darauf – als männliches und als weibliches Wesen? (S. 191 und 112)

○ **Präsentiere deiner Klasse den Vergleich in einem Vortrag.**

4) In ihrem Buch »Innana, Gilgamesch, Isis, Rhea« erzählt Heide Götter-Abendroth die griechische Geschichte der Weltschöpfung neu. Dazu gehört auch, wie Rhea, die Urgöttin von Kreta, Hestia, die Sanfte, eine ihrer drei Töchter – die anderen sind Hera und Demeter – in ihr Amt als Hüterin des Feuers einsetzt:

»Willst du, Hestia, meine Nachfolgerin als Schlange der Unterwelt sein?« »Ja!«, sagte Hestia … Rhea überreichte … Hestia einen Bronzekessel, gefüllt mit Honig und Zauberkräutern. »So nimm den Kessel der Magie! Du erfindest die Kunst des Hausbaues, dein ist der heilige Herd. Begründe die Kunst des Kochens, der Vorratshaltung, des Heilens, der Weissagung und des Orakels. Ordne die Sippenhäuser nach der Mutterlinie, wie das Bienenvolk es dich lehrt. Dein sind die Vorratshäuser in jedem Hof, in jedem Palast. Die Schlange zeigt dir, wie du sie schützt, wie du sie segnest. Du sollst die Geheimnisse des Schicksals kennen und die sanfte Herrin der Unterwelt sein!«
Von diesem Tag an nahm Hestia im dunklen Gewand den magischen Kessel in ihre Obhut und hütete das Feuer im Herd. (S. 160)

○ **Stell dir vor, was ein Starkoch zu dieser Geschichte sagt, ein Architekt, ein Arzt, ein Theologe. Diskutiere und protokolliere.**

○ **Gestalte ein Bild einer Hestia, umgeben von den Tätigkeiten und Dingen, für die sie zuständig ist. Zeichne, male und/oder gestalte eine Collage mit Ausschnitten aus Zeitschriften oder Zeitungen.**

5)

○ **Suche im Internet unter dem Stichwort »Göttin und Kessel« Informationen zu drei Göttinnen. Porträtiere sie auf einer DIN A4-Seite mit Bild und Text.**

6) Im Buch »Granatapfeljahre« reisen Mutter Sue Monk Kidd und Tochter Ann Kidd Taylor auch nach Eleusis zum Heiligtum von Demeter und Persephone. Dabei erinnert sich Sue an die Eigenschaften ihrer Mutter, die mit ihrer Häuslichkeit innig der Göttin Hestia verbunden war. Als junge Frau hatte Sue dafür nur Verachtung übrig. Um ihren 50. Geburtstag sieht sie das alles ganz anders. Zu ihrer Tochter sagt sie darum in Eleusis:

»Ich wollte hinaus in die Welt und aktiv werden – Bücher schreiben, meine Meinung kundtun«, fahre ich fort. »Das war mein Antrieb. Ich habe kein großes Talent dafür, in mir selbst ruhend zufrieden zu verharren, wo ich bin. Mutter hingegen beherrscht die Kunst, zu Hause zu **sein** *– mehr noch, in sich selbst zu sein. Das ist eine wunderbare Begabung …«*
Ich breche ab, weil mir in diesem Augenblick aufgeht, dass ich gerade die innere Zerrissenheit, die mich quält, in Worte gefasst habe. Meinem Bedürfnis nach einer innigeren Beziehung zu meiner Mutter liegt gar nicht die Sehnsucht nach mehr Liebe oder Nähe zugrunde, sondern es wird verursacht durch eine Unstimmigkeit in **mir,** *durch meine unbewusste Geringschätzung der Göttin Hestia und ihrer Welt. Der Welt meiner Mutter.*
»Ihr habt **beide** *ganz wunderbare Begabungen«, sagt Ann und blickt mir in die Augen, sichtlich berührt von meinen Gefühlsäußerungen. Von dem Geheimnis, das ich ihr gerade offenbart habe.*
Ich betrachte die auf dem Schoß ihrer Mutter sitzende Persephone. »Ich weiß«, sage ich.
»Aber ich glaube, ein Teil von mir sehnt sich nach der Art und Weise, wie meine Mutter das Zuhausesein erlebt.« (S. 108f.)

Im Haus der Maria in Ephesus begegnet Sue Hestia erneut:

Ich stehe aufrecht unter dem Bogen. Als mein Blick zum Fußboden gleitet, fällt mir auf, dass ich auf einer dunkelgrauen Fliese stehe, die sich von den anderen deutlich abhebt. An dieser Stelle stieß man bei den Ausgrabungsarbeiten auf verkohlte Bruchstücke aus Marmor und Stein, sprich, hier befand sich einst die Feuerstelle des Hauses. ***Marias Herd****.*
Vielleicht stand sie genau hier und schürte das Feuer. Maria-Hestia. Ich beschließe, mein Gebet genau hier zu sprechen. An der Feuerstelle, am Mittelpunkt des Hauses, am Mittelpunkt meiner selbst. Am Platz meiner Mutter. Ich sehe sie vor mir, wie sie ihre Osterhasen aussticht, und verspüre erneut den Drang, mein ewiges Streben aufzugeben. Ich möchte lernen, wie man wunschlos glücklich und zufrieden ist, wie man einfach stillhält und bewusst »gegenstandslos« ist …
Mir wird klar, dass auch das Teil meines Übertritts in die Welt jenseits der fünfzig ist – die Annahme des Seins …
Die zwei stärksten Impulse in meinem Leben waren seit jeher das Bedürfnis, einfach nur zu sein, und das Bedürfnis, kreativ tätig zu werden, und sie kamen sich ständig ins Gehege … Ich schließe die Augen und versuche, das Problem aus einer anderen Perspektive zu sehen. Nicht entweder – oder, sondern beides, denke ich und bemühe mich, den Herd nicht nur als Ort des Seins, sondern auch als Ort des Schaffens zu betrachten. Wer behauptet denn, dass der Herd bloß ein Symbol für Mütterlichkeit und Fürsorglichkeit sein darf? Kann er nicht zugleich auch für die flammende Begeisterung stehen, mit der ich schreibe? Vor meinem geistigen Auge kristallisieren sich die Worte **kontemplatives Schreiben** *heraus, ganz langsam und bedächtig …«* (S. 140f.)

Zwei Jahre später kann Sue auf ihrer zweiten Griechenlandreise mit Ann erleben, dass es Früchte getragen hat, dass sie sich der Hestia-Welt ihrer Mutter geöffnet hat. Sie erlebt, wie die archetypische Alte Frau in ihr wirkt:

Liegt es an ihrer Ungezwungenheit? An ihrer Selbstbestimmtheit und der Gelassenheit, die daraus entspringt? Ist es ihre kluge, gedeihliche Fähigkeit, einfach zu sein? … Ist es schlicht die Tatsache, dass ich endlich am zehnten Tag (UK: dem Tag der Wiedervereinigung von Demeter und Persephone) *angelangt bin, dass ich nicht mehr getrieben bin von der Frage nach dem »Was kommt noch?«, sondern endlich verweilen kann bei dem »Was ist?«* (S. 368)

- ◯ **Was für ein Bild von Hestia kommt in diesem Text zum Ausdruck?**
  Tausche deine Gedanken mit anderen aus und halte sie schriftlich fest.

- ◯ **In welchem Verhältnis steht die Frauenemanzipation zu Hestia, und wie findet eine sogenannt emanzipierte Frau neu einen Bezug zu Hestia?**

DEMETER SPRICHT

Ich bin die göttliche Repräsentantin des menschlichen Lebens in seinen verschiedenen Phasen. In meinem Namen findet sich die Ur-Silbe »me«. Sie steht für die Grunderfahrung weiblicher Potenz, das Lebensblut, das sich im Rhythmus des Mondes jeden Monat im weiblichen Körper offenbart und das heiligste aller Wandlungsmysterien des Lebens ist.

Wie das Leben selbst, so wandle auch ich mich und meine Namen. Als jungfräuliche Kore stelle ich den Beginn des Vegetationsjahres dar, den Frühling, und damit den Beginn des Lebens, die Geburt, die Jugend, die Unbeschwertheit.
Als reife Göttin Demeter repräsentiere ich die Jahresmitte, den Sommer, die Hoch-Zeit des Lebens, seine Reife, seine Fülle, die Zeit, in der das Leben reiche Gaben bereithält. In jedem Kornfeld, in jeder Ähre offenbare ich mich dir als Kornmutter, die Mensch und Tier nährt und stärkt.
Als Persephone verkörpere ich das dem Ende entgegengehende Jahr, den Herbst, die Erntezeit und die Abschiedszeit im Leben, die Zeit der Trennung, die Zeit der Altersweisheit. Ich steige in die Unterwelt und regiere dieses Reich als Hekate, die Göttin, die das Ende des Jahres repräsentiert, den Winter und damit den Tod, der zu meiner Zeit nichts Schreckliches war, sondern eine Zeit der Umwandlung. Besonders nah bin ich den Menschen in den 13 Raunächten zwischen Weihnachten und dem 6. Januar. Diese Umwandlungszeit ist die Voraussetzung für neues Leben, für meine Wiedergeburt als Kore im nächsten Frühling.

Ich bin die ursprüngliche Dreifaltigkeit: Die das Leben Gebende, die das Leben Nährende und die das Leben Nehmende und Wandelnde. Ich bin Anfang und Ende zugleich im immer wiederkehrenden Kreislauf von Leben und Tod. Deswegen verehren mich Menschen und feiern meine Naturgesetze in Jahreszeitenfesten.

Demeter und Persephone:
»to theo«, die beiden Gottheiten oder Demeteres

Demeter und ihre Tochter Kore/Persephone wurden in der Antike als eine so innig verbundene Zweiheit verstanden, dass sie oft einfach als »to theo«, die beiden Gottheiten oder Demeteres verehrt und angerufen wurden.[1] Tochter wird Mutter wird Tochter wird Mutter wird Tochter wird Mutter – und ich, als reformierte Pfarrerstochter geistlich nur mit Vater und Sohn aufgewachsen (wäre ich katholisch gewesen, hätte ich wenigstens noch eine starke Präsenz von Mutter und Sohn erlebt), ich, Tochter einer Mutter und Mutter einer Tochter, atme tief auf. Endlich wird eines der zentralsten Ereignisse und Erlebnisse meines Lebens in der kulturellen Repräsentation, in religiösen Bildern gespiegelt: das Ineinander, Auseinander, Mit- und Zueinander von Mutter und Tochter, den Trägerinnen und Hervorbringerinnen neuen Lebens.

Es war einer meiner glückseligsten Augenblicke überhaupt, als mir meine Ärztin mitteilte, dass ich eine Tochter erwarte und damit als Tochter einer Mutter nun selbst Mutter einer Tochter werden würde in diesem wunderbaren Kontinuum der Lebengeberinnen. Und als mir dann meine Tochter mitteilte, dass sie einen Sohn erwartet – nun, da senkte zunächst einmal die Enttäuschung einen scharfen Zahn in mein Herz, denn nun kamen nicht die drei Matronen (Mädchen, Mutter, weise Alte) auf mich zu, sondern es gab einen Bruch. Das hatte nichts mit der Ablehnung eines Knäbleins zu tun, wohl aber mit dem damit verbundenen Verlust einer archetypischen Erfahrung, die ich sehr gerne gemacht hätte.

Um 1500 gezeichnet von Leonardo da Vinci: Anna Selbdritt – die Heilige Anna, ihre Tochter Maria und ihr Enkel Jesus

In der Auseinandersetzung mit der neuen, auf diese Art nicht ersehnten Situation half mir ein anderer Archetyp: Anna selbdritt, die Große Mutter, die gleicherweise die gleichen (Mädchen/Frauen) wie die anderen

1 Vgl. Hans Widmer u. Hans Riniker. Von Zeus zu Europa, S. 123

Menschen (Jungen/Männer) hervorbringt; Anna, die Mutter beider Geschlechter. Oder Demeter selbdritt: Demeter mit Persephone und dem männlichen Kind Pluto oder Iakchos oder Dionysos oder Brimos, gelegentlich auch Triptolemos – das variiert in den unterschiedlichen Mythenfassungen. Ich will Triptolemos herausheben, weil er laut Homer ein Sohn des Königspaars ist, das die herumirrende Demeter in Eleusis aufnimmt, wo die beiden dann den Auftrag bekommen, der Demeter einen Tempel zu bauen sowie ihre Mysterien einzurichten. Triptolemus, »klug und gediegen«, wie ihn seine Schwester vorstellt, wird von Demeter und Persephone zusammen in die Kunst des Ackerbaus und des Pflügens eingeweiht. Das Relief aus der Weihehalle, dem Telestorion in Eleusis, zeigt Demeter links mit Zepter und Ähren und Persephone mit Fackel und wie sie mit einer typischen Geste ihrer rechten Hand Triptolemos segnet. Seine neue Aufgabe, den Ackerbau in die ganze Welt hinauszutragen und die Menschen im Getreidebau zu unterweisen, nimmt Triptolemus ernst, wie Ovid erzählt: »Meine Heimat ist das berühmte Athen, ich heiße Triptolemus. Ich kam weder zu Schiff übers Meer noch zu Fuß über Land. Mir stand der Weg des Himmels offen. Ich bringe Gaben der Ceres (der römischen Version der Demeter, UK), die, auf die weiten Felder gestreut, ertragreiche Ernten und unblutige Nahrung bringen sollen.«[2]

Uralt und aus Elfenbein: Demeter selbdritt – eine kleine Skulpturengruppe aus einem Tempel in Mykene, 15. Jh. v. u. Z. mit Demeter, Kore und möglicherweise Pluto; Athen, Nationalmuseum

Was ist der Protestantismus doch für eine seltsame religiöse Kultur, dass er seinen Gläubigen, Männlein wie Weiblein, nichts, aber auch gar nichts anderes über die Geheimnisse von Werden und Vergehen mitzuteilen weiß als einen Vater, der nie geboren und gestillt hat, und einen Sohn, der nie Ehemann und Vater wurde – während die Mysterien weiblicher Fruchtbarkeit vom Mondblut mit seinem Ein- und Aussetzen (Menarche und Menopause) bis zu Schwangerschaft, Geburt und Stillen ganz und gar außen vorgelassen werden. Die einzige Mutter-Gestalt, die

2 Zit. nach Vera Zingsem. Der Himmel ist mein, die Erde ist mein …, S. 150 u. 163

– abgesehen von jesuanischen Heilungsgeschichten – in den Tausenden von Predigten, die ich als Mädchen und junge Frau gehört hatte, überhaupt vorkam, war Maria in einer Weihnachtspredigt, und zwar deshalb, weil sie zum Verkündigungsengel sagte: »Ich bin des Herrn Magd« (Lukas I, 38)! Und sonst mussten wir Frauen uns mit Brosamen zufrieden geben wie mit jener alttestamentlichen Stelle, wonach ER uns gebildet hat vom Mutterleibe an, oder wörtlich bei Zwingli: »Du hat meine Nieren geschaffen, hast mich gewoben im Mutterschoß. Ich danke dir, dass ich so herrlich bereitet bin.« (Psalm 139, 13)

Katholische Menschen durften mit der Gottesmutter wenigstens das Bild einer Mutter schauen, das weibliche Fruchtbarkeits-Mysterium war immerhin präsent (wenn auch mit viel Fragwürdigem konnotiert), und sie konnte, wenn nicht selbst, so doch als Vermittlerin und Fürsprecherin bei ihrem Sohn angerufen werden. Wobei der Religionsforscher Friedrich Heiler herausstreicht, dass die kirchlichen Theologen rigoros definierten und achtsam darüber wachten, dass die Gottesmutter Maria ja nicht als Göttin wahrgenommen, sondern sowohl entgöttlicht als auch entsexualisiert dargestellt wurde.[3] Die Volksfrömmigkeit wird sich aber, da bin ich mir sicher, recht wenig um diese theologischen Finessen geschert haben.

Mutterrecht heißt starke Mutter-Tochter-Beziehung

Und hier nun endlich: die Liebesgeschichte zwischen Mutter und Tochter und Tochter und Mutter, die matrilineare Herkunft allen Menschenlebens, die Würdigung, dass jeder Mensch »of woman born«[4] ist, wie Adrienne Rich es 1976 so schön mit einem ihrer Buchtitel sagt: von der Mutter und aus der Mutter geboren. In mutterrechtlich organisierten Gemeinschaften war und ist die Mutter-Tochter-Beziehung die Beziehung schlechthin, um die herum sich alles andere ordnet/e.

Wen wundert es da, dass das Patriarchat mit dem Vaterrecht die Mutter zum bloßen »Backofen« oder zum passiv austragenden Acker erniedrigt, medientechnisch wirksam

3 Vgl. Friedrich Heiler. Die Gottesmutter, S. 184ff.
4 Adrienne Rich. Von Frauen geboren (Original: Of Woman born)

durch Apollo im Theaterstück »Die Eumeniden« eindrücklich vorgetragen: »Die Mutter ist nicht Ursprung ihres Kinds, / Wie mancher glaubt, sie nährt nur seinen Keim. / Wer zeugt, erschafft; sie hegt ein fremdes Pfand, / bewahrt den Spross, den Gott erhalten will.«[5] Mit dieser Totalabwertung hat bereits das griechische Patriarchat dafür gesorgt, die Leben schaffende, Leben gebende Zentralbedeutung der Mutterschaft so weit wie möglich aus der Sichtbarkeit zu entfernen, sie möglichst unbemerkbar, bedeutungslos und banal zu machen. Die christliche Taufe hat dem noch die Krone aufgesetzt, indem die Mutter das physische Lebewesen ja bloß unrein empfangen, unrein ausgetragen und unrein geboren habe, weshalb dieses krude neue Menschlein erst durch die (bis vor Kurzem) ausschließlich von Männern vollzogene Taufe auf den Namen des Vaters, des Sohnes und des Heiligen Geistes überhaupt erst ein Christenmensch und damit ein richtiger Mensch wurde, dem dann auch die Würde einer christlichen Bestattung zustand.

Demeter mit Kore als Kind auf der Schulter oder Demeter Kourotrophos, eine Tonstatuette im attischen Stil, 440–430 v. u. Z.; Paris, Louvre

Die Geschichte von Demeter und Kore/Persephone zeigt hingegen die weibliche Lebenslinie, die existentielle Verbundenheit von Mutter und Tochter auf und stellt uns diese Personen und ihre Bezogenheit in kultischen Bildern, in künstlerischer Repräsentation sichtbar vor Augen. Wie beseligend für unser ausgehungertes Frauen-Gemüt! Aber dabei geht es nicht bloß um persönlich-private Glücksgefühle. Christa Mulack macht uns bewusst, wie sehr eine starke und lebendige Mutter-Tochter-Beziehung zu den »Wurzeln weiblicher Macht« gehört, während im Patriarchat »das mangelnde Vertrauen der Töchter zu ihren Müttern … nicht nur die Tiefe der Störung dieser Beziehung offenbart, sondern auch die damit verbundenen Denkmuster, die diese Beziehung ins Abseits sozialer Wirklichkeit drängen. Die Beziehung leidet an einem elementaren Mangel an weiblichem Zusammenhalt. Dieser wiederum stellt eine wesentliche Grundlage dar für den immer wieder beklagten fehlenden Widerstand gegen Männermacht und Männerbündelei auf allen Ebenen der Gesellschaft.«[6] Dass die Potenz der Demeter-Persephone-Beziehung dank den

5 Aischylos. Die Eumeniden, 615, zit. nach Josefine Schreier. Göttinnen, S. 74
6 Christa Mulack. Die Wurzeln weiblicher Macht, S. 35; siehe auch das ganze Kapitel bis S. 46

Eleusinischen Mysterien bis weit in patriarchale Zeiten gezeigt und zelebriert werden konnte, ist eigentlich erstaunlich. Und dass sie dann mit dem Überhandnehmen des Christentums definitiv aus dem religiösen und kultischen Leben eliminiert und unsichtbar gemacht wurde, kann uns leider nicht erstaunen.

Demeter mit Kore als Kind auf dem Schoß, eine Steinskulptur aus Theben aus dem 5. Jh. v. u. Z.; Paris, Louvre

Aus den Sagen kennen wir Demeter als Getreidegöttin, die über den Verlust ihrer Tochter Persephone/Kore/das Mädchen trauert, das ihr der Gott der Unterwelt, Hades, gewaltsam geraubt und entführt hat. Und wir erfahren, dass Persephone dann nach vielen Irrungen und Wirrungen für ein Drittel des Jahres die Göttin der Unterwelt wird und für zwei Drittel des Jahres wieder vereint sein darf mit ihrer Mutter auf der Erde. Diese zentrale Geschichte der griechischen Kultur ist der große Mythos des Vegetationsjahres einer Ackerbau- und Getreidezivilisation: Aussaat und Aufgehen der Saat, Reifen des Getreides und Sterben des Korns mit der Ernte, neue Aussaat – ein ewiger Zyklus von Werden, Vergehen und Wiederkommen, von Keimen, Wachsen, Reifen und Ernten, bis es dank dem Saatgut zur Wiedergeburt und zur nächsten Runde des Werdens und Vergehens kommen kann. Kore ist das neue grüne Wachsen und Persephone das goldene Reifen, das dann mit der Ernte getötet und in die Unterwelt entführt wird. Dabei hat in vorpatriarchaler Zeit Persephone – die »Zerstörerin« – mit der Ernte ihren Jahreskönig als seine Führerin in die Unterwelt geleitet, als es noch weit und breit keinen Hades gab, geschweige denn eine Entführung der Persephone! Die Dritte im Bund der dreifaltigen Göttin ist Hekate, die Persephone hinunter und Kore wieder hinauf begleitet. Und alle drei zusammen sind die große Getreidegöttin Demeter. Aber Demeter ist viel älter und umfassender als eine aufs Getreide spezialisierte Vegetationsgöttin. Und darum möchte ich mit Gerda Weiler darauf hinweisen, dass die Jahrhunderte andauernde Erfolgsgeschichte von Demeters Mysterien letztlich nur ihrer zum Glück nicht vollständig gelungenen Vereinnahmung durch das Patriarchat zu verdanken ist, aber eben mit typisch patriarchalen Einschränkungen: »Nur unter der Oberhoheit durch weltliche Herrscher ist es möglich gewesen, dass diese einst kosmisch-umfassende Göttin im Patriarchat überleben konnte – reduziert auf die Funktion einer Getreidegöttin und gehandhabt von den Mächtigen des Patriarchats.«[7]

Demeter ist die Mutter Erde, der Schoß aller Dinge

Dass Demeter eine Erdgöttin ist, darauf verweist schon ihr Name: das *meter* von Demeter (dorisch und äolisch *Damater*) heißt Mutter. *De* oder *Da* soll ein alter Lallname für die Erdgöttin Ge/Gaia sein und verwandt mit dem kretischen Wort für Getreide.[8] Gaia ist die erste Gestalt, die aus dem Chaos aufsteigt, sie ist der Ursprung bei der Entstehung aller Gottheiten, schlicht und einfach der Urbeginn. Und dort ist auch Demeter verwurzelt: Sie ist die Mutter Erde. Gemäß Heide Göttner-Abendroth kommt Demeter, die große kretische Muttergöttin, ursprünglich aus Lybien, einer klassisch matriarchalen Kultur aus dem westlichen Nildelta. Von dort flohen nach der Zusammenlegung von Ober- und Unterägypten um 3000 v.u.Z. eine große Zahl von Menschen nach Kreta, wo sie das erste minoische Zeitalter begründeten. Aus dieser Herkunft behielt Demeter ihre enge Verwandtschaft mit der ägyptischen Isis, die ähnlich verzweifelt nicht ihre Tochter, sondern ihren zerstückelten Sohn-Geliebten Osiris sucht, zusammensetzt und sich wieder mit ihm vereinigt.[9]

Eine sprachlich andere Spur verfolgt Barbara G. Walker, die die Silbe De gleichsetzt mit »Delta oder Dreieck, dem Symbol für das weibliche Geschlechtsorgan. Dieses Symbol war im heiligen griechischen Alphabet auch als ›der Buchstabe der Vulva‹ bekannt … So repräsentierte Demeter, was in Asien ›das Tor des rätselhaften Weiblichen … die Wurzel, aus der Himmel und Erde entsprangen‹ genannt wurde.« Einen Beleg dafür sieht sie in den Kuppelgräbern in Mykene, einer der frühesten Kultstätten der Demeter, die »mit ihren dreieckigen Eingangspforten, ihren kurzen, scheidenartigen Durchgängen und ihren runden Wölbungen den Mutterschoß der Göttin, den Schoß der Wiedergeburt«[10] repräsen-

7 Gerda Weiler. Der aufrechte Gang der Menschenfrau, S. 300
8 Vgl. Hans Widmer u. Hans Riniker. Von Zeus zu Europa, S. 120; siehe dazu auch Irene Fleiss. Als alle Menschen Schwestern waren. Bd. 1, S. 133
9 Vgl. Heide Göttner-Abendroth. Die Göttin und ihr Heros, S. 57
10 Barbara G. Walker. Das geheime Wissen der Frauen, S. 160

tierten. Daran sollten wir uns erinnern, wenn wir später im Homerischen Mythos der alten Dienerin Baubo begegnen, die vor der trauernden Demeter – um sie aufzuheitern – ihre Röcke hebt und Demeter ihre Vulva zeigt …

Demeter hatte auch viele Ehrentitel wie Despoena oder Despoina, die Herrin und Gebieterin (die kecke Despina aus Mozarts Oper »Così fan tutte« lässt grüßen!), Daeira, schlicht und ergreifend »die Göttin«, oder Pluto, der Überfluss – ein Name, der erst viel später auf den männlichen Gott des Reichtums überging. In ihrer dritten Gestalt als Unterweltsgöttin hieß Demeter auch Melaina, die Schwarze, Demeter Chthonia, die Unterirdische, oder Erinys, die Rächerin oder die Wütende. In einem »ihrer ältesten Heiligtümer, Mavrospelya oder die schwarze Höhle genannt, das in Phigalia (südwestliches Arkadien) lag«, wurde ein Standbild der Demeter gefunden, das die Göttin »im schwarzen Mantel« zeigt, »mit einem Pferdekopf«, während »gorgonische Schlangen ihre Mähne umwinden.«[11] Demeter galt als die Mutter der griechischen Pferdegottheiten, der Zentauren.[12] Und zum Pferd schreibt Walker: »Mit oder ohne Schlangen war das Pferd ein gängiges Symbol der Seelenreise: Das konnte eine Reise … zur Welt des Jenseits oder auch zum Land der Toten sein, wo der Besucher die großen Geheimnisse von Leben, Tod, Magie und der Rückkehr zur Erde … erlernen konnte.«[13] Die Hauptattribute der Demeter aber waren Delphin und Taube, beides Symbole für Mutterschoß und Yoni, und das Schwein, die Sau – einst ein heiliges Tier der Göttin, das nicht nur für Fruchtbarkeit stand und erst nach der Christianisierung zum Schimpfwort verkam.[14]

Auch Kore ist bei Walker eine viel urtümlichere Gestalt als das Mädchen, das als Chloé, die Grüne, mit dem jungen Getreide aus der Erde aufsteigt. Sie verbindet sie mit Kali, denn »Ker, Car, Q're, Cara, Kher, Ceres, Core, sanskritisch: Kaur oder Kauri – all dies

11 Ebd., S. 161
12 Vgl. ebd., S. 863
13 Barbara G. Walker. Die geheimen Symbole der Frauen, S. 513
14 Vgl. Jutta Voss. Das Schwarzmond-Tabu, siehe auch Susanne Teuschner: »Das Schwein – der kosmische Uterus«, in: www.weltenfrau.ch; http://www.weltenfrau.ch/PDFS/Layout_fruehling_02.pdf

sind Namen der Göttin Kali.« Diese Zusammenklänge sind ebenso verblüffend wie faszinierend. So sollen auch Bestattungsbezirke und Tempel wie Karnak in Ägypten oder Carnac in der Bretagne der Göttin Kar oder Kore gewidmet gewesen sein. »Die BewohnerInnen von Carnac oder die von Carnuntum an der Donau« hätten sich in römischen Zeiten »*Carnutes,* ›das von der Göttin Car geborene Volk‹« genannt. Und so geht es weiter: In der früh-dynastischen Periode habe es »in Nubien einen Ort mit Namen Kerma (Mutter Ker)« gegeben, und »mehrere frühe ägyptische Herrscher« hätten den Namen Kara »in Ehren gehalten«. In Rom war Car oder Carna »bekannt als ›eine Göttin aus den alten Zeiten‹, die auch als Carmenta angerufen wurde. Die archaische Form, in der sie verehrt wurde, hing mit den Karneia-Festen in Sparta und dem klassisch römischen Karneval zusammen.« Auch die italienische Hafenstadt Caraalis (Cagliari) und der Berg Karmel, Ort eines der ältesten Heiligtümer Israels, tragen den Namen Kar in sich. Und wenn wir schon bei der Sprache sind: Kore lächelt uns auch entgegen aus dem englischen »core« für Kern, Kerngehäuse und Herz im botanischen wie im übertragenen Sinn.[15]

Und einmal mehr hat das Christentum ein vorchristliches Fest in sein eigenes Kirchenjahr übernommen und nach seinem Gusto neu interpretiert: Kore wurde nämlich im hellenistischen Ägypten in der Nacht vom 5. auf den 6. Januar mit dem Koreion gefeiert, weil sie dann den Sonnengott Aion als die neue Sonne gebar – und das Christentum machte daraus das Fest der Erscheinung des Herrn, Epiphanias. Inzwischen feiert die westlich-christliche Welt an diesem Tag das Dreikönigsfest, aber auch dieses Umfeld wirbelt zu diesem Zeitpunkt die Göttin wieder auf, denn Holla, die Percht, Berchta – die Große Göttin des mitteleuropäischen Raums – wird »als ›die Leuchtende‹« eben »auch in Verbindung mit dem Dreikönigstag gebracht. Der Stern, der die drei Könige leitet, nimmt das Lichtwesen Berchtas auf. In Italien geht am … 6. Januar eine weibliche Gestalt, die Befania oder Befana, um und beschenkt die Kinder«[16] und sogar Verkehrspolizisten werden zum Dank für ihr Wirken auf der Straße mit Gaben wie Panettoni umringt. Der Name der Befana wird auf eine Verballhornung des Wortes »Epiphanias« zurückgeführt.

15 Barbara G. Walker. Das geheime Wissen der Frauen, S. 570f., siehe auch Vera Zingsem. Der Himmel ist mein, die Erde ist mein …, S. 146
16 Sonja Rüttner-Cova. Frau Holle, S. 123

Das Vegetationsjahr als Familiendrama

»Preisen werd ich Demeter Schönhaar, sie, die erhabene/Göttin selbst und die Tochter mit den hohen Knöcheln«. Der Hymnus Homers »An Demeter«, wie er in der hier verwendeten Fassung des späten 7. Jahrhunderts v. u. Z. überliefert ist, spiegelt bereits die patriarchale Umdeutung der Geschichte der Demeter. Demeter hört die Schreie der Tochter nach dem Raub durch Hades – »Scharf wie ein Stachel traf sie das Leid ins Herz« – und fragt Hekate, die ihr zu Hilfe eilt: »Sag mir die Wahrheit! Hast du mein liebes Kind gesehen?« Hekate bringt sie zu Helios, dem zweiten Zeugen, der nicht nur gehört, sondern auch alles gesehen hat und den Raub nicht nur schildert, sondern auch den Schuldigen entlarvt: »Doch ist kein/Andrer Unsterblicher schuld als Zeus, der Wolkenversammler,/Der sie dem Hades gab«. Diese Enthüllungen entsetzen Demeter noch mehr: »Ihr aber ward das Gemüt noch weher vom grausigen Elend./Hündischer fühlte sie sich.« Demeter wendet sich ab vom Olymp, zieht trauernd über die Erde, »schändete selbst für lange Zeit ihr Aussehen« und »Voller Sehnsucht und Harm um die tiefgegürtete Tochter,/Schickte den Menschen ein Jahr, so grausig und hündisch wie keines/Über die Welt, die viele ernährt. Kein Samen im Boden/Keimte; die schön bekränzte Demeter ließ ihn verkommen./Rinder zogen vergeblich über die Äcker die vielen/Krummen Pflüge; nutzlos fiel in die Erde das weiße/Korn.« Dass die Menschheit grässlichen Hungers gestorben wäre, hätte Zeus vielleicht noch hingenommen, dass aber auch »Opferspenden entzogen dem Herrn im Palast des Olympos« waren, das ging denn doch entschieden zu weit, und so bot er seine Hand zur Rückkehr von Persephone bzw. zum Kompromiss des periodischen Hin und Her, denn Persephone hatte ja, ihr gewaltsam aufgedrängt von Hades, in der Unterwelt einen Granatapfelkern gegessen. Darum konnte sie die Unterwelt nicht mehr für immer verlassen. Trotzdem sind Mutter und Tochter wieder vereint: »Gleichgesinnt verbrachten nun beide die Stunden des Tages,/Eine wärmte der anderen Herz und Sinn zur Ge-

Kultbild von Demeter und Persephone mit Triptolemos – ein Relief aus Eleusis, um 430 v. u. Z.

Diese Vase zeigt Persephone mit Trankopfer und Fackel sowie Triptolemos mit drei Ähren – die beiden sind wie durch einen Stab getrennt.

nüge,/ Fest umarmten sie sich, das Leid verebbte im Gemüte,/ Freude schenkten und Freude nahmen sie untereinander« – und von ihrem Schmerz erlöst, entlässt Demeter die Natur aus ihrem Todesbann: »Aber gleich sollte es prangen in mannshohen Ähren,/ Frühling sollte es werden, die fetten Furchen im Felde/Sollten strotzen von Ähren und diese sich bündeln zu Garben.«[17]

Ovid schreibt erst im 1. Jahrhundert u. Z. und siedelt die Geschichte von Ceres und Proserpina in seinen »Metamorphosen« in Sizilien an. Stolz und hoch liegt die Stadt Enna auf einem markanten Felsen ziemlich genau in der Mitte der Insel, und vor ihren Toren befindet sich der See Pergus, an dessen Ufer Pluto Proserpina geraubt haben soll; ich erlebte ihn auf meiner Reise durch Sizilien allerdings als relativ unansehnlichen Tümpel. Als treibende Kraft steht Venus hinter dem geschilderten Übergriff, hatte sie ihrem Sohn Cupido doch den Befehl gegeben, seinen Pfeil auf Pluto abzuschießen: »Auch die Tochter der Ceres wird Jungfrau bleiben, wenn wir uns das gefallen lassen … Ich beschwöre dich bei unserer gemeinsamen Weltherrschaft, wenn sie dir etwas bedeutet: Vereinige die Göttin mit Deinem Oheim!« Gesagt, getan: Da »sah, begehrte und raubte sie Pluto – alles fast gleichzeitig. So schnell wurde Liebe zur Tat« – seit wann nennt man/n Raub und Vergewaltigung Liebe?

Ceres verliert ihre Tochter, vernimmt ihr Schreien, irrt verzweifelt suchend über die Welt. »Noch weiß sie nicht, wo ihr Kind ist, doch macht sie allen Ländern Vorwürfe, nennt sie undankbar und nicht wert ihrer Gabe, des Ackerbaus, an erster Stelle Sizilien, wo sie die Spuren ihres Verlusts entdeckte.« Ceres verdirbt die Samen, schickt zu viel Sonne und zu viel Regen und straft »Siziliens weltberühmte Fruchtbarkeit Lügen«. Als sie alles weiß, stellt sie Jupiter zur Rede: »Endlich habe ich nun meine lang gesuchte Tochter gefunden, wenn du das ›finden‹ nennst, was treffender ›verlieren‹ heißt, oder wenn du ›wissen, wo sie ist‹ schon ›finden‹ nennst.« Und dann geht alles weiter

17 Homerische Hymnen, hg. von Anton Weiher, S. 7-33; siehe auch Vera Zingsem. Der Himmel ist mein, die Erde ist mein …, S. 146-159

wie gehabt bei Homer, außer dass Proserpina nicht nur einen, sondern sieben Granatapfelkerne isst – und dies nicht gezwungenermaßen, sondern weil sie in der Unterwelt beim Spazieren »in ihrer Einfalt in den gepflegten Gärten … von einem Baum, der sich unter seiner Last beugte, einen purpurnen Granatapfel«[18] pflückt und aus der offenen Frucht ein paar Kerne nascht, das unbedarfte Hascherl. Also nichts mit bleibender Rückkehr, wobei der ausgehandelte Kompromiss nicht wie in Griechenland neun Monate oben und drei unten heißt, sondern dem sizilianischen Klima entsprechend: sechs oben und sechs unten.

Auch Barbara Hutzl-Ronge lehnt bei der Granantapfelepisode die patriarchale Formulierung ab, Kore habe unvorsichtigerweise genascht. Und die Homersche Variante von der List und Gewalt des Hades deutet sie zu Recht als patriarchale Umformung: »Kore tut, was in der Unterwelt das einzig Logische ist: Sie isst Granatapfelkerne, weil sie Fruchtbarkeit und Wiedergeburt symbolisieren. Der Granatapfel in der Hand der Göttin in der Unterwelt ist ein Symbol, auf das bei der patriarchalen Veränderung des Mythos nicht verzichtet werden konnte. Also musste die Geschichte so umgestrickt werden, dass ein dummes Mädel herauskommt, das genascht hat, vom Gärtner erwischt wird und nun – ätsch! – zeitweise in der Unterwelt bleiben muss.« Zudem korrigiert sie: »Sie habe Granatapfelkerne aus dem Garten des Hades gegessen, behauptet der Gärtner. Papperlapapp. Niemand anders als der Göttin selbst gehört der Granatapfelgarten.«[19] Dass selbst noch im patriarchalen Mythos Zeus und Hades dem Fluch der Demeter schließlich nachgeben und einlenken, belegt nach Heide Göttner-Abendroth »den Erfolg des beharrlichen, passiven Widerstands, den die bäuerliche Bevölkerung mit ihrem Demeterkult den neuen Machthabern entgegensetzte.«[20]

In seinem Festkalender beschreibt Ovid ausführlich die *Cerialia,* die Feierlichkeiten, die zwischen dem 12. und 19. April oder den Iden und Kalenden des Mai zu Ehren der

18 Ovid. Metamorphosen V, übersetzt von Michael von Albrecht, zit. nach Vera Zingsem. Der Himmel ist mein, die Erde ist mein …, S. 159-165
19 Barbara Hutzl-Ronge. Quellgöttinnen, Flußheilige, Meerfrauen, S. 234
20 Heide Göttner-Abendroth. Inanna, Gilgamesch, Isis, Rhea, S. 226

Bis auf den heutigen Tag sind Proserpina und Ceres prominent im sizilianischen Kunsthandwerk präsent – wie auf diesen beiden Medaillons eines Keramikers in Enna.

Ceres und der Rückkehr ihrer Tochter Proserpina gefeiert wurden. Festlich und heiter begannen sie mit Pferderennen und Spielen, und alle Feiernden hatten in weißen Gewändern zu erscheinen. In seinem Text würdigt Ovid zuerst ganz allgemein die Entstehung des Getreideanbaus und den Segen des Korns: »Grüne Kräuter nur hatten die ersten Menschen als Nahrung;/Die gab die Erde von selbst, niemand beackerte sie…/Später wurde die Eichel bekannt, und nach ihrer Entdeckung/Lebte man besser; ihr Baum bot einen kostbaren Schatz./Ceres nun rief als Erste den Menschen zu besserer Nahrung,/gab ihm das Brot, das doch viel nützlicher war.« Darum: »Spelt und von knisterndem Salz eine Gabe mögt ihr der Göttin/Weihn auf dem alten Altar, Körner des Weihrauchs dazu …/Ceres, der guten, genügt wenig – nur rein sei, der's gibt!«[21]

Viel besucht und geheim: Die Eleusinischen Mysterien

Die Göttin Demeter ist jedoch eine weit elementarere Gestalt als jene, die wir aus dem Demetermythos von Homer aus dem 7. Jahrhundert v. u. Z. oder aus der lateinischen Fassung von Ovid aus dem 1. Jahrhundert u. Z. kennen. Ursprünglich bringt Demeter nämlich die existenziell überwältigende Tatsache zum Ausdruck, »dass und wie der Mensch sein Eingebettetsein in die Natur, seine Abhängigkeit von der Natur und ihrer Fruchtbarkeit« erlebt.[22] Die Erzählungen von Homer und Ovid hingegen vermitteln uns den Mythos von Demeter und Persephone in einer literarisch enorm gebändigten und domestizierten Ausdrucksform, die allerdings gleichzeitig intensiv mit uralter und langlebiger Volksfrömmigkeit und mit ebenso uralten wie langlebigen Mysterienkulten verbunden sind.

Und die Erzählungen von Homer und Ovid würden uns heute wohl weniger berühren, wenn wir nicht wüssten, dass der Mythos Anlass und Thema eines der wichtigsten

21 Ovid. Fasti. Festkalender Roms, zit. nach Frances Bernstein. Frauenweisheit der Antike, S. 110f.
22 Hans Widmer u. Hans Riniker. Von Zeus zu Europa, S. 123

Mysterienkulte der Antike war: Er begann in Eleusis und wurde dann auf Athen ausgedehnt, wobei die Ackerbaumysterien der »archaischen, matriarchalen Vegetationsgöttin … anfänglich ausschließlich in den Händen von Frauen lagen.«[23] Dieser matriarchale Ursprung mag sich auch darin zeigen, dass ab dem 6. Jahrhundert v. u. Z. neben Frauen auch Männer und neben Freien sowohl Sklavinnen wie Sklaven eingeweiht wurden, wenn sie denn Griechisch konnten und keine Blutschuld auf sich geladen hatten. Und die »Eleusinischen Mysterien, in denen es um Tod und Wiedergeburt ging«, waren in Griechenland bis in patriarchale Zeiten hinein außerordentlich bedeutend«[24] und zogen noch in römischen und frühchristlichen Tagen bedeutende Führungspersönlichkeiten Roms in ihren Bann.

Das Wahlplakat für die Wahl von Julia Timoschenko zur Präsidentin der Ukraine zeigt sie 2010 als nährende Getreidemutter Demeter.

Widmer und Riniker betonen in ihrer »Griechischen Mythologie im Rahmen der Kulturgeschichte« mehrfach, dass Demeter eine der »volkstümlichsten Gottheiten der griechischen Religion« gewesen sei und ihre »Mysterien etwas von der religiösen Welt des Volkes und dazu noch geschlechtsspezifisch der Frauen« zeigen.[25] Entsprechend sei Demeter im Rahmen der Volksfrömmigkeit in der ganzen griechischen Welt verehrt worden, und Kulte und Mysterien der Demeter habe es an verschiedenen Orten gegeben: Neben Eleusis auch in Arkadien und Sizilien mit Heiligtümern nicht nur in Enna, sondern auch bei der Kyane-Quelle bei Syrakus, ebenso auf der Insel Korkyra und in Thessalien, wo ihr ein heiliger Hain geweiht war, sowie während vier Jahrhunderten in Pantanello in der Basilicata, wo drei schöne griechische Frauenbüsten gefunden wurden – eine mit einem aufgeschnittenen Granatapfel in der Hand.[26] Die größte Bedeutung hatten jedoch die Mysterien von und in Eleusis. Dort sind sie vom 13. Jahrhundert v.u.Z. an nachgewiesen und

Die Getreidegöttin mit Ährenbündel und Sichel im Logo auf einer italienischen Nudelpackung

23 Heide Göttner-Abendroth. Die Göttin und ihr Heros, S. 59
24 Ebd., S. 59
25 Hans Widmer u. Hans Riniker. Von Zeus zu Europa, S. 120
26 Vgl. Angela Monika Auerbach. Sie war umhüllt vom Duft wilder Nelken, S. 108

Ährenmadonna, 14. Jh., Salzburg

wurden bis nach dem Aufstieg des Christentums zur Staatsreligion des römischen Reiches unter Kaiser Konstantin (306-337) zelebriert – auch noch, nachdem der christliche Kaiser Theodosius 391 alle heidnischen Kulte hatte verbieten lassen; sie sind sogar noch bis ins 5. Jahrhundert u. Z. bezeugt. Und das, obwohl 395 Alarich und die Westgoten den Tempelbezirk in Eleusis zerstört hatten, was nach anderer Überlieferung 396 durch fanatisierte Mönche erledigt wurde. Aber wie gesagt: Der Demeterkult und das Bewusstsein für die Zusammenhänge, die er darstellt, blieben im Volksbewusstsein über die Jahrhunderte aktuell und bedeutsam, und griechische Bauern sollen Demeter das ganze Mittelalter hindurch als die Große Göttin verehrt haben. Um Demeter auf die Dauer zu vereinnahmen, wurde sie sogar zur christlichen Heiligen Demetra umfunktioniert. Diese »neue« Heilige wollte die Kirche zwar nicht kanonisieren, aber im Volksglauben war und blieb sie nichts desto trotz anwesend und beliebt.[27] Erst eine männliche Form der Demeter, der Heilige Demetrius, wurde schließlich in den orthodoxen Heiligenkanon aufgenommen, und »heute erhebt sich oberhalb der Ruinen des Heiligen Bezirks eine Marienkapelle«.[28]

Eleusis war schon im 3. Jahrtausend v. u. Z. besiedelt und seit dem 2. Jahrtausend und in klassischer Zeit befestigt. Es gibt dort manche Bauten, Objekte und Texte, die die Mysterien belegen, andeuten oder deren Existenz bestätigen. Aber was in den geheimen Riten wirklich geschah, gesagt und getan wurde, war und blieb Geheimnis, denn die Einzuweihenden wurden zu Schweigen und Geheimhaltung verpflichtet und haben das über Jahrhunderte hinweg so streng eingehalten, dass wir bis auf den heutigen Tag letztlich nichts Genaues wissen. Dennoch dürfen wir mit Widmer/Riniker guten Gewissens annehmen, dass in diese

27 Vgl. Barbara G. Walker. Das geheime Wissen der Frauen, S. 162
28 Ebd., S. 162 und Vera Zingsem. Der Himmel ist mein, die Erde ist mein …, S. 176

Mysterienkulte »alte, z. T. vorgriechische Anschauungen und Kultbräuche«[29] hineinragen. Der Kult der großen Erdgottheit verspricht zum einen Erntesegen, Wohlfahrt, Reichtum und Gelingen im Diesseits, andererseits aber auch »ein glückliches Leben im Jenseits« und/oder verheißt – im Geist eines zyklischen Bewusstseins – nach Geburt, Leben und Sterben die Wiedergeburt. Darüber gibt es zahllose allgemeine Aussagen, wie die von Sophokles: »Dreimal selig die Sterblichen, die diese Weihen geschaut haben und so in den Hades kommen: für sie allein gibt es dort Leben; für die andern hat es alles Unheil.«[30] Da die ersten Stufen der Einweihung nicht der Geheimhaltung unterlagen, wissen wir einiges von den öffentlichen Zeremonien. So gab es zu Frühlingbeginn im Blütenmonat Mai bei den Kleinen Mysterien in Agrai, einem Vorort von Athen, Riten wie Fasten, Reinigungen und Opfer, und wahrscheinlich wurden Teile des Mythos der beiden Göttinnen rituell aufgeführt. Im September/Oktober fanden die neuntägigen Großen Mysterien statt; dafür war die Teilnahme an den Frühlingsmysterien Voraussetzung. Während dieser Zeit wurde ein allgemeiner Gottes- oder besser: Göttinnenfrieden ausgerufen, und alle Kriegshandlungen mussten ruhen.[31]

Heilige Dinge, heilige Worte, heiliges Tun

In den Mysterien von Eleusis[32] wurde als geheimnisvolle, bewegende und ergreifende Initiation das Geheimnis von Leben und Reifen, Ernten und Absterben sowie der Wiedergeburt gefeiert. Die Einzuweihenden trugen weiße Kleider und wurden durch die tagelangen Rituale geführt mit dem Zeigen heiliger Dinge, dem Sprechen heiliger Texte und dem Einbezogenwerden in heiliges Tun, wozu ein heiliger Trunk gehörte. Dieser entsprach dem »Kykeon«, einem Getränk, das Demeter in Eleusis gereicht wird, als sie beim Antritt ihres Kinderhüteamtes für das letztgeborene Büblein des dortigen Königspaars keinen roten Wein trinken will, sondern darum bittet, ihr Gerste und Wasser mit

29 Hans Widmer u. Hans Riniker. Von Zeus zu Europa, S. 132f.
30 Ebd., S. 132
31 Vgl. Vera Zingsem. Der Himmel ist mein, die Erde ist mein …, S. 169
32 Für ausführliche Beschreibungen der Eleusischen Mysterien siehe Vera Zingsem. Der Himmel ist mein, die Erde ist mein …, S. 169-176 und Hans Widmer u. Hans Riniker. Von Zeus zu Europa, S. 131-134

zarter Minze zu mischen zum Schlürfen.[33] Der Basler Chemiker, der »aus Versehen« das LSD erfunden hat, Albert Hofmann, mutmaßt in seinen Forschungen über das Mutterkorn, dass das »Kykeon« mit psychotropen Substanzen aus Mutterkorn versetzt gewesen sei und so im Kult seine berauschenden und beseligenden Wirkungen habe entfalten können.[34] Hier sei nur daran erinnert, dass Demeter auch der Mohn heilig war, dem ja ebenfalls bewusstseinsverändernde Wirkungen eigen sind. Was immer dem Kykeon beigegeben worden sein mag, Widmer/Riniker werfen durchaus zu Recht die Frage auf: »Wirken Rauschtrank-Rituale nach? Sie erweitern das Bewusstsein. Man kann sie durchaus als Fest der Unsterblichkeit erleben, die dem erweiterten Bewusstsein jenseitige Wirklichkeit verbürgen.«[35]

Die drei goldenen Ähren, gefunden in Eleusis, waren wohl das zentrale gezeigte Objekt in den Mysterien von Demeter und Persephone, das Symbol von Leben und Sterben und Wiederkommen.

Archäologische Funde aus Eleusis wie eine dreifache, dreifaltige Ähre aus reinem Gold mögen nahelegen, dass so eine Ähre an der zentralen Einweihungsstelle gezeigt wurde und die erleuchtende Botschaft repräsentierte: Fruchtbarkeit gibt es nicht ohne Sterbeprozesse, das allumfassende Leben beinhaltet zwingend Phasen des Absterbens und des Todes. Auch die biblische Botschaft des Neuen Testaments verwendet das Getreidebild für die Erkenntnis von Tod und Auferstehung, von Opfer und fruchtbringendem Segen. So lässt Johannes nach dem Einzug Jesu in Jerusalem seinen Meister zu den Jüngerinnen und Jüngern sagen: »Wenn das Weizenkorn nicht in die Erde fällt und erstirbt, bleibt es allein; wenn es aber erstirbt, bringt es viel Frucht.«(Joh. 12, 24)

33 Vgl. Vera Zingsem. Der Himmel ist mein, die Erde ist mein …, S. 151
34 Vgl. Albert Hofmann. »A challenging question and my answer«, in: The road to Eleusis. Ethnomythological Studies Nr. 4, S. 25ff.
35 Hans Widmer u. Hans Riniker. Von Zeus zu Europa, S. 134

»La mort n'existe pas – life is eternal«

Eine Fragestellung beschäftigt mich in diesem Zusammenhang. Im Kontext der dreifaltigen Göttin ist regelmäßig die Rede von Geburt, Leben und Sterben sowie von Wiedergeburt, wobei das Wort Seelenwanderung oder Reinkarnation nicht vorkommt. So wird nicht thematisiert, ob z. B. ein sterbendes Individuum, eine ihren Erdenleib verlassende Seele in einem neuen Erdenleben wieder auf die Welt kommt. Wiedergeburt wird eher angedeutet im Sinne von Wiederkehr oder mit der Auffassung: Das Leben ist ewig und unaufhörlich, und darin bleiben wir aufgehoben. Wiederholt und ähnlich führen sowohl Heide Göttner-Abendroth wie Jutta Voss aus: Die Große Göttin ist eine Tod-im-Leben-Göttin und keine Leben-im-Tod-Göttin.

Aussagen von Eingeweihten drücken aus, dass ihnen das Durchleben der Mysterien offenbar die Angst vor dem Tod nimmt, oder wie der römische Staatsmann und Philosoph Cicero schreibt: Die Eingeweihten haben »in Wahrheit die Grundlagen des Lebens kennengelernt, durch die wir nicht nur mit Freude zu leben, sondern auch mit besserer Hoffnung zu sterben gelernt haben.«[36] Der griechische Dichter Pindar formuliert es so: »Glücklich, wer dies gesehen hat, bevor er unter die Erde geht, denn er weiß um das Ende des Lebens, und er weiß um den gottgegebenen Anfang.«[37] Verallgemeinernd schreiben Widmer/Riniker dazu: »Die Einweihung deckt die Nähe zur göttlichen Welt auf und die Kontinuität zwischen Leben und Tod. Archaische Religionen teilen diese Ideen. Die Religion der Olympier hat diese religiöse Sicht verdeckt. Die Offenbarung der geheimnisvollen Kontinuität zwischen Leben und Tod versöhnt den/die Eingeweihte/n mit dem Schicksal der Unentrinnbarkeit des eigenen Todes.«[38] Und eine Inschrift in Eleusis steigert das noch: »Der Tod ist für die Sterblichen nicht länger ein Übel, sondern ein Segen«.[39]

Auf ihre Art formulierte das die 2002 verstorbene Künstlerin Niki de Saint Phalle kurz vor ihrem Tod so: »La mort n'existe pas – life is eternal.«[40] Und eines ihrer sensationellen

36 Zit. nach Vera Zingsem. Der Himmel ist mein, die Erde ist mein …, S. 175
37 Zit. nach ebd., S. 175
38 Hans Widmer u. Hans Riniker. Von Zeus zu Europa, S. 132
39 Vera Zingsem. Der Himmel ist mein, die Erde ist mein …, S. 175
40 Niki de Saint Phalle. La Grotte, S. 8

Niki de Saint Phalles Provokation von 1966 in Stockholm: HON / SHE / SIE – so heißt die begehbare Skulptur – die Große Mutter, durch deren Schoss wir eingehen … und vor allem: aus dem wir alle kommen.

frühen Werke ist die Riesenskulptur HON/SIE, die 1966 in Stockholm einen riesigen Skandal, aber auch eine große Faszination auslöste: Sie ist eine liegende Frau, durch deren Vulva die Gäste im Museum in ihren runden Bauch hineingehen konnten, um beim »Austritt« aus dem Bauch durch die Vulva der NANA-Göttin wieder in die Welt hineingeboren zu werden.

Die Mysterien von Eleusis waren nicht die einzigen Mysterien, die zu Ehren der Demeter gefeiert wurden. Es gab noch weitere, die wie jene von Eleusis ursprünglich reine Frauenrituale waren und immer auch mit dem Vegetationsjahr zu tun hatten: »Demeters hochaltertümliche Feste« – so schreiben Widmer/Riniker in ganz unerwarteter Übereinstimmung mit Jutta Voss – »stehen in engster Verbindung mit dem Leben der Frau.«[41] Dabei betont Jutta Voss, dass Demeter in Griechenland eben auch die Schweinegöttin sei, und deshalb stehe »nichts weniger als das Mysterium des Sacer Mens im Mittelpunkt der Frauenfeste.«[42] Die *Skira* oder *Skirophoria* fanden im Juni/Juli zu Beginn der Sommerdürre statt und waren aufs Engste verbunden mit den *Thesmophorien* im Oktober/November am Ende der Dürrezeit. Dieses zweite Fest markierte den Beginn der Mondblutung und den Anfang eines neuen Fruchtbarkeitszyklus – und zwar »exakt vier Monate später, also der matriarchalen Dreiteilung des Jahres entsprechend«. Bei den Skira warfen die Frauen in einem Ritual lebende Ferkel in eine Megara, eine Felsspalte oder Erdgrube, in der sie während der Dürre ihre Erdenfahrt machten, verwesten und nach vier Monaten, am Ende der Dürrezeit, an den Thesmophorien wieder ausgegraben und »unter das Saatgut gemischt und mit einer dreifachen Pflügung unter die Erde gemengt« wurden.[43] Dies ein Verweis auf die

41 Hans Widmer u. Hans Riniker. Von Zeus zu Europa, S. 121
42 Jutta Voss. Das Schwarzmond-Tabu, S. 215
43 Ebd., S. 214

Heilige Hochzeit, wo Inanna ihre Vulva preist und Dumuzi auffordert, sie zu füllen und zu pflügen. Voss berichtet, dass noch heute in Griechenland vor dem Aussäen der Wintersaat ein Granatapfel vor der Pflugschar zerschlagen wird und seine Kerne dann mit dem Saatgut vermischt, ausgebracht und untergepflügt werden. Die Thesmophorien dauerten drei Tage, wobei die Teilnehmerinnen am dritten Tag Granatapfelkerne aßen, um den Übergang von der unfruchtbaren in die fruchtbare Phase zu feiern.

Diese griechische Vase zeigt, wie bei den Skirophorien Ferkel in der Erde versenkt werden.

Es ist Voss ein Anliegen herauszustreichen, dass es bei diesen beiden Frauenritualen nicht nur um die Fruchtbarkeit der Frauen und der Erde ging, sondern: »Auf den Frauenfesten wird der Glaube an die Wiedergeburt allen Lebens zelebriert. Indem die Frauen mit der Schweine-Erdfahrt ihren eigenen Zyklus ritualisieren, übernehmen sie auch Verantwortung für die zyklischen Ordnungen des Kosmos.«[44] Und mit den Thesmophorien »beginnt neues fruchtbares Leben für die Frau wie für ihren Zyklus, für das Land wie für das Jahr. Der Zyklus ist wieder ›im Gang‹, ›im Lot‹ der Maat«.[45] Das betont Jutta Voss so stark, »weil alle Interpreten diese Kulte auf Fruchtbarkeitsriten für Frau und Land reduziert haben.«[46]

Beim Lesen der Ausführungen von Jutta Voss steigen in mir dasselbe Befremden, dieselbe Empörung hoch wie vor Jahrzehnten im Israel Museum in Jerusalem, weil dort all die umwerfenden Göttinnen, die ich zum ersten Mal zu Gesicht bekam, nicht sein durften, was sie sind, sondern in den Beschriftungen im Museum und den Legenden im Katalog auf bloße »fertility idols« – Fruchtbarkeitsidole – reduziert wurden …

Baubos Vulva lockt das Lachen aus dem Bauch …

Es gehört vielleicht zum Älterwerden, ich bin ja Jahrgang 1946, dass mir inzwischen eine Gestalt und eine Szene die liebste ist im Demetermythos, die bei Homer noch relativ

44 Ebd., S. 211
45 Ebd., S. 215
46 Ebd., S. 210-216

harmlos daherkommt. Eine Dienerin, »Iambe, die trefflich Erfahrene«, schiebt im Palast von Eleusis der dahergelaufenen Alten einen Schemel hin, auf dem sich die Betrübte schließlich niederlässt: »Keinen begrüßt sie, weder mit Worten noch mit Gebärden;/Ohne zu lächeln, ohne zu essen, ohne zu trinken,/Voller Sehnsucht und Harm um die tiefgegürtete Tochter/Sitzt sie, bis endlich die trefflich erfahrene Iambe mit Scherzen/Oft auch mit leisem Spott die Waltende, Heilige umstimmt,/Endlich zu lächeln, zu lachen, ihr gütiges Herz zu erschließen./Später noch mocht' sie Iambe ob ihres lebendigen Treibens.«[47]

Aber was war das nun, dieses »lebendige Treiben«? Uns stockt der Atem, wenn wir uns das vorstellen, denn in unserer Zeit und Kultur ist ihr Tun ein absolutes »No-Go« oder auf jeden Fall etwas, was nicht an einen Königshof gehört und schon gar nicht vor die Augen einer trauernden Frau: Denn Iambe/Baubo hebt vor der hoffnungslos Verzweifelten ihre Röcke und zeigt ihr die Vulva – die heilige Öffnung des weiblichen Leibs, Ort der Geburt, Ort, an dem der Mann eindringen muss/darf, wenn es um einvernehmliches Lieben geht, Ort, über den es zur Zeugung kommt, Ort der Lust –, als wolle sie Demeter zurufen: Was willst du ewig trauern, das Leben geht doch weiter, fruchtbares Leben hört doch nie auf! Und tatsächlich: Demeter muss erst lächeln, dann laut lachen, der depressive Bann ist gebrochen, und ihr tiefes Wissen nimmt wieder Raum in ihr: Ja, trotz allem, in allem Kummer, das Leben geht weiter – es gibt immer wieder den Zugang zu neuer Lust, zu neuem Leben.

Zeichnung einer spätrömischen Statuette der nackten Baubo in unmissverständlicher Haltung auf dem Schwein, Tonskulptur, ca. 100 v. u. Z.

»No-Go« habe ich geschrieben. Heute gibt es eigentlich nur zwei Bildwelten, in denen die Vulva vorkommt: in medizinischer Literatur oder in der Pornographie. Als junges Mädchen ging ich in jener Gegend der Stadt zum Zahnarzt, in der ich seit der Jahrtausendwende wohne, und es kommt mir bei diesem Gebäude immer wieder in den Sinn, wie

47 Homerische Hymnen, zit. nach Vera Zingsem. Der Himmel ist mein, die Erde ist mein …, S. 151

ich einmal vor Jahrzehnten aus der Praxis kam, auf die Rückseite des Kiosks vor dem Haus blickte – und erstarrte. Hier hinten hingen an der Rückwand die billigen »Sexhefte« – und mein Mädchenauge blickte auf ein ordinäres Foto einer Frau mit gespreizten Beinen, dazwischen eine große, haarige Vulva, wofür ich damals noch kein Wort hatte. Ich war schockiert, entsetzt, angewidert, hilflos, ratlos. Es war dreckig, es war widerlich, es war offenbar das, was schreckliche Männer an schrecklichen Frauen interessiert – und hatte nichts zu tun mit dem, was eine Pubertierende sich unter Eros und Liebe vorzustellen begann. Zu Hause wurde mir im Umgang damit keineswegs geholfen – ich weiß nicht einmal, ob ich dieses Erlebnis erzählt habe.

Erst die Frauenbewegung mit der positiven und lustvollen Besetzung und Erkundung und Darstellung und Lobpreisung des weiblichen Leibs von Kopf bis Fuß mit allem dazwischen half mir, diesen Teenager-Schock zu bannen und zu überwinden. Um zu meinem Frauenleib eine freud- und liebevolle Beziehung zu finden, brauchte es aber auch noch die feministische Theologie und Spiritualität, Mythen- und Symbolforschung sowie Kunst- und Kulturgeschichte, bis ich mich ganz und gar verankern und beheimaten konnte in einer anderen, neuen – also eigentlich: uralten – Bilderwelt, in der Baubo – auch sie ist ja eine alte Göttin – mir zulacht und ich ihr! So konnte ich 1983 in der »perlmutternen Mönchin« schreiben: »Und wie steht es um den ›Schoß aller Dinge‹? Geht es eigentlich noch deutlicher? Die ovalen und runden Öffnungen – Vagina, Vulva, die Mandorlen, die in der christlichen Kunst Gottes- und Heiligenbilder umgeben noch und noch? Da gibt es eine keltische Koboldin, die uns krud und krass ihr überdimensioniertes Geschlechtsteil hinhält, es übergroß zur Schau stellt, während wir Prüden uns abwenden von der unmissverständlichen Erotik in der chinesischen Kunst oder im indischen Tantra, wo der weibliche Schoß schamlos verehrt wird: ›Icon of the Divine Vulva, stained with the coloured powders used to worship it‹/Ikone der Göttlichen Vulva, mit Resten der farbigen Puder, die zu ihrer Verehrung verwendet werden … Wir wollen/müssen ein Symbol wieder beleben, das in unserer linearen, rechtwinkligen und phallisch himmelstürmenden Kultur herabgewürdigt, verachtet und vernachlässigt worden ist. Die Bogen und Pforten

Die Vulva zeigende irische Göttin Sheila-na-gig, die in England (Church of St. Mary and St. David, 12. Jh., Kilpeck) und auch andernorts sogar ihren Platz an Kirchenmauern fand …

Früher stand diese auf ihre Lebens-Pforte weisende Frau als Torbegrenzung an der Porta Tosa in Mailand, heute ist sie leider nur noch im Castello Sforzesco zu sehen.

der Romanik und Gotik, die tiefen ovalen Tore und die runden Rosetten mittelalterlicher Mariendome, die beinahe runden Achteckbauten von Ottmarsheim, Pisa, Parma, Florenz, die Battisteri/Taufkapellen mit ihrem Gebärmutterkuppeln – waren/sind sie nicht ›Loch-Kunst‹, die den Schoß als ein Weibliches verehrt?«[48] Und damals kannte ich weder die weite Verbreitung der keltischen Göttin Sheila-na-Gig noch jenes Stadttor in Mailand, wo Baubo eine erstaunliche Illustration des Adventsliedes aus dem 17. Jahrhundert »Macht hoch die Tür, die Tor macht weit« gibt …

Heute gibt es zu diesem Thema umfangreiche feministische Literatur und eine interessante Kunstszene. So hat Eve Ensler 1999 ihre »Vagina-Monologe« publiziert und 2009 erschien die hervorragende kulturgeschichtliche Arbeit von Mithu M. Sanyal: »Vulva. Die Enthüllung des unsichtbaren Geschlechts«. In ihren Augen wird die Enthüllung der Vulva durch eine Frau erst durch einen bestimmten Blick des Mannes zur Pornografie, während der Akt als solcher, bewusst gesetzt, ein Zeichen von weiblicher Stärke ist, was die frühen Vulvendarstellungen klar belegen. Mithu M. Sanyal nennt mehrere mythologische Beispiele dafür, dass das Zeigen der Vulva männliche Angreifer vertrieb, weil sich diese in der Antike der ursprünglichen Kraft des Weiblichen noch bewusst waren, und verweist darauf, dass diese Geste auch bei den Thesmophorien und den Eleusischen Mysterien ein fester Bestandteil der rituellen Feiern war.[49] Die zeitgenössische Künstlerin Laura Baginski, Jahrgang 1980, hat – zeichnerisch und plastisch – zahlreiche Baubo-Werke erschaffen und eine Baubo kühn, aber alter Tradition entsprechend, über der Tür einer ehemaligen Kirche platziert. Und das Kunstprojekt VAGINAMUSEUM.at ist Österreichs erstes virtuelles Museum, welches sich ausschließlich mit dem weiblichen Geschlecht auseinandersetzt und in seinem Archiv kunstgeschichtliche Vulvendarstellungen von der Steinzeit bis heute zeigt. Baubo ist wieder da!

48 Ursa Krattiger. Die perlmutterne Mönchin, S. 122f.; siehe dazu auch: Gabriele Uhlmann. »Vorpatriarchale Kulturleistungen der Frau«, in: Europa heißt die Weitblickende, hg. von Johanna Schacht u.a., S. 129

49 Mithu M. Sanyal. Vulva, S. 28

Aber zurück zum Lachen der Demeter: Es hat ihre Erstarrung nur vorübergehend gelöst, denn Demeter konnte die darbende Erde erst aus ihrem Zauberbann erlösen, als ihr die Tochter – wenigstens für zwei Drittel des Jahres – zurückgegeben worden war. Der griechischen Baubo und der japanischen Uzume, die beide auf die gleiche Weise eine Göttin zum Lachen bringen und eine schreckliche Situation mit ihrem heilenden Lachen lösen oder wenigstens entspannen, widmet Jean Shinoda Bolen in ihrem Buch »Goddesses in Older Women/Göttinnen in älteren Frauen« ein eigenes Kapitel. Dieses heilig tiefe Lachen aus dem Bauch heraus ist ein Lachen, in dem Frauen ihre Erfahrungen teilen – ohne Feindseligkeit oder blödes Kichern. Ganz im Gegenteil: Ironie klingt hier mit und Anteilnahme, Liebe zum Irdischen, Vergnügtsein und letztlich sogar Weisheit, was den Lachenden in schwierigen Lebenslagen Hoffnung und Erneuerung bringen kann. Heilend ist dieses Lachen, das die unflätige Baubo noch heute in uns auslöst, weil uns das Heben der Röcke und das Zeigen der Vulva – Sankskrit Yoni – mit den vorpatriarchalen Wurzeln unseres Frauenbewusstseins verbindet, als der Schoß das heilige Tor war, aus dem alles Leben kam, und das auf der Spitze stehende Dreieck ein heiliges Symbol. Bolen zeigt postmenopausalen Frauen die alte Baubo als Ermutigung, bequem und unbefangen in ihrem alternden Frauenleib zu wohnen und ihre sexuelle Energie als Teil ihrer Lebenslust und Vitalität zu erleben. Denn eine Frau hört nicht auf, sie selbst zu sein, nur weil sie älter wird. Auch alternd kann sie die sinnliche Frau bleiben, die tanzt und Baubos heiliges Bauch-Lachen lacht.[50] War es dieses volle, tiefe Lachen, das damals – als mein Neugeborenes auf meinem Leib lag – aus der Tiefe meines Bauches, der eben geboren hatte, in Wellen in mir hochstieg und wellenförmig aus meinem Mund hinausströmte?

Heute lacht Baubo wieder: »Kleine Baubo« von Laura Baginski, Gipsguss, 2011 – mehrere solcher Figuren hat die Künstlerin 2013 zu einem Baubo-Kreis zusammengestellt.

50 Vgl. Jean Shinoda Bolen. Goddesses in Older Women, S. 99-107

DIDAKTISCHE HANDREICHUNGEN ZU DEMETER

1) *die erste liebe ...*

die erste liebe für frauen wie auch für männer
ist die mutter.
sie ist es, die uns empfängt und uns in ihrem bauch trägt –
bis zur geburt.

ihr gesicht ist das erste, was wir sehen.
ihr schenken wir unser erstes lächeln.
sie ist unsere grosse liebe.
sie gibt uns nahrung, wärme und liebe.
diese grosse liebe tragen wir in unserem herzen.

wenn wir älter werden, haben wir das alles vergessen,
aber wir tragen eine unstillbare
sehnsucht nach dieser liebe in uns.
der mann sucht diese liebe
natürlicherweise bei der frau.
war doch seine erste grosse liebe auch eine frau.
die frau sucht diese liebe beim mann – vergeblich,
war doch ihre erste grosse liebe eine frau.

so ist ihre liebes-erfahrung und ent-täuschung
ungleich grösser als die des mannes.
sie wird sich auf einen langen
und schweren weg machen müssen.

sie wird etwas lernen über dieses geheimnis,
wenn sie selber mutter wird.
aber ihre kinder werden gross und
verlassen sie eines tages.

sie wird weiterhin die grosse liebe suchen
und sie nicht finden, sie wird – letztendlich –
ihre liebe zu sich selbst entdecken müssen.
zu dem kind in ihrem innern,
das sich nach der mutter sehnt,
und zu der mutter in ihr,
die für sich selbst und für das kind sorgt.

in diesem moment öffnet sich ihr die welt neu.
mit einem neuen liebenden blick
wird sie sich selbst und damit alle anderen
frauen umfassen –
und auch alle anderen menschen
in ihre liebe mit einbeziehen können.

(quiani birgit werner 1997; www.lif-3000.de/23htm)

○ **1. Denke nach über deine Beziehung zu deiner Mutter.**
Tausche dich mit einer Mitschülerin/einem Mitschüler aus.

2. Kannst du die Gedanken in diesem Gedicht nachvollziehen?
Was haben sie mit dir zu tun?

3. Fasse die Ergebnisse von 1. und 2. schriftlich zusammen.

2) *Kore-Gesang*

Ihr Name unnennbar
Ihr Antlitz unvergesslich
Ihre Kraft unermesslich
Ihr Versprechen niemals gebrochen

Sie erweckt die schlafende Saat
Unter dem Regenbogen, ihrem Zeichen
Sie hat die Kraft des Winters gebrochen
Und ihre Liebe sprengt alle Ketten

Tief vergräbt sie alle Saat
Webt den Faden der Jahreszeiten
Und liebt jenseits aller Gründe

Die Dunkelheit hütet ihr Geheimnis
Sie wandelt alles, was sie berührt
Alles, was sie berührt, wird gewandelt
Wandel ist. Berührung ist. Wandel ist
Wandle uns. Berühre uns. Wandle uns

Alles Verlorene findet sich wieder
In neuer Gesellschaft, auf neue Art
Alles Verletzte wird wieder heil
In einem neuen Leben, zu neuer Zeit

(nach Starhawk. Der Hexenkult als Ur-Religion der Großen Göttin, S. 137)

○ **Was hat dieses Gedicht mit dir zu tun? Verfasse eine schriftliche Gedicht-Interpretation.**

3) Das Mehl beschwören oder segnen

In einem Buch über die »Lehren der Hexen« in der Toskana, die im 19. Jahrhundert von einem englischen Forscher recherchiert und publiziert wurden, findet sich ein eindrücklicher Segen auf das Mehl. Er öffnet uns für die Kostbarkeit der Gabe der Korngöttinnen.

Du findest hier das italienische Original und eine Übersetzung von Ursa Krattiger:

Scongiurazione alla Farina

Scongiuro te, o farina!
Che sei il corpo nostro – senza di te
N on si potrebbe vivere – tu che
prima di divenire la farina
Sei stata sotto terra, dove
sono nascosti tutti i segreti.

Beschwörung des Mehls

Ich beschwöre Dich, o Mehl!
Das Du unser Leib bist,
denn ohne Dich könnten wir nicht leben –
Du, das Du, bevor Du Mehl wurdest,
in und unter der Erde warst,
wo alle Geheimnisse verborgen sind.

(Aradia. Die Lehren der Hexen, S. 19)

○ **Wenn du ein Brot oder einen Kuchen backst oder Pasta herstellst, beschwöre und segne das Mehl – auch dann, wenn du Brot schneidest, Gebäck oder Kuchen isst oder Pasta anrichtest und servierst. Mach das für dich alleine als kleines Ritual.**

Beschwöre Mehl und Mehlspeisen auch mit Gästen und erzähle ihnen von Demeter und Persephone und was wir ihnen verdanken.

Backe ein Brot oder einen Kuchen und bringe ihn als Geschenk für eine Party mit – samt dem Mehlsegen. Lies ihn vor und erzähle von den Korngöttinnen und ihren Gaben.

4) *Persephone-Gedicht*

Persephone –
Sieben Granatenkerne waren mein Verhängnis
Ich beiße meine Worte blutig
Und aus meinem Mund erwuchs
Das Paradies

Persephone –
Jahrtausendealte Schwester
Wie tief liegt unter mir Dein Winterland
Und ist es Deine Stimme, die dort
im totgelebten Laub erklingt?

Persephone –
Lethe zieht durch meine Eingeweide
Reisst mich in Dein Schicksal,
Jahrtausendealte, wird Dein Fluch auch mir
zum Verhängnis?

Persephone –
Wird der Jahreslauf ein halbgelebtes
Warten sein? Weil ich, Unwissende,
Dem Kern ins Fleisch biss?

(Aite Ursa Tinga, 2008, unveröffentlichtes Gedicht)

○ **Welche Lebenssituationen und Lebensfragen spricht das Gedicht an, welche Ängste werden hier formuliert? Welchen Rat würdest du der Gesprächspartnerin geben, die hier zu Persephone spricht?**
Mache dir Gedanken und notiere sie.

5) *Lied von der Erde*

Ich bin von der Erde
Sie ist meine Mutter
Sie gebar mich mit Stolz
Sie zog mich auf mit Liebe
Sie wiegte mich am Abend.
Sie schob den Wind herbei und ließ ihn singen
Sie errichtete mir ein Haus aus harmonischen Farben
Sie nährte mich mit den Früchten ihrer Felder
Sie belohnte mich mit der Erinnerung an ihr Lächeln
Sie bestrafte mich mit dem Dahinschwinden der Zeit
Und am Ende, wenn ich mich danach sehne fortzugehen,
wird sie mich umarmen für alle Ewigkeit.

(Anna L. Walters, Pawnee-Otoe-Indianerin, in:
Rudolf Kaiser. Indianischer Sonnengesang, S. 150)

Lied der Kayaba-IndianerInnen von Kolumbien

Die Mutter aller Lieder,
die Mutter allen Samens –
sie gebar uns am Anfang der Dinge.
Sie ist die Mutter aller Menschenmassen, aller Stämme.
Sie ist die Mutter des Donners, der Flüsse, der Bäume und des Getreides.
Sie ist unsere einzige Mutter.
Und sie allein ist die Mutter aller Dinge.
Sie allein.

(in: Rosalind Miles. Weltgeschichte der Frau, S. 38)

○ **Wie kommt die Vorstellung von der Erde als deiner Mutter und als Mutter von uns allen bei dir an? Welche Gefühle und Überlegungen löst das bei dir aus? Schreibe ihr einen Dankesbrief.**

○ **Male Mutter Erde, gestalte eine Collage mit ihren Zügen, ihren Gaben, ihren Gnaden.**

6) Das Demeterlein zieht bei mir ein

»In Florenz entdeckte ich auf dem Ponte della Santa Trinità die allegorische Gestalt des Sommers und auch »an einer Touristenbude voller Souvenirs entdecke ich meine ›Estate‹, meine Sommer-Frau, auf fünfundzwanzig Zentimeter geschrumpft, nachgebildet in polvere die marmo – Marmorstaub –, den linken Arm voll Korn, in der rechten Hand die Sichel und das Haupt gekrönt mit Ähren und Äpfeln – meine Allegorie des Sommers, meine ›Estate‹, meine kleine Demeter. Ich finde sie – oder: findet sie mich?
Zunächst trage ich das Demeterlein hinauf in die Villa auf dem Berg. Und dann über die Berge nach Norden. An den Rhein. In mein Zimmer. Stelle sie auf den Fenstersims … Werde gewahr, dass ich nicht nur die Frau Sommer vom Ponte della Santissima Quaternità mit nach Hause gebracht habe, sondern Einzug hat bei mir die Große Göttin gehalten, die Große Mutter, der Schoß aller Dinge. Mit dem Demeterlein, polvere di marmo, hat sich ein Gottesbild von urtümlicher Wucht, ein Archetyp, meiner Wohnung bemächtigt. Sie hat sich mir offenbart, jene, von der es im apokryphen Thomas-Evangelium heißt: ›ma mère m'a engendré(e), mais ma Véritable Mère m'a donné la vie‹ – *meine leibliche Mutter hat mich wohl geboren, aber meine Wahre Mutter hat mir das Leben geschenkt.* Ich muss lächeln über ihre Verführungskünste und erkenne hinter dem Demeterlein die Ursprüngliche, ›die da war, als nichts war, und welche schuf, was da ist, nachdem sie geworden war‹[1]. Ewige Mutter! Sei gepriesen! Sei gelobt!«

(aus: Ursa Krattiger. Die perlmutterne Mönchin, S. 118ff.)

1 Aus dem Lobpreis auf die ägyptische Göttin Neith-Menit, in: Josefine Schreier. Göttinnen, S. 12

- ◯ **Versuche, deine religiöse Biographie zu skizzieren und aufzuschreiben. Zu welcher Zeit haben dich welche Gottesbilder und Gottesvorstellungen geprägt? Was hat sich wann und wie verändert? Wo stehst du heute, was inspiriert dich heute? Hat das noch etwas mit den Glaubensvorstellungen einer Kirche zu tun? Mit welchen Menschen oder Strömungen fühlst du dich verwandt oder verbunden?**

- ◯ **Schreibe ein Gedicht, male ein Bild zu dem, was für dich heute »Gottheit, Göttliches« ausmacht.**

7) Mutter Sue Monk Kidd und Tochter Ann Kidd Taylor beschreiben in ihrem gemeinsamen Reisebuch »Granatapfeljahre« (im amerikanischen Original »Traveling With Pomegranates. A Mother-Daughter-Story«) ihre Reise nach Athen und Eleusis, in die Türkei, Bretagne und nach Paris. Sie reflektieren im Kontext des Mythos von Demeter und Persephone ihre eigene Geschichte als Mutter und Tochter. Mutter Sue bezieht sich dabei immer wieder auf ein Bild von Picasso »Das Mädchen im Spiegel«, das sie als Postkarte bei sich hat und in der Anna-Kapelle von Saint-Germain-des-Prés ihrer Tochter Ann zeigt:

(›Jeune Fille Devant Un Miroir‹, Pablo Picasso, 1932)

Es ist das Bild einer jungen Frau, die in einen ovalen Spiegel blickt. Ihr Kopf ist in Licht getaucht, ihr makelloses rosarotes Profil geht in der Mitte in die hellgelb gemalte Frontalansicht der rechten Gesichtshälfte über, die an den zunehmenden Mond erinnert. Doch der Spiegel ist eine Zeitfalte: Er reflektiert die junge Frau nicht, wie sie ist, sondern zeigt sie so, wie sie einmal aussehen wird. Ihr Gegenüber im Spiegel wirkt düster und alt, das Gesicht ist in Violett- und Rottönen gehalten, die Augen sind eingesunken, der Körper beginnt bereits zu schrumpfen.
Mich berührt, wie die junge Frau den Arm nach ihrem gealterten Ebenbild, diesem ungeheuren Mysterium ausstreckt, und merkwürdigerweise scheint ihr Pendant dasselbe zu tun. Ich habe keine Ahnung, was Picasso durch den Kopf ging, als er dieses Bild malte (im Alter von fünfzig Jahren übrigens), ich glaube darin jedenfalls einen Aspekt der Wiedervereinigung von Demeter und Persephone zu erkennen – die Verschmelzung der Jungen und Alten Frau im Inneren.
Ich zeige Ann die Postkarte. Sie betrachtet sie eingehend und fragt dann:»Was ist das – die zwei Seiten einer Frau?«
»Ich glaube, ja«, sage ich und stelle noch ein paar Betrachtungen über die beiden an. Über die junge Frau, ihre Vitalität, ihre Fruchtbarkeit und alles, was sie noch vor sich hat, und über die alte Frau mit ihrer Lebenserfahrung, ihrem schöpferischen und spirituellen Potenzial. (S. 198f.)

Und zwei Jahre später wieder in Eleusis:
Seit wir vor über zwei Jahren zu unserer ersten gemeinsamen Expedition aufbrachen, versuche ich zu verstehen, was die Umarmung zwischen Demeter und Persephone bedeutet. Ich bin zu der Überzeugung gekommen, dass es darum geht, eine Pforte zu öffnen, um Mutter und Tochter einen Austausch von Frau zu Frau zu ermöglichen. Einen Austausch zwischen zwei eigenständigen Erwachsenen. Um dieses Ziel zu erreichen, sind, wie ich nun weiß, Verlust und Suche unumgänglich und eine Neugestaltung der gesamten Beziehung. (S. 369)

1) **Was geht hier vor zwischen Mutter und Tochter? Was ist los, was ist das Problem und wie und wodurch verwandelt sich ihre Beziehung? Kommt dir das bekannt vor? Oder inspiriert es dich zu anderen Vorstellungen, anderem Verhalten?**

2) **Was geht in der Mutter vor, was ist ihre Geschichte mit der jungen Frau und der alten Frau in ihr selbst? Versetze dich in die Situation der Mutter, in ihre Erschütterung und Verunsicherung und versuche nachzuvollziehen, wie und wodurch sie zu neuen Einsichten und Haltungen kommt.**

○ **Schreibe auf dem Hintergrund dieser Gedanken einen Aufsatz zum Thema »Mutter und Tochter«.**

8) Von der Achtung zur Ächtung der Vulva

Die Vulva – einst als Allerheiligstes verehrt, geheiligt als Lebenspforte und bildlich dargestellt – hat in unserer patriarchalen Kultur einen tiefgreifenden Bedeutungswandel erfahren. In den Mythen war Baubos selbstbewusstes Zeigen der Vulva eine Geste, die Demeter wieder zu ihrer Lebenskraft verhalf. Nun ist diese Geste zum Objekt pornographischer Darstellungen geworden. Die Nonne, die an der Abteikirche Sainte-Radegonde ihre Vulva zeigt, könnte schon eine negative Darstellung im Sinne der Kirche sein, die den Gläubigen in Gestalt der sündigen Nonne die sündhafte Frau mit ihrer sündhaften Sexualität als Bedrohung vorführt. Vielleicht ist sie aber doch noch ein Schutz-Symbol weiblicher Kraft, denn die Heilige Radegunde, eine Thüringer Prinzessin aus dem 6. Jh., gründete die Kirche und das dazugehörende Frauenkloster (das erste in Europa), in dem sie fortan bis zu ihrem Tod als Nonne lebte, auf der Flucht vor dem Frankenkönig Chlothar. Er hatte sie als Kriegsbeute gegen ihren Willen zu seiner Frau gemacht.

(Anonym, Vulva weisende Nonne, Abteikirche Saint-Radegonde, ca. 13. Jh., Poitiers/Frankreich)

○ **Verfasse unter dem Titel »Baubo klagt an« ein Klagelied. Darin lässt du Baubo in unserer Zeit auferstehen, das Präsentieren der Vulva in ihrer Zeit preisen, die heutige Pornografisierung beklagen und Anklage erheben gegenüber den gesellschaftlichen Zuständen, die dafür verantwortlich sind.**

HEKATE SPRICHT

Ich bin die Garantin deiner Lebendigkeit. Meine Dreigestalt zeigt dir meine Allmacht in Himmel, Erde und Anderswelt. Mein Name bedeutet »die Strahlende«, »die Fernwirkende« und lässt meinen Ursprung als Sonnengöttin erkennen. Ich bestimme den Lauf der Sonne nicht nur am Tag, im Reich des Lichts und der sichtbaren Dinge. Ich führe die Sonne auch durch die Nacht, durch das Reich der Dunkelheit, der unsichtbaren Dinge, der Träume und der Magie.

So wie ich täglich den Aufgang und den Untergang der Sonne bestimme, so bewirke ich auch Geburt und Tod. Der Frosch bzw. die Kröte als meine heiligen Symboltiere stehen für meine magischen Kräfte, mit denen ich für immer und ewig das zyklische Wunder von Untergang und Auferstehung aller Energien vollbringe.
Als Herrin der Zeit bin ich die schöpferische Kraft des gesamten Universums und repräsentiere das große Geheimnis und Gesetz des Lebens: Keine Erneuerung ohne Zerstörung, kein Anfang ohne Ende, kein Licht ohne Dunkel.

Ich bin die Hüterin nicht nur der Heilmittel, sondern auch der Gifte. In meiner Hand liegt der Schlüssel zu allen Übergangsbereichen zwischen Leben und Tod. Sie stehen unter meinem Schutz. Heilige Brennpunkte meines Wirkens zeigen sich dir in Türen, Toren, Eingängen, Ausgängen und Schwellen.

Kreuzwege und Weggabelungen sind magische Orte meiner Macht und symbolisieren diejenigen Momente im menschlichen Leben, an denen Entscheidungen gefällt werden. Viele Jahrhunderte lang haben mich Reisende an diesen Orten verehrt. Manche haben mir dort, um mich gnädig zu stimmen, auf Steinhaufen Knoblauchknollen als »Nachtessen« geopfert. Und Mütter haben mir an diesen Orten ihre Kinder geweiht.

Hekate –
dreifaltig statt »trivial«

»Dreieinig, dreigestaltig sind wir hier –
fremd unter Göttern zwar wie unter Menschen –
dreifaltig blickend, uralt, aus dem Dreieck.«
(Gerhard Hauptmann)

Dieses griechische Relief einer Hekate trimorphos oder triformis zeigt dreimal Hekate – Rücken an Rücken – und vier Fackeln.

Heide Göttner-Abendroth hat der Feministinnen-Generation der 70er-Jahre neu das Wissen nahe gebracht, dass eine große, bedeutende, umfassende Göttin der Frühzeit im Patriarchat herabgemindert, in Aspekte aufgeteilt, einzelnen Funktionen zugeteilt und als Gattin oder Tochter einem überlegenen männlichen Gott zu- und untergeordnet wurde – definitiv herabgestuft in eine abhängige und nachgeordnete Position. Diese neue Einsichten hat sie in uns gezündet mit ihrem bahnbrechenden Buch von 1979 »Die Göttin und ihr Heros« – und nachher war für mich wie für viele andere in jener Zeit nichts mehr wie vorher. Und wenn wir es bisher nicht – wie zutiefst erhofft – erreicht haben, dass sich dank dieser Erkenntnisse das öffentliche und allgemeine Bewusstsein deutlich wandelt, dann war, ist und bleibt auf jeden Fall unser individuell persönliches Bewusstsein seither umgestülpt – und Herrgötter, welcher Art auch immer, haben seither dort nichts mehr zu suchen. In keinem Fall aber erlebte ich die Erniedrigung der großen alten Göttin beschämender als bei der Erd- und Sonnengöttin Hekate, der »Strahlenden« und »Lichtbringerin«, die als Dreigestaltige – drei Frauen, Rücken an Rücken um eine Mittelsäule herum angeordnet – ursprünglich an den Kreuzungen verehrt wurde. Sie, »bewohnend der Erde heilige Dreiwege«,[1] mit

1 Thomas Lautwein. Hekate, S. 58 u. 84f.

Namen Hekate Trivia – analog zur Bezeichnung *trivia* für Dreiwege – wurde ins Triviale, Verächtliche, Unbedeutende, Banale herabgewürdigt. Ist Kränkenderes denkbar?

Doch zurück, vor und hinter die Triviale! Auch Hekate ist ursprünglich eine prä-hellenische Göttin, und ihr Name gehört »sprachlich zu einer vorgriechischen Schicht«.[2] Einige Mythenforschende lassen sie aus Thrakien oder dem kleinasiatischen Karien kommen, andere sehen »ihren Ursprung in der ägyptischen Göttin der Geburtshelferinnen *Heqit, Heket* oder *hekat,* die sich wiederum aus der *heq* oder Stammesmutter des vordynastischen Ägypten entwickelte. Letztere war eine weise Frau; sie beherrschte die *hekau* oder ›mütterlichen Worte der Kraft‹.«[3] Laut Joe J. Heydecker gilt »als Mutter dieser geheimnisvollen Göttin die Titanin Asteria«,[4] während über die Vaterschaft gestritten wird: Manchmal wird Zeus als Vater genannt, manchmal der Titan Perses. Vieles spricht für Perses, denn »auf jeden Fall erkannten die Griechen das ehrwürdige Alter von Hekates Kult und nannten sie eine Titanin, eine jener vorolympischen Gottheiten, die von Zeus und seinen Truppen verdrängt worden waren. Die Neuankömmlinge erwiesen ihrem Alter auch Tribut, indem sie allein Hekate jene Macht zugestanden, die sie mit Zeus teilte: die Macht, nach eigenem Ermessen der Menschheit alles geben oder vorenthalten zu können.«[5] Eine einsame Ehrenstellung für Hekate: Nie wurde sie wie die anderen Göttinnen von Zeus unterworfen und abhängig gemacht! Vor ihr hielt er sich zurück – sie wurde weder zur Geliebten, Ehefrau oder Tochter (dies allenfalls ansatzweise …) umfunktioniert bzw. erniedrigt. Ein Zeichen großer Macht, Kraft und Bedeutung.

Hekate trimorphos – Hekate triformis

Nicht nur ist auch Hekate wie viele andere Göttinnen eine dreifaltige Göttin – sie ist dabei die einzige, die in der Antike wirklich trimorphos oder triformis, in dreifacher Gestalt und Rücken an Rücken nicht nur verehrt und angerufen, sondern auch dargestellt wurde, noch

2 Heide Göttner-Abendroth. Die Göttin und ihr Heros, S. 281
3 Barbara G. Walker. Das geheime Wissen der Frauen, S. 361; vgl. auch Patricia Monaghan. Lexikon der Frauen, S. 121 und Voenix. Der griechische Götterhimmel, S. 45 sowie Edith Marmon. Drache und Schlange – die heiligen Tiere der Göttin, S. 37
4 Joe J. Heydecker. Die Schwestern der Venus, S. 169
5 Patricia Monaghan. Lexikon der Frauen, S. 121

und noch: auf Kreuzungen, an Dreiwegen oder Weggabelungen, an Türen und Toren. Diese Art der Darstellung, Hekateion genannt, soll es laut Pausanias in seiner »Beschreibung Griechenlands« jedoch erst ab dem 5. Jahrhundert v. u. Z. gegeben haben: »Alkamenes hat nach meiner Meinung als erster Hekatebilder gemacht zu dritt aneinander«. Lautwein erwähnt eine weitere Quelle, wonach es schon 150 Jahre vorher, also im 7. Jahrhundert, eine »dreigestaltige archaische Darstellung der Hekate gab« und zwar »auf der Insel Rhodos, die vor der karischen Küste liegt«.[6] Manchmal wurde die dreifaltige Hekate aber auch, wie auf einem Grabstein aus dem kleinasiatischen Phrygien, als drei nebeneinander dargestellt – wie später die gallo-römischen drei Matronen auf den Weihesteinen in der Eifel.

Die dreifache Hekate – nebeneinander aufgestellt – auf einem Grabstein aus Phrygien/Kleinasien im Antikenmuseum Basel (Stele Lu 258)

Drei Gesichter und Gestalten hatte sie »wie jede Große Göttin in den ältesten mythologischen Schichten: junge Frau, gebärfähige Frau, alte Frau.«[7] In dieser Trinität wird sie mit verschiedenen Göttinnen verbunden – etwa mit Artemis und Selene, aber auch mit Hebe und Hera; am meisten aber mit der jungen Frau Persephone, der Mutter Demeter, und die Dritte, die Alte, die ist dann eben Hekate. Sehr eindrücklich beschreibt das Heide Göttner-Abendroth in ihrer Neu-Erzählung des Demeter-Mythos,[8] wo der in die Unterwelt entführten Persephone »ein uraltes Weib« erscheint, »schwarz war ihr Gesicht, schwarz ihre Hände, an den Füßen trug sie Sandalen aus Bronze, in der Hand eine brennende Fackel.« Sie gibt sich zu erkennen: »Ich bin Hekate und seit einer Ewigkeit vor dir die Königin der Unterwelt! Auf der Oberwelt heiße ich Hestia und sehe jünger aus. Du hast auf der

6 Thomas Lautwein. Hekate, S. 59
7 Edith Marmon. Drache und Schlange – die heiligen Tiere der Göttin, S. 37
8 Heide Göttner-Abendroth. Inanna, Gilgamesch, Isis, Rhea, S. 189-192 u. S. 226

Oberwelt Kore, das Mädchen, geheißen. Aber hier unten, wo du eine Frau bist, nenne ich dich Persephone, die Furchtbare. Ich bin gekommen, um dir zu helfen.« Hekate führt Persephone zunächst durch das öde, schattig dunkle Totenreich, wie es Hades gefällt, und zwar »über kahle, aschebedeckte Wiesen, wo der Fluss Styx trübe floss. Charon, der Fährmann, setzte mit seinem Kahn hinüber und herüber und brachte die Toten in das dunkle Reich. Die Seelen klagten und jammerten, die Geister von gestorbenen Helden wanderten als Schatten ziellos im Gedränge der anderen umher. Trostlos war dieser Anblick: ›Das ist das Land des Hades, er weiß es nicht besser‹, sagte Hekate. ›Nie berührt mein Fuß diesen verfluchten Boden, darum trage ich die bronzenen Sandalen.‹« Zu dieser Jenseitsvorstellung meint Christa Mulack: »Dort hat Hades den Dritten Aspekt der Großen Göttin Persephone verdrängt und sich selbst an ihre Stelle gesetzt. Er ist zum Herrn des Todes und der Unterwelt geworden. So wurde aus der ursprünglichen Tödin der Tod.« Und sie deutet: »Die alte Weise, die den Lebensfaden durchschnitt, wenn die Zeit gekommen war, hatte ihre Macht an männliche Krieger und Potentaten abtreten müssen. Von ihnen wurden die Menschen des siegreichen Patriarchats durch gewaltsame Todesarten in den Tod hineingerissen. Auf diese Weise kam es zur Vermännlichung des Todes – und mit ihm zur allmählichen Vernichtung der Großen Göttin.«[9]

In Göttner-Abendroths Neu-Erzählung bringt Hekate Persephone jedoch in ihr eigenes Totenreich und wechselt auf diesem Weg immer wieder ihre Gestalt, zeigt sich einmal als Hund, dann als Schwein und auch als Schlange – alle drei jeweils schwarz und mit je drei Köpfen. Und in Hekates so ganz anderem Totenreich bleibt Persephone: »Es leuchteten die glücklichen Inseln im Licht, es gab keine Kälte und keinen Schnee, keine Hitze und keine Dürre. Die Inseln trugen Wälder und blühende Gärten, sie waren voller Tiere, zahmen und wilden, und die seligen Geister feierten frohe Feste. Persephone traf Großvater Kronos mit der goldenen Sichel und den kretischen Zeus im Paradies der goldenen Äpfel.« Ein Jenseits, das an Avalon erinnert, die jenseitige Feen- und Apfelinsel der keltischen Mythologie. Und während Persephones Aufenthalt in ihrem Totenreich erwirkt Hekate in ihrer hellen, oberirdischen Gestalt als Hestia die tragfähige Kompromisslösung,

9 Christa Mulack. Die Wurzeln weiblicher Macht, S. 244f.

die Demeters Fluch über die Erde beendet: Kore darf neun Monate oben auf der Erde sein und muss nur für ein Vierteljahr als Persephone unten in der Unterwelt weilen. Ende gut, alles gut: »Als Hekate, die schwarze Alte in der Tiefe, wachte sie über die Einhaltung des Vertrages und sorgte gut für Kore, wenn sie als Persephone in der Unterwelt war.«[10] Und hilft ihr auch wieder aufsteigen, wenn sie denn wieder empor darf zu ihrer Mutter.

Ein Rundaltar für Hekate

Faszinierend sind die Schnittstellen zwischen Hestia und Hekate: Zur hellen Hestia-Seite der dunklen Hekate passt wunderbar eine Stelle aus dem Medea-Drama, wo Euripides seine Medea ihre Herdgöttin folgendermaßen anrufen lässt: »Bei der Herrin, die ich verehre/am meisten von allen und die ich zur Helferin erwählte,/bei Hekate, die in den Winkeln meines Herdes wohnt.«[11] Aufhorchen lässt auch in einer Beschreibung der wichtigsten Tempelbauten für Hekate der Hinweis: »Das älteste archäologische Zeugnis der Hekate-Verehrung ist ein archaischer Rundaltar, der im Heiligtum des Apollon Delphinios in Milet stand.«[12] Rundaltar – dies lässt an die Herdfeuer und Rundtempel von Hestia denken. Der Rundaltar von Milet wurde laut einer Inschrift von drei Amtsträgern gestiftet, was erkennen lasse, dass »Hekate eine gewiss nicht unbedeutende Rolle im offiziellen Kult Milets gespielt haben dürfte.«[13] »Das berühmteste Heiligtum der Hekate war Lagina«,[14] eine Stadt in Kleinasien, die ab 189 v. u. Z. zum Herrschaftsgebiet von Rhodos gehörte. Nicht nur der schöne Tempel wurde besucht; auch die jährlichen Festspiele für die Göttin zogen viele Menschen an, die auf zahllosen Sitzstufen ihre Sitzplätze fanden. Der Höhepunkt des Hekate-Kultes war die jährliche Schlüsselprozession, »bei der ein Schlüssel und ein der Göttin geweihtes Gewand umhergetragen wurde. Der Schlüssel wurde meistens von Frauen getragen«[15] und wird als Symbol für Schicksal und Gerech-

10 Heide Göttner-Abendroth. Inanna, Gilgamesch, Isis, Rhea, S. 191
11 Thomas Lautwein. Hekate, S. 121
12 Ebd., S. 56
13 Theoder Kraus. Hekate, S. 11
14 Thomas Lautwein. Hekate, S. 53
15 Ebd., S. 54

tigkeit gedeutet, als Öffner der Türen und Tore – auch des Schoßes (Hekate als Hebamme), und »im Fall von Hekate öffnet der Schlüssel aber sicher vor allem den Weg zur Unterwelt.«[16]

Hekate oben und unten. Hekate, die uralte Göttin des Himmels, der Erde und der Unterwelt. Hekate, Göttin von Zwielicht und Dämmerung, die Sappho einst Königin der Nacht nannte – hören wir etwa die Koloratur von Mozarts »Königin der Nacht« in der »Zauberflöte«?[17] Hekate, die Göttin der Übergänge, Tore und Schwellen, Türen und Pforten, Kreuzungen und Dreiwege. All dies können wir im praktischen Sinn als geografische und architektonische Elemente verstehen und kartografieren, aber vom Erleben her geht es hier um Übergänge mit ihrem Woher und Wohin, um Schwellenerlebnisse, wie sie Gebären und Sterben bedeuten, um das Verlassen bisheriger Wege und Räume und das Hinüber- und Eingehen in neue, mehr oder weniger oder ganz und gar unbekannte Felder, Räume, Wegstrecken. Und immer sind an Dreiwegen und Schwellen auch Entscheidungen gefordert: Bleibe ich stehen oder gehe ich weiter, trete ich hindurch und hinein oder verweigere ich diesen Schritt, welche Richtung der Weggabelung wähle ich, wenn ich nicht nur die Wahl habe, sondern auch wählen muss? Immer bedeuten solche Situationen: Gefahr, Risiko, richtig oder falsch, Scheitern oder Gelingen. Und die Seele bittet um Hilfe, Begleitung und Schutz.

Antike Gemme mit einer sitzenden, von Schlangen flankierten Hekate triformis mit Fackeln, Geißeln – oder gemäß Jutta Voss »Nabelschnur-Zeptern« – und Dolchen in den Händen.

So wurden denn an Dreiwegen Statuen der dreifachen Göttin errichtet: Drei Gestalten mit einer Fackel in der Hand, mit Schlange, Dolch, Schlüssel oder Geißel, mit Krug und Schale stehen Rücken an Rücken an einer Säule, und jede blickt auf einen der drei Wege. Zu Hekates Geißel bemerkt Jutta Voss allerdings, dass es sich da um ein »›Nabelschnur-Szepter‹ oder die magische Rute der weißen Phase« handelt.[18] Vor diesen dreigestaltigen

16 Ebd., S. 55
17 Vgl. ebd., S. 53-56
18 Jutta Voss. Das Schwarzmond-Tabu, S. 262

Göttin-Bildern wurden an den Dreiwegen Opfer niedergelegt – und davon zu stehlen und zu essen, galt als Frevel. Dabei ist etwas seltsam Ambivalentes um diese Opfer, denn einerseits wurde Hekate um Hilfe gebeten, aber gleichzeitig ging es auch um den Schutz vor Hekate selbst. Denn während Hekate im »Lexikon der Göttinnen« »nachts, besonders in mondlosen Nächten … über die Straßen des alten Griechenlands spazierte, begleitet von heiligen Hunden, in der Hand eine flammende Fackel«,[19] lässt sie Heydecker bedrohlich auftreten: »Sie flößt Furcht ein, weil sie nachts, von einem unheimlichen Geisterschwarm begleitet, umherzog.«[20]

Und hier fängt nun die Laufbahn von Hekate als der unheimlichen Zauberin, Unterweltsgöttin, Hexe, der Meisterin von Spuk und Totenbeschwörung an, die von der Antike bis in heutige Comics reicht, wo 1991 zum ersten Mal die Comic-Figur der »Lady Death« auftaucht, mit der Lautwein das »Nachleben einer Göttin« in der Gegenwart aufzeigt.[21] Angefangen hat das in der Antike mit Hekate-Festessen in ihren Tempeln oder in reichen Haushalten, »bei denen man sich über magisches Wissen und Zaubermittel austauschte. Als Beherrscherin der Zauberkünste und als ausgesprochene Hexengöttin herrschte Hekate über alle übernatürlichen Kräfte, und sie verlieh sie jenen, die sie gebührend verehrten.« Die Reste eines solchen Essens wurden vors Haus oder auf die Tempelstufen gestellt »für Hekate und ihre gefürchtete Meute«.[22] Aber auch die Armen durften sich davon bedienen, ohne dass ihnen das – wie bei den Opfergaben – geschadet hätte.

Hekate, die Hexe und Zauberin

Und damit sind wir buchstäblich nicht in Teufels, sondern in Hekates Küche gelandet. Wenn Hekate in Göttinnen-Büchern überhaupt vorkommt, was auffallenderweise viel seltener der Fall ist als bei gefälligeren Gestalten wie Artemis oder Aphrodite, dann nimmt der Anteil der Zauberin – von Schadenszauber, Giftmischerei und schwarzer Magie –, der

19 Patricia Monaghan. Lexikon der Göttinnen, S. 120
20 Joe J. Heydecker. Die Schwestern der Venus, S. 170
21 Vgl. Thomas Lautwein. Hekate, S. 321ff.; siehe auch Barbara G. Walker. Das geheime Wissen der Frauen, S. 362
22 Patricia Monaghan. Das Lexikon der Göttinnen, S. 121

Hexe, der furchterregenden Unterweltsgöttin ziemlich rasch und eindeutig überhand. So sollen die griechischen Hexen (wer soll das wohl sein?) Hekate als ihre Hauptgöttin verehrt haben, und sowohl die verführerische Zauberin Kirke, die die Mannen des Odysseus in Schweine verwandelte, wie »die ebenfalls zauberkundige, halbgöttliche Mörderin Medeia (sic!) werden als Schwestern Hekates angesehen«, wobei Medea »außerdem noch als ihre mächtigste Priesterin« galt.[23] 2009 widmete Thomas Lautwein Hekate, »der dunklen Göttin«, ein ganzes und wundersam gelehrtes Buch von fast 400 Seiten. Mit dem Kapitel »Hekate in der klassischen Literatur« beginnt schon auf S. 83 mit den »Hekatesien – Dunkelmondopfer am Kreuzweg« der Weg auf die dunkle Seite. Nachher treten Kirke und Medea als »die Hexen der Hekate« auf, und schon sind wir bei »Nekromantie und Unterweltreisen«. Und dann geht es Schlag auf Schlag so weiter durch Spätantike, Renaissance bis in die Moderne: Aus der Antike stammen »griechische Zauberpapyri aus Ägypten« mit Mantras, Verfluchungen und hermetischer Theurgie, also Methoden, Gottheiten herbeizuzwingen und zur Hilfe zu drängen, was die herbeigerufene Göttin in einer alten Handschrift so ausdrückt: »Wofür hast du mich also aus dem unaufhörlich bewegten Äther/Mich, die Göttin Hekate, mit götterzähmendem Zwang evoziert?«[24]

Lautweins Hekateforschung belegt, dass Esoterik nichts Neumodisches ist, sondern eine uralte Sache. Bei der Lektüre kam mir dazu das schmale Büchlein »Aradia. Die Lehre der Hexen. Mythen, Zaubersprüche, Weisheiten, Bilder« wieder in den Sinn, das der Trikont Verlag 1979 herausgegeben hat, und das ich mir damals freudig erstanden habe. Es machte erneut das Material zugänglich, das der englische Esoteriker Charles G. Leland von 1886 an aufgrund seiner Freundschaft mit Maddalena, einer Wahrsagerin und Magierin aus Florenz, sammeln und publizieren konnte. Zwar kommt Hekate hier namentlich nicht vor; die Hexen/streghe aus der Toskana beteten zu Diana und ihrer Tochter Aradia, aber ihre Hexenkunst wird als »la vecchia religione«/die alte Religion beschrieben und umfasste Zaubersprüche »um Liebe zu erringen«, »wie das Mehl einzusegnen ist«, »wie man eine gute Weinlese und einen guten Wein bekommt« und handelt auch »vom Finden

23 Joe J. Heydecker. Die Schwestern der Venus, S. 170
24 Thomas Lautwein. Hekate, S. 230

oder Kaufen oder wie man das dazu nötige Glück hat«. Ganz und gar schamlos wird dabei auch die Göttin Laverna angerufen, die Schutzherrin der Langfinger und Spitzbuben: »Schenke mir die Kunst des Lügens und Betrügens,/Lass die Menschen glauben, dass ich gerecht,/Heilig und unschuldig bin! Decke Dunkelheit/Und tiefe Finsternis über alle meine Untaten!« Daneben gibt es aber auch ganz schlichte Bitten um Glück und gutes Gelingen sowie wunderschöne Anrufungen des Mondes; oft ist beides miteinander verknüpft: »Bella dea del arco del cielo!/Delle stelle e della luna!/La regina più potente/Dei cacciatori e della notte!/A te ricorriamo,/E chiedamo il tuo aiuto/Che tu possa darci/Sempre la buona fortuna!« (UK: Schöne Göttin des Regenbogens, der Sterne und des Mondes, Du, die mächtigste Königin der Jäger und der Nacht. An Dich wenden wir uns und bitten um Deine Hilfe, auf dass Du uns immer Glück schenken mögest – oder sogar, wie in »Aradia« übersetzt: Alles Glück der Welt!)[25] Die Zaubersprüche der florentinischen Maddalena sind ein beeindruckendes Beispiel dafür, dass und wie der Göttinnenglaube Jahrhundert um Jahrhundert weiterlebte und in der christlichen Hochkultur überdauerte, auch wenn er – abgedrängt in die erzwungene Geheimhaltung – in Verborgenheit und Schattendasein wohl verkümmerte und eingeengt wurde. Und es ist eben diese trotz allem überdauernde Diana/Hekate, die aufgrund frommen Wunschdenkens in christlichen Kirchen jeweils wie von alleine von ihrem Sockel fällt (siehe Artemis-Kapitel).

Hekate als »die wahre Weltregentin«

Nach den ägyptischen Zauberpapyri beschreibt Lautwein das Weiterwirken Hekates in der Orphik, im Mithras-Kult, den chaldäischen Orakeln und der neuplatonischen Theurgie. Unerwartet und aufregend ist dann auch das Kapitel »Latenz und Wiedererscheinen der Göttin in der Renaissance«, wo mit dem erwachenden Interesse an griechischer und römischer Kultur Impulse aus der Antike eben nicht nur in Architektur und bildenden Künsten, Literatur und Philosophie, sondern erneut auch im Magisch-Esoterischen zum Tragen kommen. Lautwein führt in diesem Zusammenhang Erasmus von Rotterdam an

25 Aradia. Die Lehre der Hexen, S. 5, 9, 83 u. 99

und seine Stellungnahme zu einem Hexenprozess in Orléas von 1501 und erzählt von Thomas Middletons Theaterstück »The Witch« (die Hexe) sowie den Schicksalsgöttinnen bei Shakespeare. Und bevor Lautwein »Hekate in der modernen Esoterik« von Aleister Crowley und Rudolf Steiner beleuchtet, geht er dem Alterswerk von Gerhard Hauptmann (Novellen, Romanen, Atriden-Tetralogie) nach, »in dem nun ausgerechnet die Göttin Hekate der geheime Mittelpunkt ist«.[26]

Hauptmann habe im Alter die Vorstellung von einem Vater-Gott mit zwei Söhnen (Christus und Luzifer) entwickelt, die allerdings nicht allein herrschten, sondern einem mächtigen Abgrund, der Hölle, dem Chaos gegenüberstünden: »Vor dem Anblick dieses Abgrundes würden die oberen, olympischen Götter vergehen; er untersteht einer Macht, die älter ist als die Götter – der Göttin. Die Göttin, die alles ist, was ist, die alles aus sich entlässt und alles in sich zurücknimmt, die schrecklich und schön ist – sie manifestiert sich 1917 dem ›Ketzer von Soana‹ zunächst in Gestalt eines einfachen Bauernmädchens, das einen Krug den Berg hinaufträgt und in den Augen des Erzählers immer mehr ›wächst‹, bis sie ihm als ›syrische Göttin‹ und Herrin des Kosmos erscheint: ›Sie stieg aus der Tiefe der Welt empor und stieg an dem Staunenden vorbei – und sie steigt und steigt in die Ewigkeit als die, in deren gnadenlose Hände Himmel und Hölle überantwortet sind.‹ Die Erd-Göttin ist die wahre Weltregentin, ihre Macht ist angsteinflößend, ihr Walten mitunter grausam, darum ›gnadenlos‹. Die Parallele zu Hesiods Hekate-Hymnus und der neuplatonischen Hekate-Konzeption« ist für Lautwein »evident«.[27] Auf diese Weise ist Hekate gemäß Lautwein für Hauptmann ambivalent: »Sie ist einerseits dämonisch, mörderisch, blutgierig, andererseits verheißt sie Schutz und ein tieferes Wissen, das einer männlich-rationalen Weltanschauung verschlossen bleibt. Wenn wir an Shakespeares ›Macbeth‹ und die Renaissance zurückdenken, lässt sich feststellen, dass in Gerhard Hauptmanns Atriden-Tetralogie ein großer Schritt zu einer Auflösung des rein negativen Hekate-Bildes erfolgt.«[28]

26 Thomas Lautwein. Hekate, S. 305
27 Ebd., S. 306f.
28 Ebd., S. 319

Schauerlich und furchterregend ist die Hekate von Voenix.

Dennoch. Auch 2009 stellt Voenix in seinem Bilderbuch über den »Griechischen Götterhimmel« Hekate weiterhin recht negativ in Lady Death-Manier als aggressiv nackte Frau mit roten Augen und roter Zunge im aufgerissenen Mund dar, mit funkelnden Sternen im schwarzwallenden Haar, als wäre sie auf der wilden Jagd der Holle oder Percht, weil auch diese ja umgeben sind von Schlangen, Totenschädeln, zähnefletschenden Hundeköpfen und Fledermäusen. Im Textteil erwähnt Voenix allerdings auch andere Züge von Hekate, etwa dass ihr Zeus »glänzende Gaben« schenkte, »Anteile an der Erde und am unwirtlichen Meer. Ebenso genoss Hekate Ehrenrecht am sternreichen Nachthimmel und höchste Anerkennung im Olymp. Über die Jahrhunderte wurde Hekate jedoch zu einer Göttin der Unterwelt und der Toten, die von Hexen, Geisterbeschwörern und Giftmischern um Beistand angerufen wurde.«[29] Obwohl Voenix auch die anfänglich hellen Aspekte der Hekate wahrnimmt, dominiert bei ihm schlussendlich »deren finsterer Todesaspekt«, der »im Laufe der Zeit immer weiter hervorgehoben wurde. Trotz oder gerade wegen ihres finsteren Handwerks waren Hekate zahlreiche Tempel geweiht, so z. B. in Argos, Aiginia oder Eleusis.«[30]

Viel deutlicher hält hingegen Edith Marmon in »Drache und Schlange« die Ambivalenz aufrecht, die der Trinität der Hekate angemessen ist, denn sie ist »lebenserhaltend und tötend.« Die Autorin zeigt das schlüssig am Beispiel der Schwellenereignisse Gebären und Sterben: »Der Beiname der Göttin Hekate lautete Enodia, was sich von Enodus (griechisch = Eingang) herleitet. Damit war das Tor der Geburt, aber auch das des Todes gemeint.« Als Herrin beider Übergänge wurde Hekate »Weise Frau« oder »Hebamme« genannt, was im Französischen ja identisch ist: die Hebamme heißt und ist die »sage femme«. Laut Marmon ist Hebamme »vom althochdeutschen ›hefihanna‹ = Hebe-Ahnin

29 Voenix. Der griechische Götterhimmel, S. 45
30 Ebd., S. 45

abgeleitet – die Hebamme verkörperte demnach die Schicksals- und Ahnengöttin.« Wen wundert es da, dass Frauen bis ins 10. Jahrhundert hinein ihre Neugeborenen an Dreiwegen und Kreuzungen der Erdmutter und Hebamme Hekate weihten – und deshalb von christlichen Geistlichen zu langem Fasten verurteilt wurden.[31]

Auch in der Hexenverfolgung durch die katholische Inquisition gehen der Kampf gegen das unheimliche Wissen der weisen Frauen = Hebammen, gegen die Kunst der Kräuterfrauen und ihre uralte Volksmedizin Hand in Hand mit der eigenen Angst vor der Frau mit ihren so unerklärlichen und magischen Kräften und bringen – später auch in protestantischen Landstrichen – über mehrere Jahrhunderte Millionen Frauen in Europa und Nordamerika den Tod. Und das, nachdem der christliche Gott die Trinität der Dreifaltigen Göttin zunächst trivialisierte, um sie ihr anschließend abzuluchsen und sich ihrer selbst zu bemächtigen als der glorreiche dreifaltige Gott: Gottvater, Gottsohn und Gottheiligergeist …

Hekate und warum die Drei auch die Vier sind

Obwohl Hekate mehr als jede andere dreifaltige Göttin den Aspekt von Vergehen und Tod verkörpert, darf sie nicht auf ihren verschlingenden Todesaspekt fixiert und eingeengt werden, wie ihr das in der europäischen Kulturgeschichte weitgehend passiert ist – sicher auch, weil diese von einem linearen und dualistischen Entweder-oder-Weltbild bestimmt ist. Die dreifaltige Göttin versinnbildlicht die Mondphasen und die Lebensalter der Frau – und da kommt immer wieder die große Frage auf, wo denn das oder die vierte bleibt. Der Mond durchläuft ja vier Phasen – und ich erinnere mich lebhaft, wie ich in den 70er-Jahren in der Toskana einen alten Bauern im Gespräch von den Vierteln des Mondes habe reden hören: il primo quarto ist das der wachsenden Sichel (und der eigentliche Neumond); der Vollmond markiert il secondo quarto, die Hälfte, die Mitte; die abnehmende Sichel steht für il terzo quarto, und il quarto quarto ist die Zeit des Schwarz- oder Dun-

31 Edith Marmon. Drache und Schlange – die heiligen Tiere der Göttin, S. 38f.

kelmondes, und erst damit ist der Zyklus abgeschlossen. Auch das Frauen-Leben hat vier Phasen: Geburt und Kindheit des Mädchens, die geschlechtsreife, blutende Frau und die weise Alte – und den Tod, die Exkarnation, die Erneuerung bis zur nächsten Inkarnation. In beiden Fällen handelt es sich um ein Viererpaket – genauso, wie wir vier Jahreszeiten und vier Himmelsrichtungen haben.

Die Fachliteratur zu Mythologie beschreibt jedoch immer wieder, dass Griechenland nur drei Jahreszeiten kenne: Frühling, Sommer und Winter. Kore, Demeter und Hekate. Also müssen wir zum Schluss kommen, dass die Drei eben eine verborgene Vier ist oder hat. Hekate steht als Wintergöttin für das Absterben nach der Ernte (bei uns der Herbst) und den Übergang in die Wiedergeburt, für Wintersaat und neues Aufkeimen, bevor der Frühling auf- und durchbrechen kann, kurz: für die dunkle Phase des Vegetationsjahrs. Und auch der mit dem Mond tickende Menstruationszyklus hat vier Phasen: Eireifung, Eisprung, Ei-Absterben (oder prämenstruelle Phase) und Mondblut (menstruelle Phase).

Lautwein siedelt Hekate in der mutterrechtlich organisierten Kultur der Karer in Kleinasien an,[32] weshalb Hekate als die Große Dreifaltige Göttin einer matrizentrischen Religiosität zu verstehen sei. Darum nimmt er in diesem Zusammenhang Bezug auf Jutta Voss und ihr »Schwarzmond-Tabu« und beklagt mit ihr die Geringschätzung, ja Verdrängung der menstruellen Dunkelmondphase. An dieser Stelle zitiert er ihre Aussage: »Die allgemeine Verwirrung der Mythologen über die Vier- und Dreiteilung scheint der Verwirrung der Mediziner beim ovariellen und uterinen Zyklus zu entsprechen. Mythologen vergessen den Schwarzmond als eine selbständige Phase … Auch die matriarchale Forschung macht diesen kurzschlüssigen Denkfehler. Sie ordnet dem zunehmenden Mond das Mädchen Kore zu; dem Vollmond gehört die gebärende Mutter, und zum abnehmenden Mond gehört dann die weise Alte, die Hekate oder Kali. Wie bei den Menstruationsphantasien der Psychiater fällt auch hier die Schwarzmondphase einfach unter den Tisch … die Schwarzmond-Menstruationsphase wird als die Phase der Göttin einfach nicht wirklich wahrgenommen.«[33]

32 Vgl. Thomas Lautwein. Hekate, S. 49
33 Jutta Voss. Das Schwarzmond-Tabu, S. 59; siehe dazu auch Alexandra Schwarz-Schilling über das zyklische Weltbild, in: Dies. u.a. Europa heißt die Weitblickende, S. 41ff.

Großer Weihaltar für die Aufanischen Matronen, 1928/29 unter dem Bonner Münster gefunden und heute im LandesMuseum Bonn zu bewundern.

Die drei gallorömischen Matronen – hergestellt als Multiple für den Hausgebrauch als kleiner Altar. Replik aus dem römisch-germanischen Museum von Köln

Von 1986 an habe ich rund siebzehn Jahre in der Basler Vorortgemeinde Binningen gewohnt. Dort bin ich regelmäßig mit meiner kleinen Tochter auf den Markt und ebenso begeistert auf den Flohmarkt einkaufen gegangen. In den ersten Jahren fiel mir damals für »'nen Appel und en Ei« die kleine Gipskopie einer Skulptur mit drei Göttinnen in die Hände, die ich damals nicht einordnen konnte, die mich jedoch schlagartig anzog und packte. Das Suchen in Büchern und Gesprächen brachte die Lösung: Das sind die gallo-römischen drei Matronen! Das Mädchen mit dem offenen Haar und die geschlechtsreife Frau sowie die Alte unter ihren Hauben. Später sah ich im LandesMuseum Bonn auf dem großen und kunstvoll gearbeiteten Weihestein der Aufanischen Matronen das Mädchen mit einem Schemel unter seinen Füßen, weil es – auf der gemeinsamen Bank, auf der alle drei miteinander verbunden sitzen – den Boden mit seinen Füßen noch nicht erreicht hätte.

Meine bescheidenen Gips-Matronen vom Flohmarkt sind allerdings kein Kunstwerk, sondern eine als »multiple« in vorgefertigten Schablonen geformte Billig-Ausgabe, wie damals solch kostengünstige und leicht transportable Hausaltärchen mit den drei Göttinnen hergestellt und als Devotionalien vermarktet wurden; wir machen das heute technisch ja gleich mit Schokolade-Osterhasen oder Biskuit-Lämmern. Erst viele Jahre später habe ich im germanisch-römischen Museum Köln die mühsam zusammengeflickte Original-Vorlage meines Abdrucks gesehen – und wieder beschäftigte mich die Frage nach den drei und den vier. Ja, hier sind es drei – und einerseits stimmt das ja auch, aber eigentlich sind es eben doch vier. Und ich gebe Jutta Voss vollkommen recht, wenn sie schließt (was Lautwein nicht zitiert): »Wäre der reale Mond verehrt worden, dann hätte sich die Göttin doch zu einer viergestaltigen Göttin entwickeln müssen.«[34] Und weiter: Würden wir heute sowohl unsere Menstruation wie die reale Mondin ernst nehmen, dann würden wir eine viergestaltige Göttin verehren … Ich habe über das letzte Vierteljahrhundert, in dem die Matronen am Kopfende meines Bettes wachen, meine eigene Quadratur dieses Zirkels gefunden: *Die Drei sind die Vier, denn die Dritte ist immer auch die Vierte.* Das schon darum, weil die Vierte ja immer auch die Unsichtbare ist. Ergo: Rede ich von den Mondphasen, dann ist die dritte mit dem abnehmenden Mond zusätzlich auch die vierte des unsichtbaren Schwarzmondes. Nur bei der Darstellung des Sonnenlaufs »vom Aufgang der Sonne bis zu ihrem Niedergang« gibt es in der Kulturgeschichte Wahrnehmung und Darstellung der vierten Phase: In der ägyptischen Kunst und Religion wird die »Nachtmeerfahrt« der Sonne untendurch gezeigt – entweder, indem die Himmelsgöttin Nuth die Sonne bei ihrem Untergang schluckt, sie in der Nacht durch ihren Leib wandern lässt und sie bei Sonnenaufgang wieder neu gebiert. Oder indem die Sonne auf ihrer Barke ihre Nachtmeerfahrt durchs Meer der Dunkelheit bis zu ihrer Landung am Ufer des nächsten Morgens vollzieht, was in manchen Grabkammern dargestellt wird.

Denke ich an die Menstruationsphasen, dann ist die dritte nicht nur der Zusammenbruch des Hormonsystems, das das Ei einst zum Reifen gebracht hat; sie umfasst zudem das strömende Mondblut, das zwar für mich nicht unsichtbar ist, im Gegenteil, aber außer in Gesellschaften, wo Frauen zusammen menstruieren, heute ein privat intimes Geschehen bleibt (ich habe allerdings, als meine Tochter klein war, wieder Binden statt Tampons getragen, damit das Mondblut für sie etwas Sichtbares, Erfahrbares wurde …). Gehen wir im Herbst in das wachsende Dunkel hinein, dann bereiten wir uns auch auf den Winter vor mit der Wiedergeburt des Lichts zur Wintersonnenwende und seinem allmählichen Wachsen bis zur Tagundnachtgleiche: Wie es bei den GriechInnen offenbar nur Frühling, Sommer und Winter gab, können wir mit den Matronen die Zeit zwischen den Tagundnachtgleichen von Herbst und Frühling – den Weg untendurch, ins Dunkel und aus dem Dunkel heraus – der weisen Alten anvertrauen. Und wenn wir den drei Matronen die drei Lebensalter Geburt, Kindheit und Jugend, das volle geschlechtsreife Erwachsenenalter

34 Jutta Voss. Das Schwarzmond-Tabu, S. 59

mit Berufslaufbahn, erwachsenem Beziehungsleben, Elternschaft und Familie sowie den Ruhestand mit nicht erwerbsorientiertem Engagement und Alter zuschreiben, dann gehören zur weisen Alten auch Vergehen und Sterben. Nach anthroposophischer Lehre folgen in der geistigen Welt nach dem Tod – so stellen es die zwei violetten Glasfenster im Goetheanum in Dornach dar – zunächst das seelische Durchleben des eigenen Tuns und Lassens vom Todesmoment her rückwärts bis zur Geburt und später das Vorbereiten einer neuen Inkarnation mit der Wahl der Eltern von drüben her und schließlich der erneute Sprung in ein Erdenleben. Auch über diese vierte Phase bis zur Wiedergeburt müsste nach zyklischem Urverständnis die weise Alte wachen. Oder um es mit Jutta Voss zu sagen: Hekate – ebenso wie Kali oder Gorgo Medusa – »sind Sterbe-Wandlungs-Göttinnen, aber keine Todes-Tötungs-Göttinnen.«[35]

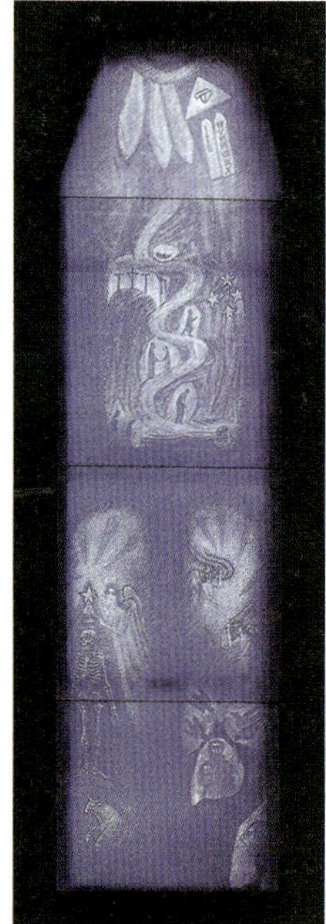
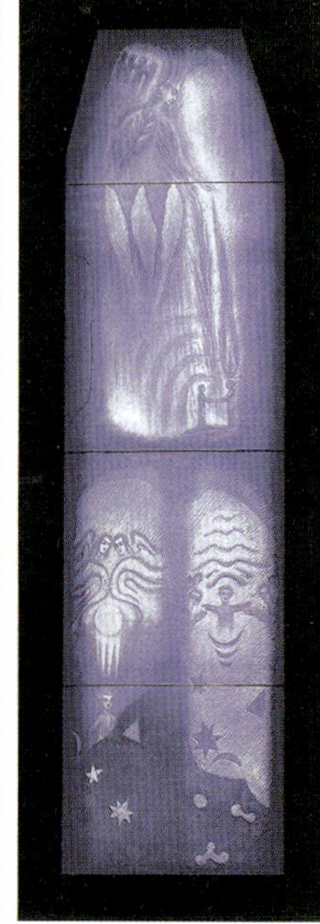

Die beiden violetten Fenster im großen Saal des Goetheanums in Dornach/Schweiz: links das Sterbefenster und rechts das Reinkarnationsfenster

Hekate ermutigt und zwingt zum Hinsehen …

Hekate, die Dreigestaltige, die letztlich allumfassende Vierfache: Ja, sie ist alle Vier, aber ihre Hauptzuständigkeiten sind die der Dritten und der Vierten. Von daher ist ihre dunkle Seite wirklich ernst zu nehmen. In ihrem ersten Buch über »Göttinnen in jeder Frau« von 1986 zeigt die Psychiaterin Jean Shinoda Bolen, wie sehr wir von urtümlichen Seelenbildern, wie die Göttinnen sie spiegeln können, geprägt und beeinflusst werden: Meistens »sind viele ›Göttinnen‹ in einer Frau wirksam. Je komplizierter die Psyche einer Frau, desto wahrscheinlicher ist es, dass viele ›Göttinnen‹ in ihr aktiv sind, und was einem Aspekt Erfüllung bringt, mag für einen andern bedeutungslos sein … Diese Verhaltensmuster der verschiedenen Göttinnen vermitteln auch Erkenntnisse über das, was für manche Frauen motivierend (sogar zwingend), frustrierend oder zufriedenstellend ist und für andere nicht.«[36]

35 Ebd., S. 261
36 Jean Shinoda Bolen. Göttinnen in jeder Frau, S. 18

Die Tiefenpsychologie geht davon aus und arbeitet damit, dass sog. Archetypen in uns wirken – zuweilen sanft und leise, dann und wann lauter und stärker, gelegentlich massiv und sogar überbordend, sodass das Ich und die wache Bewusstheit wieder für Ordnung sorgen müssen. Ich habe bei meinen Hekate-Recherchen selbst erlebt, wie mich die Lady-Death-Hekate eine Zeit lang buchstäblich beherrscht und gerüttelt und geschüttelt, in tiefste Ängste, Befürchtungen, Untergangsvisionen gestürzt hat, obwohl das reale Leben keinerlei Anlässe zu solchen inneren Attacken gab, jedenfalls nicht mehr als sonst. Erst als ich mich nach ein paar mehr oder weniger schlaflosen Nächten an mein Tagebuch setzte und mir die ganze Seelennot von der Seele schrieb und schrieb und schrieb, konnte ich diesen seelischen Übergriff der Lady-Death-Hekate mit ihrer wilden Jagd bannen und ihm ein Ende setzen …

Und auch da kam mir Jean Shinoda Bolen zur Hilfe, weil in ihrem zweiten Göttinnenbuch von 2001 – diesmal »for older women«/für ältere Frauen – auch die vorher von ihr übersehene, übergangene Hekate Einzug hält. Dabei gesteht Bolen offen ein, dass sie Hekate im ersten Buch außen vor gelassen hat, »because I wasn't old enough when I wrote that book«/weil ich nicht alt genug war, als ich dieses Buch schrieb. Sie habe länger leben und erst durch die Menopause gehen und reifen müssen – so wie Wein reifen müsse, um Klarheit zu gewinnen und »seinen Biss sanfter zu machen.«[37] Aber als sie eine postmenopausale Crone/Hexe/weise Alte und damit ein Teil jener Frauengeneration wurde, die damals herauszufinden begann, was diese Lebensphase heute bedeuten kann, erst da habe sie Hekate wahrnehmen und würdigen können. Und erst da habe sie auch entdeckt, dass die dritte Gestalt der dreifachen Göttin im griechischen Pantheon sowie in der überlieferten Mythologie (und in den Skulpturhallen, würde ich anfügen …) kaum oder nur marginal vorkommt, oder noch klarer: »Notably absent were goddesses that embodied qualitites associated with older women« / Auffallend abwesend waren Göttinnen, die Eigenschaften verkörpern, die mit älteren Frauen assoziiert und verbunden werden.[38] Diese Gestalten sammelte Bolen nun für ihr zweites Buch: Es sind die postmenopausalen

37 Jean Shinoda Bolen. Goddesses in Older Women, S. XXII
38 Ebd., S. XXV

Göttinnen wie Hestia und Metis, Hekate und Baubo, Kali und Sekhmet, Kuan Yin/Kannon und Uzume. Als sie sich mit diesen Göttinnen befreundete, wurde ihr bewusst: Es ist sehr schlecht gelaufen für die Göttinnen in der westlichen Zivilisation, die ja eine Geschichte des Patriarchats ist. Stellung, Rang und Möglichkeiten der Frauen sowie das Schicksal der Göttinnen erlitten ihren Abstieg und Niedergang gemeinsam und parallel. Darum ist es für Bolen höchste Zeit, dass jede einzelne Frau und Frauen zusammen die unterdrückten Göttinnen-Urbilder wieder in die westliche Kultur ein- und zurückbringen. Wobei sie heute hoffnungsvoll auf die Millionen postmenopausaler Frauen setzt, von denen unzählige die Frauenbewegung mitgemacht haben – die friedlich war und gleichzeitig revolutionär –, und von denen es in der ganzen Welt noch nie so viele gab mit so viel Kompetenz und Bildung, Erfahrung und Unabhängigkeit sowie Ressourcen aller Art.[39] Wenn das keine günstigen Voraussetzungen sind!

Bei Hekate betont Bolen vor allem eine ganz zentrale Rolle: Sie ist die, die die trauernde Demeter dazu auffordert, sich dem Verschwinden ihrer Tochter zu stellen und der Frage nachzugehen, wie diese denn verschwunden sei. Aber nicht nur das. Sie begleitet sie dann auch auf ihrer schmerzlichen Suche. Auf nur fünfzehn Seiten[40] bringt uns Bolen »Hekate an der Furka/der Weggabelung« als die »Göttin der intuitiven und seelischen Weisheit« nahe. Als die, die uns wie Demeter zur Konfrontation mit der Wahrheit aufruft, denn in allen Furka-Situationen sei es lebensentscheidend, die Wahrheit zu suchen statt in Unwissenheit oder Verleugnung zur verharren, und die Wahrheit dann auch auszusprechen statt stumm zu beiben. In solchen Momenten sei Hekate da als innere Zeugin und Mahnerin, denn um ihre Weisheit zu hören, müssten wir innehalten und sie um Rat fragen. In solchen Schwellensituationen offenbare sich Hekate als die innere Hebamme, die uns mit Einsicht und Weitblick beistehe, »when we birth new aspects of ourselves«/wenn wir neue Seiten von uns selbst gebären.[41] Und so helfe sie uns loszulassen, was in unserem Leben sterben soll: überholte Einstellungen, Rollenmuster,

39 Vgl. ebd., S. XXV-XXVII
40 Ebd., S. 46 – 60: Auf diesen Seiten finden sich alle Zitate und viele der genannten Fakten.
41 Ebd., S. 47

die wir ausgelebt haben, alles, was unserem Leben nicht mehr förderlich und dienlich ist. Wir können also geradezu – ich erinnere an meine Erfahrung mit den bei der »wilden Jagd« erlebten seelischen Turbulenzen – bei der einen Hekate (der inneren Ratgeberin und Hebamme) Zuflucht finden, wenn wir uns vor der anderen Hekate (jener, die uns in Verzweiflung und Angstzustände aller Art stürzen kann) retten wollen …

… und geleitet als Hebamme hierhin und dort hinüber

Interessant ist, dass Hekate – bei Bolen wie bei Göttner-Abendroth – auch Persephone in ihrem Leid und Schock nach der Entführung beisteht. Uns geht es ja ähnlich wie dieser – etwa nach einem Verlust, einem Verrat oder dem Ende einer Beziehung, bei einer schweren Krankheit oder einem Todesfall, bei einer schweren finanziellen Einbuße oder einer Enttäuschung, bei der uns ein Stück Unschuld abhanden kommt. Dann steigen wir ab in die Unterwelt, wo wir eine Zeit lang in der Dunkelheit gefangen gehalten werden, in Hoffnungslosigkeit und Depression, Verzweiflung oder Zynismus, Verbitterung und Rachegelüsten. Aber wenn wir nach diesem Abstieg wieder emporsteigen, haben wir gelernt, dass Liebe *und* Leid zum Leben gehören, und sind an Tiefe und Weisheit gewachsen. Und ob uns Angehörige, FreundInnen oder ein/e TherapeutIn Beistand geleistet haben: Wir haben dem Rat der Hekate Folge geleistet – leisten müssen –, uns mit der Wahrheit zu konfrontieren. Und als geborene Pfarrerstochter erinnere ich mich da an eines der mir unvergesslichsten und liebsten Jesus-Worte: »Die Wahrheit wird euch frei machen« (Johannes 8, 32).

Hekate könne uns, so Bolen, in anderen Menschen zur Seite stehen und mit ihrer Fackel das Dunkel erhellen, aber wir trügen sie immer auch als die eigene innere Helferin und Beraterin in unserer Seele. Bloß: Es sei an uns, sie anzurufen, uns an sie zu wenden. Und diese Göttin der Schwellen und Übergänge zeigt uns Bolen als eine doppelte Hebamme – als die, die eine Gebärende erfahren, wissend und achtsam durch die verschiedenen Phasen der Geburt begleitet, und als die andere, die einen sterbenden Menschen ebenso sorgsam und liebevoll durch die verschiedenen Phasen des Sterbens und Hinübergehens geleitet. »Auch das Sterben ist Geburt«, sagte der Philosoph

Wie eine Hekate triformis: der Brunnen der Drei Jungfrauen oder trois vierges im elsässischen Wentzwiller

Wie eine Hekate triformis: der Brunnen der Drei Jungfrauen im badischen Obereichsel

und Dichter Jean Gebser in seinem wunderbaren Aufsatz »Urangst und Urvertrauen«,[42] und Bolen versteht die Geburts- wie die Sterbe-Hebamme als die Priesterin der Großen Göttin, die, wie die Erde selbst, »womb and tomb«/ Schoß und Grab allen Lebens ist.[43] Da Hekate bei diesen beiden Übergängen anwesend sei, erstaune es nicht, dass sie für ältere Frauen, ältere Menschen überhaupt, mit dem Altern und Reifen immer wichtiger werde, denn »with Hecate, older is, indeed, usually wiser« / mit Hekate ist oder kann älter wirklich weiser heißen.[44]

Hekate hat uns von griechischen Dreiwegen zu ägyptischen Zauberpapyri, von Shakespeares Hexen zur strega aus der Toskana, aus archaischen Zeiten bis in die Gegenwart einer führenden amerikanischen Therapeutin und feministischen Autorin geführt. Und Hekate Trivia begegnet uns nicht nur in antiken Darstellungen, sondern auch in Skulpturen des 19. und 20. Jahrhunderts, wie sie etwa auf zwei Brunnen in der Region Basel stehen – bei Heiligtümern des uralten »Kultes der Drei Jungfrauen«.[45]
Urbilder leben. Urbilder wirken. Immer und überall.
Die Frage ist nur, ob Menschen dafür offen sind und auf Empfang stehen.

42 Jean Gebser. »Urangst und Urvertrauen«, in: Vorlesungen und Reden zu »Ursprung und Gegenwart«, Bd. 5/2 der Gesamtausgabe. Schaffhausen 1986, S. 128. Siehe zur doppelten Hebamme auch Irene Fleiss. Als alle Menschen Schwestern waren, Bd. 2, S. 64
43 Jean Shinoda Bolen. Goddesses in Older Women, S. 54
44 Ebd., S. 60
45 Siehe Erni Kutter. Der Kult der Drei Jungfrauen

DIDAKTISCHE HANDREICHUNGEN ZU HEKATE

1) ***An Hekate***

Ich preise, die an den Wegen thront,
Des Kreuzwegs Schattenherrscherin Hekate,
Himmelskönigin, Erdenfürstin,
Meeresgöttin im Safrangewand.
Herrin der Gräber, mit Seelen der Toten
Fahrend im nächtlich schweifenden Zug;
Perseia, Freundin der Einsamkeit,
Von schnellfüßigen Hirschen erfreut.
Freundin der nächtlichen Meute,
Furchtbare Herrscherin!
Ungegürtete, tierverschlingende,
Unbezwinglichen Angesichts
Fährst du mit Stieren dahin,
Schlüsseltragende Herrin des Alls.
Mächtige Lenkerin, Nymphe,
Männerernährerin,
Die du in nächtlichen Bergen schweifst:
Jungfrau, höre des Hirten Gebet,
Steh ihm mit heilender Sühnung zur Seite,
Zeig ihm ein gnädiges, freundliches Herz!

(Orphischer Hymnus I,7, zit. nach: Thomas Lautwein. Hekate, S. 255)

○ **Charakterisiere in einem Aufsatz die Göttin so, wie sie der Hirte in seinem Gebet sieht.**

2) Wie sieht dein privater Umgang mit deinen Ahninnen und Ahnen aus? Welcher Stellenwert wird ihnen in unserer Kultur eingeräumt?

○ **Vergleiche mit anderen Kulturen und fasse die Ergebnisse in einem Vortrag zusammen.**

3) Durch die Frauenbewegung ist für unsere Ahninnen das FRAUEN-GEDENK-LABYRINTH entstanden.

○ **Recherchiere dazu und schreibe darüber einen Aufsatz.**

4) Judy Chicago hat mit ihrer »Dinner Party« ein berühmtes Kunstwerk geschaffen. Was hat das mit dem Thema »Ahninnen« zu tun?

○ **Recherchiere und bereite einen Vortrag darüber vor.**

5) Einladung zu einer aktiven Imagination und Hekate-Meditation:

○ **Setze dich in Stille hin und stelle dir folgende Fragen:**
»Was habe ich aufgrund meiner eigenen Erfahrungen als ganz Wichtiges über das Leben gelernt?«

Oder in einer schwierigen Lebenssituation:
»Welcher Wahrheit, welchen Wahrheiten muss ich jetzt wirklich ins Auge sehen, so schwer es mir auch fällt?«

(aus: Jean Shinoda Bolen. Goddesses in Older Women, S. 51;
übersetzt und leicht angepasst von UK)

Du kannst dir auch ein Hekate-Bild aufstellen oder dir Hekate vorstellen und die Fragen direkt an sie richten. Wie auch immer du es machst: Antworten werden in dir hochsteigen und kommen, wenn du wirklich wissen willst und für das, was kommt, empfänglich bist. Sie werden dir in den Sinn kommen, wenn du still bist und wartest ...

6) Im Buch »Granatapfeljahre« von Sue Monk Kidd und Ann Kidd Taylor gehen Mutter und Tochter zusammen nach Athen und Eleusis zum Heiligtum von Demeter und Persephone, wo Mutter Sue auch Hekate begegnet und sich dazu folgende Gedanken macht:

»Ich folge dem Plan der Ausgrabungsstätte zu den Überresten eines Tempels, der Hekate geweiht war. Sie scheint sich mit ihrer Nebenrolle im Mythos ein imponierendes Bauwerk verdient zu haben.
Hekate war lange eine mächtige Gottheit des griechischen Pantheon, doch als das Patriarchat Einzug hielt, büßte sie massiv an Status ein. Sie wandelte sich von der ehrwürdigen greisen Göttin zur alten Schachtel, deren Fratzengesicht ein Stoff für Albträume ist. Als Homer den Mythos niederschrieb, war die Metamorphose bereits im Gange. Ich lasse den Blick über die verheerenden Spuren gleiten, die die Zeit an ihrem verfallenen Tempel hinterlassen hat, und frage mich, ob es eigentlich überhaupt irgendwelche Göttinnen gibt, die die Wechseljahre schon hinter sich haben.
Im christlichen Glauben hat sich die Darstellung Gottes als älterer Mann mit weißem Bart sowohl in der Kunst als auch in der Religion durchgesetzt, aber es gibt keinerlei Darstellungen einer alten weiblichen Gottheit. Maria hat sich über Jahrhunderte hinweg als jungfräuliche Maid und Madonna gehalten, naiv und unschuldig. Zugegeben, die dunklen Gesichtszüge, mit denen sie auf der Ikone in der Kathedrale in Athen dargestellt war, vermittelte mir den Eindruck, einer gealterten Maria begegnet zu sein, aber es ist mir noch nie untergekommen, dass sie tatsächlich als alte Frau abgebildet wurde. Keine Falten, keine schlaffe Haut. Ich wandle durch die kümmerlichen Überreste von Hekates Heiligtum. In der Sage wagt es lange niemand, Demeter darüber aufzuklären, dass ihre Tochter entführt wurde. Es ist die furchtlose alte Hekate, die Demeters Wehklagen vernimmt und ihr die schlimme Nachricht überbringt. Sie entzündet eine Fackel und geht

bei der Suche und Rettung zur Hand. Hekate wohnt auch der Wiedervereinigung von Mutter und Tochter bei und weicht Persephone danach nicht mehr von der Seite, was in meinen Augen stets ein etwas kryptisches Ende der Geschichte war. Nun frage ich mich zum ersten Mal, ob dieses Detail womöglich eine Anspielung auf ihren rechtmäßigen Platz in der Trinität dieser weiblichen Gottheiten (junges Mädchen – Mutter – weise Alte) ist, ein kläglicher Versuch, ihre glanzvolle Vergangenheit wiederaufleben zu lassen.“ (S. 102f.)

Sue fragt sich, was Hekate mit ihrem eigenen Alterungsprozess zu tun hat:
»Simone de Beauvoir vertrat die Ansicht, dass eine Frau, die in den Wechseljahren den Prozess des Älterwerdens ›annimmt‹, in ein ›verändertetes Wesen‹ verwandelt wird, eines, das mehr sie selbst ist, das vollendet ist und ihre vollständige Persönlichkeit widerspiegelt. Ich erhebe mich und steige die Stufen des Tempels der Hekate hinunter, und während ich mir einen Weg durch die Kakteen bahne, frage ich mich, warum es eigentlich keine Zeremonie für diesen Akt der Annahme gibt.« (S. 105)

○ **Warum gibt es keinen Akt der Annahme, des Ja-Sagens zum Älterwerden? Was bedeutet das und wie ließe sich das ändern für Frauen – aber auch für Männer?**

○ **Hast du eine Erklärung dafür, warum es in der christlichen Kultur kaum positive Darstellungen alter Frauengestalten gibt – geschweige denn eine Göttin im Bild einer alten Frau?**

○ **Kennst du positive alte Frauenfiguren, die auch für heutige Frauen ein Vorbild, ein Leitbild sein könnten und auch jungen Menschen sowie Menschen im mittleren Alter ein attraktives Bild des Alterns zeigen?**

○ **Verfasse für eine fiktive Abiturfeier eine engagierte Rede zu diesen Fragen und deinen Antworten.**

7) Hekate

I forgot the taste of fall.
I forgot the leaves fall down.
I forgot the earth gets warm.
I forgot the ice, the snow.
I forgot the winters cold – the cold!
I thought I were forever young.
A child, newborn, in bloom and old
I am all in one, in one!

Three matrones!
Three in one!
Hekate, greek goddess – threefold!

Now close Your eyes my little son.
Another day, tomorrow, it will come!
Another life, another season – oh!
Now let us in love withdraw.
Now lets hang our names onto the door.
Now let us open our heart.
Now let us listen to the dark:

Now let us tear apart their pretext for
another plan.
Now let us be ripping off these nightgowns of
tomorrows thought.

A single robe for wisdom to walk the wooden
corridors of fall!!!

(Aite Ursa Tinga)

Hekate

Ich vergaß, wie der Herbst riecht.
Ich vergaß, dass die Blätter fallen.
Ich vergaß, dass die Erde warm wird.
Ich vergaß das Eis, den Schnee.
Ich vergaß die Kälte des Winters – die Kälte!
Ich dachte, ich bleibe immer jung.
Ein Kind, neugeboren, in Blüte und alt –
Ich bin alle in einer, in einer!

Drei Matronen!
Drei in einer!
Hekate, griechische Göttin – dreifach!

Schließ jetzt deine Augen, mein kleiner Sohn.
Ein neuer Tag, morgen wird er kommen!
Ein neues Leben, eine andere Jahreszeit – oh!
Lass uns jetzt in Liebe in den Rückzug gehen.
Lass uns jetzt unsere Namen an die Tür hängen.
Lass uns jetzt unsere Herzen öffnen.
Lass uns jetzt ins Dunkel horchen:

Lass uns jetzt ihren Vorwand für einen
weiteren Plan zerreißen
Lass uns jetzt diese nächtlichen Gewänder der
Gedanken an morgen abstreifen.

Weisheit braucht nur ein einziges Kleid, um durch
die hölzernen Korridore des Herbstes zu gehen!

(Übersetzung: Ursa Krattiger)

Als Lied kannst du »Hekate« auf YouTube hören:
https://www.youtube.com/watch?v=uADVD8cuDAk

○ **Beschreibe in einer Gedicht-Interpretation, welche Gefühle und Einsichten die Autorin/Songwriterin gemäß deiner Wahrnehmung erfassen und überwältigen und in welcher Lebenssituation sie das möglicherweise erlebt.**

○ **Schreibe auf und/oder zeichne und gestalte, was es für dich heißen könnte, »drei in einer« zu sein.**

8) Kulttiere

Die Kröte, eines von Hekates Kulttieren, wurde im Laufe der christlichen Kulturgeschichte negativ belegt und zu einem Tier des Teufels. Doch in dem Grimm'schen Märchen »Die drei Federn« erscheint die Kröte noch als ein Wesen mit göttlicher Potenz.
Den Märchentext findest du im Internet unter
http://gutenberg.spiegel.de/buch/die-schonsten-kinder-und-hausmarchen-6248/2

○ **Erzähle dieses Märchen deiner Klasse, als ob du ein/e professionelle/r Märchenerzähler/in wärst.**

Weitere Märchen und auch Sagen aus aller Welt zu Erdgeistern und Erdtieren sowie zur Erde als Großer Göttin und selbsttätiger Kraft finden sich in dem Buch »Märchen von Mutter Erde«, hg. von Barbara Stamer.

APHRODITE SPRICHT

Ich bin die Göttin der Lebensliebe. Mit ihr habe ich den gesamten Kosmos und seine Rhythmen erschaffen. Geburt und Tod, Leben und Liebe, Zeit und Schicksal, alles ist durch mich entstanden. Als höchstes Gut habe ich den Menschen die Lebenslust geschenkt und die Fähigkeit, sie mit all ihren Sinnen zu erfahren und zu staunen über das Leben und alles, was es ihnen bringt. Ich habe ihnen Eros geboren. Wenn er am Wirken ist, kommt Lebenslust zu ihrer edelsten Entfaltung. Ohne Eros gibt es keine Kreativität und keine erfüllte Sexualität, sei es zwischen Frau und Mann oder in gleichgeschlechtlichen Beziehungen.
Mein Schöpfungswerk ist nicht durch das Wort entstanden, sondern durch Wonne. Und mit ihr wirke ich in der Lust und Leidenschaft der Menschen. Ich bringe ihre Seelen zum Erglühen, denn nur so erfahren sie Leben und Lebendigkeit bei allem, was sie tun. Mit Leib, Geist und Seele. In der Liebe, in der Freundschaft, im Schaffen, im Gestalten, im Kunstgenuss wie beim Abwasch, beim Denken oder Bügeln, beim Kinderhüten und Tischdecken. Wenn sie es denn mit Hingabe tun.

Ich bin die Göttin einer weiblichen Liebeskraft und Sexualität, die sich nicht einengen lässt, sondern die mit einem unbändigen Freiheitsdrang verbunden ist. Ich weiß, dass patriarchale Männer deswegen in arge Sexualängste geraten. Aber darüber kann ich nur schmunzeln.

Aus dem Orient bin ich gekommen und wurde als Himmelskönigin verehrt. In meiner Allmächtigkeit kann ich nicht nur lieben und beschützen, sondern auch kämpfen und zerstören. In der bildenden Kunst findest du noch Hinweise auf meine kosmische Allmacht. Auf dieser Abbildung z. B. siehst du mich als Himmelskönigin auf der als heilig geehrten Gans durch die Lüfte fliegen – ein Sinnbild für die kosmische Weite meiner Wirkungskraft.

In jeder Rose grüße ich dich und deine Schönheit. Nicht deine äußere Schönheit! Die ist viel zu sehr bestimmt von Dingen, die dich in Abhängigkeit geraten lassen. Und zudem ist sie ein vergängliches Gut, auf das du niemals deinen Selbstwert ausrichten solltest. Mir geht es um deine innere Schönheit. Sie erblüht in allen Frauen, die gelernt haben, ihre Lüste und Wonnen unabhängig von gängigen Vorstellungen zu leben – in allen Menschen, die in lustvollen Festen sowie in ihrem Alltag ihre Sinnlichkeit und ihre Sexualenergie als heilige Basis ihrer Lebenskraft zu feiern wissen.

Aphrodite
und der Apfel des Paris

Fast tut sie mir leid, Aphrodite die Schöne – so eingeengt und reduziert auf Schönheit und erotische Ausstrahlung. Frauenschicksal, typisch! Und seit alters her bis auf den heutigen Tag wird sie damit schamlos gebraucht und missbraucht als sexueller Stimulans selbst in ehrwürdiger bildender Kunst, als Bild und Name für Kosmetikwerbung und Schönheitssalons, als Aushängeschild für schmeichelnde Dessous. Bei ihr und mit ihr treibt die Zurichtung der Frau als begehrtes und zu begehrendes Sexualobjekt einerseits durchaus schöne, aber andererseits auch vergiftete und vergiftende Blüten. So heißt eine der griechischen Aphroditen-Skulpturen »Aphrodite Kallipygos«, die »Aphrodite (römisch Venus) mit dem schönen Hintern«, den sie auch entsprechend präsentiert, diese Figur, die um 100 v. u. Z. geschaffen wurde für ein Heiligtum in Syrakus.

Aphrodite Kallypygos, die Aphrodite vom schönen Hintern, Abguss einer römischen Kopie nach einem Werk um 100 v. u. Z. in der Skulpturhalle Basel (SH 1700)

Aus einer Werbeanzeige

Unter den griechischen Göttinnen hat Aphrodite in der patriarchalen Welt zweifellos den größten Siegeszug angetreten, denn so wie sie seit der klassischen Antike präsentiert wird, ist sie die DIE Wunschfrau par excellence, die Schöne, die Reizvolle, die erotisch Anziehende, die Traumfrau – wohl geformt von Kopf bis Fuß, schlank, aber nicht brandmager, liebreizend in Gesicht und Haartracht, mit makellosem Busen und einem ebenso schönen Po, voll Grazie in Haltung und Gesten. So ist und bleibt sie das Leitbild, wie frau zu gefallen hat – was Kosmetikindustrie und Modebranche Riesengewinne beschert und den meisten Mädchen und Frauen einen Riesenstress, von den Kosten ganz zu schweigen!

Damit ich recht verstanden werde: Auch ich brauche mit Freuden gute Kosmetika und liebe schöne Düfte. Aber ich vertraue eher einer Pflege für die »reife Haut« als Produkten, die mir mit dem Slogan Anti-Aging und dem Gesicht einer Zwanzigjährigen das Blaue vom Himmel versprechen – dass mir nämlich keine/r mehr ansehe, dass ich im dritten Drittel des Lebens stehe. Bloß: Warum eigentlich? Was ist denn falsch daran? Ich freue mich doch darüber! Gepflegt sein darf frau ja trotzdem! Und ich liebe schöne Farben und tolle Klamotten, und nur der begrenzte Umfang sowohl von Kleiderschrank wie Geldbeutel halten meine Lust auf Anschaffungen einigermaßen in Grenzen. Auch gefallen mir bei Weiblein und Männlein schöne Körper und Proportionen, und ich tue mit einem einigermaßen sinnvollen Maß an Bewegung und einer hinlänglich bewussten Ernährung das Meine dazu, um der seit der Menopause erbarmungslos wirkenden Tendenz zum »Schwergewicht« nicht zu erliegen, sondern gegenzusteuern. Die Liebe zum Leben und zum Schönen durchzieht meinen Alltag und verschafft mir täglich Freuden aller Art – bringt Eros in mein Leben. Und wenn ich mich recht erinnere, habe ich schon im Gymnasium gelernt, dass Eros nicht ausschließlich mit erotisch-sexueller Liebe zu tun hat, sondern bei Aristoteles der Inbegriff des »Staunens« ist, der Reiz, der Anreiz schlechthin: »Denn Staunen veranlasste zuerst wie noch heute die Menschen zum Philosophieren.«[1] Und so verstanden führt Eros bei Plato vom Sinnlichen zum Geistigen, vom Sterblichen zum Unsterblichen, vom körperlichen Begehren zum Hingezogensein zum Schönen an sich, zum Guten. So ist Eros – der Sohn der Aphrodite – letztlich die tiefste Triebkraft hinter dem Streben nach Erkenntnis, und die Liebe zur Weisheit gehört zum Schönsten, was es laut Plato gibt. Diese Haltung brachte ihn allerdings dazu, die Göttin aufzuteilen: in die edle Aphrodite Urania für die vergeistigte, sozusagen platonische Liebe, die als Himmelskönigin durch den Himmel zieht, und in Aphrodite Pandemos mit dem Ziegenbock, zuständig für das gemeine Volk und für die körperliche, fleischliche Liebe, die jedoch immer mehr herabgewürdigt wurde, sodass es zusätzlich eine Aphrodite Porne (die Geile oder die Kitzlerin) gab für die niedrigste Stufe der geschlechtlichen Liebe und die nicht mehr

1 Aristoteles. Metaphysik

als Tempeldienst verstandene Prostitution.[2] Bei dieser Aussage Platons kommt allerdings die unangenehme Assoziation auf, dass das Christentum die Frau später in Heilige und Hure aufgeteilt hat, wogegen in mir sofort der Demonstrationsruf der italienischen Feministinnen erschallt: »Finalmente siamo donne – non putane, non madonne (Schließlich sind wir Frauen und weder Huren noch Madonnen)! Aber Aphrodite tritt ursprünglich viel umfassender in Erscheinung, und die Bildsprache belegt das mit einer Himmelskönigin, die auf ihrem Bock durch die Lüfte fliegt: »Nichts Lebendiges in den Lüften, auf Erden oder in den Meeren könnte ohne sie existieren. Diese Göttin ist keine einfältige, geistlose Verführerin, auch nicht das Ergebnis männlicher Fantasie, entspricht also nicht dem Bild, das man sich jahrhundertelang von ihr machte … Ihre Wurzeln reichen tief hinunter in die Urschichten der Erde – ihre Macht liegt in der unmittelbaren, fugenlosen und empfänglichen Gegenwart der Natur. Als Spenderin der Liebe und als Quelle einer sich stets erneuernden weiblichen, eng mit der Erde und der Natur verflochtenen Energie, ist sie wahrhaft umfassend«,[3] und ihre »charis«, die Gnade/n, die sie spendet, sind »Liebe, Schönheit, Freundlichkeit, Zärtlichkeit, Vergnügen, Kreativität, künstlerische Begabung, Sinnlichkeit.«[4] Und zur Ganzheit dieser Großen Göttin gehört auch ihr Todesaspekt. In diesem Sinn verweist Buffie Johnson auf Aphrodites Verbindung zur Unterwelt und erzählt, dass die Göttin in Delphi als »die von den Gräbern« bekannt war.[5] Dazu passt die böotische Terrakottafigur aus dem 6. Jh. v. u. Z., die eine vollkommen angezogene, majestätische Aphrodite zeigt, aufrecht auf einem fliegenden Schwan stehend, den Erika Simon allerdings als Gans bezeichnet. Und tiefgreifend ist auch, wie Johnson diese Figur deutet: »Sie trägt eine hohe turmartige Krone und hält ein Kästchen in der Hand, eine Anspielung darauf, dass sie verborgenes Wissen über den Tod und das Geheimnis neuen Lebens besitzt.«[6]

Aphrodite mit einem Kästchen, 6. Jh. v. u. Z., Böozien/Griechenland

2 Vgl. Patricia Monaghan. Lexikon der Göttinnen, S. 29 und Gerda Weiler. Ich brauche die Göttin, S. 49f. u. 63f.
3 Frances Bernstein. Frauenweisheit der Antike, S. 97f.
4 Irene Fleiss. Als alle Menschen Schwestern waren, Bd. 1, S. 333
5 Buffie Johnson. Die große Mutter in ihren Tieren, S. 94
6 Ebd., S. 89 und Erika Simon. Die Götter der Griechen, S. 245

Eros heißt Staunen und Hingerissensein

Die Botschaft vom Staunen hat mich als junges Mädchen tief ergriffen und ist mir bis auf den heutigen Tag Lebensmotto geblieben, sodass ich mich dem Aphrodite-Verständnis der »Crones«, der weisen alten Frauen, gemäß Jean Shinoda Bolen verbunden fühle.[7] Denn sie ist in mir zugange, wenn ich fast aus dem Fenster falle vor Entzücken, dass der Himmel über dem Großbasler Rheinufer blau leuchtet und ihn weiße Wolken sonnendurchflutet durchsegeln, dass das Wasser des grün glänzenden Flusses zwischen grünen Linden und Kastanien und anderen Bäumen und Büschen an meinem Fenster vorbeizieht, dass die Glocken der Kirchen den Sonntag einläuten und Lindenduft in meine Nase strömt … Dieser Staune-Eros bewegt mich, wenn ich meine Fachbücher zum Thema »Aphrodite« durchforste, wenn ich die Bilder für dieses Buch sammle, wenn ich diese Zeilen denke und schreibe. Es ist aphroditische Bezogenheit, wenn ich einer Freundin zu ihrer Pensionierung einen Strauß zusammenstelle aus Rosen und Himbeerzweigen, um die Blüten und Früchte ihres Arbeitslebens zu ehren. Es ist Aphrodites Vitalitäts-Eros, wenn die Lebenslust und die Freude am Schönen und Wunderbaren dieser Welt jeden Arbeitsgang, jede Denkanstrengung, jedes Erkennen durchflutet und schon die Vorfreude auf ein gutes Essen Lust und Wonne macht. Und natürlich gibt es da auch den leiblichen Sinnlichkeits-Eros, der am Werk ist, wenn mir eine unbekannte Frau auf der Straße ein Kompliment macht, ein Mann mich mit Wohlgefallen anschaut oder – wie dichtete doch die junge Sappho?

»Ach Mutter, nicht mehr weben mag ich mit dir am gemeinsamen Teppich.
Kypris, die Allmächtige, überfiel mich
weckte in mir das Verlangen nach einem Geliebten.
Geschüttelt hat Eros mir die Sinne
wie der Wind
der von den Bergen herab in die Eichen fällt …«[8]

7 Vgl. Jean Shinoda Bolen. Goddesses in Older Women, S. 174f.
8 Zit. nach Vera Zingsem. Der Himmel ist mein, die Erde ist mein …, S. 108

Der Monat April ist der Aphrodite geweiht, und ihr zu Ehren werden die Veneralia gefeiert: »Latiums Mütter und Töchter, wie's Brauch ist, ehrt ihr die Göttin,/ Ihr auch, die ihr nicht tragt Bänder und langes Gewand!/ Nehmt ihr vom marmorweißen Hals ihre goldenen Bänder,/... Ganz soll gebadet sie sein!/... Badet auch ihr unter grüner Myrte! Sie selber befiehlt's euch!«, beschreibt Ovid die Feier in seinem »Festkalender«.[9] Und wenn es danach zu sexuellen Handlungen kommt, umso besser. Sagt doch Frances Bernstein: »In der Antike galt die sexuelle Lust keineswegs als gottlos oder sündig. Im Gegenteil, schließlich sind wir Teil des natürlichen und heiligen Kreislaufs der Fortpflanzung. Und es ist eine Gottheit – Venus –, die uns solche Gefühle einflößt und die dafür Ehrerbietung verdient«.[10]

Aphrodite von Knidos, Abguss einer verkleinerten römischen Kopie des Kultbilds von Praxiteles um 345 v. u. Z. in der Skulpturhalle Basel (SH 1561)

Aphrodite-Attribute: Taube und Stern

In ihrem Buch über »Liebesgöttinnen« zeichnet auch Jutta Ströter-Bender den Siegeszug der Aphrodite über die Jahrtausende nach. In ihren Augen zieht diese Göttin als Verkörperung und Symbolisierung einer der stärksten Triebkräfte des Menschen durch die menschliche Kulturgeschichte. Und das in einem unablässigen Wandel von der Großen Mutter der Urzeit bis zum Hollywoodstar und den Models unserer Tage. Die Autorin beschreibt ihre Gestalten und Wohnstätten, ihr Vermählen von Himmel und Erde und ihr Schwanken zwischen Lust und Sünde, ihre Herrschaft über die Sternenwelten, ihre Liebhaber, Pflanzen, Tiere und Gewänder. Sie schildert auch ihr Weiterleben in der Ikonographie der christlichen Gottesmutter, indem Maria von Aphrodite die Taube übernimmt, so wie diese sie schon von den altorientalischen Liebesgöttinnen geerbt hat – einst legte die Schöpfungsgöttin Euronyme in Gestalt einer Taube das Weltenei, dann

9 Ovid. Fasti, zit. nach Frances Bernstein. Frauenweisheit der Antike, S. 103
10 Frances Bernstein. Frauenweisheit der Antike, S. 104

wird sie ein Symbol für Leidenschaft, Lust und die Seele.[11] Und im Christentum symbolisiert die Taube dann die dritte Person der männlich imaginierten Trinität: den Heiligen Geist, hebräisch den Geisthauch, die Ruach (weiblich!).[12] Dass Maria mit ihrem Ehrentitel »stella maris«/Meerstern mit einem Stern gleichgesetzt wird, ist eine weitere Verbindung zwischen ihr und der heidnischen Aphrodite und verbindet sie weiter zurück auch mit der akkadisch-babylonischen Großen Göttin Ischtar, die auf Rollsiegeln meistens mit ihrem achtstrahligen Stern abgebildet ist. Der achtstrahlige Stern, das Rad mit seinen acht Speichen – in Sumer, bei den Kelten, bei den Inka Symbol des Sonnenjahres mit seinen Sonnwenden und Tagundnachtgleichen sowie den Achteln, der jeweiligen Mitte jeder Jahreszeit.

Der Planet Venus/Aphrodite ist – von unserer kleinen Erde aus gesehen – der strahlendste und hellste Stern von allen und zeigt sich sowohl als Morgen- wie als Abendstern. In seiner abendlichen Erscheinung war er schon in der babylonischen Sternkunde »das positive Sinnbild der Ischtar, die Frauen und Männer in süße Bande verstrickt. Im Morgenstern erscheint sie als männlich geprägte Amazone mit den Attributen der waffenklirrenden, grausamen und unerbittlichen Jagd- und Kriegsgöttin«, die »den Tag voller Plagen und Mühen ankündigte«,[13] eine Rolle, die später ganz auf die männlichen Kriegsgötter Ares und Mars verschoben wurde. Erika Simon verweist darauf, dass schon im antiken Griechenland bekannt war, dass Aphrodite aus dem Orient zu ihnen gekommen war, was Homer offenbar nicht gepasst hat, scheint er doch »die orientalischen Züge der Göttin bewusst unterdrückt zu haben … Als Tochter des Zeus musste Aphrodite auf Waffen verzichten, da ihre Geschwister Ares und Athene die Werke des Krieges besorgten. Die Aufnahme unter die Kinder des Zeus bedeutete also für Aphrodite – und nicht nur für sie – eine Einschränkung ihrer Macht.«[14] Aphrodite wird jedoch wie ihre Vorgängerin Ischtar »im Morgen- und Abendstern verehrt: phosporos aster, der lichtbringende

11 Vgl. Barbara G. Walker. Das geheime Wissen der Frauen, S. 1063-1065
12 Vgl. Othmar Keel. Gott weiblich, S. 109 u. 127
13 Jutta Ströter-Bender. Liebesgöttinnen, S. 112f.
14 Erika Simon. Die Götter der Griechen, S. 231

(Morgen)Stern, der die Welt wieder ins rechte Licht setzt. Und hesperis aster, der Abendstern, der mit der Nacht zugleich die Liebe heraufführt.

›Morgenstern, Künder des Tags, auf Wiedersehn! – / Die du jetzt fortnimmst, / bring sie als Abendstern bald heimlich mir wieder zurück!‹«,[15] wie sie noch im zweiten Jahrhundert unserer christlichen Zeitrechnung besungen wird.

In der Astrologie ist Venus/Aphrodite heute omnipräsent als der regierende Planet der Tierkeiszeichen Stier und Waage. Die beiden englischen Astrologinnen Lindsay River und Sally Gillespie zeigen auf, dass Venus/Aphrodite als »der Stern« in Babylon eine Dreiheit bildete mit Sonne und Mond und nicht nur im Ursprungsland der Sternkunde, sondern auch im präkolumbianischen Amerika und bei Stammesvölkern der ganzen Welt als »der« Stern von immenser Bedeutung war. In Übereinstimmung mit anderen Astrologen betonen sie die allumfassende Bedeutung der Liebe, für die dieser Planet steht, die weit über die sexuell-erotisch eingeengte Verbindung von Aphrodite und Liebe hinausgeht: »Wir müssen ein tieferes Verständnis der Liebe und der Wesensart des Begehrens zurückgewinnen. Das englische Wort für Begehren, ›desire‹, stammt von dem lateinischen Wort *desidere,* was bedeutet ›von dem Stern‹ – das war der Planet Venus.« Dazu gehören Wildheit und Leidenschaft, überhaupt die Intensität von Erfahrungen, eine unbändige Vitalität und die sinnliche Freude am ganzen Leben, die Liebe zu Menschen, unseren FreundInnen und Kindern, Tieren und Pflanzen, zu allem, was unsere Zuneigung gewinnt, uns mit Schönheit beglückt und Kreativität auslöst: »Die vibrierende Energie der Venus trägt uns in die Welt hinaus, motiviert uns, das Leben anzunehmen. Ohne die liebende Beziehung zu anderen, die Venus bringt, leben wir in einem Vakuum, entfremdet und desorientiert. Wir versäumen die gemeinsam empfundene Lebenskraft und den Vorgang, uns durch unser Einlassen auf andere selbst zu finden.«[16]

15 Vera Zingsem. Der Himmel ist mein, die Erde ist mein …, S. 115
16 Linday River u. Sally Gilespie. Zeitknoten, S. 93-97, v. a. S. 94 u. 96

Das garstige Thema der Tempel-Prostitution

Auch für Ströter-Bender ist Aphrodite die Göttin schlechthin und so schließt sie sich dem Urteil von Joe J. Heydecker an: »Niemals vor ihr und niemals nach ihr gab es eine einflussreichere Göttin als die babylonische Ischtar. Ihre Ausstrahlung umglänzte die Welt der Antike und schimmert noch deutlich durch unsere Gegenwart. In vielfältiger Gestalt manifestierte sie sich bei den unterschiedlichsten Völkern des Nahen Ostens, war Astarte unter den Phöniziern, herrschte als Isis in Ägypten, ergriff unter dem Namen Aphrodite uneingeschränkten Besitz von Griechenland und dem ganzen hellenistischen Kulturkreis, beschenkte als Venus das Römische Weltreich mit ihrer Gunst. Römische Legionen trugen den Kult ihrer Verehrung in die Gebiete der iberischen Halbinsel und über die Alpen bis nach Gallien, Germanien, Britannien und Schottland.«[17] Die Herkunft Aphrodites aus dem Orient – Sumer, Syrien, Phönizien – gilt heute als unbestritten. Dazu gehört auch, dass mit Aphrodite aus dem Kult der Ischtar die Tempel-Prostitution importiert wurde, die es nachweislich gab in den Aphrodite-Tempeln von Zypern, Korinth und Knidos. Ursprünglich sollte dabei die Heilige Hochzeit zwischen der die Göttin verkörpernden Priesterin und dem Jahreskönig/Heros – auch als Kultur und Zivilisation schaffender Akt – rituell nachvollzogen werden. Ströter-Bender zitiert aus dem Gilgamesch-Epos:

»Ihren Busen machte die Hure frei,
Tat auf ihren Schoß, er nahm ihre Fülle,
Sie scheute sich nicht, nahm hin seinen Atemstoß,
Entbreitet' ihr Gewand, dass auf ihr er sich bettete,
Schaffte ihm, dem Wildmenschen, das Werk des Weibes –
Sein Liebesspiel raunte er über ihr.«[18]

Darüber hinaus beschreibt Herodot die Tempel-Prostitution als ein transpersonal zu verstehendes Einweihungsritual in den Vollzug der heiligen Lebenstriebkräfte: »Jede Ba-

17 Joe J. Heydecker. Die Schwestern der Venus, S. 81
18 Zit. nach Jutta Ströter-Bender. Liebesgöttinnen, S. 65

bylonierin muss sich einmal in ihrem Leben in den Tempel der Aphrodite begeben, dort niedersetzen und sich einem Mann aus der Fremde preisgeben … Hat sich eine Frau hier einmal niedergelassen, so darf sie nicht eher nach Hause zurückkehren, als bis einer der Fremden ihr Geld in den Schoß geworfen und sich draußen außerhalb des Heiligtums mit ihr vereinigt hat … Ist es vorüber, so geht sie nach Hause und ist der Pflicht gegen die Göttin ledig.«[19] Im 4. Jahrhundert u. Z. berichtet ein Pseudo-Lukian in seinen »Eroten« vom Venustempel von Knidos, wo im duftenden Garten Lauben hergerichtet waren, in denen sich Paare im Namen der Göttin der Liebe hingeben konnten, und ähnlich erzählt er von einem Liebes- und Frühlingsfest, wie es in einem sizilianischen Venustempel gefeiert wurde: »Morgen im Schatten der Bäume/ werden die grünen Hütten mit/ Myrten geschmückt von der,/ die Liebende einander zuführt.«[20] Und wir wundern uns, dass in Europa Myrten – einst der Aphrodite heilige Pflanzen – früher zu den beliebtesten Blumenkränzen um den Hochzeitsschleier gehörten …

Allerdings ist die Tempel-Prostitution, auf die ja auch das Alte Testament Bezug nimmt, eindeutig als Degenerationserscheinung der Kulthandlungen der Heiligen Hochzeit einzustufen. In einem faszinierenden Referat beschreibt Gudrun Nositschka den sich in drei Phasen vollziehenden Bedeutungswandel der Heiligen Hochzeit im lange währenden Übergang vom Matriarchat zum Patriarchat.[21] In den frühen matriarchalen Kulturen und Kulten in Sumer, im Alten Israel und in Ägypten vollzog die Göttin durch die sie vertretende Priesterin die Heilige Hochzeit mit ihrem Sohngeliebten als »Menstruations-, Sexualitäts- und Lebensfeier mit lunarem Hintergrund« und die in der Liebeslyrik – etwa im »Hohen Lied« – verwendeten Anreden »Schwester« und »Bruder« belegen die selbstverständliche Einbettung des Rituals in eine matrilineare Clanstruktur. Mit der Entwicklung des Getreideanbaus durch die Frauen und der wachsenden Bedeutung der Männer als Hüter der Herden wurde die Heilige Hochzeit zur »Jahreszeiten- und Vegetationsfeier mit

19 Jutta Ströter-Bender. Liebesgöttinnen, S. 65f.; vgl. auch Hans Widmer u. Hans Riniker. Von Zeus zu Europa, S. 87ff. und Vera Zingsem. Der Himmel ist mein, die Erde ist mein …, S. 101ff.

20 Vera Zingsem. Der Himmel ist mein, die Erde ist mein …, S. 140

21 Gudrun Nositschka. »Die Heilige Hochzeit. Von Frauenmacht zur Männerherrschaft«. Nicht veröffentlichter Vortragstext, zitiert mit Zustimmung der Autorin. Siehe dazu auch Irene Fleiss. Als alle Menschen Schwestern waren. Bd. 2, S. 74-84

Sonnen- und Mondaspekten«. Aber nach dem Einfall indoeuropäischer Reiter- und Seefahrervölker war die mutterrechtliche Ordnung gestört, ja fast zerstört, und wenn die Heilige Hochzeit weiterhin zelebriert wurde, dann nur noch »als notwendige Feier zur Inthronisierung eines neuen Herrschers oder zur Bestätigung seines Anspruchs« sowie zur Zeugung männlicher Nachfolger für seine Dynastie. Allmählich bildeten sich männliche Priesterkasten heraus und machten die Priesterinnen zu »Tempelhuren«, verformten die weiblichen Liebesschulen, die in Tempeln geführt wurden, zur Tempel-Prostitution, zu Einrichtungen der käuflichen »Liebe«. Zwar galt der Sexualakt im Tempel gemäß herkömmlichem Verständnis nach wie vor als heilig. Aber, wie Gudrun Nositschka unterstreicht: »Die Männer nahmen nur den Sex, gaben den Priestern das Geld und vergaßen die Göttin, bis auch die Liebesdienerinnen sie selber vergaßen.« Und damit war die Bahn frei, dass sich im Patriarchat die Prostitution von der Antike bis auf den heutigen Tag weltweit zu einem riesigen und in seinen Auswüchsen absolut menschenverachtenden Geschäft entwickelte, das trotz aller Versuche von Verboten, Einschränkungen und Regulierungen unausrottbar scheint.

Bei Prostitution geht es ausschließlich darum, dass ein Mann Sex, den er nicht als freiwillige Gabe bekommt, gegen Geld kauft. Punkt. Aber noch bei der Tempel-Prostitution war die ursprüngliche Absicht wohl die, sich unabhängig von Partner oder Partnerin der großen Kraft der göttlich-sexuellen Lebensmächte hinzugeben, sich der Überwältigung durch sie auszusetzen und dies anzunehmen. Mir als Feministin des 20. Jahrhunderts fällt es ausgesprochen schwer, einen solchen Gedanken nur zu denken, geschweige denn zu akzeptieren, bin ich doch in Sachen Sexualität und Fruchtbarkeit ganz ein Kind der »Pro-Choice-Generation«: Wir Frauen wählen, ob, mit wem und wie wir Sex haben (oder nicht) und ob und wann und wie viele Kinder wir wollen (oder nicht). Selbstbestimmung. Wahlfreiheit. Die Lebenserfahrung lehrt mich allerdings, dass dies nicht die ganze Wahrheit über die das Leben zutiefst prägenden Kräfte ist. So kenne ich als Mutter das durchaus befremdliche Überwältigtwerden durch das in mir Wohnung nehmende – innig gewünschte – Kind, von der transpersonalen Wucht der Geburt und der Begegnung mit dem Neugeborenen ganz zu schweigen. Und was die moderne Freiheit der Partnerwahl betrifft, klingen mir immer noch die Worte eines Analytikers in den Ohren: »Es gibt ja keine arrangierten Ehen mehr, und wir haben scheinbar ganz die Wahl. Wenn bloß die Vorlieben nicht wären, die auf so rätselhafte Art und Weise bestimmen, in wen wir uns verlieben.«

Auch die Schaumgeborene hat keine Mutter

Und wie steht es eigentlich um den familiären Hintergrund der Aphrodite? Homer schreibt ihr Göttervater Zeus und dessen erste Gattin, die Titanin Dione, als Eltern zu. Interessanterweise thematisiert Erika Simon, dass Dione und Aphrodite in einigen antiken Quellen gleichgesetzt werden und schreibt: »Zweiheiten von Göttinnen, bei denen die Tochter die verjüngte Mutter ist, waren für die ägäische Religion bezeichnend; man denke an Demeter und Kore. Im Anschluss an diesen Typus wurde – sicher bereits in vorhomerischer Zeit – der Mythos von der Dione-Tochter Aphrodite geschaffen.«[22] Hesiod hingegen erfindet in seiner Theogonie – der Lehre von der Entstehung der Götter – einmal mehr eine mutterlose Geburt. Kronos, der jüngste Sohn des Himmelsgottes Uranos und der Erdgöttin Gaia, habe seinen Vater beim Liebesspiel mit der Mutter kastriert und dessen Penis ins Meer geworfen. Und der Schaum, der dem edlen Teil entfloss, habe dann ein Mädchen im Wasser genährt, bis es als erwachsene Frau vor der Insel Kypros dem Meer entstieg. Das verrät schon ihr Name, denn »aphros« heißt Schaum, und so ist Aphrodite die Schaumgeborene, die dem Schaum Entstiegene.

»Die Geburt der Venus« von Sandro Botticelli, 1483–85

Ganz abgesehen davon, dass uns dieses Motiv einige der schönsten Gemälde der Renaissance in Italien beschert hat – wie Botticellis »Geburt der Venus« –, erstaunt einmal mehr das männliche Bedürfnis, unter Umgehung von Müttern Lebewesen hervorzubringen. Wobei hier zusätzlich der Umstand schmunzeln lässt, dass

22 Erika Simon. Die Götter der Griechen, S. 234

es in der Regel ja das Fruchtwasser der Gebärmutter ist, in dem das werdende Kind über die Nabelschnur von der Mutter ernährt wird. Wie es auch sei: Wir mögen Zypern den Mythos als eine dem Tourismus förderliche Legende gönnen. Denn wie Hesiod erzählt, »von da aus (Kythera) gelangte sie dann zur ringsumflossenen Insel Kypros. Heraus stieg da die achtungsgebietende schöne Göttin, und ringsum sprosste da Gras unter den flinken Füßen.«[23] Dass Aphrodite aus dem Meer emporsteigt, macht sie auch zur Beschützerin der Seefahrt und als solche wird sie von einem ihrer heiligen Tiere, von den Delphinen, begleitet. Als Meeresgöttin heißt sie Aphrodite Pelagaia und sorgt mit dem Beinamen Euploia für gute Schifffahrt und als Galenaia für günstige Winde. Im 4. Jahrhundert v. u. Z. dichtet die Griechin Anyte von Tegea (1. Hälfte des 3. Jh. v. u. Z.) ihr zu Ehren: »Kypris gehört dieser Ort. Denn ihr gefiel es, vom Festland/Immer hinauszuschauen auf das glänzende Meer./Dass sie freundliche Fahrt den Schiffen bereite.« Ein anderer Aufruf verbindet ihre Doppelrolle als Liebes- und Meeresgöttin: »Verehre die Cyprin, und ich will einen sanften Wind/für deine Liebe senden und für das strahlenäugige Meer.«[24]

Aphrodite – die schönste der drei schönen A's

Trotz allem: Die zahllosen Bilder der schönen, jungen, so gefälligen Göttin, zu denen im patriarchalen Griechenland nachweislich Hetären Modell standen, die irritieren mich. Ist es der Neid der Alten? Nein, denn ich lebte ja meine weiße und rote Phase, habe sie ausgekostet und bin satt davon. Nein, es ist das, was das Patriarchat mit und aus der ursprünglich viel umfassender wahrgenommenen und dargestellten Göttin der Liebe gemacht hat – das ärgert mich. Denn Aphrodite ist mit den beiden anderen A's – Artemis und Athene – seit der griechischen Klassik in der europäischen Kunst einseitig als DIE FRAU AN SICH dargestellt worden. Und die ist jung und schön; alle anderen weiblichen (sowie männlichen) Lebensalter wie das volle, reife Erwachsenenalter mit nicht nur Eros und Sexus, sondern auch mit Mutter- und Elternschaft sowie Familie, Haus und Beruf

23 Hesiod, zit. nach Jutta Ströter-Bender. Liebesgöttinnen, S. 24
24 Zit. nach Vera Zingsem. Der Himmel ist mein, die Erde ist mein …, S. 136f.

blieben und bleiben weitgehend außen vor, vom Älter- und Altwerden ganz zu schweigen. So sind an einem Ort wie der Basler Skulpturenhalle eine Überfülle der drei schönen A's in Gipsabgüssen zu bewundern, während ältere und reifere Frauengestalten wie Hera und Demeter oder gar Hekate nur in äußerst wenigen Abbildern vorhanden sind. Wie kommt das? Zum 125-Jahr-Jubiläum der Basler Skulpturhalle im Jahre 2012 hat ihr Leiter, Tomas Lochman, erhellende Artikel über diese Art Einrichtung geschrieben.[25] Seit der Wiederentdeckung der antiken Kunst in der Renaissance hätten sich in Italien zuerst vor allem Künstler mit Gipsabgüssen antiker Bildwerke umgeben – zum Üben, zur Inspiration, als Vorbilder. Aus der Künstlerwerkstatt wanderte die Begeisterung für die schneeweißen Gipsabgüsse der Marmor- oder Bronzeskulpturen zu humanistisch geprägten SammlerInnen an Fürstenhöfen, und den Höhepunkt erlebten solche Gips-Sammlungen im 18. Jahrhundert zur Zeit des Klassizismus mit seiner Begeisterung für Italien und Griechenland, wo viele reiche Adlige, Wissenschaftler und Künstler wie Goethe die Bildungsreise – »le Grand Tour« – absolvierten und sich nachher auch klassizistisch einrichteten. Wobei es sich bei der Liebe zu den weißen Figuren, beim Schwärmen für die antiken Marmorbilder – Joseph von Eichendorff hat einer seiner Novellen diesen Titel gegeben – letztlich um ein Missverständnis handelte, denn in der Antike waren alle diese Skulpturen von oben bis unten kräftig und leuchtend bemalt. Allerdings mit Naturfarbstoffen, die sich meistens nicht gehalten haben und heute nur noch dank UV-Licht und weiterer raffinierter Forschungsmethoden nachzuweisen sind. Ich erinnere mich noch, wie ich im Sommer 2005 völlig entgeistert vor einem Plakat auf dem Basler Marktplatz stehen blieb, auf dem ein kniender Bogenschütze in knallbunten Leggings mit einer Art Missoni-Muster, bemalt von der phrygischen Mütze bis zum Köcher, seinen Bogen spannte. Er sollte mich in die Skulpturhalle und die Ausstellung »Bunte Götter. Die Farbigkeit antiker Skulptur« locken, welche die mir überlieferte Ästhetik zu meinem größten Befremden über den Haufen warf, war ich doch, wie es Tomas Lochmann beschreibt, selbst aufgewachsen als Opfer eines weitverbreiteten Vor- oder Fehlurteils: »Das ästhetische Dogma des weissen Marmors

25 Tomas Lochmann. »Gipsabgüsse für Übung, Studium und Genuss«, in: Basler Zeitung vom 9.11.12, S. 16; ders. »Visionen in Gips«, in: Kunstzeitschrift »fecit«, Nr. 3/2010, S. 28ff.

dauerte noch während des ganzen 20. Jahrhunderts nach, obwohl die griechischen Originale niemals weiss zu sehen waren, sondern stets in farbigen Fassungen.«[26]

Die Begeisterung für die Gipsabgüsse ging nach den demokratischen Revolutionen auf das Bildungsbürgertum über, und so errichtete die Stadt Basel 1887 ihre Skulpturhalle mit einer der drei größten Abguss-Sammlungen antiker Plastik überhaupt. Auf diese Weise zogen die edlen Marmorbilder in das Alltagsleben der Ober- und Mittelschichten ein, nachdem sie früher nur Adel, Klerus, Künstlern und wenigen Künstlerinnen zugänglich gewesen waren. Aufgrund der auffälligen Übervertretung der drei schönen A's wage ich die Behauptung, dass im 19. Jahrhundert nicht nur in Basel die gut frequentierten Skulpturhallen so etwas wie ein bildungsbürgerlicher »Playboy« für die ehrenwerten Honoratioren wurden, wo sie genüsslich die weißnackten antiken Schönen betrachten konnten und sich dabei ganz unschuldig ja bloß dem Kunstgenuss hingaben – den weniger grazilen Hera- und Demeterfrauen saßen sie dann ja wieder leibhaftig als Gattinnen, Familienmüttern und Hausfrauen gegenüber …

Die »Venus Meduci«; Abguss einer späthellinistischen Weiterbildung einer Aphrodite aus dem frühen 3. Jh. in der Skulpturhalle Basel (SH 713)

Zeigen und oder verhüllen?

Wenn ich aus meiner Altstadtwohnung am Rhein aufs Großbasler Ufer hinüberschaue, erscheint mir nach dem Fallen der Blätter im Herbst durch die kahlen Äste hindurch eine weiße Marmorgöttin in der grauen Nische eines großen Hauses mit zartrosa Anstrich. Es ist eine der zahllosen Kopien der überaus geschätzten und vielerorts gezeigten Venus Medici mit Delphin und Putto hinter ihrem Standbein, der ich meine Aufwartung auch in der Basler Skulpturenhalle gemacht habe. Die schöne Frau mit dem locker hochgesteckten Haar hält ihre Rechte leicht vor die linke Brust, während sich ihre linke Hand wie zufällig schamvoll vor die sogenannte Scham schiebt – sie gleich-

26 Tomas Lochmann in fecit, S. 32; siehe dazu auch: Skulpturhalle Basel. Farbige Götter. Die Farbigkeit antiker Skulptur. Ausstellungskatalog. Basel 2005

zeitig verhüllend wie überdeutlich darauf hinweisend. Das erinnert mich an die holländische Religions- und Mythenforscherin Annine van der Meer. Denn diese zeigt in ihrem bahnbrechenden Buch »The language of MA, the primal mother« von 2013, wie in der sakralen Kunst im Patriarchat immer mehr das Bekleiden und Verhüllen aufkommt – mit ver- und enthüllenden Faltenwürfen und dem Verdecken mit den Händen. Als gäbe es bei Brüsten und Vulva Gründe für Scham und Verbergen, anstelle der in früheren Kulturen geübten Ehrfurcht vor den damals heiligen und deshalb auch gezeigten Körperzonen der sexuellen Vereinigung, der Geburt und des Nährens. Annine van der Meer spricht darum zuerst von der »Venus-« und später von der »Urmutter-Kunst«, in der die uralten Göttinnen in vorpatriarchalen Kulturen als Mütter des Lebens demonstrativ ihre Brüste und ihre Vulva zeigen, das Tor zu Leben und Wiedergeburt und die Gefäße der das Leben erhaltenden, Kinder wachsen lassenden Nahrung. Als Beispiele seien die Venus von Willendorf genannt und die kretische Schlangengöttin mit ihren vom Gewand ausgesparten Brüsten und der mit Rauten (Vulva-Symbol!) geschmückten Schürze über ihrem Schoß. Aber was in Urzeiten heilig war, verkommt heute nicht nur zu pornografischen Anspielungen, sondern sogar zu ernsthaft ausgesprochenen pornografischen Deutungen – etwa 2008 in der medialen Berichterstattung[27] über die Auffindung der »Venus vom Hohle Fels« auf der Schwäbischen Alb. Heute kommen Motive wie Schoßdreieck und Vulva praktisch nur noch in Pornoprodukten vor und nur ganz selten in ernstzunehmenden Kunstwerken. Und in der sakralen Kunst, zu der sie in matriarchalen Kulturen zentral gehörten, sind sie regelrecht undenkbar geworden! (Siehe Absatz zu Baubo im Demeter-Kapitel.)

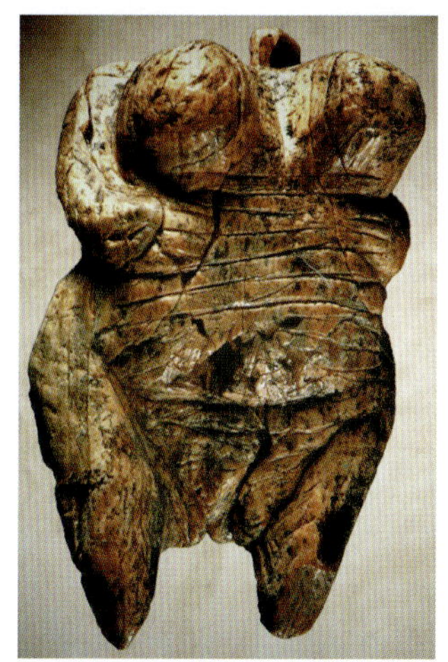

Die »Venus vom Hohle Fels«, 40 000 v.u.Z., Plastik aus Mammutelfenbein, 6,0 cm groß; Urgeschichtliches Museum Blaubeuren

Bei meinem Ärger über die überwiegende Präsenz der jungen und schönen Frauengestalten in den Skulpturhallen liefern jedoch ausgerechnet die vielen Aphro-

27 Annine van der Meer. Venus is geen Vamp, S. 5f. und Dies. The language of MA, the primal mother, S. 442ff.; siehe auch Astrid Wehmeyer. »›Sexsymbol‹ oder Göttin. Frauenfigurinen aus der menschlichen Frühgeschichte«, in: www.bzw-weiterdenken.de vom 14.5.2009; http://www.bzw-weiterdenken.de/2009/05/sexsymbol-oder-gottin-frauenfigurinen-aus-der-menschlichen-fruhgeschichte/

Aphrodite Genetrix oder »Aphrodite von Fréjus«, Abguss einer römischen Marmorkopie nach einem Bronzewerk um 410 v. u. Z. in der Skulpturhalle Basel (SH 160)

diten, die in der Rezeption der griechischen Plastik einen so großen Siegeszug angetreten haben, uns heutigen Frauen einen leisen Trost: Für moderne Begriffe sind sie nämlich eindeutig ein paar Kleidergrößen zu rundlich, zu fleischlich, zu wohlgeformt, um modernen Schönheitsmaßstäben ganz zu genügen. Eine Venus von Milo oder die Knidische Aphrodite von Praxiteles sind zwar junge Frauen, aber keine Mädchen mehr, keine Girlies. Eine Aphrodite ist eine sinnliche, reife Frau, eine Geliebte und Liebende, eine Begehrte und Begehrende, vielleicht auch eine Mutter. Sie ist die geschlechtsreife Frau, die Blutende, die Fruchtbare, die sexuell Aktive. Sie ist die rote Frau, sie ist Sommer und Süden, Hitze und Glut, Frucht und Reife. Sie ist die zweite in der Trinität der weißen, roten und schwarzen Frau. Sie ist das Leben in seinem Zenith, auf seinem Höhepunkt – oder besser: auf der Hochebene des satten vollen Vollzugs. Dazu passt, dass der Lebensphilosoph Ludwig Klages Eros nicht als verspielten Cupido der Verliebtheit deutet, sondern als überströmende Fülle, als Drang zur Ergießung und zum Verschenken der Fülle. So verkörpert Eros eine der wichtigsten Eigenschaften seiner Mutter. Und wen wundert es, dass diese immer wieder einen Apfel in ihrer Hand hält. Den Apfel mit seinen fünf Kernen, Inbegriff der Fülle, der Ganzheit, der Quintessenz.[28]

Der Apfel des Lebens – statt des Sündenfalls

Von Eva her ist uns das Symbol des Apfels so richtig verleidet worden. In der biblischen Sündenfallgeschichte bringt Eva Krankheit und Tod über das Menschengeschlecht, weil sie dem Verbot, vom Baum der Erkenntnis dürfe nicht gegessen werden, nicht Gehorsam zu leisten vermag, sondern der Verführung erliegt. Kein Wunder, der Apfel wurde ihr ja von einer Schlange (dem einstmals heiligen Tier der Göttin)[29], die sehr oft mit dem Ober-

28 Siehe dazu Barbara G. Walker. Das geheime Wissen der Frauen, Artikel »Apfel«, S. 46-48
29 Siehe dazu Edith Marmon. Drache und Schlange – die heiligen Tiere der Göttin

körper einer Frau versehen ist, angeboten! Sie und mit ihr die Sexualität – *ihre* Sexualität – wurde zum Inbegriff von Sünde und Tod und rundum mit Negativem, Schlechtem verbunden und gleichgesetzt. Damit haben Leiblichkeit, Sinnlichkeit, Sexualität ihre Reise auf die Schattenseite der Kultur angetreten. Noch heute gibt es in der römisch-katholischen Kirche wegen der angeblich verdorbenen Eva kein Frauenpriestertum, wohl aber den Zölibatszwang für Priester, Mönche und Klosterfrauen. Die Chancen, dass sich das in absehbarer Zeit ändert, stehen leider unverändert schlecht. Wie sollte das christliche Abendland da eine positiv besetzte, genüsslich lustvolle Eroskultur entwickeln? Alexandra Schwarz-Schilling, Psychologin und Coach, Betriebswirtin und Mutter, beklagt diese Einstellung als eine Haltung von »Sex is Crime«, wo Sexualität im Kirchenchristentum folgerichtig eigentlich nur noch widerwillig als Mittel ehelicher Fortpflanzung in Kauf genommen werden konnte. Was zwangsläufig, sowohl für Männer wie für Frauen, zerstörerische Auswirkungen haben muss(te). Deshalb votiert Schwarz-Schilling für eine neue Verbindung von Religion und Sexualität, wie sie einst im Ritual der Heiligen Hochzeit und ihres Erachtens auch mittels Tempel-Prostitution praktiziert wurde, wobei sie allerdings lieber von »Tempelpriesterinnen« spricht: »Die Sexualität hatte ursprünglich auch eine rituelle Bedeutung. Sie diente der Rückverbindung des Mannes mit dem Ursprung und sorgte gleichzeitig dafür, die weiblichen Energien ins Fließen zu bringen, damit Leben und die Fülle der Schöpfung sich entfalten können … Frauen tragen in ihrem Schoß das Geschenk der Rückverbindung mit der gesamten Schöpfung! … Der Ursprung jedes menschlichen Lebens liegt im Schoß der Frau. Dies ist der Ort, an dem das Leben entsteht, dort wächst es und entwickelt sich neun Monate lang, um von dort in die Welt zu kommen. Im weiblichen Körper manifestiert sich die Kraft der Transformation, genau wie im Körper der Erde, der alles aufnimmt, transformiert und wieder hervorbringt. Wir sollten den weiblichen Schoß mit seiner sexuellen und spirituellen Bedeutung achten und ehren.«[30] Das wäre, so Schwarz-Schilling, die Heilung, die Erlösung aus der heutigen Verelendung des Eros durch Veräußerlichung, Ver-Materialisierung und Entseelung der Sexualität, bei der

30 Alexandra Schwarz-Schilling. »Sexualität im Patriarchat«, in: Johanna Schacht u.a. Europa heißt die Weitblickende, S. 193 u. 195, siehe zudem S. 177ff.

Männer ihr Herz und Frauen ihren Schoß immer weniger öffnen wollen und können. Heilung dank Heiligung.

Und Vera Zingsam meint: »Körperliche Liebe im Geist der Aphrodite bleibt ein heiliges und numinoses Geschehen, das uns ebenso faszinieren wie (heilsam) erschüttern kann, immer aber im besten Sinne grenzüberschreitend wirkt.«[31] Und auch im Abendland ließen sich trotz allem die positiven Aspekte von Eros und Sexualität weder im Leben noch in der Kunst verhindern oder ausrotten – dafür sind diese Urkräfte des Lebens, Göttin sei Dank, viel zu stark und vital! – und auch die Kunst brachte nicht nur die schuldhaftsündige Seite des Apfels ins Bild, sondern stellte lustvoll auch immer wieder seine Leben und Lust spendende Bedeutung zur Schau.

»Das Urteil des Paris« von Niklaus Manuel gen. Deutsch, um 1517/1518, Kunstmuseum Basel

So reichen nicht nur zahllose Madonnen auf Gemälden oder als Skulpturen ihrem Jesuskind ein Äpfelchen. Auch die Erzählung vom Urteil des Paris hat uns viele schöne Apfelbilder beschert. Laut diesem patriarchalen Mythos sollte Paris einen Schönheitswettbewerb zwischen drei Göttinnen ausrichten und unter der liebreizenden Aphrodite, der ehelich-häuslichen Hera und der bewaffnet-listigen Athene die Allerschönste auswählen – eine dreifach patriarchale Vorstellung: ein Königssohn darf über Göttinnen bestimmen, die Göttinnen zanken untereinander und sind in der Folge für einen Krieg verantwortlich. Wir wissen, was geschah: Er, Paris, reichte Aphrodite den goldenen Apfel der Erwählung – auch weil sie ihm Helena, die schönste Frau der Welt, versprochen haben soll. Besonders faszinierend hat dies der Schweizer Renaissance-Maler Niklaus Manuel Deutsch dargestellt. Ein Plakat mit einem besonders schönen Ausschnitt – der Überreichung des Apfels – hing in den frühen 70er-Jahren in meiner Studentinnenbude. Und eines Tages fiel es mir wie

31 Vera Zingsem. Der Himmel ist mein, die Erde ist mein …, S. 112

Schuppen von den Augen: Es ist ja gar nicht Paris, der Aphrodite den Apfel gibt. Ganz in Gegenteil: Dem sitzenden Paris gibt die sehr aufrecht stehende, liebevoll zu Paris hinabblickende Göttin den Apfel in seine linke, nach oben geöffnete Hand. Die Sommerfrau, die Mittlere in der Göttinnen-Trinität, gibt dem Heros, dem männlichen Helden, Begleiter und Liebhaber, den Apfel des Lebens. Als ich das sah und einsah, hatte ich von matriarchalen Kulturen nicht die leiseste Ahnung. Aber es war und ist einfach offensichtlich, was für eine Geste da vollzogen wird: Sie gibt ihm – und nicht er ihr. So einfach ist das. Und entspricht der alten Ordnung. Der vorpatriarchalen.

Ich war damals als junge Studentin einzig und allein aufgrund der langen Bildbetrachtung zu dieser Wahrnehmung gekommen. Es dauerte bis in die 80er-Jahre hinein, bis ich in »Die Göttin und ihr Heros« lesen konnte, dass Heide Göttner-Abendroth – erstmals 1980 – die Apfelszene auch im Sinn des Gebens durch die Göttin beschreibt: »Sie überreicht ihrem Heiligen König den purpurnen Liebesapfel, der ihm eine Jahreszeit später zum Todesapfel wird.«[32] Und ich musste 60 Jahre alt werden, um 2007 bei Irene Fleiss zu lesen, dass eines der »Bilder für die Heilige Hochzeit« eine Frau ist, »die einem Mann einen Becher oder Kelch … oder eine Frucht (Apfel, Pfirsich, Granatapfel) reicht«.[33] Schön, wenn sich Kreise schließen.

32 Heide Göttner-Abendroth. Die Göttin und ihr Heros, S. 51f.
33 Irene Fleiss. Als alle Menschen Schwestern waren. Bd. 2, S. 78; vgl. dazu auch Barbara G. Walker. Die geheimen Symbole der Frauen, S. 640ff.

DIDAKTISCHE HANDREICHUNGEN ZU APHRODITE

1) *In ihrem Schlaf träumte eine Frau, dass das Leben vor ihr stehe und in jeder Hand eine Gabe halte – in der einen Liebe, in der anderen Freiheit. Und es sagte zu der Frau: »Wähle!«*

Und die Frau wartete lange, und sie sagte: »Freiheit.«

Und das Leben sagte: »Du hast gut gewählt. Hättest Du gesagt ›Liebe‹, so hätte ich Dir gegeben, was Du begehrtest, und ich wäre von Dir gegangen und niemals wiedergekommen. So aber wird der Tag kommen, an dem ich zurückkehre, und an diesem Tag werde ich beide Gaben in einer Hand halten.«

Und ich hörte die Frau in ihrem Schlaf lachen.

(Olive Schreiner. Träume, S. 60)

○ **Wie würdest du entscheiden? Und warum? Und was würde Aphrodite dazu sagen? Suche einen Titel zu dieser Geschichte und fasse deine Gedanken schriftlich zusammen.**

2) *Die Lust einer Frau ist eine rebellische Seemöwe,*
die sich nur unter lautem (psychosomatischem) Wehklagen
in den matt-goldenen Käfig angepasster Weiblichkeit sperren lässt
und – lange genug an ihm verkümmernd –
allmählich aufhört zu schreien,
ja manchmal sogar auf dem vertrauten Schleichweg
zum sicheren Futternapf vergisst,
dass sie eigentlich fliegen kann.

(Christa Schulte in: MatriaVal, 7/09, S. 6)

○ **Was verstehst du unter »angepasster Weiblichkeit« und was hat das mit Aphrodite zu tun? Diskutiert zuerst in einer Mädchengruppe/Jungengruppe und tauscht dann eure Gedanken unter den Gruppen aus.**

3) Der Apfel ist eines der Ursymbole der Menschheit, so etwas wie die Frucht an sich. Und immer wieder taucht der Apfel als eines der Attribute von Aphrodite auf, die ihn als Göttin der Fruchtbarkeit oft in der Hand hält. Und in einem Kinderlied wird sogar das Innenleben des Apfels auf eine entzückende Weise thematisiert:

In einem kleinen Apfel,
da sieht es lustig aus.
Es sind darin fünf Stübchen,
grad wie in einem Haus.

In jedem Stübchen wohnen
zwei Kernlein braun und fein.
Die liegen drin und träumen
vom lieben Sonnenschein.

Sie träumen auch noch weiter
gar einen schönen Traum,
wie sie einst werden hängen
am schönen Weihnachtsbaum.

○ **Sammelt alles, was ihr über Äpfel finden könnt, für verschiedene Flyer:**
- **Angaben zur Botanik, dem Baum und seiner Geschichte, den Sorten von Äpfeln und wozu sie sich besonders eignen, dem Verlust der Sortenvielfalt heute …**
- **Macht eine Liturgie mit Apfelnamen.**
- **Sucht Gedichte, Texte, Bilder über oder mit Äpfeln.**
- **Versucht zu erklären, warum der Apfel so eine große religiöse Bedeutung hat.**

- ○ **Verwertet das auf Flyern zusammengetragene Wissen für einen Marktstand. Verteilt dort die Flyer mit einem Apfel, verkauft Apfelmus, Apfelkuchen etc. Überlegt, wann und wo und zu welchem Zweck eine solche Aktion sinnvoll ist und was ihr mit dem finanziellen Erlös machen wollt.**

4) Eine der ältesten Statuen der Aphrodite zeigt sie nackt – geschmückt mit einer goldenen Halskette. Sowohl in den Hymnen über Aphrodite wie in den Abbildungen kommt immer und immer wieder Gold vor:

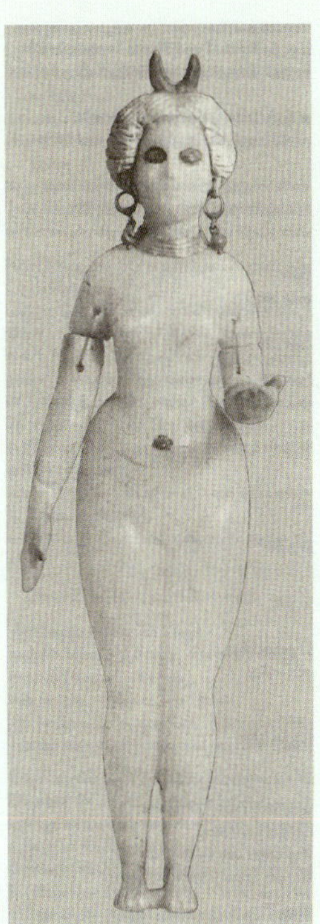

(Ischtar-Astarte, sichtbar ist das typische goldene Halsband der Aphrodite)

(Aphrodite-Venus mit goldenem Halsband aus frühbyzantinischer Zeit, 4.-6. Jh. u. Z.)

Die Theologin und Mythenforscherin Vera Zingsem betont: »Goldene Halsketten gehörten zu beinahe jeder Marmorstatue der Aphrodite in den Innenkammern der Tempel; und – wie man an einer babylonischen Votivstatuette aus dem 4. Jhd. v. u. Z. sieht – auch bereits zu Ischtar.« (S. 113) Gemäß Vera Zingsem trägt sie das Gold auch als Sonnensymbol und Aphrodites Goldgeschmeide ist ein Zauberband, das sowohl Sterbliche wie Gottheiten in ihren Bann zieht, sodass sie sich verlieben müssen. Zingsem betont auch den Zusammenhang der Worte Ostara, Eostra, die unserem Osterfest den Namen gegeben hat, mit Osten, der Richtung der aufgehenden Sonne. Auch Ur bedeute ursprünglich Osten und sei verwandt mit dem hebräischen Or, was Licht bedeutet, und mit den lateinischen Wörtern aurora (Morgenröte) und aurum (Gold) (S. 114).

Sappho (6. Jh. v. u. Z.) besingt sie so:
Goldbekränzte, herrliche Aphrodite,
um die zu preisen, will ich das Fett
einer weißen Ziege verbrennen …

(Sappho, Muse des äolischen Eresos. Übersetzungen und Kommentare von Stefanie Preiwerk-zum Stein. Frankfurt am Main 1990, S. 39)

Und bei Homer heißt es:
Aphrodite, die schöne, die goldbekränzte, besing ich …
Die Horen im goldenen Stirnreif*
nahmen sie freudig auf, sie hüllend in göttliche Kleider,
taten ihr auf das unsterbliche Haupt den prächtigen, goldnen,
schöngefertigten Kranz, und in die durchstochenen Ohren
fügten sie Blüten aus Messing und aus gepriesenem Golde.
Ihren zarten Hals und den silberschneeigen Busen
schmückten sie mit goldenem Geschmeide …

(Homerische Götterhymnen. Dt. von Thassilo von Scheffer. Bremen 1987, S. 125)

* Göttinnen des Jahreszeitenlaufs

○ **Macht euch vor diesem Hintergrund Gedanken darüber,**
– warum die meisten Eheringe golden sind.
– warum Mädchen und Frauen Goldschmuck geschenkt wird.
Schreibt einen Aufsatz mit dem Titel »Aphrodite und das Gold«.

5) Liebesgedichte

○ **Gestalte mit deinen Mitschülerinnen und Mitschülern eine Stellwand für euer Schulhaus. Auf der einen Seite der Wand sind die Lieblings-Liebesgedichte der Mädchen zusammengestellt, auf der anderen Seite die der Jungen. Ergänze das von dir gewählte Gedicht mit einem Kommentar, in dem du beschreibst, worin für dich der Reiz dieses Gedichtes liegt. Füge ein passendes Bild hinzu.**

6) Liebesbeziehungen

○ **Bereitet in einer Mädchen- und in einer Jungengruppe ein Rollenspiel vor.**
Darin geht es um eine Fernsehsendung, in der gleichgeschlechtliche Liebesbeziehungen thematisiert werden. Ein/e Moderator/in stellt Fragen und leitet das Gespräch zwischen zwei Parteien, von denen die eine sämtliche Pro-Argumente zu einer Fragestellung vertritt und die andere sämtliche Kontra-Argumente. Es kommt zu verschiedenen Gesprächsrunden, in denen das Thema aus verschiedenen Blickwinkeln (religiös, juristisch, biologisch, matriarchal etc.) beleuchtet wird.
Zur Vorbereitung recherchiert Fakten aus dem Internet. Die Mädchen-Präsentation des Rollenspiels erhält ein schriftliches Feedback von den Jungen und die Jungen-Präsentation erhält sie von den Mädchen.

7) Bildvergleich

(Aphrodite, auf einem Bock durch die Lüfte reitend, Außenseite eines Klappspiegels, um 350 v. u. Z., Louvre, Paris)

(Albrecht Dürer, ›Die Hexe‹, um 1500, Kupferstich)

Auf diesen beiden Bildern siehst du Aphrodite als Himmelskönigin und als Hexe. (Dürer hat zwar nicht gesagt, dass er Aphrodite malt, aber die Ähnlichkeit des Motivs ist offensichtlich.)

○ **Vergleiche in einer Bildbeschreibung die Bilder in ihrer Darstellung, Symbolik und Botschaft und erkläre anhand des Vergleichs den kulturellen Wertewandel, den Aphrodite erfahren hat.**

ARTEMIS SPRICHT

Ich bestimme über Leben und Tod und lenke das Universum. Du kannst mich beobachten, wie ich Jahr für Jahr in der Gestalt einer Bärin auf meiner kosmischen Bahn um den Polarstern ziehe und den Wechsel der Jahreszeiten anzeige.
Die Zahl 13 ist mir heilig, denn sie ist verbunden mit dem Geheimnis von Tod und Wiedergeburt: Nach drei Tagen der Fülle muss der Mond am 13. Tag »sterben«, um dann nach seinem »Tod« aufzuerstehen und in 13 Tagen wieder zu seiner vollen Gestalt zu wachsen.

Ich bewirke nicht nur den Gezeitenwechsel der Meere, sondern ich bin auch die heilige Quelle des weiblichen Mondblutes – So nennen Indianerinnen ihr Monatsblut, das mit mir als Spenderin allen Lebens verbunden ist.
Als »Bärinnen« feierten einst junge Mädchen in Griechenland ihr erstes Mondblut und damit ihren Eintritt ins gebärfähige Alter. Sie wussten um meine Verbindung zu ihrer Gebärmutter, die sprachlich auf Bärmutter bzw. Bärinmutter zurückgeht.

Daran, dass eine Schwangerschaft im Fachjargon zehn »Lunationen« dauert, erkennst du meine Verbindung mit dem Wunder des weiblichen Gebärens. Jedes beginnende Leben – von Mensch und Tier – steht unter meinem besonderen Schutz. Alles Wilde, Ungezähmte, Ursprüngliche, Sexuelle, Leidenschaftliche, Freiheitsliebende in Frauen findet bei mir Schutz und Stärkung. Kein Wunder, dass ich zur Göttin der Amazonen wurde. Bis heute repräsentiere ich weibliche Unabhängigkeit. Vielleicht kennst du mich als Göttin der Jagd. Hinter dieser Bezeichnung verbirgt sich mehr als meine Vorliebe, gerne auf die Jagd zu gehen. Als Jägerin symbolisiere ich meine Macht, Leben nicht nur geben und beschützen, sondern auch nehmen zu können.

Artemis,

die Wilde zwischen Jagd und Geburt

Jahrelang hatte ich über schwarze Madonnen und ihr Geheimnis gearbeitet. Aber erst 2013 hat mir Edith Hellenbrand-Neumann in Trier nicht nur von der schwarzen Artemis erzählt, sondern mir auch Bilder von ihr gezeigt, bevor wir an einer Feier zu Mariä Himmelfahrt in der Schankweiler Klause einer Schwarzen Madonna unsere Aufwartung machten. Und wie freudig überrumpelt war ich, als ich wenige Wochen danach in London im versponnen verrückten Museum von Sir John Soane in einer engen, nur düster erleuchteten Galerie unvermittelt vor einer fast lebensgroßen schwarzen Artemis stand – geheimnisvoll, magisch, irritierend und faszinierend. Hell der in helle, reich verzierte Gewänder gehüllte Leib, dunkel das Gesicht und die Hände, die sie mir entgegenstreckte, dunkel auch die Fußspitzen, die unter dem Gewand hervorlugten. Wie angewurzelt blieb ich vor dieser Erscheinung stehen – das war nicht die klassisch schlanke, ranke Jägerin mit Hirsch und Hund, die grad nach einem Pfeil greift, das war eine ältere, archaischere Artemis. Was war denn überhaupt vor der uns allen bekannten Jägerin aus den griechischen Sagen? Die klassische Archäologin Erika Simon gibt eine deutliche Antwort: »Die Göttin stammt in ihren mannigfachen Vorläuferinnen aus den fernsten Fernen der Vorzeit, der prähistorischen Zeit der Jäger und Sammler, aus der sie ihr schweifendes Wesen und Verbundenheit mit den Tieren mitbrachte.«[1] Und warum sehen wir bei Sir John Soane diese Artemis-Figur, die es auch in hellen Fassungen gibt, als schwarze Gestalt? Wobei wir zudem heute dank Ausgrabungen wissen: Die allerälteste Artemis

Und plötzlich steht sie da: die schwarze Artemis von Ephesus in der dicht gedrängten Antikensammlung von Sir John Soane, die er samt seinem Wohnhaus am Lincoln's Inn Fields-Park 1837 der Stadt London vermacht hat.

1 Erika Simon. Die Götter der Griechen, S. 147

Jagende Artemis-Diana mit der Mondsichel auf der Stirn auf einem französischen Toile-de-Jouy-Möbelstoff

von Ephesus war sogar vollständig aus einem schwarzen Meteoriten herausgemeißelt worden.[2] Die schwarze Artemis offenbart sich wie die schwarzen Madonnen, die wir von Maria Einsiedeln über Altötting bis nach Tschenstochau kennen und die in unzähligen Variationen in der Auvergne zu finden sind, mit ihrer schwarzen Farbe als *die* Göttin der Erde, der Fruchtbarkeit, des Humus, der aus der Faulung und Umwandlung aller Stoffe als tragende und nährende Basis für das Wachstum aller Samen und Keime entstanden ist: die Mutter Erde schlechthin. Kein Wunder, bedeuten die matriarchalen Farben Weiß, Rot und Schwarz immer auch Humus, Menstruationsblut und Muttermilch.[3]

Die sog. Artemis von Versailles nach einer Bronze, die Leochares zugeschrieben wird, um 310 v. u. Z., Louvre, Paris

Artemis, bei den Römern Diana, ist ein beliebtes Motiv in der Kunst der Renaissance: Wir kennen sie als die große Jägerin mit dem Halbmond auf Stirn oder Scheitel, mit Pfeil und Bogen, Jagdhunden, Hirschen und ihren jungfräulichen Nymphen. In Griechenland soll sie als »Herrin der wilden Berge« und als »die Klingende« verehrt worden sein, denn ihre Stimme war zu vernehmen im Rascheln der Blätter im Wald und im Summen der Bienen, in Vogelstimmen und anderen Lauten der Tiere.[4] Aber als solche ist sie schon die Artemis aus den patriarchal umgeformten Sagen, in denen die ursprünglichen, urtümlichen Göttinnen bestimmten Bereichen zugeteilt und auf einzelne Aufgaben spezialisiert werden. Gleichzeitig werden sie Göttern zugeordnet, wenn nicht als Geliebte oder Gattin, dann als Tochter oder Schwester – Artemis wird so die Schwester des Sonnengottes Apoll. Ein weiteres Merkmal: Artemis gehört zu den jungfräulichen Göttinnen und ist vor allem ein »Natur-

2 Vgl. Irene Fleiss. Als alle Menschen Schwestern waren. Bd. II, S. 67
3 Vgl. Kirsten Armbruster. Gott die MUTTER, S. 19, 33, 37, 41
4 Vgl. Catherine Tennant. The Lost Zodiac, S. 68

kind«, Herrin und Beschützerin der Tiere, die große Jägerin, verbunden mit den Mondzyklen. In Rom wurde ihr Name Diana von *divinia,* die Leuchtende, abgeleitet und war bei den frühen EinwohnerInnen Italiens vermutlich sowohl Sonnen- als auch Mondgöttin, denn einen Sonnengott gab es in Italien erst, als der patriarchale Apoll von den Griechen übernommen wurde. So wurde Diana denn auch »Himmelsgöttin« genannt, »ein römischer Titel der Dreifachen Göttin als: 1. Mondjungfrau, 2. Mutter aller Geschöpfe und 3. Jägerin (Zerstörerin).«[5] Und Erika Simon weiß auch von ihrer Rolle und Darstellung als Diana Trivia, die Dreiwegsgöttin, dies in Analogie zur Hekate der Weggabelungen (siehe Hekate-Kapitel).[6]

Dreigestaltige Diana auf der Rückseite eines Dinars im Zypressenhain ihres bedeutenden Heiligtums bei Aricia; Rom, 43 v. u. Z.

»Frauenweisheit der Antike« gibt uns modernen Frauen im Artemis-Monat August den Rat, bei Vollmond das Haar zu waschen und uns nachher ein paar Blüten hinters Ohr zu stecken – »als Zeichen einer wilden Frau und Göttin«.[7] Ihre Jungfräulichkeit bedeutet übrigens keineswegs sexuelle Unberührtheit oder Abstinenz, was uns Europäerinnen – von zu vielen »Unbefleckte-Empfängnis-Marien« eingeschüchtert – fast unvorstellbar ist. Ganz im Gegenteil: Ihre Jungfräulichkeit geht problemlos einher mit sexueller Aktivität – mit wem und wann immer sie will oder auch nicht –, bei der sie jedoch seelisch und sozial nicht auf einen Mann und eine intensive Beziehung zu ihm ausgerichtet ist – es werden ihr auch Frauenbeziehungen nachgesagt –, sondern unabhängig bleibt, ganz und gar eigenständig, selbstbestimmt, trotz Beziehungen eine Einzelgängerin und in sich selbst ruhend,[8] betont die Astrologin und Jungianerin Catherine Tennant. Obwohl Artemis Ehe und Familie eher gleichgültig gegenübersteht, ist sie gebärenden Frauen Zuflucht und Beistand, weil sie zutiefst mit dem kreatürlichen Leben verbunden und für Fruchtbarkeit zuständig ist, sei es bei den Tieren wie bei den Menschen. Und darum steht sie Schwangeren bei und wird von ihnen angerufen, wenn

5 Barbra G. Walker. Das geheime Wissen der Frauen, S. 165
6 Vgl. Erika Simon. Die Götter der Römer, S. 51
7 Frances Bernstein. Frauenweisheit der Antike, S. 192
8 Vgl. Catherine Tennant. The Lost Zodiac, S. 70f.

mit den ersten Wehen die Geburt beginnt. In diesem Aspekt übernahm sie als Zunamen die Bezeichnung der viel älteren Göttin Eileithya – »die zu Hilfe Kommende«, eine ägäische Geburtsgöttin und Spinnerin, die von alters her den Faden des Lebens spinnt.

Artemis verkörpert die schon immer und immerzu gültigen Naturgesetze, sie ist die Wilde, die Herrin von Wald und Teich. Und den Mann, der meint, er könne sie beim Bad im Geheimen beobachten, den stellt sie, verwandelt ihn in einen Hirsch und jagt ihn zu Tode – auch weil er mit seinem Übergriff ihren Frauenkreis von Nymphen gestört hat. So das immer wieder beklagte Schicksal des Aktaion. Vieles spricht aber dafür, dass er laut vorpatriarchaler Lesart ein Heros und Sakralkönig war, der im Herbst als Verkörperung des Vegetationsjahres mit der Ernte geopfert wurde, nachdem er im Frühling mit der Göttin die Heilige Hochzeit gefeiert hatte.[9] Für die Amazonen war Artemis ihre kriegerische Göttin. Und Jean Shinoda Bolen nennt die Jägerin denn auch bewusst Schwester und Feministin.[10] Ich muss bei Artemis an große Sportlerinnen und Abenteuerreisende denken, an Urwaldforscherinnen wie Jane Goodall, die Monate lang im Feld Schimpansen begleitet und erforscht hat, oder an eine junge Frau, die von Kindsbeinen an Evolutionsforscherin werden wollte, ihren Master über Erdmännchen machte und 2013 über den Umgang von Fischen mit Lärm promovierte. Und dann kenne ich zwei Frauen, die Reisen in und durch Wüsten organisieren, anbieten und leiten. Ihre Botschaft: Lebe wie Artemis deinen Bezug zur Natur und nähre dich davon, geh nach draußen, sei wild, streife durch Feld und Wald, lebe mit den Mondzyklen und sei unabhängig. Lebe

Artemis als »Herrin der Tiere« auf einer böotischen Amphore, Griechenland, um 680 v. u. Z., Nationalmuseum Athen

9 Vgl. Heide Göttner-Abendroth. Die Göttin und ihr Heros, S. 49

10 Vgl. Jean Shinoda Bolen. Goddesses in Older Women bzw. die dt. Übersetzung: Feuerfrau und Löwenmutter

deine Schwesterlichkeit nicht nur mit der ganzen Schöpfung, sondern auch mit anderen Frauen und nutze Pfeil und Bogen auch für den Kampf für Frauenanliegen.

Eines der wichtigsten Kultbilder von Artemis, das ich eingangs als schwarze Artemis vorgestellt habe, stand in Ephesos in einem Tempel, der zu den sieben Weltwundern gehörte. Dort kommt ihre vorpatriarchale Ganzheit als umfassende Göttin voll zum Ausdruck, trägt sie doch in Ephesos den Titel »Theotokos«/Gottesgebärerin, den sie an Maria, als die christliche Gottesgebärerin und Muttergottes, weitergab und damit das Christentum mit dem matriarchalen Erbe verband.[11] Dies ging allerdings nicht reibungslos vonstatten, denn primär versuchte die christliche Kirche 421 auf dem Konzil in Ephesos, den Kult der Artemis/Diana ganz und gar zu verbieten, und wählte dafür die vereinnahmende Methode, den Tempel der Artemis der christlichen Jungfrau zu weihen und den Ehrentitel »Theotokos« auf die genehme Nachfolgerin zu übertragen. Der Preis, den die christliche Gottesgebärerin dafür bezahlen musste, war allerdings sowohl der Verlust der eigenen Göttlichkeit – sie war bloß noch die Mutter eines Gottes – als auch der Sexualität, denn bei ihr wurde die Jungfräulichkeit wortwörtlich genommen bis hin zur Absurdität, dass ihr Jungfernhäutchen sogar das Gebären ihres Sohnes heil und ganz überstanden habe. Man/n kann es weit treiben mit dem Jungfräulichkeitswahn!

In Ephesos zeigt sich Artemis nicht als die patriarchalen Schönheitsvorstellungen entsprechende Jägerin in ihrer kurzen, fürs Jagen geeigneten Tunika, sondern dort ist sie eine säulenartige Göttin mit einer turmartigen Krone. Bienen – die Staaten bildende Tiere mit einer Königin[12] – und wilde Tiere schmücken ihr Gewand, und unter ihrer Brust sehen wir – nein, eben nicht drei Reihen von Brüsten der lange Zeit fälschlicherweise »die Vielbrüstige« Genannten, sondern laut neueren Forschungen andere Objekte. Eine Zeitlang wurden sie als Symbol für die Hoden der Stiere gedeutet, die zu Ehren von Artemis geopfert wurden. Annine van der Meer jedoch berichtet in einem ausführlichen Kapitel

11 Vgl. Annette Kuhn. Historia, S. 119
12 Zur spirituellen Bedeutung der Biene siehe Barbara G. Walker. Die geheimen Symbole der Frauen, S. 557f sowie das aus Spanien stammende Märchen »Die Bienenfrau in der Höhle« in: Märchen von Mutter Erde, hg. von Barbara Stamer, S. 10-12

über Artemis' Kleidung und Schmuck noch von anderen Thesen. Einmal könnten dies kleine, eierförmige Ledersäckchen sein, denn in früheren Kulten für die »Herrin der Tiere« wurden solche Beutel, »kursa« genannt, an Bäume beim Heiligtum gehängt, gefüllt mit allem, was Menschen so zum Überleben brauchten wie Körner, Wein, Ziegenfett – dies in der Hoffnung, dass sich die Göttin während des Rituals als Spenderin von Wohlfahrt und Glück offenbaren möge. Etymologisch hänge, so van der Meer, »kursa« mit dem englischen »purse« und dem holländischen »beurs« zusammen, dem modernen Geldbeutel. Am plausibelsten findet sie jedoch die These von Anton Bammer, dass es sich bei diesen »Brüsten« um eiförmig-ovale Früchte aus Bernstein handelt, die als Dank für Fruchtbarkeit an die ursprünglich als säulenartiger Holzstamm verehrte Göttin gehängt wurden. Bammer hatte bei seinen Ausgabungen in Ephesos solche Früchte selbst gefunden. Dagegen lehnt van der Meer die Vermutung ab, dass die »Brüste« der von Bienen umgebenen Artemis, deren Priesterinnen Melissae – Bienen – genannt wurden, etwas mit Bienenwaben zu tun haben könnten. Denn die Eiform und das Hexagon der Waben hätten nun doch zu wenig miteinander zu tun.[13] Was die Pflanzen angeht, so war Artemis die Artemisia vulgaris, der Beifuß, heilig, denn Artemisia erleichterte nach alter Kräuterheilkunde sowohl die Geburt und förderte die Fruchtbarkeit wie die Pflanze auch zur Abtreibung verwendet werden konnte.[14]

Ursa Major, die große Bärin, auf einer Sternenkarte von Catherine Tennant

Eine andere Überlieferung zeigt die allumfassende vorpatriarchale Göttin, wie sie junge Mädchen im Alter der ersten Monatsblutung in ihr Frausein initiiert als ihre Bärinnen, ihre Bärchen – und dazu wurden die Mädchen auch in BärInnenfelle gehüllt und in einer Prozession zu einem Artemis-Heiligtum geführt. Geschlechtsreif würden sie von nun an Mütter

13 Vgl. Annine van der Meer. The Language of Ma, the primal mother, S. 500f.

14 Vgl. Gerda Buchberger u. Eva-Maria Rapp: Von Sonnenbraut, Mutterwurz und Weiberkraut. Begegnungen mit Heilpflanzen. Rüsselsheim 2013, S. 156-160

werden können und waren darum dem besonderen Schutz der Artemis anheim gestellt. Artemis selbst war sehr populär in ihrer tierischen Inkarnation als Große Bärin, verbunden mit dem Sternbild Ursa Major, der Herrscherin der Sterne und Beschützerin der Weltachse, die im Himmel durch den Polarstern markiert wird.[15] Kein Wunder, ist laut Bode-Paffenholz das zentrale Symbol der Artemis doch »die Bärin, ein Tier, das den Inbegriff mütterlicher Wärme repräsentiert, aber auch ungezähmte Stärke verkörpert sowie eine heißblütige Verteidigungsbereitschaft in Bezug auf alle unter ihrem Schutz stehenden Jungtiere.«[16]

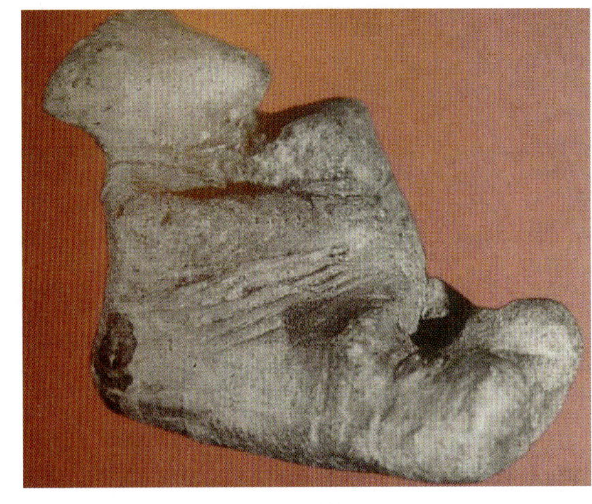

Sitzende Bärenmutter, die ihr Junges im Arm hält. Vinca-Kultur, Serbien, um 4500–4000 v. u. Z.

Laut Catherine Tennant muss Artemis aufgrund dieser Verbindung zur Bärin, die seit 75 000 Jahren v. u. Z. als heilig gilt, die älteste aller griechischen Göttinnen sein.[17] Und dass weiblich Göttliches und Bärin zusammengehören, zeigt sich, wenn am 2. Februar – an Mariä Lichtmess – in Griechenland noch heute das Fest zu Ehren der »Jungfrau von den Bären«, der Panaghia Arkoudiotissa, gefeiert wird.[18] Ein weiteres Beispiel für die christliche Vereinnahmung des Bärinnenkultes findet sich bis auf den heutigen Tag im Elsässer Städchen Andlau am Fuß des Odilienberges südwestlich von Straßburg. Der Legende nach fand Kaiserin Richardis den Ort, wo sie eine Abtei errichten wollte, weil sich in einem harten Winter eine Bärin mit einem kleinen Jungtier an ihre Fersen heftete – und sich unvermittelt niederließ und nicht mehr weitergehen

15 Vgl. Barbara G. Walker. Das geheime Wissen der Frauen, S. 62

16 Adele Bode-Paffenholz. Wildpfade, S. 180. Auch der kleine Führer zur Ausstellung »Pandora. Frauen im klassischen Griechenland« beschreibt 1996 ausführlich, wie kleine Mädchen der Artemis als »›Bärinnen‹ (Arktoi)« dienten, wobei im Ritual »ihre ›Bärinnennatur‹, ihre natürliche Sexualität und Fruchtbarkeit auf den Übergang in die nächste Lebensphase, auf die Anforderungen von Ehe und Mutterschaft, vorbereitet« wurde. Denn die Mädchen sollten als »Bärenjungen« heranwachsen, »um ebenso exemplarische Mütter zu werden, wie man es den Bärinnen nachsagte.« Dazu zeigt ein Krater um 430 v. u. Z. die nackten Arktoi bei einem rituellen Wettlauf, und ein verwandtes Gefäss derselben Gruppe stellt »eine Frau mit Bärenkopf« dar, die »eine Priesterin (mit Bärenmaske?) im Ritual der Artemis sein« könnte. (Antikenmuseum Basel und Sammlung Ludwig in Zusammenarbeit mit der Walters Art Gallery Baltimore, Basel 1996, auf der Seite »Frauen als ungezähmte Tiere«.

17 Vgl. Catherine Tennant. The Lost Zodiac, S. 68

18 Vgl. Irene Fleiss. Als alle Menschen Schwestern waren. Bd. I, S. 284

In der romanischen Krypta der Abteikirche im elsässischen Andlau steht die Skulptur einer Bärin aus dem 10. Jh. – neben ihr das »Bärenloch«, ein Kraftort, in den sich BesucherInnen hineinstellen dürfen. Besonders beliebt bei Frauen, die sich ein Kind wünschen ...

Kaiserin Richardis mit ihrer Bärin, Krone und Zepter und einer segnenden Geste auf einem Brunnen im elsässischen Andlau; Skulptur von Ph. Grass von 1871

wollte. Dort steht nun seit Jahrhunderten die ehemalige Klosterkirche, gestiftet von Richardis, die 862 Kaiser Karl III., den Dicken, einen Urenkel Karls des Großen, geheiratet hatte. In der Kirche sehen wir sie – zusammen mit ihrer Bärin – auf einem Wandgemälde sowie als Statue, beides aus neuerer Zeit. In der Krypta steht allerdings als umwerfendes »Urvieh« eine Skulptur der Bärin aus dem 10. Jahrhundert, die als eine der ersten rundum freistehenden Plastiken der Romanik gilt. Vor ihr ist am Boden eine Art hölzerner Fensterladen zu sehen – wenn wir ihn aufschlagen, blicken wir in ein Erdloch, in das sich seit eh und je die BesucherInnen hineinstellen, um sich von den aufsteigenden Erdenergien aufladen und stärken zu lassen. Dies wird laut Überlieferung vor allem Frauen mit unerfülltem Kinderwunsch empfohlen, wobei sie allerdings gleichzeitig der Bärin eine Hand ins offene Maul legen sollten. (Ich hab's gemacht – und zweieinhalb Jahre danach kam meine Tochter auf die Welt; eine direkte Kausalität scheint also ausgeschlossen, aber ...) Und im Ort auf einem kleinen Platz steht die 1049 heilig gesprochene Kaiserin auf einer Brunnensäule, ihre Bärin zu Füßen und einen Mantel aus Bärenfell um die Schultern. Sie hält Arm und Hand segnend über die Brunnenschale und alle, die zu ihr hochschauen.

Wir sind in altem Keltenland – die keltische Bärengöttin Artio (eine Statuette befindet sich heute im Historischen Museum von Bern) lässt grüßen und viele Städtenamen und -wappen, gerade auch in Süddeutschland (etwa Bötzingen) und in der Schweiz, zeigen ihre Verbindung zu ursprünglichen Kultorten der Bärin auf.

Zum Thema der Bärin sei noch angefügt, dass ich wie sehr viele Mädchen in der Schweiz nach dem Ende des Zweiten Weltkrieges auf den Namen Ursula getauft wurde, der damals als ungewöhnlich, selten und unverbraucht empfunden wurde – was sich schlagartig änderte! Zeitweilig waren wir in den großen Babyboomer-Schulklassen der 50er-Jahre bis zu acht Ursulas in einer Klasse, und später mussten in unserer Familie alle Ursulas mit einem Zunamen versehen werden, damit im Nu ersichtlich bzw. hörbar war, um welche Ursula es sich handelte: die Patin Ursula, die Näh-Ursula, die Hexenhäuschen-Ursula. Im Lateinunterricht begriff ich, dass mein Name wirklich die Bärin bzw. die kleine Bärin heißt, aber erst 1981 warf ich mit 35 Jahren die Verkleinerungsform über Bord. Das war um die Zeit, als ich vor der Andlauer Bärin stand, an meinem ersten Buch »Die perlmutterne Mönchin« arbeitete – und folgendes Gedicht in mein Tagebuch schrieb:

Diana von den Bären
Mutter Mond

hilf mir meine
kräfte und säfte
so lenken
dass ich
erschaffen und
frucht tragen und
zur welt bringen kann
gib mir
genug geduld
damit der samen
im dunklen schoß der
erde erst
wurzeln treibt
bevor der keim
austritt und die
oberfläche durchstößt und
wort wird[19]

19 Ursa Krattiger. Die perlmutterne Mönchin, S. 91

Apropos »Mutter Mond«: Diana war als Himmelskönigin eine Göttin der Frauen, die an ihrem Feiertag, dem 15. August – wie war das doch gleich mit Mariä Himmelfahrt am selben Tag? –, in Prozessionen zu ihrem heiligen Hain in Aricia zogen, um für die Wohltaten des vergangenen Jahres zu danken und um Hilfe für die Zukunft zu bitten. Auch wurden kurze Botschaften auf Bänder geschrieben und diese an einen Zaun bei ihrem Heiligtum in Nemi gehängt – ein Brauch, der noch heute in Irland praktiziert wird, wenn Wunschbänder an Bäume und Sträucher neben Quellen gehängt werden. Barbara Walker beschreibt, dass der Dianakult in vor- und noch frühchristlicher Zeit so verbreitet war, dass die Christen sie als die Hauptrivalin ihres Gottes betrachteten und sie später als »Königin der Hexen« verunglimpften.[20] Der Inquisitor Torquemada erklärte sie sogar »ohne Umschweife zur Teufelin.«[21]

Das Etikett des Weins »La Rionde« – ein Epesses von Winzer Patrick Fonjallaz – ehrt St. Symphorien, der sich geweigert hatte, ein Standbild der Göttin Kybele anzubeten. Diese liegt nun zerbrochen am Boden. 2005 wurde diese Darstellung von einem moderneren Design abgelöst – mit stilisiertem Heiligen, aber ohne Kybele!

Ich habe in christlichen Kirchen Wandmalereien gesehen, in denen rund um den Teufel herum »Diana« geschrieben steht und ein Götzenbild umstürzt oder wie von Zauberhand auf Wadenhöhe abgebrochen wird. In einem meiner alten Tagebücher fand ich die Etikette des Schweizer Weißweins »La Rionda«, die den mir völlig unbekannten Heiligen St. Symphorien darstellt, wie er aufrecht neben der am Boden liegenden Statue einer Göttin steht; es handelt sich dabei um Kybele, eine aus Phrygien, dem nördlichen Anatolien, stammende Göttin, die so wie Artemis eine Große Ur-Göttin ist, die von den RömerInnen übernommen und im ganzen Reich verehrt wurde.[22] Den angehenden Heiligen kostete seine Weigerung, diesem Götzenbild zu huldigen, zwar das Leben, bewirkte dafür aber die Bekehrung seiner Mitmenschen

20 Vgl. Barbara G. Walker. Das geheime Wissen der Frauen, S. 165
21 Ebd., S. 167
22 Vgl. Patricia Monaghan. Lexikon der Göttinnen, S. 160ff. sowie Barbara Obermüller. Die weibliche Seite der Ur- und Frühgeschichte, S. 182 u. 314ff. Dass sogar der Petersdom vermutlich auf einem Kybele-Heiligtum errichtet wurde, illustriert, wie sehr die christliche Kirche den Einfluss der Göttin einzudämmen suchte.

und den Sturz der Göttin. Die andere Variante, den Sturz aufgrund eines rätselhaften Abbrechens auf Wadenhöhe, zeigt im Kloster Mariastein bei Basel die eine gerettete Tafel des Josephsaltars von Johann Friedrich Buol aus dem Jahr 1690 – und zwar rechts oberhalb der Heiligen Familie bei ihrer Rast auf der Flucht nach Ägypten;[23] die pure Anwesenheit des kommenden neuen Gottes muss die alte Gottheit schon zum Umkippen gebracht haben.

Und ganz realiter geschah das – oder besser: wurde es von Bilderstürmern verbrochen – beim Relief der Diana und eines sie begleitenden Tieres auf ihrem Weihestein bei Bollendorf in der Nähe von Trier, wo das Bild der Göttin Diana nur noch unterhalb der Knie erhalten und knieaufwärts zerstört ist. Mit Freundinnen stand ich in einer schönen Sommernacht im Wald vor diesem geschändeten Weihestein – und der Anblick tat weh.

Am rechten Rand: Sturz einer Göttin (vermutlich Diana) auf dem Altarbild »Die Flucht aus Ägypten« von Johann Friedrich Buol von1690 in der Josephskapelle im Kloster Mariastein bei Basel – rechtes Bild: vergrößerter Ausschnitt

1825 malte Johann Anton Ramboux dieses Bild des zerstörten römischen Weihesteins für Diana bei Bollendorf/Eifel. Das Bild der Göttin ist von der Mitte der Oberschenkel an zertrümmert und das sie begleitende Tier ist beschädigt und hat seinen Kopf verloren; Ausschnitt

23 Wallfahrtsgeschichte von Mariastein, S. 124f.

DIDAKTISCHE HANDREICHUNGEN ZU ARTEMIS

1) *Hymnus an Diana*

Lasst uns Dianen preisend nahn …
dass du Herrin der Berge seist und der grünenden Waldeshöhn
und der dunkelnden Felsenkluft und der tönenden Ströme.
Du als Juno Lucina bist in den Wehen der Mütter Hort,
du, als Trivia mächtig, strahlst fremden Lichtes als Luna,
Du, o Göttin, im Mondenlauf teilend, messend den Jahreskreis,
füllst des Ackermanns ländlich Dach mit dem Segen der Früchte,
Seist mit jeglichem Namen uns heilig, welchen du nur beliebst,
und des Romulus Volk, wie seit alters, schütze du machtvoll!

(Catull, zit. nach Frances Bernstein. Frauenweisheit der Antike, S. 183)

Der lateinische Originaltext lautet:

Hymnus Dianae *(Catulli Carmen XXXIV)*

Dianae sumus in fide
puellae et pueri integri:
(Dianam pueri integri)
puellaeque canamus

o Latonia, maximi
magna progenies Iovis,
quam mater prope Deliam
deposuit olivam,

montium domina ut fores
silvarumque virentium
saltuumque reconditorum
amniumque sonantum.

tu Lucina dolentibus
Iuno dicta puerperis,
tu potens Trivia et notho es
dicta lumine Luna.

tu cursu, dea, menstruo
metiens iter annuum
rustica agricolae bonis
tecta frugibus exples.

sis quocumque tibi placet
sancta nomine, Romulique,
antique ut solita es, bona
sospites ope gentem!

(Catull. Sämtliche Gedichte, hg. von Michael von Albrecht. Reclam-Ausgabe. Stuttgart 2011, S. 40)

○ **Übersetze das Gedicht wörtlich und zeige die Unterschiede auf zwischen der wörtlichen und der freien Übersetzung.**

○ **Bestimme das Versmaß des Gedichtes.**

○ **Das Ensemble »Musica Romana« präsentiert den Hymnus Dianae in einer musikalischen Version. Du findest sie auf YouTube.**
Studiere sie mit deiner Klasse im Musikunterricht ein.

2) Eine junge Frau macht nach einem illustrierten Vortrag über griechische Göttinnen lachend folgende Bemerkung:

»Ich ernenne jetzt Artemis und Athene zu meinen Hausgöttinnen! Um Aphrodite brauche ich mich nicht zu bemühen, die schaut schon selbst, dass sie zu ihrem Recht kommt!«

○ **Wie stellst du dir vor, dass diese Frau aussieht und was für eine Ausstrahlung sie hat? Fertige aus Ausschnitten aus Zeitungen und Zeitschriften eine Bildcollage dieser Frau an – zeige, wie sie aussehen könnte und welche Seiten von ihr Artemis und Athene unterstützen.**

3)

Feier der ersten Menstruation einer jungen Frau

Dieses Ereignis wird in der modernen Gesellschaft nur sehr selten begangen. Es wird nur hinter vorgehaltener Hand geflüstert über die erste Menstruation eines Mädchens, doch was es bedeutet, zur Frau zu werden, bleibt in Geheimnisse gehüllt. Wenn sie Glück hat, informiert ihre Mutter sie über Empfängnisverhütung und die verschiedenen Methoden, mit der Blutung umzugehen, aber damit hat es sich auch.
Es gibt einen besseren Weg: Einen oder zwei Monate nach der ersten Menstruation des Mädchens (das gibt ein wenig Zeit, um ein richtiges Fest vorzubereiten), versammeln sich FreundInnen und Verwandte, die nicht engstirnig sind und in deren Gesellschaft sich das Mädchen wohlfühlt, zu einem Fest zu Hause. Andere junge Mädchen sind vermutlich die besten Gäste, weil sie den Übergang vom Kind zur jungen Frau miterleben und aus der positiven Einstellung dazu ihren eigenen Nutzen ziehen können. Die Mutter des jungen Mädchens kauft der Tochter einen Ring mit einem roten Stein – das kann ein Granat sein oder etwas Teureres. Während des Festes sollte die Mutter die Mädchen dann kurz zum Schweigen bringen und sagen:
Ich bin stolz und glücklich, heute meine Tochter zu ehren und sie als Frau zu begrüßen. Ich weiß,

dass sie noch eine Menge darüber lernen wird, was es heißt, eine Frau zu sein, genau wie ich immer noch lerne. Bitte, nimm diesen Ring als ein Symbol für diesen Übergang vom Kind zur Frau. Leb wohl, mein Kind, willkommen, Schwester!
Dann übergibt sie der Tochter den Ring.
Es können auch andere Geschenke überreicht werden, um den glücklichen Anlass zu verdeutlichen. Je nach Reife der jungen Frau können die Gäste eigene Geschichten von Frauen erzählen, die für ihre Rechte auf Erziehung, auf Wahl und eigenes Einkommen eintraten. Eine junge Frau sollte früh mit solchen Geschichten vertraut werden, damit sie weiß, was sie von der Gesellschaft erwarten kann.

(Z.E. Budapest. Das magische Jahr, S. 100ff.)

○ **Wie hast du als Mädchen deine eigene erste Menstruation erlebt? Hast du sie gefeiert? Wie würdest du eine solche Feier für deine Tochter gestalten? Lass dich von obigem Text inspirieren und verfasse einen eigenen Text für eine von dir ausgedachte Gestaltung.**

4) Ein heiliges Tier der Artemis war die Bärin. Der Bärinnen-Kult wird mit einst heiligen Orten in Verbindung gebracht.

○ **Suche im Internet nach Städtewappen, die eine Beziehung zu diesem Tier aufweisen, und platziere auf einem Plakat mindestens sieben gefundene Wappen auf einer Landkarte dort, wo sich die Städte befinden.**

5) Ein weiteres Kulttier der Artemis ist der Hirsch, mit dem sie als Hirschkuh den Kult der Heiligen Hochzeit feierte. Bei den Elaphebolien, einem attischen Fest, wurde der Artemis ein Hirsch geopfert. Steinzeitliche Funde belegen eine noch ältere kultische Verbindung von Hirsch bzw. Hirschkuh mit der Göttin. Kulte, die sich lange hielten: »In Rumänien und Deutschland veranstalteten Männer in Frauenkleidern in der Zeit um Neujahr Hirschtänze, möglicherweise zu Ehren einer weiblichen Gottheit.« (Marija Gimbutas. Die Sprache der Göttin, S. 115) Kultische Hirschtänze, bei denen sich Männer als Hirsche verkleiden, sind heute noch bei indigenen Stämmen in Nord-, Mittel- und Südamerika bekannt, ebenso in Indien und Japan. Bei einem alten Brauch in England setzen sich Männer ein Hirschgeweih auf. Durch die Christianisierung verschwanden viele Hirschheiligtümer. So wurde die Kathedrale von Durham im Nordosten Englands – die übrigens als Drehort für Hogwarts in den Harry-Potter-Filmen diente –, »an einem Ort erbaut, an dem ein Hirschheiligtum namens Duirholm oder ›Wiese des Hirschen‹ stand. Es war seit mindestens 400 Jahren vor der Christianisierung und Überbauung ein heidnisches Pilgerzentrum.« (Barbara G. Walker. Die geheimen Symbole der Frauen, S. 499)

○ **Finde heraus, was es mit der »Stag Night« (Junggesellenabschied) auf sich hat und warum Männer in bestimmten Situationen als »Gehörnte« bezeichnet werden. Suche nach Gemeinsamkeiten und Unterschieden zur Heiligen Hochzeit. Fasse die Ergebnisse in einem Kurzreferat zusammen.**

○ **Beschreibe in einem Aufsatz, welcher Bedeutungswandel des matriarchalen Hirschkultes sich bis in unsere heutige Zeit vollzogen hat. Untersuche dabei auch die christliche Ikonographie oder bekannte Hirsch-Symbole aus der Werbung.**

6) Diana, die römische Version der Göttin Artemis, lebt nicht nur in Mythen und Museen, sondern auch in der heutigen Comic-Welt: Als »Wonder Woman«, die erste Superheldin der Moderne, ist sie seit 1941 im DC-Comics-Verlag zu Hause.

○ **Lies den Wikipedia-Artikel zu »Wonder Woman«, verfolge ihren Werdegang seit 1941 und suche nach Parallelen zur Göttin.**

- ○ **Lass dich dadurch inspirieren für ein eigenes Bildnis der Amazonengöttin Diana als Comic-Superheldin. Gestalte sie auf einem Plakat und ergänze es durch eine Charakterbeschreibung. Erkläre mit Beschriftungen die Funktion sämtlicher Accessoires, die zu ihr und zu ihrem Wirken als Comic-Heldin gehören.**

ATHENE SPRICHT

Ursprünglich komme ich aus Nordafrika, wo ich als die dreifaltige Große Göttin verehrt wurde. Erst später wurde ich zur Schutzgöttin Athens. Mein Name bedeutet so viel wie »Ich stamme aus mir selbst«. Er zeigt dir meine ursprüngliche Schöpfungsmacht. In meinen Wurzeln bin ich eins mit der uralten Weisheitsgöttin Metis.

Durch mich ist in den frühesten Kulturepochen die matriarchale Weisheit in die Welt gekommen – als eine Verbindung von Kopf, Herz und Hand. Eine vom Leben ausgehende und auf das Leben bezogene Weisheit.
Als »Göttin der tausend Tätigkeiten« – so nennt mich der römische Dichter Ovid – habe ich den Menschen nicht nur den Ackerbau und den Umgang mit Pflanzen und Tieren vermittelt, sondern auch Kunst, Philosophie und Wissenschaft. Ich habe die Maße, die Messinstrumente, die Zahlen und die Musik erfunden. Das Kochen, das Spinnen und das Weben stehen unter meinem ganz besonderen Schutz. Diese Tätigkeiten repräsentieren meine magische Macht, Leben hervorzubringen und heilend darauf einzuwirken.

Die Schlange ist mein heiliges Tier und verkörpert, wie die Eule, meine All-umfassende Weisheit und Heilkraft. Sie ist dir bekannt durch meine ältere Erscheinungsform als Medusa mit dem Schlangenhaupt.

Als ich die Welt erschuf, geschah das in einem leidenschaftlichen Tanz mit einer Schlange. So viel lustvolle weibliche Schöpfungskraft rief bei Zeus den bekannten männlichen Gebärneid hervor. Und so versuchte er, sich meine Kraft einzuverleiben. Doch seine Nachahmungsversuche – mich aus dem Kopf zu gebären und Dionysos als Oberschenkelschwangerschaft auszutragen – sind einfach nur lächerlich.

Athene – Tochter der Weisheitsgöttin
statt männlicher Kopfgeburt

Für mich als junges Mädchen und als junge Frau war Athene jene Göttin, die mich zu meiner geistig-beruflichen Entfaltung animiert und inspiriert hat. So wie mich gab es wohl noch so manche andere Vatertochter, die an der männlichen Kultur und Berufswelt teilhaben wollte, denn diese war ja das faszinierende Gegenstück zur langweiligen Hausfrauenwelt der Mutter. Nichts gefiel mir besser als das Studierzimmer meines Vaters – von unten bis oben voll mit Büchern, einem riesigen Schreibtisch, darauf die Schreibmaschine, ein Silbertablett mit Schwarztee und ein Aschenbecher für seine Zigarren.

Athena Parthenos von der Akropolis in Athen, Abguss einer Statue in der Skulpturhalle Basel (SH 105)

Wie die weise Athene wollte ich eine gescheite Frau werden, die intellektuell arbeitet, denkt und schreibt, die mutig, stark und unabhängig hinausgeht in die Welt und sie mitgestaltet. Wie die bewaffnete, für alles gewappnete Stadtgöttin, die Helden schützt und ihnen den Weg zum richtigen Handeln weist. Sie, die als einzige Göttin Helm, Brustpanzer, Lanze und Schild trägt. So thront sie oben auf der Akropolis von Athen, denkt selbst und herrscht. Nike, die Siegesgöttin, steht auf ihrer Hand. So wollte auch ich in die Welt ziehen, mit akademischen Würden gewappnet für mein Engagement, mein Handeln, mein Tätigwerden und Mitbestimmen in der Polis – erfolgreich natürlich unter den rauschenden Flügelschlägen Nikes.

Dass Athene in voller Rüstung dem Kopf ihres Vaters Zeus entsprungen war, nahm ich damals als eine seltsame Episode einfach so hin. Es gab ja noch keine Gerda Weiler, die mir etwas zugeraunt hätte von der »Tochter eines Gottes, der des Weibes nicht bedarf, um zu gebären.«[1] Und dass Zeus seine Kopfgeburt dem unschönen Verschlingen der von

1 Gerda Weiler. Der enteignete Mythos, S. 141

ihm schwangeren Metis, der Weisheitsgöttin, »verdankt«, das wurde uns in den Unterrichtslektionen »griechische Sagen« entweder nicht erzählt oder blieb mir nicht in Erinnerung. Ich hätte einen solchen Gedanken ja auch nirgendwo einordnen können. Das aber macht Patricia Monaghan in ihrem »Lexikon der Göttinnen«: Hier bezeichnet sie den abstrusen Mythos der Kopfgeburt als einen Versuch – die amerikanische Forscherin Jane Ellen Harrison spricht von einem »theologischen Notbehelf« –, um »die frühe mutterorientierte Religion zu verdecken, von der sowohl Metis als auch Athene ein Teil gewesen zu sein scheinen.«[2]

Entlarvend und erschütternd hingegen gibt das Schweizer Mythologie-Handbuch »Von Zeus zu Europa« eine vorbehaltlos positive Deutung der Mutterlosigkeit Athenes. Hier kommt ungefiltert und unbewusst die Kopflastigkeit und Abgehobenheit patriarchalen Denkens zum Ausdruck: »Die zivilisatorische Klugheit erhebt sich nicht auf natürliche Weise aus dem Lebensgrund, sie ist keine Tochter der Gaia (Erde), sie ist nicht chthonisch (erdhaft). Abgetrennt vom Lebensgrund der Mutter Erde erhebt sie sich als Geschöpf sui generis.«[3]

Athene als Archetyp für eine Vatertochter

Ich selbst hatte mich wohl einfach ganz schnell über diese komische Geschichte hinweggesetzt, weil ich mich voller Bewunderung für meinen geistig tätigen Vater geradezu automatisch mit der stolzen Vatertochter Athene identifizierte. Denn diese hatte ja – obwohl weiblich – glücklicherweise überhaupt nichts zu tun mit der verachteten, niedrigen, sich bloß immer wiederholenden statt kreativen, aber leider auch im Patriarchat notwendigen und von Männerseite intensiv genutzten häuslichen Frauen- und SklavInnenarbeit. Mir als Mädchen, Jahrgang 1946, wurde bewusst, dass Schweizer Frauen politisch immer noch nicht gleichberechtigt waren, und so wurde Athene für mich zum lodernden, archetypischen Vorbild und zur antreibenden, motivierenden Seelenkraft – wie für unzählige

2 Patricia Monaghan. Lexikon der Göttinnen, S. 192
3 Hans Riniker u. Hans Widmer. Von Zeus zu Europa, S. 106

Frauen seit dem 19. Jahrhundert, die Anteil haben wollten, *wieder* Anteil haben wollten, an Bildung und Ausbildung, an Berufsleben und Kultur.

»Als die erste Frau lesen lernte, trat die Frauenfrage in die Welt«, sagte Marie von Ebner-Eschenbach. Und mit der Forderung »gleiche Rechte für Mann und Frau«, mit dem Ruf »ius suffragii« – gleiches Wahlrecht – der englischen Suffragetten, mit dem Kampf um den Zugang zu Gymnasien, Universitäten und Kunsthochschulen zielten die Frauen auf Teilhabe und Mitwirkung an diesen durch und durch männlichen Institutionen und am seit Jahrhunderten von Männern geprägten Berufs- und Kulturleben. Von der Politik ganz zu schweigen.

Klar, dass Athene in patriarchaler Optik zu den jungfräulichen Göttinnen zählt. Sie hat ja auch nichts mit Haushalt, Kindern, Familie am Hut. Sie will ihren Intellekt wie überhaupt alle ihre Fähigkeiten leben und ausleben, in der Welt tätig sein und sie prägen. Ihre Botschaft: Kluge Frauen – lebt eure geistigen Seiten, benutzt euren Verstand, eure Initiativkraft, euer strategisches Geschick, bringt euch ein in Beruf, Gesellschaft und Polis. Ja, und ich erlaube mir, Kants berühmten Aufruf zur Mündigkeit als Athene-Weckruf für aufständige bzw. erst einmal aufstehende Frauen zu deuten: »Sapere aude!« Wage es, dich deines Geistes zu bedienen und schreite damit aus der dir verordneten Unmündigkeit hinaus und in die geistige und menschliche Mündigkeit hinein. Kein Wunder, schrieb ich meine Dissertation doch zum Thema »Mündigkeit. Ein Fragenkomplex in der schweizerischen Diskussion im 19. Jahrhundert«![4] Auch wenn ich mich inzwischen von der patriarchal verzerrten Athene als Kopfgeburt ihres Vaters verabschiedet habe – ich bleibe ihr dennoch enorm dankbar, dass sie mir damals als eine weiblich Streitbare beigestanden hat, mir meinen Weg zu bahnen in die bis dahin als männlich gedeutete Welt des Geistes, des Wissens und der Kultur. Auch wenn diese Welt noch heute in einem fast unerträglichen Ausmaß patriarchal geprägt und besetzt ist und sich beinahe wasserdicht abschottet gegen alles, was kritisch eigenwillige Frauen einbringen an anderen Werten und Prioritäten, an neuem Wissen, neuen Inhalten und Methoden: Frauen sind seit Frauenbildung, Frauenstudium und Frauenemanzipation, wie sie im 19. Jahrhundert ihren (modernen)

4 Ursa Krattiger. Mündigkeit. Ein Fragenkomplex in der schweizerischen Diskussion im 19. Jahrhundert. Bern 1972

Anfang nahm, zunehmend präsent in dieser Welt und gestalten sie mit. Mehr und mehr. Früher oder später wird das Früchte tragen.

Um 1692 porträtierte Michiel de Musscher eine Malerin in stolz aufrechter und raumgreifender Haltung, im Hintergrund die Göttin Athene; North Carolina Museum of Art (Acum No. 57.10.1)

Beim Gang durch die europäische Kunstgeschichte fällt mir allerdings auf, dass im Unterschied zur schönen Aphrodite die Gestalt der Athene als Bildgestalt vergleichsweise wenig »zitiert« wird, denn wer wollte damals schon eine Göttin als Vorbild für eigenständige Frauen ins Bild bringen, zeigen und empfehlen! Umso erstaunlicher, dass der holländische Maler Michiel van Musscher um 1692 eine Malerin in ihrem Atelier porträtiert und die bewunderte Künstlerin wie eine Heldin in der Barockoper darstellt: Trompetend verkündet ein Engel ihren Ruhm, ein Putto hält ihr den Lorbeerkranz übers Haupt und hinter ihrer malenden Hand steht – sie schützend – die Göttin Athene und stützt sich dabei elegant auf ihre Lanze.

Heute nun verstehe ich die historischen Zusammenhänge – und das bringt mir Athene auf eine neue Weise nah: Meine »Mädchen-Athene« ist ja bloß die entmündigte und vereinseitigte, auf eine Vatertochter reduzierte Athene der patriarchalen Spätzeit. Ursprünglich war Athene eine Dreifaltige Göttin aus dem nordafrikanischen Libyen und hieß auf phönizisch Anat. Sie soll aus der Gebärmutter des Sees Tritonis (Drei Königinnen) hervorgegangen sein, und schon der griechische Reiseschriftsteller Pausanias bezeichnete den Tritonsee als Athenes Geburtsort.[5] Das passt zur griechischen Mythe, dass ihre Mutter, die Weisheitsgöttin Metis, sie parthenogenetisch – also jungfräulich aus sich selbst heraus – habe entstehen lassen. Und dazu passt wiederum, dass sie selbst ja als Athena Parthenos im Parthenon, ihrem »Jungfrauentempel«, thronte.

5 Vgl. Pausanius. Beschreibung Griechenlands. Bd.1, 14, 6

Die von der Göttin konsequent verteidigte Jungfräulichkeit ist allerdings kein Nein zu Sinnlichkeit und Sexualität, sondern ein dezidiertes Ja zu Freiheit, Selbstbestimmung und Unabhängigkeit. Von ihrer römischen Schwester Minerva gibt es die entzückende Geschichte, wie sich der Kriegsgott Mars heftigst in die bewaffnete Schöne verliebt und sich bei einer weisen Alten, der Göttin Anna, Rat holt und sich auch praktische Hilfe bei der Eroberung erhofft. Mit vielen Verzögerungsmanövern hält Anna den Verliebten hin und macht ihm gleichzeitig trügerische Hoffnungen, bis sie schließlich meldet, Minerva gebe ihren Widerstand auf und sei bereit. Darauf richtet Mars die Brautkammer her, die verschleierte Minerva wird im Beisein von Venus herbeigeführt, doch als Mars sie küssen will und den Schleier hebt – o Schreck, da steht die alte Anna Perenna vor ihm! »Ihn erfüllte zuerst Scham, dann Wut. Man hatte ihn zum Narren gehalten«, erzählt die »Frauenweisheit der Antike«: »Die weise Frau lachte den verhinderten Liebhaber der schönen Minerva aus«, und seither machten die Frauen Witze und sangen Spottlieder, »wenn man sich daran erinnerte, wie Minerva und Anna den großen Gott zum Narren gehalten hatten.«[6] Dieser Minerva-Mythos wird kalendarisch im März angesetzt und spielt auf NärrInnenfeste wie den Karneval an. Aus der Optik von drei Göttinnen, die die drei Lebensalter von Frauen symbolisieren, macht er sich lustig über männliche Begierde und Eroberungstaktik – und Minerva ist dabei sowohl die freimütige Junge, die vollendete Liebhaberin Venus und Anna Perenna, die weise Alte. Als Dreiheit taucht Minerva, die zu den wichtigsten römischen Gottheiten zählt, öfter auf, so in der Kapitolinischen Trias mit Juno und Jupiter und – so schreibt Hutzl-Ronge – vor dem Aufstieg Jupiters mit Juno und Juventas, der Göttin der Jugend.[7]

Athena – mit Gorgo Medusa auf der Brust – thronend im Typus des alten Kultbildes auf der Akropolis von Athen; Zeichnung einer Statuette aus archaischer Zeit

6 Frances Bernstein. Frauenweisheit der Antike, S. 79
7 Vgl. Barbara Hutzl-Ronge. Feuergöttinnen Sonnenheilige, Lichtfrauen, S. 213f.

Der Olivenbaum macht Athene zur Stadtgöttin

Athene wurde in ganz Griechenland verehrt,[8] denn sie war weit mehr als nur die Stadtgöttin von Athen. Wie und warum sie aber überhaupt zur Stadtgöttin Athens wurde, darüber gibt es verschiedene Mythen. So soll sich neben Athene auch Meeresgott Poseidon heftig und lang anhaltend um Amt und Ehre beworben haben. Eine Volksabstimmung unter Frauen und Männern soll schließlich den Ausschlag gegeben haben. Natürlich wollten die Frauen eine Göttin und die Männer einen Gott. Variante 1 des Happy Ends: Da die Frauen eine Stimme mehr hatten, gewann Athene. Variante 2: Die alltagstüchtigen AthenerInnen kamen zum Schluss, die Göttin, die ihnen den ersten Olivenbaum gepflanzt hatte, sei eine bessere Herrscherin und Helferin als der Gott, der bloß eine Salzquelle aus dem Boden zu stampfen wusste. Erika Simon nennt die Veredlung der wilden Olive eine »Kulturtat erster Ordnung«[9] und meint, dass Zeus erst dadurch, dass er Athene zu seiner Tochter machte, »Anteil an einem der kostbarsten Produkte der Ägäis« erhielt.[10]

Neben der Veredlung der wilden Olive war es Athene, die den Menschen »tausend Künste« schenkte und sich damit als die Große Mutter, die Große Gebende offenbarte. Und sie gab alles, was die Frauen in den frühen Kulturen an Kulturtechniken erschaffen hatten: Pflanzenzucht und Zähmung der Tiere mit Joch und Zügel sowie die Kochkunst, welche die Fähigkeit voraussetzt, aus Ton Töpfe herzustellen. Dazu kamen das Rad, Wagen- und Schiffbau sowie die Wissenschaft der Zahlen, welche Hand in Hand ging mit dem Bau von Musikinstrumenten, denn damit konnten himmlische Sphärenklänge reproduziert werden. Als Erschafferin von Astronomie/Astrologie lehrte Athene auch die Kunst, das Schicksal in oder aus den Sternen zu lesen.

Die sternkundige Catherine Tennant, die die 22 alten Tierkreiszeichen wieder zugänglich machte, bringt das Tierkreiszeichen des Wagenlenkers (8.–16. Juni) mit Athene in Verbindung, denn Athene habe ja für das Pferd sowohl Wagen als auch Zügel erfunden, ohne die es kein Wagenlenken gibt. Und Tennant erblickt in Athene nicht nur die Beschützerin

8 Vgl. Erika Simon. Die Götter der Griechen, S. 183
9 Ebd., S. 180
10 Ebd., S. 184

der nach ihr benannten Stadt, sondern »the patron« aller Städte und der Zivilisation als solcher (city – civilization)[11] … wobei hier Matronin als Begriff mit Sicherheit angemessener wäre!

1902 wurde diese Athene mit Nike auf der rechten Hand auf dem Brunnen vor dem ehemaligen Reichstag in Wien – heute der Sitz des österreichischen Parlaments – aufgestellt. Im Volksmund heißt es spaßeshalber, die Göttin der Weisheit wisse schon, warum sie diesem Gebäude den Rücken zukehre …

Als Kriegsgöttin unterschied sich Athene übrigens deutlich vom Kriegsgott Ares, der eher zu blutigem Gemetzel neigte.[12] War Athene zum Kampf gezwungen, blieb sie immer Siegerin – Nike! Denn mit ihrem Geschick für Taktik und Strategie übertraf sie alle. Auch ihren Helden, unter ihnen Odysseus, empfahl sie Klugheit, Bedachtsamkeit und List; so gab sie die Anregung zum Bau des Trojanischen Pferdes und half bei der Arbeit mit.[13] Klug und menschenliebend, wie sie war, zog sie dem Kampf jederzeit die List oder das Schlichten von Streitigkeiten vor. In moderner Begrifflichkeit könnten wir sie geradezu zur Matronin der Mediation erklären!

Zu den tausend Künsten, in denen Athene die Menschen unterweist, gehört auch das Spinnen und Weben. Zwischen dem 19. und 23. März wurde in Rom mit Umzügen ein Fest gefeiert zu Ehren der Minerva als Förderin dieser beiden Künste wie auch des Färbens und anderer handwerklicher Tätigkeiten, der Bildhauerei und der Dichtkunst. Ovid erzählt in seinen Metamorphosen die Geschichte des Wettstreits zwischen Athene und dem Mädchen Arachne, das als geschickte Weberin so vermessen ist, sich mit der Göttin messen zu wollen. Athene ist darüber so empört, dass sie Arachne mit einem Zauberkraut in eine Spinne verwandelt, die von da an immerzu ihre Netze weben muss. So weit die patriarchale Optik, die mich fragen lässt, wie es einer Menschenfrau in den Sinn kommen kann,

11 Vgl. Catherine Tennant. The Lost Zodiac, S. 40ff.
12 Vgl. Arthur Cotterell. Die Welt der Mythen und Legenden, S. 66
13 Vgl. Joe J. Heydecker. Die Schwestern der Venus, S. 163

sich mit einer Göttin zu messen. Klingt das nicht sehr nach männlichen Wettkampf-Phantasien? Da folge ich doch lieber dem Hinweis von Barbara Walker, dass die Spinne Arachne das Totemtier der Athene selbst ist. Im französischen Wort für Spinne »araignée« ist sie uns bis heute erhalten geblieben und auch in Athenes Titel als Schicksalsspinnerin.[14] Zu diesem Vermächtnis gehört allerdings auch der Begriff Arachnophobie, die Angst vor Spinnen. Denn Athenes Kulttier wurde im Laufe der Zeit so abgewertet, dass sich viele Menschen – besonders Frauen, denen sie einst so verbunden war – nun vor ihr fürchten.

Als Athene Ergane weiß die Göttin der Weisheit – wie diese Tontafel aus Syrakus aus dem späten 5. Jh. v. u. Z. zeigt – auch mit der Spindel (die symbolisch auf das Spinnen des Lebensfadens verweist) umzugehen.

Spinnen und Weben zählen zu den ersten und wichtigsten Kulturtechniken, mit denen Frauen sich und die Ihren kleiden, schützen und wärmen konnten. Auch Gabriele Uhlmann zählt Spinnen und Nähen, Flechten und Weben zu den entscheidenden vorpatriarchalen Kulturleistungen der Frau.[15] Und der Hekate-Forscher Thomas Lautwein beschreibt, wie Webstuhl und Spindel samt Spinnrad »bei den meisten indogermanischen Völkern ein Attribut der Göttin« waren, »wobei das Spinnen und Weben auch zum Symbol des Schicksals wird.« Schon beim Mutterrechtsforscher Bachofen habe Spinnen, Flechten und Weben »die Tätigkeit der Naturkraft symbolisiert, wobei das Verbinden von zwei Fäden auch durchaus sexuell aufgefasst werden kann, nämlich als die Verbindung von männlicher und weiblicher Energie.« Dazu passt nach Lautweins Auffassung, dass sowohl das griechische *(kteis)* wie das lateinische *(pecten)* Wort für »Webekamm« und »Schamhaar« identisch seien: »Die Weberin schafft somit im Kleinen das, was die Göttin im Großen wirkt. Ihre Tätigkeit ist genauso magisch wie das Schicksalsweben der Göttin.«[16]

14 Vgl. Barbara G. Walker. Das geheime Wissen der Frauen, S. 57
15 Vgl. Johanna Schacht u. a. Europa heißt die Weitblickende, S. 110
16 Thomas Lautwein. Hekate, S. 107f.

Weben/texere erschafft Texte und Textilien

Die kulturschaffende Bedeutung des Spinnens spiegelt sich auch darin, dass die Spinne als »Spiderwoman« in vielen Schöpfungsmythen Kosmos, Welt und Leben hervorbringt. Die amerikanische Theologin Mary Daly versteht Spinnen und Weben als Synonyme für schöpferisches Tätigsein überhaupt. In ihrer Einleitung zu »Gyn/Ökologie«, ihrer »Meta-Ethik des radikalen Feminismus«, zitiert sie zunächst Sir Galahad aus »Mütter und Amazonen«: »Alle Muttergottheiten spinnen und weben ... Aus ihnen kommt alles, was ist: aus Entstehen und Vergehen, den rhythmisch auftauchenden und wieder verschwindenden Fäden weben sie die Wandeltapisserie der Welt.«

Aber in der patriarchalen Umkehr spottet alle Welt darüber, dass Frauen eben »spinnen«. Mit dieser abschätzigen Wortumdeutung wird Frauen ihre geistige Gesundheit und Kompetenz abgesprochen, und weibliches Denken und Tun werden damit belanglos und lächerlich gemacht. Daly dreht diese Umkehrung ein weiteres Mal um: »Eine Frau, deren Tätigkeit das Spinnen ist, nimmt teil an der wirbelnden Bewegung der Schöpfung. Sie, die ihr Selbst gewählt hat, die ihr Selbst aus eigener Wahl, nicht über ihre Kinder oder über Männer definiert, die sich mit ihrem Selbst identifiziert hat, ist eine Spinster (das englische Wort für Spinnerin/Alleinstehen-de/Ledige; UK), ein wirbelnder Derwisch, die sich in neue Zeiten/Räume schwingt.«[17]

Zudem weist Daly darauf hin, dass das lateinische Verb texere zugleich die Wurzel ist von »Text« wie von »Textilien«: »Für Frauen ist es wichtig, die Ironie zu sehen, die in dieser Spaltung der Bedeutung liegt. Der Prozess unseres kosmischen Webens wurde verkrüppelt und eingeengt auf den Bereich der Herstellung und Instandhaltung von *Textilien.* Es ist zwar nichts Erniedrigendes an dieser Tätigkeit an sich, die Begrenzung der Frauen jedoch auf die ›Welt des Spinnrads‹ hat unsere Göttinlichen Rechte auf schöpferisches Weben zerstört und aufs Strümpfestopfen eingeengt. Wenn wir uns das Wort *Text* im Gegensatz zu *Textil* ansehen, so sehen wir, dass dies die andere Seite der schizoiden Begrenzung von weben/spinnen darstellt. ›Texte‹ sind das Königreich der Männer, sie sind der Bereich des

17 Mary Daly. Gyn/Ökologie, S. 23f.

versachlichten Wortes, des verdichteten Geistes. In der patriarchalen Welt nähen und spinnen die Mädchen, Bücher sind für Knaben.«[18]

Für Daly geht es wie für die Jungianerin Jean Shinoda Bolen darum, die Vatertochter Athene wieder mit ihrer Mutter Metis zu verbinden und sie aus ihrer unhinterfragten Hingabe an die Welt des Vaters und seiner Werte zu befreien. Zeus hatte ganze Arbeit geleistet und machte Athene und unsere Kultur bis heute vergessen, dass Metis die vorolympische Göttin der Weisheit war. Damit wurde gleichzeitig das Wissen ausgelöscht, dass ihr Verschlungenwerden durch Zeus buchstäblich die Vertilgung von Frauenweisheit, -freiheit und -selbstbestimmung, ja die Vernichtung der von Frauen und Müttern geleiteten und bestimmten Kulturen darstellt. Von daher heißt »Meta-Ethik des radikalen Feminismus einfach, dass … wir Frauen auf unserer eigenen Reise Metis entdecken und die zum dritten Mal geborene Athene: unser eigenes neues Sein. Das heißt: Wir sind in der dreifaltigen Göttin, die ist und noch nicht ist.«[19]

Damit ist bei Daly überwunden, dass Athene, wie Monaghan zusammenfasst, »ganz für den Vater«[20] da sei, oder wie es der Tragödiendichter Aischylos Athene in »Die Eumeniden« selbst sagen lässt: »Denn keine Mutter wurde mir, die mich gebar, / Nein, vollen Herzens lob ich alles Männliche, / Bis auf die Ehe, denn des Vaters bin ich ganz.«[21] Und das tut Athene sinnigerweise an der Stelle, wo sie als Tochter ihres Vaters den Muttermörder Orest freispricht. Diese ungeheure Tat – einmal den Muttermord selbst und dann die Tatsache, dass er nicht gesühnt wird – können die Erinnyen, Verteidigerinnen mutterrechtlicher Prinzipien, zunächst kaum fassen. Sie selbst hatten zuvor Klytämnestra, die Mutter des Orest, nicht für den Mord an ihrem Gatten Agamemnon verurteilt, weil dieser ihre Tochter Iphigenie ja nur des Kriegsglückes wegen geopfert hatte. Damit hatte er die notwendige Mutter-Tochter-Beziehung, die Fortsetzung der Matrilinie zerstört – und zu dieser gehörte Agamemnon nach matriarchalem Verständnis eben nicht. Es ist schon krass, wie die patriarchale Umdrehung ausgerechnet der einst matriarchalen Großen Göttin

18 Ebd., S. 25
19 Ebd., S. 34
20 Patricia Monaghan. Lexikon der Göttinnen, S. 39
21 Aischylos. Orestie, Teil 3: Die Eumeniden

Athene andichtet, sie habe mit der Verteidigung des Muttermords das alte matriarchale Recht zugunsten des neu zu verankernden patriarchalen beendet. Und dies hatte Folgen: Auch C. G. Jung plädiert in seiner Psychologie für den (symbolischen) Muttermord, der im Namen des Logos und zur gänzlichen Ablösung des erwachsenen männlichen Individuums von seiner Mutter nötig sei.[22]

Athene im Gewand mit den züngelnden Schlangen, griechische Vasenmalerei

Und wie steht es mit Athenes Bestiarium? Sie ist umgeben von Nacht- und Unterweltstieren. Dabei steht die Eule für Einsicht – scharfes Sehen auch, gerade in der Dämmerung! – und Weisheit. Die großen Augen der Eule wurden schon seit der Jungsteinzeit als Göttinnenidole in Menhire und in Gefäße geritzt.[23] Als Weisheitsgöttin steht Athene in enger Verwandtschaft mit der Gestalt der »Frau Weisheit« – später Sophia – aus der hebräischen Bibel (dem Alten Testament der Luther- und Zwingli-Bibel), die ihrerseits beim Auszug aus Ägypten ins Land Kanaan mitgenommen wurde. Diese »Frau Weisheit« darf, ja muss als Weiterführung der ägyptischen Weisheitsgöttin Maat gelten. Da erstaunt es nicht, wenn laut Gerda Weiler »die Göttinnen der Weisheit, der Weltordnung und der klugen Lebensregeln … religionsgeschichtlich am Anfang« stehen.[24] Neben der Eule gibt es auch noch den Geier: Dass sich Athene in einigen Schlachtdarstellungen in Geiergestalt zeigt, erinnert an die Geierdarstellungen des frühen 7. Jahrtausends in Catal Hüyük[25] und stellt sie in die Tradition »der prähistorischen Urgöttin in ihrer Form als Todbringerin.«[26] Athene tritt hier in der dritten Gestalt der Dreifaltigen auf, wozu auch ihr Charakter als Weisheitsgöttin gehört.

22 Vgl. Josefine Schreier. Göttinnen, S. 66-76, bes. S. 75f.; siehe auch Barbara Hutzl-Ronge. Quellgöttinnen, Flussheilige, Meerfrauen, S. 118ff.
23 Vgl. Barbara Obermüller. Die weibliche Seite der Ur- und Frühgeschichte, S. 250 und Marija Gimbutas. Die Sprache der Göttin, S. 56f.
24 Gerda Weiler. Der enteignete Mythos, S. 125
25 Vgl. Marija Gimbutas. Die Sprache der Göttin, S. 188
26 Adelheid Bode-Paffenholz. Wildpfade, S. 61

Bei Athene wie auf Kreta: Schlangen allüberall

Dass Athene die Pferde heilig sind, versteht sich infolge ihrer Erfindung von Zaumzeug und Wagen von selbst. Aber Athene ist immer und überall auch die Schlangengöttin und steht damit in direktem Zusammenhang mit der Schlangengöttin von Kreta (siehe Kap. zu Gorgo Medusa).Wo sich dieser die Schlangen um die Unterarme winden, schmücken sie wie Fransen Athenes Umhang oder Panzer aus Ziegenfell, die Ägis. Und das ist ausgerechnet die Gewandung, die sie laut dem griechischen Historiker Herodot aus ihrer Ursprungsheimat mitgebracht hat: »Athenes Kleidung und Aigis hatten die Griechen von den libyschen Frauen übernommen. Diese kleideten sich in gleicher Weise, mit dem einzigen Unterschied, dass ihre Lederbekleidung mit Fransen und nicht mit Schlangen umsäumt war.«[27]

Aber was macht das von Schlangen umringelte Haupt der Gorgo Medusa auf Athenes Ägis? Es gibt zahllose Herleitungen, die mit der gemeinsamen Herkunft beider Göttinnen aus Nordafrika zu tun haben und den Tod der Medusa auf einen Konkurrenzkampf unter den beiden zurückführen. Die Ursprünge sind schwer auszumachen. Laut hellenistischem Perseus-Mythos schenkt dieser, nachdem er die Gorgo mit der tatkräftigen Hilfe von Athene enthauptet hat, das Medusenhaupt eben der hilfreichen »Göttin Athene, die es an ihr Gewand heftete.«[28] Gerda Weiler weist jedoch darauf hin, dass das Gorgonenhaupt ursprünglich nicht als Bedrohung, sondern als Schutz und Abwehr diente: »Mit ihrem ›erstarren machenden Blick‹ schützte die Gorgo alle Menschen, die ihr Bild trugen. Das schützende Gorgoneion auf dem Gewand einer Frau war das Zeichen ihrer über sich selbst verfügenden Weiblichkeit.«[29] Und sie kann sich vorstellen, dass sich das Gorgoneion aus dem nordafrikanischen Brauch der Schutz- und Abwehrmasken entwickelt haben könnte, die noch heute »bei einigen afrikanischen Eingeborenenstämmen bekannt sind.«[30]

27 Herodot. Historien IV, zit. nach Gerda Weiler. Der enteignete Mythos, S. 143
28 Gerda Weiler. Der enteignete Mythos, S. 150
29 Ebd., S. 145
30 Ebd., S. 146

Athene mit Gorgo auf ihrem Panzer und ihrem ganzen Bestiarium: Eule in der Hand, Schlangen am Brustpanzer und den geflügelten Löwen auf dem Helm; griechische Briefmarke von 1986

Jean Shinoda Bolen betont, dass Medusa ebenso wie Metis eine hoch verehrte Weisheitsgöttin und die Schlangengöttin der libyschen Amazonen war. Diese weibliche Weisheit (sanskrit: Medha, griechisch: Metis, ägyptisch: Maat) hieß in ihrem dritten, zerstörerischen Aspekt Medusa, in Ägypten Neith und in Nordafrika Athenna oder Athene.[31] Und so schließt sich der Kreis: Gorgo Medusa ist ein Aspekt von Athene selbst.

Die Schlangen gehören also einerseits zu Athenes Rolle als Schutzgöttin, stehen aber auch auf rätselhafte Art und Weise mit der Tatsache in Verbindung, dass Athene beinahe wider Willen Mutter geworden wäre. Und in der Folge denn auch offensichtlich mütterliches Verhalten praktizierte! Als der Schmiedegott Hephaistos nämlich einmal versuchte, sie zu vergewaltigen, entwand sie sich dem übergriffigen Gott – worauf sein Sperma zu Boden fiel und die Erde ein schlangenfüßiges Kind hervorbrachte: Erechtheus, den »niemand haben wollte.« Voll Mitleid zog ihn Athene auf und führte Schlange oder Schlangenkind im Schild mit sich oder versteckte es in ihrem Panzer. Und als Erechtheus groß war, machte sie ihn zum ersten König von Athen.[32]

Wie der Ehrentitel Athena Hygieia belegt, gilt sie auch als hervorragende Ärztin, die mit Kräutern und Schlangengift sowohl töten als auch heilen kann, sogar vom Tod. Dabei kommt ihr zugute, dass sie Töpferei und Kochkunst erfunden hat, denn zu kochen ist ja nicht nur das, was auf den Tisch oder auf jeden Fall in die Schüssel kommt; kochen muss frau auch Medizin und Zaubertränke. Weltbekannt ist ja zusammen mit Asterix und Obelix der gallische Heiler Miraculix, der im großen Kessel seinen unverletzbar machenden Zaubertrank braut! In der keltischen Mythologie steht »the cauldron of Cerridwen«, der Kessel der Großen Göttin Cerridwen, im Zentrum vieler Erzählungen. In ihm kochen Nahrung

31 Vgl. Jean Shinoda Bolen, Goddesses in Older Women, S. 18f.
32 Vgl. Heide Göttner-Abendroth. Die Göttin und ihr Heros, S. 53

und Heilmittel, in ihm brodelt die ganze Alchemie der Wandlung, ja letztlich wird das Leben selbst hier angerührt. Und wen wundert's, dass dieser Kessel oft gleichgesetzt wird mit dem heiligen Gral, der ja auch alles spenden soll und dies ohne Ende (siehe Kap. zu Pandora). So bringt uns Athenes Erfindung der Töpferei zu den kulturgeschichtlich bedeutendsten Pötten aller Zeiten.

DIDAKTISCHE HANDREICHUNGEN ZU ATHENE

1) *»Auch schon Rhodos beäugt, die Vater-Insel – ganz anders als Malta …*
Auch in ihrem Rhodosbericht deutet Ilse Langner das Gesehene unter dem Vorzeichen eines bestimmten Geschichtsverständnisses. So sagt sie über den Tempel der Athena Lindia: *Einst der Athene, doch zum Zeichen des neuen Männerrechts Vater Zeus geweiht …* Der Tempel einer Göttin wurde dem obersten Gott umgewidmet. Auch hier sieht Ilse Langner Geschichte als Ablösung. Und sie drückt gleichzeitig ihr Befremden aus über die Umkehrung, die da passiert: *Wunderliche Götterwelt, wo die Tochter den Vater erschuf.* Im Athene-Mythos hat sich eine Frau zum Werkzeug männlicher Interessen machen lassen.«

(Birgitta M. Schulte. Ich möchte die Welt hinreißen … Ilse Langner 1899-1987. Ein Porträt. Rüsselsheim 1999, S. 23-25)

○ **Beantworte folgende Fragen schriftlich:**

a) Wer war Ilse Langner?

b) Von welchem Geschichtsverständnis geht sie aus?

c) Sammle archäologische und mythologische Informationen zu Rhodos und Malta und verarbeite sie zu einem fiktiven Brief an Ilse Langner, in dem du auf ihr Befremden gegenüber Rhodos eingehst.

d) Lassen sich auch heute noch Frauen zum Werkzeug männlicher Interessen machen? Auf welche Weise? Sammle mit Hilfe eines Fragebogens Meinungen und präsentiere sie an einer Plakatwand.

2) Pelasgischer Schöpfungsmythos

Am Anfang war Eurynome, die Göttin aller Dinge. Nackt erhob sie sich aus dem Chaos. Aber sie fand nichts Festes, worauf sie ihre Füße setzen konnte. Sie trennte daher das Meer vom Himmel und tanzte einsam auf seinen Wellen. Sie tanzte gen Süden, und hinter ihr erhob sich der Wind. Sie wandte sich um und erfasste den Nordwind und rieb ihn zwischen ihren Händen. Da war es Ophion, die große Schlange. Eurynome tanzte wild und immer wilder, bis sich Ophion um ihre göttlichen Glieder schwang und sich mit ihr paarte. So wurde sie vom Nordwind schwanger. Dann nahm Eurynome die Gestalt der Taube an, ließ sich auf den Wellen nieder und legte zu ihrer Zeit das Weltei. Auf ihr Geheiß wand sich Ophion siebenmal um dieses Ei, bis es ausgebrütet war und aufsprang. Aus ihm fielen alle Dinge: Sonne, Planeten, Sterne, die Erde mit ihren Bergen und Flüssen, ihren Bäumen, Kräutern und lebenden Wesen.

(aus: Göttner-Abendroth, Die tanzende Göttin, S. 9)

○ **Vergleiche diesen Mythos mit den Schöpfungsmythen der aktuellen Weltreligionen.**

○ **Stelle diesen Mythos in einem Bild dar.**

3)

○ **Schreibe einen Aufsatz über den mythologischen Bedeutungswandel von Schlange und Ei. Beziehe auch den heutigen Umgang mit ihnen auf sprachlicher Ebene ein.**

4) ***Glückselig-Preisungen der Tochter der Weisheit***

Als aber die Tochter der Weisheit das Volk sah, stieg sie auf einen Berg und setzte sich. Und ihre Gefährtinnen traten zu ihr und sie tat den Mund auf und sprach:

1. *Glückselig sind, die sich selbst hervorbringen und kristallklar heilende Liebe von Liebeszerstörung unterscheiden.*
2. *Glückselig sind, die frei und unabhängig sind, die bedingungslos lieben und die Wahrheit erkennen.*

3. *Glückselig sind die Tanzenden, sie verleihen dem göttlichen Eros Gestalt.*
4. *Glückselig sind, die an Leib und Seele reich und satt sind, sie sind Nährende.*
5. *Glückselig sind, die erfahren, dass Geben und Empfangen dasselbe sind, sie haben das Geheimnis des Lebens verstanden.*
6. *Glückselig sind, die in der Großen Mutter geborgen sind, ihre Liebe ist wie sanftes Streicheln, das nicht fesselt, sondern löst.*
7. *Glückselig sind die ungezähmten Wilden, ihre schöpferische Kraft ist wie ein Keimling, der Versteinerungen aufbricht und Menschen verzaubert.*

(aus: Elga Sorge. Religion und Frau, S. 100)

○ **Suche den entsprechenden Text, der in der Bibel unter »Seligpreisungen« zu finden ist. In welchem Buch der Bibel ist er aufgeführt? Vergleiche die beiden Texte und fasse die wesentlichen Unterschiede schriftlich zusammen. Formuliere dann deine persönlichen Gedanken dazu.**

5)

Eine seit zwei Jahren geschiedene Frau, die kürzlich einen netten Mann kennengelernt hat, hat folgenden Traum:

Im Traum gehe ich auf einem gepflegten Weg durch einen schönen Wald. Da muss ich stehen bleiben, weil mein Auge auf einen, nein: zwei auffällige Sträucher fällt. Da ist je ein Zweig je eines Busches kreuzweise aufeinander zu und übereinander gelegt und mit einem Band festgebunden, so dass ein Andreaskreuz entsteht. Am Knoten in der Mitte des die gebogenen Zweige haltenden Bandes hängt an einem weiteren Band ein Anhänger – eine kleine Magnolienblüte aus weiß-rosa schimmerndem Perlmutt.*

(* Ein normales gleichschenkliges Kreuz (+), um 45 Grad gekippt)

○ **Wie deutest du diesen Traum im Wissen um die Spinn-, Webe- und Flechtkunst der Athene? Schreibe deine Deutung auf.**

6)

Eine junge Frau macht nach einem illustrierten Vortrag über griechische Göttinnen lachend folgende Bemerkung:

»Ich ernenne jetzt Artemis und Athene zu meinen Hausgöttinnen! Um Aphrodite brauch' ich mich nicht zu bemühen, die schaut schon selbst zu, dass sie zu ihrem Recht kommt!«

○ **Wie könnte diese Frau aussehen? Welche Ausstrahlung hat sie deiner Meinung nach? Gestalte mit Ausschnitten aus Zeitungen und Zeitschriften eine Bildcollage dieser Frau – zeige darin, wie du die Frau siehst, und mache deutlich, was an Artemis und Athene erinnert.**

7) Athene und ihr Totemtier – die Spinne

»Die Spinnenfrau ist ein uraltes mythologisches Motiv, das schon in der Antike und bei den Navaja-Indianern vorkommt. So heißt ein Felsen in einem heiligen Bezirk in Arizona Spider Woman. Die Spinnen-Frau weiß, was ins Lebensgewebe hineingewoben oder aussortiert werden muss, damit das Leben weitergeht. Die Fähigkeit der Spinne, ihre eigene Umgebung zu weben, gleichzeitig zu reproduzieren und zu zerstören, wird zur bezwingenden Allegorie mütterlichen Verhaltens.«

(Hanna Gagel. So viel Energie. Künstlerinnen in der dritten Lebensphase. Berlin 2005, S. 141)

○ **Tausche dich mit einer/einem Mitschüler/in darüber aus, was das Wort *spinnen* oder der Gedanke an *Spinnen* bei dir auslöst.**

○ **Untersuche das Vorkommen von *Spinne* und *spinnen* im heutigen Sprachgebrauch und zeige unter Einbezug der Information von Hanna Gagel zur Mythologie den Bedeutungswandel der Spinne auf. Schreibe darüber einen Bericht.**

8) Die Künstlerin Louise Bourgeois hat immer wieder Spinnen geschaffen. Die größte ist über neun Meter hoch und trägt einen Beutel, der 26 Marmoreier enthält:

(Louise Joséphine Bourgeois. ›Maman‹ vor der Nationalgalerie von Kanada)

○ **Bringt als Klasse ein Bild dieser Spinnen-Skulptur auf ein Plakat und ergänzt es mit Kommentaren, in denen ihr beschreibt, wie diese Skulptur auf euch wirkt.**

○ **Schreibe auf einen Zettel deine Vermutungen auf, warum dieses Werk wohl den Titel »Maman« – Mutter – trägt. Vergleiche deinen Vermutungen mit denen deiner Mitschülerinnen und Mitschülern.**

○ **Suche Informationen im Internet darüber, aus welchem Grund und in welchem Alter Louise Bourgois diese Skulptur geschaffen hat. Fasse die Informationen zu einem Kurzreferat zusammen und beende es mit einer Reflexion über dein eigenes Verhältnis zu Spinnen.**

9) Athene kommt im griechischen Mythos als Kopfgeburt von Zeus auf die Welt. Als Vatertochter identifiziert sie sich mit seinen Werten und kennt keine Mutter. Vatertreue ist auch das Kennzeichen einer anderen weiblichen Figur der griechischen Mythologie: Elektra. Über sie haben die bedeutendsten griechischen Tragödiendichter geschrieben. Auch die deutsche Dramatikerin Ilse Langner, die in ihren Stücken antike Mythenstoffe behandelt, die kulturgeschichtlich am Übergang vom Matriarchat zum Patriarchat angesiedelt sind, nimmt in ihren Dramen »Klytämnestra« und »Iphigenie kehrt heim« den Elektra-Mythos auf. Einen Perspektivenwechsel leitet sie ein mit folgenden Worten:

Elektra: »Pallas Athene, Tochter unsres Zeus,/Du Vatertochter, ohne Mutterblut,/ Des Gottes Haupt mit Waffenglanz entsprungen,/Erhör Elektra, Agamemnons Tochter,/ Und send den Vater endlich heim.«

Klytämnestra: »Nur Agamemnons Kind? Gebar ein Stern dich?/Sprangst du als Funken von des Speeres Spitze?/In meinem Leib hab ich dich treu gehegt./Mein Herzblut hat dein kleines Herz genährt,/Vor böser Taten Unbill schützt ich dich./Du aber mordest mich mit jedem Wort!«

(Ilse Langner. Klytämnestra, in: Dies. Dramen, Bd. II. Würzburg 1991, S. 106)

○ **Was hat Athene mit Elektra zu tun? Warum können beide als Vatertöchter bezeichnet werden? Antworte in einem Kurzreferat.**

- ○ Deine Klasse teilt sich auf in zwei Gruppen. Die eine wählt zur Bearbeitung eine antike Version der »Elektra« von Sophokles oder Euripides, die andere beschäftigt sich mit einer modernen Version der Elektra in den Tragödien »Klytämnestra« und »Iphigenie kehrt heim« von Ilse Langner. Die Gruppen präsentieren sich gegenseitig die Inhalte der Stücke, indem sie in die Rollen der Hauptpersonen schlüpfen und in der Ich-Form erzählen, was sie in den Dramen erleben, evtl. ergänzt durch eine Erzählerin, die in der 3. Person spricht. Anschließend schreibt jede/r SchülerIn einen Aufsatz, in dem die Figur der Elektra in den unterschiedlichen Dramenversionen verglichen wird. Dabei sollen folgende Fragen einbezogen werden: Welche Wandlungen durchlebt Langners Elektra? Welche Werte vertritt sie im Verlauf der beiden Langner-Tragödien? Wie steht das Stichwort »Feier des Lebens« damit in Verbindung? Wie behandelt Langner die Themen Liebe, Macht, Herrschaft und Krieg? Was wird durch Elektras Mutter Klytämnestra und Vater Agamemnon im antiken Drama und was bei Langner repräsentiert?

- ○ Reflektiere dein Verhältnis zu deinem Vater und das zu deiner Mutter. Verstehst du dich als Vatertochter bzw. Muttersohn? Warum? Welche Wertschätzung erhält eine Vatertochter, eine Muttertochter, ein Vatersohn, ein Muttersohn in unserer Gesellschaft? Tausche deine Gedanken in einer Mädchen- bzw. in einer Jungengruppe aus und bringe sie in eine Plenumsdiskussion über »Vatertöchter – Muttersöhne« ein.

- ○ Beschreibe in einem Aufsatz die unterschiedlichen Familienverhältnisse in matriarchalen und patriarchalen Gesellschaften. Berücksichtige dabei besonders die Position der Mutter und die des Vaters. Beantworte auch die Frage, was es in der jeweiligen Gesellschaft bedeutet, als Vatertochter oder Muttersohn zu gelten. (Zur Vertiefung der Thematik siehe Watson-Franke in Völger 1997 sowie Langhammer 2015.)

- ○ Stelle die Mitglieder deiner Familie auf einem kleinen Plakat als Mitglieder eines matriarchalen Familienverbandes dar.

GORGO MEDUSA SPRICHT

Ich bin die Vergangenheit, die Gegenwart und die Zukunft und ich gewähre dir Schutz auf all deinen Wegen. Mein Name ist der Inbegriff für weibliche Tatkraft, für weiblichen Mut und weibliches Selbstbewusstsein. Medusa bedeutet »Herrin, Herrscherin«.

In der weiblichen Trinität der Gorgonen erscheine ich als Weisheit (Medusa), Stärke (Sthena) und Vielseitigkeit (Euryale). Mein göttliches Haupt ist auf vielen Abbildungen bekannt geworden. Es ist unverwechselbar, denn statt Locken winden sich Schlagen um mein Antlitz. Sie symbolisieren seit Urzeiten weibliche Weisheit.

Mit meiner weit herausgestreckten Zunge zeige ich dir meine unbändige, lustvolle Lebenskraft und Schöpfungspotenz. Mein Anblick lässt Männer vor Ehrfurcht erstarren.
Meinem göttlichen Blick entgeht nichts. Mit ihm wache ich darüber, dass sich die Menschen an meine Gesetze halten. Und wer dies nicht tut, den kann ich mit meinem Blick in einen Stein verwandeln.

Zu Zeiten, in den Frauen kulturelle Wertschätzung erfuhren, trugen sie mich gerne in Form eines Gorgoneiums auf ihren Gewändern – als Zeichen ihrer Eigen-Mächtigkeit, über die niemand verfügen kann. Der strafende Blick einer Frau konnte so mächtig sein, dass er große Furcht auslöste bei denen, die sich nicht zu benehmen wussten.
Mein Haupt galt als göttlicher Schutz für Menschen, Eigentum und Heiligtümer. Es fand sich an Mauern, Toren und Türen und sollte Unbefugten den Zutritt verwehren. Selbst Krieger trugen es an ihrer Rüstung. Auch Schiffe, Streitwagen und Pferde wurden durch mein Haupt geschützt.

Ich hüte die Magie des Blutes, die Macht über Leben und Tod. Ich wirke in den weiblichen Meeren des Gebärmutterblutes. Darin verbirgt sich das große Geheimnis der Wiedergeburt. Aber ich wirke auch in den Blutgewässern des Todes. Er ist die Voraussetzung für neues Leben. Zu meiner Zeit waren weibliche Blutmysterien etwas so Heiliges, dass Männer mit großer Ehrfurcht darauf reagierten, aber auch mit großer Angst.

Gorgo Medusa
oder der versteinernde (An)Blick

Gorgo Medusa, Altarrelief aus Syrakus/Sizilien, Terrakotta aus dem späten 7. Jh. v. u. Z., Archäologisches Museum Paolo Orsi, Syrakus

Aufgewachsen mit patriarchalen Vorstellungen sowohl in den griechischen Sagen wie in der europäischen Kunst, war es für mich als junges Mädchen ganz klar: Das grässliche, hässliche Haupt der Medusa, das die Macht hat, zu versteinern, vor dem gilt es, sich zu schützen, wie das Perseus macht in der Florentiner Loggia dei Lanzi, nachdem er der Medusa das Haupt siegreich abgeschlagen hat. Diese Skulptur hatte ich als 18-Jährige nämlich mit eigenen Augen auf der Abitur-Reise in Florenz gesehen und vor allem hatte mir der kraftvolle junge Mann gefallen, wie ihn Benvenuto Cellini (1500-1571) antikisierend gestaltet hat, bis auf seinen flügelgeschmückten Helm und die flügelgeschmückten Sandalen nackt und fast demütig und zierlich seinen Heldenkopf senkend. Weniger reizvoll dann, wie er waagrecht das Schwert in der rechten Hand hält, in der hoch erhobenen Linken den ebenfalls sehr schönen Kopf der Medusa, schlangenumringt, mit Strömen von Blut, die von oben aus dem Hals rinnen und ebenso unten aus der kopflosen Leiche. Offenbar hat Perseus seiner Beschützerin und listenreichen Helferin, der Göttin Athene, gut zugehört und seine Lektion gelernt: Nachdem er Medusa sogar bei der Enthauptung nur im Spiegel seines Schildes beobachtet hat, schaut er sie auch jetzt nicht direkt an und entgeht so der Versteinerung.

Auch die französische Bildhauerin Camille Claudel (1864-1943) hat die Ermordung der Gorgo Medusa durch Perseus dargestellt. »Ein athletischer Jüngling hält das von ihm abgeschnittene Schlangenhaupt der Medusa hoch, das die Züge der nicht mehr ganz jungen Künstlerin trägt. Ein bitter-ironisches Selbstbildnis, in dem sie ihr schlimmes Ende

Perseus mit Medusa zu Füßen und ihrem abgeschlagenen Haupt in der Hand. Skulptur von Benvenuto Cellini, 1545–1554, in der Loggia dei Lanzi in Florenz

So gestaltete die französische Bildhauerin Camille Claudel 1897/1902 »Perseus und die Gorgo«

vorwegnahm und sich als Opfer der Männergesellschaft bedauerte wie karikierte.«[1] Die Frauenbewegung hat seit den 70er-Jahren des letzten Jahrhunderts ihre tragische Lebensgeschichte als Künstlerin im Patriarchat erforscht und ins öffentliche Bewusstsein gerückt. Und die deutsche Bildhauerin Eva Gesine Wegner, Jahrgang 1943, hat sich auf einen künstlerischen Dialog mit ihrer französischen Vorgängerin und deren Medusa eingelassen: »Auch Camille Claudel hatte ein Werk einer kopflosen Frau geschaffen. Es ist ihre letzte Arbeit, bevor sie selber dann mit 49 Jahren für dreißig weitere in eine Irrenanstalt eingesperrt wurde. Welch makabrer Zusammenhang! In ihrem Werk sehen wir dem Mörder zu – es ist Perseus, der Medusa enthauptet und dem die kopflose Frau zu Füßen liegt.«[2] Eva-Gesine Wegner zeigt in unserer Zeit, dass Medusa auch anders, nicht nur furchterregend und hässlich, sondern als strahlende dreifaltige Göttin gestaltet werden kann. Und die Künstlerin schreibt dazu: »Medusas Kopf und die Schlangenhaare – der Mythos erzählt von Bestrafung für Schönheit, Kraft und gelebte Sexualität. Wie kann ich davon erzählen? … Drei Frauen halten und gehören hier in Verbundenheit zusammen. Mir kommt die dreifaltige Göttin in den Sinn und ihre Wirkkraft in Jugend, Lebensmitte und Alter – Aufbruch ins Leben, Zeit der Reife und Weisheit im rückschauenden Überblick. Ob ›Der Kopf der Medusa‹ davon künden will, welche Kraft darin liegt, diese Stadien bewusst und angstfrei zu leben?«[3]

1 Cristina Fischer. »Vernichtung einer Künstlerin. Werke der französischen Bildhauerin Camille Claudel (1864-1943) in der Rostocker Kunsthalle«, in: unsere zeit, 16.3.2007
2 Eva-Gesine Wegner. Der Kopf der Medusa, S. 69f.
3 Eva-Gesine Wegner. Bei den Steinen angekommen. Eva-Gesine Wegner als Bildhauerin im Dialog mit Camille Claudel. Rüsselsheim 1998, S. 93f.

Und so gestaltete Eva Gesine Wegner den »Kopf der Medusa« – die zweite Ansicht zeigt am Rand des Steines die Brust und ein Ohr der dritten weiblichen Figur, die in Medusa ruht; Kalkstein aus Malta, 1989

Aber wer ist sie denn, diese Medusa, und wo kommt sie her? Laut patriarchaler Sage ist Medusa eine der drei Gorgonen, allesamt Kinder des Meeresgottes Phorkys und des Meeresungeheuers Keto. Alle haben sie eine echsenhaft schuppige Haut, Schlangenhaar und Eberzähne. Die Kraft ihrer Augen ist so mächtig, dass alle, die ihr Blick erfasst, versteinern. Deshalb werden sie von ihren drei jüngeren Schwestern, den Graien, in einem Versteck »jenseits des Meeres, fast am Ende der Nacht« bewacht. Zwei der Gorgonen – Sthenno, die Stärke, und Eurydale, das weite Meer – sind unsterblich; die dritte ist sterblich – eben die Medusa, die Herrscherin,[4] die als Gorgo Medusa gleichzeitig auch die Dreiheit der Gorgonen verkörpert. Einmal mehr also eine ursprünglich trinitarische Einheit, die dann in drei Einzelaspekte aufgeteilt wurde. Und dieser dritte Aspekt jeder dreifaltigen Göttin hat immer mit der weisen Alten zu tun, mit Tod und Wiedergeburt, mit Nacht und Erde, Finsternis und Wandlung. Und von daher erstaunt es nicht, dass Monica Sjöö 1976 als Symbol der dritten Gestalt ihrer »Diana als Mondin« schlicht und einfach ein Gorgonenhaupt ins Bild bringt.

1976 malt Monica Sjöö Diana als die Mondin – mit einem schlangengekrönten Kopf hinter sich, Symbol des Schwarzmonds.

Auch Gorgo Medusa ist also die Große Göttin in ihrer dreifachen Gestalt. So wird Gorgo selbst – und das nicht erst von Monica Sjöö – als Mondgöttin gesehen: »Die Gorgonen stammen von Gaia ab … Weit davon entfernt, die monströse Nachkommenschaft der Erde zu sein, waren die Gorgonen vermutlich eine Dreiheit von

4 Vgl. Patricia Monaghan. Lexikon der Göttinnen, S. 109

Göttinnen, die den Mond verkörperten.«[5] Sowohl Ranke-Graves als auch Bachofen haben schon auf diese Verbindung hingewiesen. Ranke-Graves schreibt: »Die Gorgonen, maskentragende Stellvertreterinnen der Dreifaltigen Göttin, hatten glühende Augen und eine zwischen gebleckten Zähnen hervorhänge Zunge. Sie sollten Fremde von der unbefugten Teilnahme an den Mysterien abschrecken ... Die Namen – Stheino (›Starke‹), Euryale (›weites Umherschweifen‹) und Medusa (›die Hinterhältige‹) – sind Namen der Mondgöttin. Die Orphiker nannten das Anlitz des Mondes ›das Gorgonenhaupt‹.«[6] Und wenn auch Gorgo Medusa eine Verkörperung der Großen Göttin ist, dann bedeutet ihre Enthauptung durch Perseus: Wir stehen auch hier am Übergang vom Matriarchat zum Patriarchat, und auch hier erschlägt das Vaterrecht das Mutterrecht.

Allerdings dürfen wir ruhig zugeben, dass uns auch heute angesichts der Bilder von Medusas Schlangenhaupt Schreck und Ekel überfallen können. In solch einer Reaktion spiegelt sich der Umkehrprozess, dass dort, wo ursprünglich sowohl die Frau als auch die Schlange verehrt wurde, die Verehrung umgestülpt wurde in Verachtung und Abscheu. In ihrer Monographie über »Drache und Schlange – die heiligen Tiere der Göttin« führt Edith Marmon dazu aus: »Die Schlange ist eines der ältesten, allumfassenden Symbole weiblicher Macht, das weltweit auftaucht. Frau und Schlange wurden gleichermaßen als heilig betrachtet, da angenommen wurde, dass sich in beiden die Kraft des Lebens verkörpere. Schlangen wurden für unsterblich gehalten, weil sie sich durch das Abstreifen ihrer Haut immer wieder erneuern können, so wie eine Frau immer wieder gebären und neues Leben schenken kann. In der Mythologie ist die Schlange deshalb vorwiegend eine weibliche Gottheit. Ursprünglich wurde die Schlange sogar mit der Großen Göttin gleichgesetzt und sie fehlt in kaum einem alten Schöpfungsmythos.«[7] Die syrische Göttin Atargatis mit ihrer hoheitsvollen Haltung, von den Füssen bis auf die Höhe des Solarplexus von einer großen

5 Shahrukh Husain. Die Göttin, S. 61

6 Robert von Ranke-Graves. Die weiße Göttin, zit. nach Rolf Jucker. »Dem Chaos anarchisch« begegnen. Bern, Berlin, Frankfurt a. M., Paris, Wien 1991, S. 88

7 Edith Marmon. Drache und Schlange – die heiligen Tiere der Göttin, S. 33f. Siehe auch Barbara Stamer u. Vera Zingsem. Schlangenfrau und Chaosdrache in Märchen, Mythos und Kunst. Schlangen- und Drachensymbolik im Kulturvergleich. Stuttgart/Zürich 2001

Schlange umwunden, ist eine der eindrücklichsten Darstellungen des Aspekts der Macht sowohl der Frau wie der Schlange. Und laut Monaghan ist Keto, die Mutter der Medusa, »möglicherweise identisch mit der syrischen Fischmutter Derketo alias Atargatis.«[8]

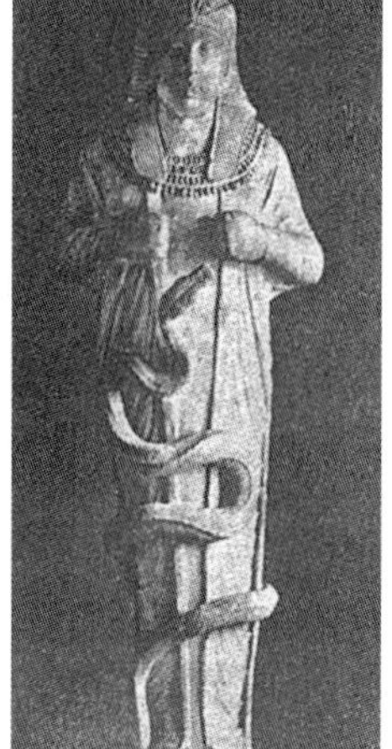

Atargatis oder die Dea Syria, bis zur Leibmitte von einer großen Schlange umwunden

Das Gorgoneion als Abwehrzauber

Macht. Kraft. Stärke. Als Ausdruck der Gorgo Medusa. Mir kommen bei der Kombination dieser Eigenschaften mit Weiblichkeit nicht als Erstes Erschrecken und Erstarren, Versteinern oder Gefahr in den Sinn, sondern Ehrfurcht, Respekt, Verehrung, Schutz und Geborgenheit. All das, was die starke Göttin geben oder einflößen kann. Und nur, wer sie nicht respektiert und verehrt, muss sich fürchten. Oder sogar mit einer Strafe rechnen, die erschrecken kann und leblos macht, versteinert, tötet. Laut der Legende schenkt Perseus das Medusenhaupt der Göttin Athene, die es an ihren Brustpanzer heftet oder an ihren Schild. Und dort – und wo immer es sonst noch angebracht wird – versteinert und tötet es nicht mehr, sondern erschreckt und schreckt ab. Indem diese Abschreckungsstrategie wirkt, wird das Gorgoneion zum Schutzsymbol an Häusern und Scheunen, Tempeln, Toren und Türen, Wagen und Schiffen, an Waffen und Zaumzeug der Pferde, wie auf unzähligen Abbildungen festgehalten: »Es gab kaum einen Gegenstand des täglichen Gebrauchs, wie zum Beispiel Lampen, Kandelaber, Stühle und Tische, den die Griechen nicht mit dem Gorgoneion verziert hätten. Es schmückte besonders das innere Rund von Gefäßen … weil die Menschen vor allem ihre Trinkgefäße und Eßschalen unter den besonderen Schutz der Göttin stellen wollten … Unzählig sind die Schmuckstücke, Gemmen und Kameen mit dem Bild der Gorgo, die offensichtlich als Amulette getragen wurden.«[9] Und noch heute wird es – wohl meist ganz unverstanden – in Gartencentern als schmückende Keramiktafel verkauft, um Gartenmauern oder -häuschen zu verzieren und – wer weiß – vielleicht auch zu schützen.

Gorgoneion am Brustpanzer der bewaffneten Athene; Vasenmalerei, ca. 525 v. u. Z.

8 Patricia Monaghan. Lexikon der Götttinnen, S. 154
9 Gerda Weiler. Der enteignete Mythos, S. 145

Der Perseus-Episode geht die Geschichte voraus, Athene habe beim Besuch eines ihrer Tempel Medusa beim Beischlaf mit Poseidon überrascht – was mindestens die Vermutung nahelegt, dass Medusa damals so hässlich und furchterregend nicht sein konnte. Der Missbrauch ihres Tempels habe Athene so sehr beleidigt und erzürnt, dass sie – so erzählt es Gerda Weiler – Medusa das Haupt abschlug, ihr die Haut vom Leibe zog, sich damit bekleidete und sich als Zeichen des Sieges das Medusenhaupt an die Brust steckte. Weiler erklärt sich diese Geschichte damit, dass beide Göttinnen – Athene und Medusa – ursprünglich aus Lybien in Nordafrika stammen, beide in ihrem Wesen mit der ägyptischen Göttin Neith verwandt sind und ähnlich wie diese selbstbewusste, ja aggressive Züge aufweisen. Vielleicht kam es zu einem Machtkampf zwischen Gorgo Medusa und Athene, weil sie sich ja so ähnlich waren: »Beide«, so Gerda Weiler, »die Gorgo Medusa genauso wie Athena, sind ursprünglich souveräne kosmische Herrinnen nordafrikanischer Stämme gewesen. Der Name Medusa spricht für sich. Er bedeutet ursprünglich ›Herrscherin‹. Die ›Herrin‹ oder ›Herrscherin‹ ist … der allgemein gebräuchliche Kultname für die kosmische Göttin.«[10] Weiler geht davon aus, dass der kultische Machtkampf um die Vorherrschaft zwischen Gorgo Medusa und Athene »noch im afrikanischen Ursprungsland stattgefunden haben« mag, »vor der großen Wanderung der nordafrikanischen Kulte nach Kreta und vor dem Eroberungszug der kretisch-mykenischen Kultur nach dem griechischen Festland.«[11] Von all dem blieb im klassischen Griechenland nur noch – und zwar völlig getrennt – die siegreiche Athene und die furchterregende Gorgo Medusa übrig.

Diese Entzweiung, dieses Entweder-oder will die griechische Mythenforscherin Phillio Marcou wieder aufheben. Es geht darum, die Trennung von Geist und Materie, Kopf und Körper, zu überwinden und so die Basis für die Solidarität unter Frauen, die Schwesterlichkeit, zu schaffen: »Ich kann mir Gorgo Medusa niemals getrennt von Athene denken, die ihre Enthauptung durch Perseus geleitet haben soll. Nicht nur weil Athene und Medusa zwei Erscheinungen der Schlangengöttin sind, auch nicht nur, weil beide aufs gemeinste verleumdet, missbraucht und deformiert wurden, sondern vor allem, weil ihre Geschichte das krasseste Beispiel der patriarchalen Taktik der Spaltung und Manipulation

10 Ebd., S. 141
11 Ebd., S. 140

der Frauen ist. So geistern bis heute die kopflosen Medusen und die körperlosen Athenes in der Welt herum und können einander nicht erkennen, denn Perseus steht zwischen ihnen und sorgt dafür, dass sie sich nicht annähern; damit sie ja nicht merken, dass sie zusammengehören. Es liegt an uns, mit unseren Händen, unseren Erzählungen, unserer Arbeit, Medusa ihren Kopf und Athene ihren Körper zurückzugeben, damit die Schlangengöttin Athene Gorgo Medusa, damit jede Frau wieder ganz wird.«[12]

Unter dem damals wie heute so beliebten Schutzsymbol des Gorgoneions versteht Barbara G. Walker »eine Schutzmaske, die die weibliche Weisheit symbolisierte.« Gorgo, »›das schreckliche Antlitz‹, war Athenes Titel in ihrer Funktion als Totengöttin«,[13] denn auch Athene war ursprünglich ja eine dreifaltige Göttin. Und auch bei Walker weckt das Gorgoneion Gefühle der Verehrung und vermittelt Schutz statt Versteinerung zu bewirken: »Ein weibliches, von Schlangenhaar umrahmtes Gesicht war ein altertümliches, weithin anerkanntes Symbol göttlicher weiblicher Weisheit und des ›weisen Blutes‹, das nach allgemeinem Glauben den Frauen ihre göttlichen Kräfte verlieh.«[14] Das alles schwingt schon im Namen der Medusa mit: Die Silbe »›Me‹ umfasst das Bedeutungsfeld der magischen Macht, Inspiration, Medizin und weiblichen Weisheit.«[15] Laut Irene Fleiss hat sich sogar das Wort »Medizin« aus dem Namen der Medusa entwickelt.[16] Auf jeden Fall fällt auf, dass es überall dort, wo Schlangen auftauchen, ums Heilen geht. So wird auch die Göttin Hygieia, die Gesundheit, oft mit Schlangen dargestellt – zum Beispiel, wie sie eine Schlange liebevoll mit Eiern füttert. Später ist nicht nur ihre Heilschlange auf ihren Sohn Asklepios, römisch Äskulap, übergegangen, sondern auch ihre Bedeutung als Göttin der Gesundheit. Und der, der einst ihr Sohn war, wurde sinngemäß und patriarchal standesgemäß in den ihr überlegenen Vater umgewandelt. Der Caduceus, der Stab mit den sich paarweise darum windenden Schlangen, wurde vom Attribut der Heilgöttin zum Symbol der Heil-

12 Zit. nach: Eva-Gesine Wegner. Der Kopf der Medusa, S. 84
13 Barbara G. Walker. Das geheime Wissen der Frauen, S. 321
14 Ebd., S. 692
15 Irene Fleiss. Als alle Menschen Schwestern, Bd. I, S. 133
16 Vgl. ebd., Bd. 1, S. 155. Siehe auch einen Artikel zur Verbindung von Medusa und Heilweise: KaraMa Beran. »Wenn du der geflügelten Medusa begegnest … HeilWeise-Assoziationen«, in: MatriaVal, Nr. 19, Aug. 2012, S. 18-21

Brunnenskulptur von Meret Oppenheim mit einem geflügelten Caduceus im Garten des Rudolf Steiner Archivs im Haus Duldeck in Dornach/Schweiz

kunst und des ärztlichen Berufsstandes, den sich die Männer vorbehielten – und zwar ganz gezielt durch den Ausschluss der Frauen aus allen Universitäten. In Basel konnte die erste Studentin erst 1890 das Studium der Medizin ergreifen – an einer damals bereits seit 429 Jahren bestehenden Universität. Und in unserer Kultur steht der Cadeus sinnbildlich für Medizin, Ärzteschaft und Apotheken, wobei aber meistens nur noch eine einzige Schlange übrig geblieben ist. So auch im bis heute gültigen Logo, das Rudolf Steiner Anfang des 20. Jahrhunderts für seinen anthroposophischen Arzneimittelhersteller Weleda mit Schlange und Stab geschaffen hat.

Einen zeitgenössischen Ausdruck gab die Künstlerin Meret Oppenheim dem Schlangenstab mit einer Brunnenskulptur, die mehrfach ausgeführt wurde. Eine steht in Dornach im Garten des Rudolf Steiner Archivs im Haus Duldeck, wo sich ein eindrücklicher Blick Richtung Leimental und Frankreich öffnet.

Der Gesichtsausdruck einer Gebärenden

Unabhängig von allen mythen- und kunstgeschichtlichen Betrachtungen hat mich immer wieder das Gesicht der Gorgo beschäftigt mit ihrem breit gezogenen, offenen Mund, die Zähne und oft auch die herausgestreckte Zunge zeigend. Nein, nicht schön. Sondern ganz schön irritierend, befremdlich. Besonders bei Frauen – so haben wir das zumindest gelernt. Denn seit den Anfängen des Patriarchats wird das, was Luisa Francia den nicht domestizierten »wilden Blick« nennt, als böse definiert. Denn dieser »wilde Blick« zeugt von Wissen und weiblicher Macht und ist ein Merkmal der Schrecken erregenden indischen Göttin Kali, der als Hexe verschrienen osteuropäische Baba Jaga und eben auch der Medusa.[17]

17 Vgl. Luisa Francia. Der wilde Blick. München 2000, S. 33ff.

Und dann sah ich in den 70er-Jahren zum ersten Mal bei Miriam und José Arguëlles in »Weiblich weit wie der Himmel« eine Abbildung einer gebärenden aztekischen Erdgöttin – mit einem breit gezogenen, offenen Mund, dessen Lippen die Zahnreihen freigeben. Spielt der leicht furchterregende Mund der Gorgo etwa auch an auf den Mund einer Gebärenden, der Mund einer Frau bei der heiligen Arbeit des Leben-Gebens, des Zur-Welt-Bringens? Denkt im Alltag irgendeine/r daran, dass das englische Wort »labour« gleichzeitig »Arbeit« und »Wehen« bedeutet? Sicher passt der Mund der gebärenden Göttin zu einer Grenzsituation – oder besser: zu einem Grenzprozess –, wie die Geburtsarbeit einer ist. Mich erstaunt und befremdet in unserer Zivilisation immer wieder, wie sehr die Reproduktionsarbeit der Mütter – einfach alles, was mit Schwangerschaft, Gebären und Stillen zu tun hat – an den Rand geschoben und banalisiert wird, wie wenig das alles beachtet, geachtet, geehrt und gewürdigt wird. Wie wenn es in einer patriarchalen Zivilisation demütigend, ja geradezu widerlich wäre, sich daran erinnern zu müssen, dass man/n so auf die Welt gekommen ist, dass man/n in Schwangerschaft, Geburt und den ersten Lebensmonaten so ganz und gar und existentiell abhängig war/ist vom Angenommenwerden durch die das Leben schenkende und nachhaltig ermöglichende Mutter. Dies alles medizinisch-technisch zu begleiten, es zu versachlichen und möglichst stark zu kontrollieren – ja, das schon, das leistet die moderne Apparate- und Medikamentenmedizin. Und gleichzeitig steigen überall die Zahlen der Kaiserschnitt-Geburten an, was für den Geldbeutel der operierenden Ärzte bekömmlicher ist. Im Mai 2014 hat die Zeitschrift »Brigitte« von den Protesten brasilianischer Frauen berichtet, die sich gegen den massiven Druck zum Kaiserschnitt

Diese aztekische Steinskulptur aus Mexico zeigt Tlacolteutl, die Göttin der Geburt, beim Gebären, bei dem, was ihren Ehrentitel ausmacht.

Bronzerelief der Gorgo Medusa, die sich in Gebärhaltung auf zwei Löwinnen stützt, aus Perugia, 6. Jh. v. u. Z.

wehren und sich auflehnen gegen die lauthals von männlichen Ärzten proklamierte Einstellung »Natürlich gebären ist etwas für Tiere«.[18] Claudia von Werlhof spitzt das Thema zu und bringt es feministisch auf den Punkt: »Wenn selbst das Leben aus Maschinen kommt – oder nur das als Leben gilt, was aus Maschinen kommt –, dann realisiert sich das Uralttrauma des Patriarchats, dass nämlich die Schöpfung eine männliche und nicht eine weibliche/natürliche sei.«[19]

1980 malte Walter Matysiak (1915–1985) dieses Ex Voto, das ihn und zwei seiner Vorfahren vor einer altmeisterlich gemalten Frau zeigt. Ich sehe in ihr ebenso eine persönliche Ahnfrau wie die Große Mutter, deren Gestalt am Kopf in ein fleischlich-vegetabiles Gebilde übergeht.

Offenbar wollen sich heute nur noch wenige einlassen auf unsere »Geburtlichkeit«, wie das die Philosophin Hanna Ahrendt in eine neue Begrifflichkeit gefasst hat. Und nur wenige fragen, was diese »Geburtlichkeit« eigentlich bedeutet für die conditio humana, für unser Menschsein! Zu animalisch, zu bodenständig, zu natürlich, zu unkontrollierbar, zu demütigend für unser Ego? Dabei betrübt mich besonders, dass nicht nur die meisten Männer so denken, sondern dass auch viele Frauen – widerstandslos sozialisiert im Patriarchat und sein zivilisatorisches Bewusstsein teilend – diese Abwertung ihrer so ureigenen Domäne nicht nur erleiden und mitmachen, sondern offenbar ganz und gar damit einverstanden sind, es zumindest zu sein scheinen. Miriam und José Arguëlles jedoch ordnen jedes individuelle Gebären und Geborenwerden ein in die »ursprungslose Schöpfungskraft«, ohne die »der ganze kosmologische Prozess nicht (hätte) beginnen können«: »Diese Mutter aller Dinge ist grundlos, ohne feststellbare Quelle.« Aber alles hier auf Erden »Geborene existiert gefährdet, ist verletzbar durch Unfälle, Krankheit, Alter und schließlich durch den Tod. Dieser ganze Prozess von Veränderung, Geburt, Tod und Unbeständigkeit wird jedoch durchdrungen, getragen und zeitlich transzendiert von einer ungeborenen

18 Brigitte, Nr. 13/2014, S. 72f.
19 Claudia von Werlhof. Über die Liebe zum Gras an der Autobahn. Rüsselsheim 2010, S. 109
20 Miriam und José Arguëlles. Weiblich weit wie der Himmel, S. 6

Umgebung von unaufhörlicher Fruchtbarkeit.«[20] Nur: Wer lebt in unserer Welt mit und in einem Bewusstsein, das all diese Gedanken aufnimmt und nicht an den Rand von Wahrnehmen und Wissen drängt?

Medusa-Säule in der Cisterna Basilica in Istanbul

Es hat mich tief bewegt, als mir eine Freundin aus Istanbul eine Postkarte von der Cisterna Basilica in unmittelbarer Nähe der Hagia Sophia mitbrachte. In diesem »versunkenen Palast«, einem riesigen unterirdischen Reservoir mit 336 acht Meter hohen Säulen, 532-542 von Kaiser Justinian erbaut, gibt es zwei Säulen mit ehrwürdigen Medusenhäuptern, von denen eines kopfüber im Wasser steht, das andere seitlich auf einer Wange liegt. Und je nach Wetterlage und Wasserstand sind beide mehr oder weniger tief im Wasser: Sie sind wortwörtlich ins wässrige Un- und Unterbewusste versenkt worden.

DIDAKTISCHE HANDREICHUNGEN ZU GORGO MEDUSA

1) Wie steht es mit deinem Blickverhalten, wenn du bemerkst, dass dich ein Mann beim Straßenbahnfahren oder sonst wo an einem öffentlichen Platz unverhohlen anschaut? Wer schlägt zuerst die Augen nieder? Aus welchem Grund?
Wer interpretiert das wie?

○ **Tausche dich mit KlassenkameradInnen aus und fasse deine Erfahrungen und Überlegungen schriftlich zusammen.**

2) *»Das heilige ›Blut des Lebens‹ war früher weiblich und real; jetzt ist es männlich und symbolisch.«*

(Barbara G. Walker. Das geheime Wissen der Frauen, S. 709)

○ **Was bedeutet das? Recherchiere, welche Rolle das Blut in den Weltreligionen spielt und verarbeite das Ergebnis zu einem Vortrag.**

3) *»Das Weibliche wurde geehrt für die Fähigkeit, monatlich eine große Menge Blut zu verlieren, ohne daran sterben zu müssen; einem Wunder, das noch vor dem Wunder des Gebärens kam. Das Blut hatte magische Kraft. Es konnte Kräfte wecken oder bannen … Unter den dazugehörigen Symbolen ist die herausgestreckte rote Zunge besonders erwähnenswert, die in den alten Zeiten der Mütter nicht als ein obszönes Zeichen galt, sondern galt als Ausdruck des sacer mens, des geheiligten Blutes … Wo immer wir der Farbe Rot im Zusammenhang mit Zeremonien, Ritualen und Feiern begegnen, wann immer die Farbe Rot im Zentrum der Macht auftauchte, ist einstmals das sacer mens im Zusammenhang gestanden … In den Zeiten des Blutes zog die Frau sich zurück. Sie zog alle Energie zu sich heran und verbrauchte sie für sich selbst. Nun hatte sie nichts mehr zu* *geben. Sie sagte NEIN und verwandelte sich in die dreiköpfige Gorgo. Aus ihrem Munde fielen Kröten, Schlangen und Skorpione. Umgeben von einer Aura von Blitzen wandte sie sich einer Macht zu, die tief in ihrem Bauch geboren war, und man näherte sich ihr dann nicht mit Alltäglichkeit. Da waren nicht viele, die die Nähe einer solchen Frau vertrugen.«*

(Angelika Aliti. Die wilde Frau, S. 204f.)

- ○ **Verfasse einen schriftlichen Bericht über die Symbolgeschichte der Farbe Rot.**

- ○ **Gestalte Gorgo auf einem Plakat. Orientiere dich an der Beschreibung von Angelika Aliti und wähle als Überschrift einen passenden Satz.**

- ○ **Tausche dich mit Mitschülerinnen über Menstruation aus. Erlebst du wie Aliti die Menstruationszeit als Zeit des Rückzugs und des Kräftesammelns? Welche sprachlichen Bezeichnungen verwendest du? Wie erlebst du die Tage vor der Menstruation? Informiere dich im Internet über das »Projekt Menstruationshütte« und präsentiere es in einem Referat.**

4)

der Kopf der Medusa
gehört nicht dir
sondern Perseus
so
sah
er
seine
Rolle

ich nicht

lass wehen
dein Haar
und
fürchte dich nicht
denn dein Blick
kennt die Wahrheit

(Eva-Gesine Wegner. Bei den Steinen angekommen. S. 97)

○ **Verfasse ein Porträt von der Bildhauerin Eva-Gesine Wegner und erkläre darin die Aussage ihres Gedichtes.**

5)

(Caravaggio, »Das Haupt der Medusa«, ca. 1597)

(Eva-Gesine Wegner, »Medusa schläft«, 1992/98)

○ **Im 16. Jahrhundert hat der italienische Maler Caravaggio »Das Haupt der Medusa« dargestellt. Vergleiche sein Gemälde mit der modernen Skulptur »Medusa schläft« von Eva-Gesine Wegner. Beschreibe die unterschiedlichen Auffassungen von Medusa, die hinter diesen verschiedenen Werken stehen.**

6) Bei der bildhauerischen Arbeit an der Medusa hat die Künstlerin Eva-Gesine Wegner die dabei entstandenen Geräusche aufgenommen. Daraus hat die bekannte deutsche Komponistin Barbara Heller eine Musik geschaffen mit dem Titel »Gelbe Quinten –

dem Stein entsprungen«; zu hören auf der CD »Scharlachrote Buchstaben« von Barbara Heller (Schott Verlag, Wergo, 6610-2). Die Noten dazu sind zu finden in: Barbara Heller. Das Quintenbuch. Furore Verlag Kassel.

○ **Sprich deine/n Musiklehrer/in an, um diese Musik im Unterricht zu hören und zu analysieren und anschließend nach einem Zusammenhang mit Medusa zu suchen.**

EUROPA SPRICHT

Viele kennen mich, weil ein Kontinent nach mir benannt ist. Einigen ist der Name meines Vaters Agenor bekannt, aber kaum jemand weiß, wer meine Mutter ist. Für Menschen in matriarchalen Kulturen wäre es unvorstellbar, den Namen einer Mutter nicht zu nennen. Denn in diesen Kulturen werden Mütter hoch geachtet und mütterliches Denken und Handeln hat kulturprägende Bedeutung. Meine Mutter heißt Telephassa. Ihr Name bedeutet »Die weithin Leuchtende« und mein eigener Name »eur-ope« meint »Die Weitblickende«. Er ist ein Synonym für Vollmond. Indem ich weit leuchtend am Sternenhimmel erscheine und die göttliche Weitsicht präsentiere, kannst du mich als Hüterin der uralten kosmischen Ordnung erkennen.

Wenn du meinen Namen als »eu-rope« liest, hat er noch eine zweite Bedeutung, nämlich »gut für Weiden« bzw. »gut bewässert«. Daran siehst du meine besondere Beziehung zum Weidenbaum. In ihm verehrten einst die Menschen meine wasserspendende Kraft. Sie verwendeten die Zweige in religiösen Riten, um von mir Fruchtbarkeit für ihr Land zu erbitten.

Ursprünglich war ich eine im gesamten vorderen Orient verehrte Mondgöttin, und der Stier war mein heiliges Tier. Die Form seiner Hörner entspricht der Form des zunehmenden und des abnehmenden Mondes. Der Stier symbolisiert die männliche Kraft des Universums – als kosmische Göttin weiß ich diese Kraft zu bändigen und zu führen.

Bei dieser aus dem 5. Jahrhundert vor unserer Zeitrechnung stammenden Skulptur siehst du mich in stolzer Haltung auf dem Stier sitzen, der mich nach Kreta getragen hat. Mit meinen Händen stütze ich mich auf ihm ab, um mich würdevoll aufzurichten und ihn gleichzeitig zu lenken. Sein Körper trägt mich kraftvoll und unterstützend, so wie männliche Kräfte die weiblichen Kräfte tragen und unterstützen sollten.

Deine Ahnen und Ahninnen in Alt-Europa haben mir zu Ehren Pyramiden erbaut. Sie befinden sich in Bosnien. Ihre Ausgrabung vor gar nicht so langer Zeit war eine Sensation, denn es hat sich herausgestellt, dass diese Pyramiden nicht nur die größten, sondern auch die ältesten der Welt sind. Als dein Mutterkontinent Europa will ich dich, wenn du dich auf die Suche nach meinen Spuren begibst, gerne mit Visionen beschenken, die dir für die Zukunft des menschlichen Zusammenlebens auf diesem Kontinent neue Dimensionen eröffnen.

Wenn Europa

auf ihrem Stier reitet …

Wir meinen Europa zu kennen. Heißt doch unser Kontinent seit vielen Jahrhunderten wie sie. Während ich an diesem Text arbeite, findet Anfang Dezember 2014 der Basler OSZE-Gipfel statt; OSZE, das ist die Organisation für die Sicherheit und Zusammenarbeit in Europa. Vor meinem Fenster patrouillieren auf dem Rhein kleine Boote der Schweizer Armee, und die Luft ist erfüllt vom Dröhnen der Helikopter – alles nur, um die Stadt, das Kongresszentrum, die teilnehmenden DiplomatInnen vor allfälligen Terror-Attacken zu schützen bzw. solche Aktivitäten durch Abschreckung zu verhindern. Eine seltsame Präsenz unserer Europa, die uns als Gestalt und Kontinent doch so vertraut und selbstverständlich ist wie die Sage von ihrem Raub durch Zeus, der sich – einmal mehr schwer verliebt und begehrlich – in einen wunderschönen und trügerisch sanften Stier verwandelt. Dieser mischt sich, wie der römische Dichter Ovid anzüglich und mit Wonne erzählt, unter eine Herde königlicher Stiere, die Hermes zuvor an den Strand getrieben hat, und nähert sich so auf scheinbar unverfängliche Weise Europa und ihren Gefährtinnen. Die phönizische Prinzessin Europa, Tochter von König Agenor und der Telephassa – heute käme sie aus Tyre im Libanon –, verliert die Angst vor dem zahmen weißen Stier, spielt mit ihm, schmückt ihn mit Blumen, streichelt ihn und getraut sich schließlich sogar auf seinen Rücken. Worauf er schnell ins Wasser gleitet und die begehrte Beute schwuppdiwupp nach Kreta entführt. Mehr listig und raffiniert als gewaltsam und grob, aber Raub bleibt Raub, und Nötigung hat mit Freiwilligkeit nichts zu tun.

Entführung der Europa auf der griechischen Euromünze

Und je nach Malstil werden in Kunst und Kunsthandwerk mehr der Aspekt der eleganten Ver- und Entführung – wie auf der griechischen Euromünze – oder eher der des gewaltsamen Raubes – wie etwa im Bild von Tizian von 1560 – in den Vordergrund gestellt. Bloß: Was macht es eigentlich mit uns Europäerinnen, dass der Name unseres Kontinents auf eine Geschichte von Raub und Entführung unter Überrumpelung des weiblichen Eigenwillens zurückgeht?[1] Doch gemach: Diese Variante von Europas Geschichte sagt mehr aus über Ovid und das patriarchale Rom als über Europa, Kreta und die Bedeutung des Stiers in der minoischen Kultur. Denn was da in patriarchaler Deformierung als peinliche Schmach für Europäerinnen daherkommt, wird sich – ist es einmal durchschaut und in seinen Ursprüngen erkannt – als eine durchaus erfreuliche Geschichte entpuppen, auf die sich Europäerinnen mit Stolz und Freude berufen können.

Der Raub der Europa, Gemälde von Tizian, 1559–1562, Isabella Stewart Gardner Museum, Boston

Eine der zentralen Aussagen der Sage von Zeus und Europa liegt nämlich im Reiseziel der Entführung: Kreta. Und dort steht in der minoischen Kultur der Stier in großen Ehren – als Heros, als das männliche Prinzip, das der dreifaltigen Großen Göttin Gaia-Rhea-Hera zugeordnet ist, der ewigen Mutter des Seins, dem immer bleibenden Großen Weiblichen hinter und über allem Wandel. Als junge Frau ist die kuhäugige dreifaltige Göttin die Himmelskuh, deren Kuhhörner die wachsende und die abnehmende Mondsichel symbolisieren; so feiert sie mit ihrem Himmelsstier, der ja auch seine Mondsichelhörner trägt, die Heilige Hochzeit, und wenn seine Zeit im Jahreslauf um ist, überreicht sie ihm den fast nur aus Samen bestehenden Granatapfel als Symbol von Tod und Wiedergeburt und tötet ihn mit der La-

1 Leider haben auch die große Sommerausstellung 2015 im Kunsthaus Zürich »Europa. Die Zukunft der Geschichte« und der ausführliche Katalog dazu nichts, aber auch gar nichts Hilfreiches beizutragen. Siehe Cathérine Hug u. Robert Menasse. Europa. Die Zukunft der Geschichte. Zürich 2015

brys, der kultischen Doppelaxt. In der Unterwelt umsorgt ihn die Totengöttin mit Milch und Honig, damit er mit dem neuen Vegetationszyklus wieder auferstehen kann.[2] Oder verallgemeinernd gesagt: »Das göttlich-schöpferische Prinzip wurde seit Beginn der Menschheitsentwicklung von Frauen verkörpert und besetzt. Erste männliche Götter treten in der Jungsteinzeit in Gestalt des Stieres in Erscheinung.«[3] Auch das Lexikon der griechischen und römischen Mythologie kommt zum Schluss, dass »in die Europa-Sage offenbar die vorgriechische Vorstellung und Verehrung des Himmelsstieres« hineinspielt.[4] Intensiv geht Buffie Johnson in ihrem Buch »Die Große Mutter in ihren Tieren« in einem eigenen langen Kapitel auf »Die Kuh und der Stier« ein und bietet einen Abriss der Geschichte dieser Kulttiere ab der Steinzeit. Zu Europa meint sie, dass die sogenannte Entführung der Mondgöttin bzw. ihr Ritt auf ihrem Stier »die Vereinigung kosmischer Kräfte« beschreibt: »Mit der linken Hand hält sie das Horn des Stiers umfasst und offenbart damit, dass sie über seine magischen Kräfte herrscht.«[5]

Europa reitet auf ihrem Stier, Kalksteinrelief vom um 600 v. u. Z. erbauten Tempels in der griechischen Kolonie Selinus auf Sizilien; Nationalmuseum Palermo

Europa war für Barbara G. Walker »wie Hathor, Hera, Io und Kali in der weißen Mondkuh verkörpert. So wie Kali auf dem in Gestalt des weißen Stieres Nandi erscheinenden Shiva ›ritt‹, ritt Europa auf dem als weißer Stier erscheinenden Zeus. Der hellenischen Sage nach wurde sie von Zeus entführt und vergewaltigt. Diese Sage wurde aber ›von prähellenischen Bildwerken abgeleitet, die die Mondgöttin triumphierend auf dem Sonnenstier, ihrem Opfer, reitend darstellen‹. Schon seit sehr früher Zeit wurden in Kreta und Mykene der Mondkuh-Göttin weiße Stiere geopfert.«[6] Auch Heide Göttner-Abendroth betont die Bedeutung des Stiers in der kretischen Kultur: Rhea/Hera – und in der Folge dann

2 Vgl. Heide Göttner-Abendroth. Inanna, Gilgamesch, Isis, Rhea, S. 170 sowie Dies. Die Göttin und ihr Heros, S. 60
3 Johanna Schacht u.a. Europa heißt die Weitblickende, S. 8
4 Herbert Hunger. Lexikon der griechischen und römischen Mythologie, S. 133
5 Buffie Johnson. Die Große Mutter in ihren Tieren, S. 291

Die reitende Europa aus Boeotia in Griechenland, um 400 v. u. Z., heute im Allard Pierson Museum in Amsterdam

auch Europa – »war in ihrer zweiten Gestalt die Göttin des Lebens und ihr Symboltier die Kuh, das Tier der Fülle. Hier war sie … die Kuhgöttin Io mit den wechselnden Farben, was auf ihre Verbindung auch mit dem Mond hinweist. Es sind ihre prächtigen, weißen Mondkuh-Hörner, welche die Firste des Palastes von Knossos krönten, und es sind ihre Farben Weiß-Rot-Schwarz, in denen alle Säulen der Etagen dieses Palastes gemalt waren. Noch in der griechischen Argolis wurde sie die ›kuhäugige Hera‹ genannt, und ihr Heros erschien unweigerlich in Gestalt des kretischen Stiers, ein Symbol der männlichen Kraft.«[7]

Auch Annette Kuhn bezieht sich in »Historia« mehrfach auf die matriarchale Tradition, die in der Gestalt der auf ihrem Stier reitenden Europa zum Ausdruck kommt: »Europa, die schöne phönizische Prinzessin, reitet im Damensitz auf dem Stier. Sie streichelt liebevoll seine Flanke, um ihn anzutreiben und hält sich selbst fest an seinen Hörnern. So gelangen beide an das sichere Ufer … Dieses Symbolbild Europas«, das auf der Akropolis der (heute sizilianischen) Stadt Selinunt stand, ist jedoch »in der Folgezeit vor allem im Sinne des siegreichen römischen Imperialismus ausgelegt worden. Auf dem Podest ist die römische Aufschrift: *Europa rapita* – Europa wurde geraubt – zu lesen … Beim Betrachten des Halbreliefs der Europa aus der 1. Hälfte des 6. vorchristlichen Jahrhunderts ist allerdings die matriarchale Symbolordnung leicht zu erkennen. Europa, diese junge, begehrenswerte Frau, verkörpert das matriarchale Muster und die Gesetze der matriarchalen Ordnung, die nicht verletzt werden dürfen.«[8] Für Kuhn zeigt sich das auch darin, dass Europas Mutter das Verhalten von Zeus nicht nur missbilligt, sondern ihn auch – ganz in matriarchaler Manier – dafür bestraft: Europa wird Zeus nicht lieben.[9] Und wie Demeter ordnet auch diese Mutter ein Absterben der Natur an – allerdings ohne so dramatische Folgen wie bei Demeter und Persephone.

6 Barbara G. Walker. Das geheime Wissen der Frauen, S. 235f.
7 Heide Göttner-Abendroth. Die Göttin und ihr Heros, S. 66
8 Annette Kuhn. Historia, S. 103f.
9 Annette Kuhn. »Warum sitzt Europa auf dem Stier? Matriarchale Grundlagen von Europa«, S. 51

Das matriarchale Kreta leistet am längsten Widerstand

Die Deutung von Annette Kuhn zeigt auf, warum noch in der patriarchalen Fassung der Europa-Sage das geographische Ziel der Entführung so bedeutungsvoll ist: Zeus entführt die Tochter des phönizischen Königs ja ausgerechnet nach Kreta, und »diese Tochter Asiens gibt dem erwachenden, neuen Erdteil den Namen. In ihrem Weg ist tatsächlich ein nicht unbedeutender Beitrag zur Formierung griechischer und abendländischer Kultur mit enthalten.«[10] Und dieser Umstand ist Widmer/Riniker so wichtig, dass sie ihn noch einmal etwas anders formulieren: »Der Europa-Mythos widerspiegelt Verhältnisse der mykenischen und vormykenischen Zeit. Die indoeuropäischen Einwanderer bringen den Himmels- und Wettergott Zeus mit. Er dringt in die mykenische Kultur auf Kreta ein und wird dort mit dem altorientalischen Erbe konfrontiert. Das Schwergewicht der griechischen Kultur lag damals auf Kreta. Sie nimmt das altorientalische Erbe in sich auf. Es wird besonders durch das Seefahrervolk der Phönizier vermittelt.«[11]

Ähnlich beschreibt Annine van der Meer Kreta als letzte Bastion der Kultur des Alten Europa … wo eine ›Great Lady‹/Große Göttin verehrt wurde. Bis 1450 v. u. Z. war diese Insel die letzte Bastion, die den indoeuropäischen Völkern, die das Festland erobert hatten, Widerstand leistete. Denn die Eroberer verehrten einen patriarchalen Gott und entwickelten eine patriarchale sozio-ökonomische Gesellschaft.[12] Dieser Umbruch geschah auf Kreta jedoch erst viel später und und zwar um 1400 v. u. Z. mit der Eroberung durch die patriarchalen Äoler.[13] In Kreta wurde die Große Göttin, Königin oder Potnia verehrt als Ausdruck aller Aspekte der Natur, und die kretischen Heiligtümer lassen keinen Zweifel daran, dass das Weiblich-Göttliche im Zentrum all dieser Kultstätten stand. Vor allem ist diese minoische Kultur und ihr Verständnis des Sakralen »prä-hellenistisch« und eindeutig mit dem Alten Europa verbunden. Den Begriff »Altes Europa« verwendete die Archäologin Marija Gimbutas erstmals 1974 in ihrer großen Studie über die »Gods and

10 Hans Widmer u. Hans Riniker. Von Zeus zu Europa, S. 63
11 Ebd., S. 63
12 Vgl. Annine van der Meer. The Language of Ma, the primal mother, S. 320
13 Vgl. Heide Göttner-Abendroth. Inanna, Gilgamesch, Isis, Rhea, S. 224

Goddesses of Old Europe« – und erst 1982 getraute sie sich bei der Neuauflage dieses Werks, die Göttinnen ihrer wahren Bedeutung entsprechend voranzustellen, und so hieß dieses Buch von nun an »Goddesses and Gods of Old Europe«, wie Gimbutas am 28. Juni 1993 bei einem Gespräch im Frauenmuseum Wiesbaden schmunzelnd erzählte; 1974 habe sie sich eben noch nicht getraut, die »scientific community«/wissenschaftliche Gemeinschaft mit dem absoluten Vorrang der Göttinnen zu schockieren …[14]

Aber was haben all diese geographischen Bezüge mit der Gestalt der Europa zu tun? Gemäß Annine van der Meer ist es »historisch unumstritten, dass die minoische Kultur nach Einwanderungen aus Kleinasien um 2600 v.u.Z. zu blühen begann. Und Kreta ist die Insel, auf der Europa landete. Sie kommt aus Phönizien, wo bekanntlich auch die alte frauen-zentrierte Kultur herrschte«. Für die Holländerin stehen einerseits Kreta und Prinzessin Europa für die Verbindung zwischen mehreren matriarchalen Kulturen im Nahen Osten wie im südöstlichen Europa. Andererseits beschreibt der »Raub der Europa« die Ankunft des neuen Gottes, dessen neue patriarchale Kultur die alte matriarchale praktisch überall übermannen und überwältigen wird: »Der Europa-Mythos ist mehr als ein Mythos. Diese Geschichte wurzelt in historischer Realität.«[15] Und dazu gehört auch die kulturelle Zuwanderung matriarchaler Werte, wie sie Heide Göttner-Abendroth aufzeigt: Kreta lag als Insel im östlichen Mittelmeer im Schnittpunkt der antiken Reise- und Handelswege zwischen Asien, Afrika – Herodot nannte Afrika Libya – und Europa. Und darum habe sich aus den hier einströmenden Einflüssen eine neue und eigenständige, eben die minoische Kultur gebildet. Zu deren matrizentrischer Ausrichtung habe wesentlich beigetragen, dass nach der gewaltsamen Vereinigung von Ober- und Unterägypten um 3000 v.u.Z. viele Angehörige der matriarchalen libyschen Kultur aus dem westlichen Nildelta nach Kreta geflohen seien und die Ausformung der neu entstehenden minoischen Kultur mit geprägt hätten.[16]

14 Erstmals auf Deutsch sind »Göttinnen und Götter im Alten Europa« von Marija Gimbutas 2010 erschienen.
15 Annine van der Meer. The Language of Ma, the primal mother, S. 320f. (Übersetzung: UK) Zur Eroberung durch die patriarchalen Stämme siehe: Göttner-Abendroth. Inanna, Gilgamesch, Isis, Rhea, S. 224
16 Vgl. Heide Göttner-Abendroth. Die Göttin und ihr Heros, S. 57

»Bereits im frühen Ägypten« gelten laut Mythenerzähler und -maler Voenix »die mondsichelförmigen Stierhörner … als Kultobjekte und sichtbare Manifestationen aller zeugenden und das Wachstum fördernden Kräfte«. Auch in den alten kretischen Dynastien gebe es viele Darstellungen der Heiligen Hochzeit »zwischen der mit Kuhhörnern geschmückten Mondgöttin und dem eine Stiermaske tragenden Sonnenkönig«. Darum hat für ihn »das Bild der entführten Europa (›die mit dem Vollmondgesicht‹) … seine Wurzeln in einem alten Fruchtbarkeitskult. Ursprünglich war es die weiße Mondgöttin, die, auf einem Sonnenstier einher reitend, das Tier im Triumphzug zum Opferaltar führte. Das geschmückte Stieropfer hat sich in zahlreichen Abwandlungen bis heute im traditionellen Aufmarsch des Pfingstochsen erhalten.«[17] Einmal mehr also Urbilder vom antiken Mythos bis ins Brauchtum und zur Volkskunde in Kontinental-Europa.

Der Zauber einer lebensfrohen, friedlichen Kultur

Im Sommer 2012 war ich zum ersten Mal in Kreta. Das Frauenseminar zur Verbindung mit der Schlangengöttin als Quelle weiblicher Schöpfungskraft fand in der abgelegenen Bucht Triopetra im westlichen Teil der Südküste statt, und so schaltete ich mit einer Freundin einen Besuchstag in Heraklion vor. Das archäologische Museum befand sich noch immer in Renovation, aber das Allerschönste der kretischen Sammlungen wurde in einem alten Anbau ausgestellt und in einem vorläufigen Museumsführer festgehalten und beschrieben. Und so konnten wir staunend und ergriffen den eigentlich recht kleinen Schlangengöttinnen unsere Reverenz erweisen, Göttinnen aus Ton und Marmor bewundern, mit Spiralen, Vögeln und Tieren geschmückte Schalen und Krüge bestaunen, uns ergötzen an blüten- und blätterförmigen Elementen von Goldschmuck aus fein gearbeitetem Goldblech sowie an goldenen Siegelringen und einer Goldtasse, mit laufenden Spiralen verziert, von den Votiv-Doppelbeilen aus Gold ganz zu schweigen. Geradezu ergötzlich sind mehrere aus Ton geformte Figurengruppen wie ein Frauenreigen mit einer Leier spielenden Frau in der Mitte, ein Hausheiligtum mit sechs Personen, die eine Opferszene vollziehen, und »das

17 Voenix. Der griechische Götterhimmel, S. 93

Tonmodell eines Rundbaus mit der Figur einer Göttin im Innern und Beobachtern (zwei Männer und ein Tier) auf dem Dach.«[18] (Siehe Gaia-Kapitel)

Selbstverständlich sind auch zwei weltberühmte Rhytone zu sehen, Gefäße zum rituellen Ausgießen von Trankopfern: Eines ist ein schwarzer Stierkopf mit goldenen Hörnern und »Einlagen von Perlmutt, Bergkristall und Jaspis in Maul und Augen«,[19] der andere ist schmal und elegant aus Kalkstein gebildet und hat die Form eines Löwinnenkopfes. Beide Rhytone stammen aus Knossos und werden auf die Neupalastzeit von 1600 – 1450 v. u. Z. datiert. Fasziniert und berührt hat mich eine hinreißend schlichte Sonne aus durchsichtigem Bergkristall; sie besteht aus einer großen flachen Scheibe, um die herum ein Kranz von ovalen Strahlen angebracht ist. Als Wandbilder werden der legendäre »Prinz mit den Lilien« oder eher der »Priesterkönig« gezeigt, dazu die wegen ihrer deutlich rot gefärbten Lippen als »Die Pariserin« bezeichnete Priesterin mit dem Knoten im Nacken (siehe Ariadne-Kapitel) und das Stierspringerfresko aus Knossos, das aus der späten Palastzeit von 1450 – 1400 v. u. Z. stammt.

Stierrhyton im Archäologischen Museum Heraklion

Knossos selbst haben wir nicht besuchen können. Aber was wir im Museum sehen durften, ist von einer Schönheit, die Augen und Herz tief und nachhaltig erfreut. Das Wohlgefallen und Wohlbefinden, das mir das Ansehen dieser Objekte bereitet hat, lässt mich einstimmen in den fast hymnischen Ton, mit dem Adelheid Bode-Paffenholz[20] »die neolithische Zivilisation Kretas« preist, deren Blüte sie auf die Zeit von 3000 bis 1500 v. u. Z. datiert. Sie betont die ausgesprochen hochstehende Ausstattung der Städte mit Wasserleitungen, sanitären Anlagen, Brunnen und Viadukten. Es gab exzellente Hafenanlagen, und ein Netz befestigter Straßen

18 N. Dimopoulou-Rethemiotaki, G. Rethemiotakis, K. Rhomiopoulou. Archäologisches Museum Iraklio. Vorläufige Ausstellung. Athen 2009, S. 68

19 Ebd, S. 61

20 Adelheid Bode-Paffenholz. Wildpfade alle folgenden Zitate sind aus dem Kapitel »Die neolithische Zivilisation Kretas« von S. 50-55

überzog die ganze Insel. Die großartigen Paläste seien nicht einfach Wohnstätten der herrschenden Familien gewesen, sondern »Bauwerke, die sowohl als religiöse Stätten als auch als Unterhaltungs-, Handwerks-, Handels-, Verwaltungs- und gerichtliche Zentren fungiert haben.«

Zur Blüte dieser Kultur, meint Bode-Paffenholz, müsse auch die verhältnismäßig gute Verteilung des Reichtums beigetragen haben: »Die Ausstattung keines der freigelegten Heime deutet auf ärmliche Lebensbedingungen hin. Zwar gab es unterschiedlich große Wohnstätten, doch hat sich allem Anschein nach die gesamte Bevölkerung eines eindrucksvollen Lebensstandards erfreut. Der tiefe ökonomische und soziale Graben zwischen gesellschaftlich hoch und niedrig stehenden Familien, der für andere alte Hoch-Kulturen wie etwa für die Ägyptens oder Babylons so typisch war, hat hier offenbar nicht existiert.« Auffallend sei auch, dass Kreta offensichtlich eine friedliche Kultur gewesen sei. Schon der griechische Dichter Hesiod berichtete erstaunt, in Kreta würden keine Kriegsgötter angebetet. So seien in der »Kunst Kretas ebenso wie in den früheren göttin-orientierten neolithischen Gesellschaften des Festlandes keinerlei Anzeichen für eine Idealisierung von Aggression zu finden … oder anderweitige Indizien, die auf die Existenz von Kampf und Krieg hindeuten.«

Die Schlangengöttin im Archäologischen Museum Heraklion

Das höchste Lob finden bei Bode-Paffenholz jedoch das kultische Leben und die mit Religion und praktizierter Frömmigkeit verbundene Kunst. Der Göttin wurde ebenso in den Wohnungen gehuldigt, wie sie in privaten Heiligtümern und Hauskapellen oder draußen in der Natur auf Bergesspitzen oder in Höhlen verehrt wurde. Überall prangten Göttinnen-Symbole wie Doppelaxt, Spiralen und Schmetterlinge, fließende Linien und Wellen, Pflanzen aller Art, Bäume und Blumen, Vögel, Wald- und Meerestiere. Stilisierte Hörner beschworen »wie bereits mehr als 20 000 Jahre zuvor … die von Bison, Widder und Bullen verkörperte männliche Urkraft herauf«. Als Zeichen des Halbmonds gehörten diese Hörner

Der Lilienprinz im Archäologischen Museum Heraklion

aber ebenso zur Göttin, deren Gestalt ohnehin im Zentrum einer Religion stand, »›die ungewöhnlich frei war von formellen Banden, aber emotional bindend in ihrem unablässigen Bemühen, Verbundenheit mit den elementaren Mächten herzustellen‹«, wie Bode-Paffenholz die amerikanische Autorin Rachel Levy zitiert. Plastiken und Wandgemälde, Vasenmalereien und schön gestaltete Gegenstände des alltäglichen Gebrauchs drücken »eine alles durchziehende, elementare Freude am Dasein in dieser Welt« aus und »strahlen durchweg eine heitere, unbeschwerte, lebensfrohe, manchmal geradezu übermütige Stimmung aus.«

Das spiegle auch die kretische Frauentracht, in der die Göttin, ihre Priesterinnen und die Anbetenden dargestellt werden: der siebenstufige Rock mit der unten abgerundeten und mit Rauten geschmückten Schürze, die den Schoß betont, und oben der eng anliegende Bolero, der die Brüste freilässt, die stolz und ohne jede falsche Scham gezeigt werden. »Weibliche wie männliche Gestalten beeindrucken durch ihre vitale Körperlichkeit, ihre selbstbewusste aufrechte Haltung, durch würdevolle, stolze Bewegungen und anmutige, graziöse Gesten. Die eleganten Kleidungsstücke dieser Epoche akzentuieren Penis und weibliche Brüste und waren dabei in Bezug auf beide Geschlechter gleichermaßen enthüllend. Darin lässt sich sowohl ein unmissverständliches Anzeichen für ein offenes Akzeptieren und Wertschätzen des menschlichen Körpers sehen wie auch ein klarer Hinweis auf ein freies, freudiges Verhältnis zu Sinnlichkeit und Sexualität.« Kurz: Die minoische Kultur feiert »das Wunder, die Schönheit, die Harmonie, die ganze faszinierende Vielfalt von Leben sowie die kreative Urkraft, die in all seinen Formen zum Ausdruck kommt.«

Eine der überwältigendsten Ausdrucksformen dieser Lebensfreude war ein Tanz, ein rituelles Spiel, das Stierspringen, das auf Kreta vollzogen und an den Wänden des Palastes von Knossos dargestellt wurde. Es ist nicht wie später in Spanien ein Stierkampf, bei dem das Symbol der männlichen Kraft besiegt, unterjocht und am Ende getötet werden muss. Denn im Stierkampf macht ja der Menschenmann dem die männliche Kraft und Würde symbolisierenden Mann-Symbol Stier mit List, Kraft und Geschick den Garaus. Beim Stierspringen hingegen, bei den »rituellen Stiertänzen, die regelmäßig in der großen Halle des sogenannten Palastes von Knossos stattgefunden haben«,[21] ging es nicht ums Töten, aber ebenfalls um Geschick und um eine tollkühne akrobatische Kunstfertigkeit. Dabei packten junge Frauen und Männer den Stier buchstäblich bei den Hörnern, sprangen mit einem Salto auf und über ihn, um dann von seinem Rücken mit einem zweiten Sprung wieder auf dem Boden beziehungsweise in den Armen des wartenden Partners oder der Partnerin zu landen.

Das Stierspringerfresko aus dem Palast von Knossos, heute im Archäologischen Museum Heraklion

Zu diesem ins Auge fallenden Gegensatz von Macho-Stierkampf und Matria-Stierspringen kommt mir in den Sinn, wie unterschiedlich in christlichen Heiligenlegenden Frauen und Männer mit Drachen umgehen – eine Erkenntnis, die wir vor allem Elisabeth Moltmann-Wendel verdanken, die das anhand der Heiligen Martha aufgedröselt hat. Während der Heilige Georg den Drachen mit seiner Lanze durchbohrt und so die gefangene Prinzessin befreit, legt ihn die kluge Martha umsichtig mit ihrem Gürtel an die Leine.[22] Ähnliche Darstellungen gibt es übrigens auch von der Heiligen Margarethe und ihrer Drachenüberwindung. Wo der Mann die triebhafte Stärke des Drachen absticht und zerstört (kein weiser Umgang mit den dunklen Aspekten …), zähmt und bändigt Martha die Lebenskraft dieser vitalen Seite des Lebens und macht sie sich gefügig, während ihr Bewusstsein ganz eindeutig die Leitungsfunktion in diesem

Der Stierspringer aus Elfenbein im Archäologischen Museum Heraklion

21 Zum Stierspringen siehe auch Reynold Higgings. Minoan and Mycenaean art, S. 35
22 Siehe Elisabeth Moltmann-Wendel. Ein eigener Mensch werden, S. 52. Vgl. auch das ganze Kapitel über »Martha, die Drachenbesiegerin«, S. 46-55, je eine Abbildung auf S. 24 u. S. 49

Der Recortadores-Stierkampf ist ein Stierspringen ohne Waffen, bei dem kein Tier zu Schaden kommt.

Viel-Energien-Haushalt übernimmt. Töten macht immer etwas kaputt; Kräfte lenken und nutzen hingegen ist lebensfreundlich. Beides ist eine gefährliche Herausforderung, aber wo der Stierkampf brutal ist, ist das Stierspringen elegant. Stierkampf ist – der Name sagt es – Kampf und endet »im besten Fall« mit dem Sieg des Toreros und dem Tod des Stiers; Stierspringen ist eine Win-Win-Situation – der Mehrwert ist die begeisternde Leistung der Springenden und die Freude darüber sowohl bei den Mitwirkenden als auch bei den Zuschauenden. Und der Stier darf geehrt und fröhlich weiterleben.

Europa – die mit dem Vollmondgesicht

Und was bedeutet eigentlich der Name »Europa«? Gemäß Barbara G. Walker heißt »die Große Göttin als Mutter des gesamten europäischen Kontinents« ganz einfach »Vollmond«.[23] Dieser Zusammenhang scheint auch auf im Titel des Sammelbands »Europa heißt die Weitblickende«, der »postpatriarchale Perspektiven für die Kulturanthropologie« vereinigt. Im Vorwort verwendet Johanna Schacht, eine der Herausgeberinnen und Autorinnen, die Sage des Raubs der Europa als Inbegriff und gültige Metapher für den gewaltsamen Sturz matrizentrischer und matrilinearer Kulturen durch das Patriarchat mit seiner durchgängigen Abwertung des Weiblichen, der Frauen und der Natur. Schacht zitiert eine Studie aus männlicher Feder, die sich über die Namen der Kontinente Europa, Asia und Libya = Afrika Gedanken macht. *»Am häufigsten wird Europa bis heute auf das griechische Adjektiv euros (weit) und das Substantiv ops (Auge, Gesicht, Erscheinung), davon abgeleitet opos (aussehend wie, blickend wie), zurückgeführt. Zeus europé meinte demnach*

23 Barbara G. Walker. Das geheime Wissen der Frauen, S. 235

›Zeus sieht weit‹. In der weiblichen Form bezeichnet das Wort eine Frau mit schönen Augen und mit schönem Gesicht.«[24]

Nach männlicher Wahrnehmung bedeuten also die gleichen Worte bei Männern Weitblick, während sie bei Frauen auf bloße Äußerlichkeiten hinweisen. Noch immer spüre ich den Zorn der Autorin in ihren Formulierungen beben, wenn Schacht zusammenfasst: »Fest steht, dass Europa, die Weitblickende, vom Vatergott Zeus entführt wurde. Er hat sich zu diesem Zweck in einen Stier verwandet. Weil sie offensichtlich nicht aus freien Stücken mitkommen wollte … Das Patriarchat basiert auf brutaler Gewalt, auf der Macht des Stärkeren und Listigeren, Heimtückischeren, auf der Negierung des Eigenwillens und Lebensrechts des Anderen … Geschichte wird innerhalb des patriarchalen Paradigmas gedeutet als linearer Fortschritt vom weiblich-stofflichen zum männlich-geistigen Prinzip. Europa als Repräsentantin archaischer Frauenweisheit, die die Macht der Weisung hatte, weil sie den der Natur immanenten Geist ehrte und verkörperte, wurde entführt und gedemütigt und wird es bis heute … Natur und Geist werden als eine unversöhnliche Dichotomie gefasst, wobei Natur zur bloßen Materie (von lat. Mater = Mutter), zum verfügbaren Material für das schöpferische Geistprinzip degradiert wird. Die Frau, die aus der instrumentalisierenden männlichen Sicht mit dem Natur-Prinzip identifiziert wird, wird so entwertet und zum verfügbaren Objekt für den Mann. Der männlich konnotierte Geist, d. h. der zweckrationale Verstand, die lineare Ratio, die mit Kausalität, linearer Logik und dualistischen Trennungen agiert, wird hierarchisch über die Natur gestellt.«[25]

Und Schacht fragt: »Warum wird Europa nach wie vor mit ›die Großäugige‹ oder ›Breitgesichtige‹ übersetzt? Weil die Frau mit Weitblick nicht sein kann, weil sie nicht sein darf?«[26] Auch der Name der kretischen Königin Pasiphae, der Gattin des Minos und damit der Schwiegertochter der Europa, heißt »die weithin Scheinende« und »bezieht sich auf die weiß leuchtende Mondgöttin, die auf Kreta verehrt wurde.«[27]

24 Zit. nach Johanna Schacht u.a. Europa heißt die Weitblickende, S. 7
25 Johanna Schacht u. a. Europa heißt die Weitblickende, S. 10f.
26 Ebd., S. 11
27 Heide Göttner-Abendroth. Inanna, Gilgamesch, Isis, Rhea, S. 231

Alles in allem ist klar geworden, dass von einem »Raub der Europa« keineswegs die Rede sein kann. Ganz im Gegenteil: Europa, mit dem Weitblick und dem Vollmondgesicht, reitet freiwillig, stolz und eigenständig auf ihrem Himmelsstier. Er ist ihr geliebter König von Kreta und lebt mit ihr in den Göttinnen-Tempeln, die »der Wohnsitz der Priesterin-Königin und ihres Heiligen Königs« sind, »zusammen mit vielen dem Kult dienenden Menschen«, wofür Göttner-Abendroth den stimmigen Begriff der »Wohntempel« kreiert hat. Sie erklärt: Die Masken, die der König »erhält, dienen für rituelle Tänze beim Kultdrama der magisch verstandenen Heiligen Hochzeit.« Darum ist er nicht der gefürchtete Minotaurus, »sondern der königliche Tänzer mit Stiermaske. Das Labyrinth von Knossos und andere Labyrinthe dienten als Tanzplätze für diese Ritualtänze, sie sind vermutlich aus diesen Tanzbewegungen entstanden.«[28]

Europa mit dem Stier; Vasenmalerei, ca. 480 v. u. Z., Tarquinia Nationalmuseum, Italien

Und als kretische Priesterin-Königin ist Europa die Repräsentantin archaischer Frauenweisheit, mit der wir uns wieder in Verbindung setzen können, wenn wir uns mit den Botschaften und Bildern der Großen Göttin, ihrer Sprache und Zivilisation befassen – um die Buchtitel von Marija Gimbutas »Die Sprache der Göttin« (1989/1995) und »Die Zivilisation der Göttin« (1991/1996) ins Spiel zu bringen. Wenn die Wurzeln von Europas vorpatriarchaler Geschichte auf diese Weise ins Blickfeld rücken und zur Wirkung kommen, können wir EuropäerInnen richtig stolz darauf sein, dass unser Kontinent nach ihr und ihrem Himmelsstier heißt. Habe ich nicht gesagt, dass wir uns am Schluss über das, was hinter dem sogenannten »Raub der Europa« steht, freuen können?

28 Ebd., S. 218

DIDAKTISCHE HANDREICHUNGEN ZU EUROPA

1)

- ○ **Recherchiere im Internet über die Ausgrabungen im bosnischen Tal von Visiko. Fasse die Ergebnisse zusammen in einem als Sensation präsentierten Zeitungsbericht über Alt-Europa.**
  Beantworte darin auch folgende Fragen:
  a) Wem sind die Ausgrabungen zu verdanken?
  b) Wann haben sie stattgefunden?
  c) Was ist gefunden worden?
  d) Von welcher Bedeutung sind diese Funde für Europäerinnen und Europäer?

2)

- ○ **Besorge dir eine Karte mit allen Ländern rund um das Mittelmeer und mach dir die Bedeutung von Kreta bewusst, indem du darin einzeichnest, woher Europa kam, woher kulturelle Einflüsse kamen, die die minoische Kultur geprägt haben, und woher schließlich Zeus kam.**

3)

- ○ **Kopiere dir aus dem Schulatlas eine Europakarte und klebe sie auf eine Unterlage aus Karton. Stecke überall, wo du schon warst in Europa, eine Stecknadel ein, und verbinde all diese Punkte, von deinem Wohnort ausgehend, mit einem bunten Faden. Wenn du mehrmals dort warst, geh mit dem Faden entsprechend oft dort hin und zurück, damit dieser Strang dicker wird. Denke über das so entstandene Bild** nach und zeige es deinen Freundinnen und Freunden. Vergleicht eure Fadenbilder und erzählt euch Reise-Erinnerungen und Reise-Geschichten dazu.

4)

◯ **Hast du schon einmal einen Stierkampf erlebt? Recherchiere im Internet über Stierkampf und Stierspringen, mach dir Gedanken über die Gestalt des Toreros und darüber, was er ausdrückt, und vergleiche damit die Bewegungsabfolge der kretischen AkrobatInnen beim Stierspringen.**
Beschreibe den Unterschied in einem Aufsatz.

(Stierspringen in Kreta)

5) Europa und Ariadne

◯ **Schreibe einen Aufsatz darüber, was Europa und Ariadne in ihren Mythen verbindet.**

ARIADNE SPRICHT

Wenn du nach dem »roten Faden« einer Geschichte suchst oder wenn du beim Sprechen oder Denken plötzlich »den Faden verlierst«, dann bin ich ganz nah bei dir und kann dir weiterhelfen. Denn ich bin diejenige, die alle Fäden in der Hand hält. Ich habe sie gesponnen und ich verarbeite sie zum Gewebe eines jeden Lebens.
Mein Name bedeutet »Die Heiligste« und zeigt dir, dass ich eine Erscheinungsform der Dreifaltigen Großen Göttin bin. Die Schicksalsfäden der Menschen bestimme ich sowohl in ihrer Länge als auch in ihrem Verlauf. Zu meiner Zeit wussten die Menschen, dass hinter dem »roten Faden« ein matriarchales Lebensgeheimnis steckt: Alles Leben hat seinen Anfang und sein Ende in mir. Ich bin die Schöpferin und die Begleiterin deines Lebens. Von mir bist du gekommen, und zu mir wirst du zurückkehren.

Auf dieses Geheimnis verweist auch das Labyrinth. Es ist ein weiteres Symbol für die Verbundenheit der Menschen mit mir. Wer mich verehrt, weiß, dass ein Labyrinth kein »Irrgarten« ist, sondern ein matriarchaler Kultort, ein Tanzplatz, an dem die Menschen zu meinen Ehren das Leben feierten und immer noch feiern. Hier begehen sie konkret und symbolisch das Leben und Sterben. Auf einem spiralig gewundenen Weg – dem »Lebensweg« – vollziehen sie die Reise der Seele in den Schoß von Mutter Erde nach und die anschließende Wiedergeburt in ein neues Leben. So habe ich auch Theseus im Labyrinth begleitet und ihn durch die rituellen Prüfungen seiner Mannhaftigkeit geführt.

Labyrinth bedeutet übrigens »Haus der Labrys«. Die Labrys ist mein heiliges Mondzepter und repräsentiert mein kosmisches Wirken. Ich grüße dich in allen spiraligen Erscheinungen im Himmel und auf Erden, im unendlichen Sternenmeer mit seinen Spiralnebeln oder im Pflanzenreich unserer Erde. Ich zeige mich dir im Großen wie im Kleinen, z. B. im Farnkraut, dem die Menschen über viele Jahrtausende eine magische Kraft zugesprochen haben. Dieses Kraut entfaltet einen besonderen Zauber, wenn es sich in einem Nest junger Farnwedel in wunderschönen Spiralen zum Himmel entrollt.

Wusstest du, dass der Austritt eines Kindes aus dem Mutterleib und der Eintritt in diese Welt mit einer spiraligen Drehung geschieht?

Ariadne
und ihr roter Lebensfaden

Ariadne muss ich Abbitte leisten. Ich habe sie unterschätzt. Ich habe sie zu wenig ernst genommen und in ihrer wahren Bedeutung lange nicht erkannt. Zu meiner Entschuldigung: Ich kannte sie bis jetzt ja auch bloß als patriarchal verzerrte Sagengestalt, die mich wenig zu fesseln vermochte. Und nie hatte ich erfahren, dass ihr Name »die Allerheiligste« oder »die sehr Heilige« lautet, was ja auch etwas zu bedeuten hat. Ebenso wenig wusste ich, dass sie in der matriarchalen minoischen Kultur als Fruchtbarkeits- und Vegetationsgöttin sowie als Göttin der Unterwelt verehrt worden war.[1] Allerdings faszinierte mich von Anfang an der Faden, den sie Theseus gegeben haben soll, damit er wieder aus dem Labyrinth hinausfindet. Für mich war das auch immer und mit vollster Selbstverständlichkeit ein roter Faden, obwohl meist nur von einem Wollknäuel die Rede ist. Nur bei Jutta Voss, der Autorin, die über »die kulturelle Bedeutung des weiblichen Zyklus« schreibt, ist – wen wundert's – Ariadnes Faden mit der gleichen nicht hinterfragten Selbstverständlichkeit ein roter Faden.[2]

Zum ersten Mal warf ich einen anderen, neuen Blick auf Ariadne, als ich 1991 mit den Zürcher Labyrinthfrauen um Rosmarie Schmid und Agnes Barmettler in Kontakt kam und für den Schweizer Rundfunk über die Pläne dieser Labyrinthbewegung berichtete. Zur 700-Jahr-Feier der Schweiz hatten sie nämlich die Pläne eines Kulturprojektes eingereicht für ein Steinlabyrinth vor dem Zürcher Großmünster und ein Pflanzenlabyrinth auf der Zürcher Zeughauswiese. Dafür bemühten sie sich um Subventionen in der klaren Überzeugung, dass ein öffentlich zugängliches Labyrinth schlicht und einfach zur Grundausstattung jeder Gemeinde gehört – gehören muss – wie etwa Schule und Bibliothek,

1 Vgl. Patricia Monaghan. Lexikon der Göttinnen, S. 30f.
2 Jutta Voss. Das Schwarzmond-Tabu, S. 256

Schwimmbad und Sportplatz, Theater und Konzertsaal, Kirche und Verwaltung. Zudem sei ein Labyrinth als psycho-physische Erfahrung dogmatisch völlig unbelastet und könne von Angehörigen jeder Religion ebenso wie von Ungläubigen jeder Spielart »als Ort der Besinnung« begangen und genutzt werden.[3]

Als das Pflanzenlabyrinth dann gebaut, bepflanzt und begehbar war – das Steinlabyrinth wurde nicht realisiert –, machte ich von Fuß bis Kopf die umwälzende Erfahrung, dass in einem kretischen Labyrinth mit sieben Umgängen die Mitte mühelos zu finden ist und dass der Rückweg ebenso sicher und ohne die Hilfe eines Fadens unter die Füße genommen werden kann. Sowohl hinein wie hinaus macht der Weg zwar unzählige und gelegentlich durchaus verwirrende Windungen und Kehrtwendungen, aber nie wird er gekreuzt, nie unterbrochen, geschweige denn abgebrochen, sondern mit Gewissheit und Seelenruhe führt er gewunden, aber dennoch konsequent zum Ausgang. Dafür brauche ich keinen Faden; ich muss nur hingebungsvoll und treu meinen Füßen und dem Weg gehorchen. Was also soll da die alberne Geschichte mit Faden und Fadenknäuel? Interessanterweise wird dieser Aspekt jedoch in der von mir genutzten Fachliteratur nur noch von Heide Göttner-Abendroth sowie den Herren Widmer und Riniker thematisiert.[4]

Warum und wozu braucht Theseus einen Faden?

Fassen wir kurz die patriarchale Sage von Theseus zusammen: Zum dritten Mal reisen vierzehn junge Frauen und Männer als Tribut aus dem griechischen Athen ins kretische Knossos, wo sie im finstern Labyrinth dem Ungeheuer Minotaurus – halb Mensch, halb Tier – zum Fraß vorgeworfen werden sollen. Dieses Mal fährt unter dem Schutz der Stadtgöttin Athene auch der athenische Prinz Theseus mit, um seine Landsleute zu retten und den Minotaurus zu töten. Alles verläuft bestens, weil sich die jüngste der kretischen Prinzessinnen – Ariadne ist hier keine Göttin – bei der Ankunft der Opfer in Theseus verliebt und ihm Hilfe verspricht, wenn er sie nach Rettung und Befreiung heirate und nach Athen

3 Vgl. Agnes Barmettler u. a. Erzähl mir Labyrinth, S. 29ff.
4 Vgl. Heide Göttner-Abendroth. Inanna, Gilgamesch, Isis, Rhea, S. 201 sowie Hans Widmer u. Hans Riniker. Von Zeus zu Europa, S. 244

mitnehme. Damit wird sie quasi eine Verräterin an ihrer eigenen Kultur und muss, wie diese Geschichte noch zeigt, umgehend dafür büßen. Ihre Hilfe besteht in einem Wollknäuel, das ihr Dädalus übergibt, der Gestalter der Palastanlagen und angebliche Erfinder des Labyrinths, und in einem Schwert aus Metall, mit dem Theseus den Minotaurus, der nur mit einer Eichenkeule bewaffnet ist, erschlagen kann. Nach vollbrachter Tat löst Theseus aber sein Versprechen nicht ein: Kaum hat sein Schiff zur Rückfahrt nach Athen abgelegt, legt er bei Naxos einen Halt ein – und als Ariadne am Strand einschläft, lichtet er die Anker und segelt ohne sie davon. Zur Strafe wird sein Leben böse enden; die schlafende Ariadne hingegen wird vom Weingott Dionysos und seiner Schar von Satyrn und Mänaden entdeckt, heiratet diesen Partner, der ihr schon seit Langem zugedacht ist, umgehend und führt fortan ein glückliches Leben.

Auf einem Schrein für Athene stellte der Syleus-Maler 470 v. u. Z. links Theseus und die den Prinzen aus Athen unterstützende Göttin dar, rechts Dionysos und Ariadne in zärtlicher Bezogenheit.

Bei Heide Göttner-Abendroth allerdings, die Ariadne als kretische kosmische Mond- und Sternengöttin zeigt,[5] kommt das in ihren Neu-Erzählungen der »großen Göttinnenmythen« ganz anders daher. Hier reist Theseus, der hellhäutige Hellene mit hellem Haar, auf Eroberungen erpicht, nach Knossos und stellt sich König Minos, der ihm friedfertig entgegenzieht, arrogant als Sohn Poseidons vor. Der König antwortet als der Heilige König der Pasiphae. »Ihr diene ich und bin ein Nachfolger des Gottes Zeus von Kreta. Sei mir als Gast willkommen!« Doch hochfahrend kündigt der Gast an, er werde »den Stier von Kreta, der ein menschenfressendes Ungeheuer ist, töten.« Darauf antwortet Minos gefasst: »Der Stier von Kreta ist kein menschenfressendes Ungeheuer. Dieser Stier bin ich!« – mit der Folge, dass Minos umgehend von Theseus erschlagen wird und dessen bewaffnete Gefährten das waffenlose Gefolge von Minos massakrieren. Oder wie Heide Göttner-Abend-

5 Vgl. Heide Göttner-Abendroth. Inanna, Gilgamesch, Isis, Rhea, S. 231

Eine griechische Vasenmalerei zeigt, wie Theseus den toten Minotaurus als Stiermenschen aus dem Labyrinth zieht, ca. 440–430 v. u. Z.

Auf einer Münze aus Knossos (ca. 425–360 v. u. Z.) ist der Minotaurus ein tanzender Mann mit einer Stiermaske.

roth treffend kommentiert: »Denn Heldentaten werden nicht vollbracht, um angebliche Ungeheuer zu töten, sondern um reiche matriarchale Stadtkulturen zu plündern.«[6]

Als Nächste tritt in Göttner-Abendroths Fassung der Mythe die Witwe Pasiphae auf, »dunkel verhüllt wie der Schwarzmond«, dann kommt »in einem purpurnen Gewand« ihre Tochter Phaidra und als Jüngste die Erbprinzessin Ariadne, die »leuchtete weiß wie junges Mondlicht, und auf ihrer Stirn funkelte der Stern« – ein Bild der dreifaltigen Göttin in ihren drei Farben Schwarz, Rot und Weiß. Ariadne ist es, die Theseus mit erhobenem Mondzepter, der Doppelaxt, in den Weg tritt: »Halt ein! Du hast soeben Minos, den Heiligen König und Gemahl meiner Mutter Pasiphae erschlagen! Da übergab sie im Schmerz das Amt der Königin und das Zeichen dieser Würde an mich. Ich bin jetzt die Herrin von Kreta – weiche zurück!« Fasziniert von den schönen Frauen und entsprechend begehrlich lügt Theseus listig, die Liebe habe ihn hierher geführt. Ariadne bleibt wachsam und warnt ihn, dass er nur mit einem Faden den Weg in die Mitte des weitläufigen Palastes finden werde, und dieses Zentrum sei ein Labyrinth: »Finde darin die Mitte und tanze den heiligen Tanz der Liebeswerbung, so gewinnst du mich! Doch wehe dir, wenn du falsch gesprochen hast!« Denn in der Mitte wartet und tanzt – und das ist »eine Heiratsaufgabe für den Bewerber auf den Thron und damit eine Art Initiation« – der königliche Tänzer mit Stiermaske.

Theseus folgt dem Faden, kommt durch Gänge und Korridore, steigt Treppen auf und ab und erblickt schließlich »den Tanzplatz als kunstvolles Labyrinth-Muster im Boden eingelassen.« Dort erwartet ihn ein starker, junger Mann: Ariadnes Bruder Minotaurus

6 Heide Göttner-Abendroth. »Die Geschichte vom Labyrinth. Labyrinthische Muster im Matriarchat«, in: Dies. Für Brigida, S. 191

mit der magischen Stiermaske und einer großen Eichenkeule – entschlossen, den Tod des Vaters und das Leid von Mutter und Schwestern zu rächen: »Ich bin der junge Stier von Kreta!« Nach erbittertem Ringen gewinnt der nur dank seiner Metallwaffe überlegene Theseus den Kampf, hangelt sich mithilfe seines Fadens zurück, reißt Phaidra und Ariadne von der Mutter fort und entführt beide auf seinem Schiff. Seine Männer jedoch »mordeten und plünderten in der Stadt Knossos und steckten sie zuletzt in Brand.« Scheinbar war alles nach dem Gusto von Theseus gelaufen. Aber eben nur scheinbar, weil er, wie Göttner-Abendroth aufzeigt, das Geheimnis des Fadens nicht durchschaut hat. Zwar hatte er ihn zu Hilfe genommen »und folgte dem sich von selbst abrollenden Faden«, er erkannte jedoch »nicht, dass es der Faden des Schicksals war: Er führte den, der den heiligen Tanz der Liebe nicht kannte, auf den Weg in den sicheren Tod oder die sichere Schande.«[7]

Erzürnt über diese Vorfälle sendet die große kretische Göttin Rhea, die Tochter von Gaia und Mutter von Pasiphae, einen heftigen Gewittersturm über den davonsegelnden Theseus, sodass er auf Naxos landen muss. Dort zieht er seine Opfer in sein Zelt und vergewaltigt beide. Als er, irritiert vom lebensfroh lärmenden Einzug des Dionysos, das Weite sucht, kann er nur die widerstrebende Phaidra mitschleppen; Ariadne entzieht sich ihm und sucht in der heiligen Grotte des Dionysos Schutz. In der Folge bringen Theseus seine Schandtaten und sein Betrug an Ariadne nur Unheil. Sein Vater stürzt sich ins Meer, weil Theseus vergessen hat, vor der Ankunft die schwarzen Segel gegen weiße als Zeichen einer glücklichen Heimkehr einzutauschen. Theseus wird daraufhin zwar König, doch seine herrische Art macht ihn mehr und mehr unbeliebt. Er zwingt Phaidra, ihn zu heiraten und seine Gattin zu sein; sie erhängt sich jedoch später aus lauter Kummer. Der gemeinsame Sohn wird vom Vater verflucht und verunglückt tödlich. Theseus wird schließlich aus Athen verbannt und stirbt in Gram und Schande in der Verbannung.[8]

7 Heide Göttner-Abendroth. Inanna, Gilgamesch, Isis, Rhea, S. 199-203, 218f. u. 232
8 Vgl. ebd., S. 208-211

So wie Europa auf dem Stier reitet, so reitet Ariadne hier heiter und gelassen auf dem Panther, 1803 – 1814, Johann Heinrich von Dannecker, Liebieghaus in Frankfurt a. M.

Das Hauptportal der Dresdner Semperoper (Ende des 19. Jh. erbaut) wird gekrönt von einer Panther-Quadriga (von Johannes Schilling) mit Ariadne und Dionysos, zeigt Ariadne also im göttlichen Gefährt.

Alles wird gut mit Dionysos, dem Gott der Lebensfreude

Ganz zum Guten wendet sich hingegen das Leben der geflüchteten Ariadne, so erzählt Göttner-Abendroth weiter. Nachdem Dionysos mit seinem singenden und tanzenden Gefolge auf seiner Insel Naxos gelandet ist, trösten zunächst Mänaden, die wilden Priesterinnen des Gottes,[9] die trauernde junge Königin, und Satyrn, Verkörperungen des gehörnten Gottes der wilden Natur,[10] bringen sie mit »drolligsten Bockssprüngen« zum Lächeln. Dann beginnt Dionysos, ehrerbietig um sie zu werben. Doch weil Ariadne »der Sinn jetzt nicht nach Liebe« steht, verwandelt er sich in einen geschmeidigen Panther und spricht: »Siehe, dein Bruder Minotaurus ist tot. So wähle mich, und in der Zeit des Frühlings will ich mit der Energie des Panthers dein Heiliger König sein und Kreta die Lebensfreude wiederbringen!« Als Symbol des Sommers verwandelt er sich dann in einen Ziegenbock und für den Winter in eine schwarze Schlange. So vermag er Ariadne zu gewinnen: »Dionysos Zagreus, du hast wahr gesprochen. Du bist der Gott der Lebensfreude und des Friedens. Du sollst mein Heiliger König sein und mit mir zusammen Kreta regieren!« Mit ihrer Einwilligung setzt er ihr eine Krone aufs Haupt; Aphrodite hatte sie ihm für Ariadne gegeben, und Hephaistos hatte sie geschmiedet: »Sie war aus Rosen von feurigem Gold geformt und mit roten indischen Rubinen besetzt.« Ein ganzes Jahr lang bleiben sie zusammen in der Liebesgrotte, und als sie nach Knossos zurückkehren, ist die Stadt wieder hell und neu aufgebaut und heißt von nun an zu Ehren von Herakles Herakleion.

9 Vgl. Barbara G. Walker. Das geheime Wissen der Frauen, S. 640
10 Vgl. Barbara G. Walker. Die geheimen Symbole der Frauen, S. 364

Im Gegensatz zum schmachvollen Ende von Theseus lebte Ariadne »noch lange, freudvolle Jahre in Knossos. Sie gebar viele schöne Kinder, die sie von Dionysos empfing. Als diese erwachsen waren, pflegten sie die Weinkultur auf Kreta und genossen ihr Leben in vollen Zügen. Ariadnes Brautkrone setzte Dionysos später als Sternbild an den Nachthimmel, es wurde ›Corona Borealis‹ oder ›Kretische Krone‹ genannt.«[11]

Was für einen Gegensatz stellt diese Liebes- und Ehegeschichte zwischen Dionysos und Ariadne dar gegenüber dem Ehedrama des notorischen Fremdgängers Zeus und seiner ebenso notorisch vor Eifersucht tobenden Gattin Hera! Beim Verfolgen dieser mir bis dato unbekannten Lovestory seufzte ich auf vor Wohlbehagen und Zufriedenheit, und mir kamen Bilder jener gestandenen und bewährten Eheleute in den Sinn, wie ich sie aus meinem Freundinnen- und Freundeskreis kenne oder wie sie selten genug – Hand in Hand oder bei einer zärtlichen Geste – in der Öffentlichkeit zu sehen sind. O wie schön! True love! Offensichtlich gibt es sie also doch …

1650/55 malte Caesar Boetius van Everdingen ein Gemälde von Bacchus und Ariadne mit ihrer Brautkrone – hier ein Ausschnitt davon.

Aber Heide Göttner-Abendroth warnt in ihrem Kommentar zu »Ariadne und Dionysos« ausdrücklich davor, den »politischen Hintergrund der Mythe« zu übersehen und sie eben bloß »als eine private Liebesgeschichte« misszuverstehen. Ariadne werde nämlich »gerettet durch das Eingreifen der matriarchalen Verteidigung in Gestalt des Dionysos.« Und dieser Dionysos ist nicht nur der Lieblingsenkel der Rhea, der von ihr in ihre Mysterien und die Kunst der Magie eingeweiht worden war. Dionysos war auch »ein Titel von Heiligen Königen auf Kreta« und zwar jener der alten Tempelstadt Kato Zakros im Osten der Insel, »wo ›Zeus Zagreus‹ oder ›Dionysos‹ in Ziegen-

11 Heide Göttner-Abendroth. Inanna, Gilgamesch, Isis, Rhea, S. 208-212 sowie Heide Göttner-Abendroth. Die Göttin und ihr Heros, S. 73

bockgestalt verehrt wurde (*zakros/zagreus* heißt ›Ziege‹).« Diese Gestalt und ihre Riten waren die ältesten von Kreta, »denn die Ostküste der Insel wurde als erste von matriarchalen Stämmen, die von Osten übers Meer kamen, besiedelt. Nach dem grausamen Überfall auf Knossos kam demnach der matriarchale König von Ostkreta der bedrängten Stadt zu Hilfe und setzte der Invasion des Theseus ein Ende.« Nachdem der Zeus-Zagreus-König Ariadne auf Naxos befreit hatte, erwählte sie ihn »als ihren neuen Heroskönig, nachdem ihr Stier-Heros erschlagen worden war, kehrte nach Knossos zurück und stellte die matriarchale Ordnung wieder her.«[12]

Karte zur Corona Borealis oder »Krone des Nordwinds«

Interessanterweise gehört die »Corona Borealis« zum verloren gegangenen Tierkreis, den Catherine Tennant aus 22 alten Sternbildern rekonstruiert hat. Diese »Krone des Nordwinds« gilt für Menschen, die zwischen dem 27. Oktober und dem 10. November geboren werden, und ist identisch mit der Krone der kretischen Prinzessin Ariadne aus strahlendem Gold und roten Juwelen. Tennant erzählt die Sage von Ariadne und Theseus in der patriarchalen Fassung, erregt aber Aufsehen mit der Bemerkung, das Labyrinth als verwirrendes und beängstigendes Gebilde sei der Nachfolger der gebärmutterähnlichen Höhlenheiligtümer der Großen Göttin aus der Zeit von 40 000 bis 30 000 Jahre v. u. Z.. Im angelsächsischen Kulturraum zuhause, bringt Tennant Ariadne mit der keltischen Göttin Arianrhod in Verbindung, mit der »silber-umringten Tochter des Don«, des Königs der Feen und Herrn der Milchstraße.[13] Monaghan sieht hier allerdings keinen Vater am Werk, sondern bezeichnet Arianrhod als »das eigenwilligste unter den Kindern der Muttergöttin Don.«[14] Für Göttner-Abendroth bedeutet Arianrhod »Silbernes Rad« und »meint den sich drehenden Sternenhimmel.«[15] Ihr Silberschloss auf der Rückseite des Nordwinds ist das Sternbild der

12 Heide Göttner-Abendroth. Inanna, Gilgamesch, Isis, Rhea, S. 232
13 Vgl. Catherine Tennant. The Lost Zodiac, S. 100
14 Patricia Monaghan. Lexikon der Göttinnen, S. 31
15 Heide Göttner-Abendroth. Inanna, Gilgamesch, Isis, Rhea, S. 231

»Krone des Nordwinds«[16], hinter dem hunderttausend Lichtjahre entfernt 400 weitere Galaxien liegen. Dort wohnen die Seelen von KönigInnen, DichterInnen, HeldenInnen und ZauberInnen und warten auf ihre Reinkarnation. Da Ariadne »die Allerheiligste« heißt, sieht Tennant in ihr in Wahrheit die verborgene oder verkleidete Große Göttin, die wie Arianrhod große Geister von dieser Welt in die andere führt und wieder zurück auf ihrer labyrinthischen Reise durch unkartographierte Landschaften der Seele, wo sie Tod und Dunkel bestehen müssen, bevor sie wiedergeboren werden können.[17] Als solche ist Ariadne die Herrin des Himmels, betont Göttner-Abendroth, und damit unangefochten die legitime Priesterin-Königin von Kreta.[18]

Ist der Topas der Stein der in der Corona Borealis Geborenen, so sind Efeu, Klee und Rosmarin ihre Pflanzen. Der zentrale Stern der Krone, Alphecca, schenke einen beweglichen und brillanten Geist und die Begabung für Poesie, Kunst und Astrologie. Die »Lost Zodiac«-Autorin Catherine Tennant ist selbst in diesem Zeichen geboren, ebenso der Reformator Martin Luther, AutorInnen wie Sylvia Plath, Dylan Thomas, Ezra Pound, Iwan Turgenjew, Fjodor Dostojewskij und Albert Camus sowie der Filmregisseur Louis Malle und der Maler Francis Bacon. Von der Schriftstellerin Marina Warner stammt eine Novelle, die ausgerechnet den Titel »Ariadne nach Naxos« trägt. Angehörige dieses Tierkreiszeichens zeigten nach Tennant viel Interesse an Eleganz und komfortablen Lebensumständen und einen ausgewählten Sinn für das Schöne und Angenehme. Ihre Neugierde sei grenzenlos, sie seien meist belesen, und ein tiefes Bedürfnis zu verstehen treibe sie um. Die Formel »Heirat mit Dio-

In München zeigt die Staatliche Antikensammlung dieses Vasenbild von Ariadne und Dionysos, und zwar auf einer schwarzgrundigen, attischen Halsamphore, um 520 v. u. Z. aus Vulci.

16 Catherine Tennant. The Lost Zodiac, S. 98
17 Vgl. ebd., S. 98ff.
18 Vgl. Heide Göttner-Abendroth. Inanna, Gilgamesch, Isis, Rhea, S. 231

nysos« bedeute, loszulassen und das Leben zu genießen, rückhaltlos im Hier und Jetzt, ganz in der Gegenwärtigkeit zu leben. Die Dunkelheit des Labyrinths sei überwunden; ihr folgten Sonne und Musik. Was düster und kompliziert war, werde klar und einfach, und wer mit Dionysos verbunden ist, tue, was sie oder er am besten kann und gerne macht. Ariadnes Initiation in die Geheimnisse des Lebens bestehe darin, die Einfachheit zu lernen, die schwerste Lektion überhaupt – und auf diese Weise gewinne sie die glänzende Krone.[19] Dabei erstaunt es auch keineswegs, dass Angehörige der »Corona Borealis« – analog zur Liebesgeschichte von Ariadne und Dionysos – die innigsten Seelenverwandten von Menschen sind, die im »Kelch des Dionysos« geboren wurden. Dieses Tierkreiszeichen ist der Zeit vom 11. bis 21. September zugeordnet; zu ihm gehören der Amethyst als Stein sowie Efeu mit Weinstock und Rebe als Pflanzen. Für die »Kelch-Menschen« sei das Leben primär dazu da, in seiner ganzen Fülle gelebt und genossen zu werden. Der Kelch des Dionysos sei aber, so Tennant, gleichzeitig der Heilige Gral, was nahelege, dass Kelch-Menschen ein tiefes Bedürfnis nach Erfüllung und Eins-Sein mit dem Leben empfinden.[20]

Von Schicksalsfäden und Lebensknoten

Um nochmals auf Ariadnes roten Faden zurückzukommen und auf seine totale Unbrauchbarkeit zum Begehen eines klassischen kretischen Labyrinths – hilfreich wäre er allenfalls in Irrgärten mit absichtsvoll unterbrochenen Wegen, wie sie europäische Gartenarchitekten von der Renaissance an und vor allem seit dem Barock für die Parks ihrer adligen Herrschaften entwickelt haben. Ebenso irritieren die sog. Mais-Labyrinthe, die jeweils im Herbst abenteuerlustige Gäste und Familien anlocken, denn sie sind reine Irrgärten, in denen sich, so ein Werbespot, die Schwiegermutter verirrt. Auch wenn das Begehen solcher Irrgärten von vielen Menschen, Jung und Alt, als Riesenspaß erlebt wird, ist deren missbräuchliche Bezeichnung als Labyrinthe doch sehr ärgerlich für alle, denen das Labyrinth als uraltes Symbol der Menschheit viel bedeutet. Denn nicht nur symbolisiert

19 Vgl. Catherine Tennant. The Lost Zodiac, S. 98 und 102f.
20 Vgl. ebd., S. 79ff.

es den nicht direkten, sondern gewundenen, aber nie unterbrochenen Weg in die Mitte und wieder hinaus, es macht ihn auch ganz konkret sinnlich erlebbar. Wobei die Mitte für den Ursprung steht, die Quelle des Seins, den mütterlichen Urgrund, aus dem alles hervorgeht, in den alles wieder eingeht. Das Labyrinth ist ein sakrales Muster und sein Name sollte nicht banalisiert werden.[21] Auch Widmer/Riniker schildern das Labyrinth, in dem der Minotaurus eingeschlossen war, zunächst als »sagenhafte Form kretischer Gebäudewirrnis mit ungriechischem Namen, evtl. von kretisch labrys = Doppelaxt«. Und erzählen dann, dass Ariadne Theseus den Faden aus Liebe gegeben habe, damit »er ihrem Faden entlang auch wieder den Weg zurückfindet und das Abenteuer heil übersteht. Dazu sind schon die ursprüngliche Verbundenheit mit dem Leben und die Schlauheit der Frau vonnöten«. In ihrem ganzseitigen Hintergrundbericht über das Labyrinth halten sie aber unmissverständlich fest, dass das Labyrinth »von der Antike bis zur Renaissance nur aus einem einzigen Weg ohne Verirrungsmöglichkeiten« besteht, was deutsch und deutlich nur heißen kann: »Theseus hätte in solcher Anlage eigentlich keinen Faden gebraucht. Wozu er im Mythos dient, bleibt ein Rätsel (vielleicht eher für die Beziehung zu Ariadne als zur Orientierung).«[22]

Und mit ihrer Klammerbemerkung, meine ich, sind die beiden voll und ganz auf der richtigen Fährte. Göttner-Abendroth bezeichnet in ihrer Neu-Erzählung der Ariadne-Theseus-Mythe den roten Faden der Ariadne als Schicksalsfaden. Theseus nahm das Garnknäuel der Ariadne als Hilfe zwar gerne zur Hand und ließ sich davon leiten. Aber er wusste eben nicht – und ich wiederhole das mit Absicht, »dass es der Faden des Schicksals war: Er führte den, der den heiligen Tanz der Liebe nicht kannte, auf den Weg in den sicheren Tod oder die sichere Schande.«[23]

21 Mehr zum Labyrinth: Heide Göttner-Abendroth. »Die Geschichte vom Labyrinth. Labyrinthische Muster im Matriarchat«, in: Dies. Für Brigida, S. 181-207; Agnes Barmettler, in: Dies. u. a. Erzähl mir Labyrinth, S. 19ff. u. 43ff. und Li Shalima. Ursymbol Labyrinth TÁ PU ÀT (philosophisches Bilder-Wandbuch) sowie ihr Labyrinth-Film-Vortrag »die SYMBOLISCHE MUTTER in ORDNUNG bringen« (DVD), in dem sie die Wegeanordnung im Ur-Labyrinth und deren Veränderung im Prozess der Patriarchalisierung aufzeigt.

22 Hans Widmer u. Hans Riniker. Von Zeus zu Europa, S. 243f.

23 Heide Göttner-Abendroth. Inanna, Gilgamesch, Isis, Rhea, S. 201

Ariadnes roter Faden ist der Faden des Schicksals und des Lebens und damit auch des weiblichen Blutes, dem alles Menschenleben entstammt.[24] Bei Ritualen, die wir – eine Gruppe von Mädchen-Müttern – zur Menarche-Feier unserer Töchter entwickelt hatten, banden wir uns jeweils zu Beginn unserer Zusammenkünfte einen roten Wollfaden ums Handgelenk – zum Zeichen dafür, dass wir, gemäß den Farben der Göttin, alle, jede von uns, sei sie nun ein weißes Mädchen oder eine rote oder schwarze Frau, mit diesem Lebensstrom verbandelt und verflochten sind, ihm alle angehören, alle aus dem Schoß einer Frau stammen.

Sakraler Knoten aus dem Palast von Knossos, Elfenbeinschnitzerei um 1600 v. u. Z.

Wie freute ich mich, bei Vera Zingsems Schilderung der Demeter-Mysterien in Eleusis zu lesen, dass »im Tempelbezirk angelangt, die Mysten einen roten Wollfaden erhielten, der um die rechte Hand und den linken Fuß geschlungen wurde, zum Zeichen dafür, dass sie nun als Opfer der Göttin gebunden waren und ganz ihr gehörten.«[25] Annine van der Meer setzt den roten Faden sogar direkt in Verbindung mit der Nabelschnur, denn oft sei diese gemeint, wenn von Faden oder Schnur die Rede ist; die Nabelschnur ist aber die direkte Verbindung von Gebärmutter, Embryo und dem (wieder) zu gebärenden Kind.[26] Wie auch immer: Dieses Bild vom roten Faden des Lebensblutes, dem wir alle unseren Ursprung verdanken, ist mir die liebste Assoziation zur berühmten Redewendung vom »roten Faden«. Und natürlich ist dieser rote Faden auch der Schicksalsfaden, den die Nornen, die Parzen, die Moiren und wie sie alle heißen, spinnen, abmessen und dann abschneiden: »Klotho, die ihn spinnt, Lachesis, die ihn zumisst, und Atropos, die ihn abschneidet«, wobei Lachesis auch die »Lose-Zuteilerin« und Atropos die »Unabwendbare« ist.[27] In England heißen sie die »Weird-Sisters«, abgeleitet vom germanischen wyrd für »Schicksal«. In der nordischen Dichtung »Edda« sind sie »drei geheimnisvolle Wesen« mit Namen Urd/Erde, Verdandi und Skuld und sitzen

24 Vgl. Irene Fleiss. Als alle Menschen Schwestern waren. Bd. 2, S. 92
25 Vera Zingsem. Der Himmel ist mein, die Erde ist mein …, S. 171
26 Vgl. Annine van der Meer. The Language of Ma, the primal mother, S. 449
27 Barbara G. Walker. Das geheime Wissen der Frauen, S. 965 und Arthur Cotterell. Die Welt der Mythen und Legenden, S. 132

an einer Quelle im Schatten der Weltenesche Yggdrasill.[28] Sogar im Christentum gibt es noch Spuren der Gleichsetzung von textilen Tätigkeiten mit Schöpfungsvorgängen. Andrea Günter schreibt zum Motiv »Maria strickt« über das Gemälde »Der Besuch der Engel« von Meister Bertram (1340-1414/15): »Dem Kind das Kleid seines Lebens zu stricken kann auch heißen, ihm mit Worten einen Platz in der Welt zu geben und einen Weg zu weisen. Mit ›Stricken und Häkeln‹ charakterisiert die italienische Philosophin Luisa Muraro daher die Grundgestaltungsweisen der Sprache: Dinge sowie Dinge und Menschen miteinander verbinden, womit Verknüpfungen … und Reihen … entstehen, die zu Textilien mit Mustern werden, so dass Worte Übergänge eröffnen und zu Kleidern des Lebens werden.«[29]

Ariadne wird jedoch nicht nur mit dem Faden in Verbindung gebracht, sondern auch mit dem Knoten. So zeigt Monica Sjöö zwei praktisch identische Knoten – der Knoten von Ariadne stammt aus Knossos, der von Isis aus Ägypten. Dabei ist das geknotete Band der Ariadne – oben mit einer Schleife und unten mit zwei losen Enden – zusätzlich mit einem Netzmuster überzogen. Laut Sjöö sind »Knoten ein Symbol für die Göttin, die Große Weberin des Lebensnetzes«.[30] Carola Meier-Seethaler widmet dem modischen Abstieg des Heiligen Knotens zur Krawatte ein eigenes Kapitel[31] und erwähnt, dass schon Sir Evans als Ausgräber der kretischen Paläste in den »sacred knots«/heiligen Knoten kultische Hoheitszeichen erkannt habe, die ganz offensichtlich auch Priesterinnen tragen. Komme zudem, erklärt sie, wie in Knossos das Netzmuster dazu, dann deute dies »den kosmischen Bezug des Knotenmotivs im Sinne von Lebensordnung und kosmischer Gesetzmäßigkeit an.« Der Knoten gehört zu den

Isisknoten aus rotem Glasfluss, gefertigt in der ägyptischen Spätzeit, Amulett aus den Staatlichen Kunstsammlungen Dresden

28 Vgl. Barbara G. Walker. Das geheime Wissen der Frauen, S. 796f. und Arthur Cotterell. Die Welt der Mythen und Legenden, S. 230
29 Andrea Günter (Hg.in). maria liest – das heilige fest der geburt, S. 97f.
30 Monica Sjöö u. Barbara Mor. Wiederkehr der Göttin, S. 198
31 Vgl. Carola Meier-Seethaler. Von der göttlichen Löwin zum Wahrzeichen männlicher Macht, S. 28-38

Kretische Priesterin mit Knoten im Nacken aus dem Palast in Knossos. Wegen der deutlich rot geschminkten Lippen wurde sie als die »Pariserin« bekannt. Um 1500 v. u. Z., Archäologisches Museum Heraklion

Lebensfäden, und »in der ägyptischen und mesopotamischen Mythologie sind es die Großen Göttinnen, die den Schicksalsknoten für die Menschen knüpfen«. In Ägypten gibt es die Sa-Schleife, eine Art stehender Knoten, der die Hieroglyphe für »Schutz« darstellt. Auch das Anch-Zeichen wird nicht nur »Henkelkreuz«, sondern ebenso »Lebensschleife« genannt. Der Isisknoten heißt zudem Isisblut, weil in alter Zeit Formeln wie »Dein Blut gehört dir, Isis/Deine Zaubermacht gehört dir, Isis«[32] zum Knoten gesprochen wurden. Kein Wunder, stellte dieses Amulett vor allem »für schwangere und gebärende Frauen einen sehr bedeutenden Schutz dar.«[33]

So wie ich mich über den roten Wollfaden bei den Eleusinischen Mysterien gefreut habe, beglückt mich das Bild des roten Fadens, mit dem die bedeutende Historikerin und Begründerin des Hauses der FrauenGeschichte in Bonn, Annette Kuhn, ihre »Historia – Frauengeschichte in der Spirale der Zeit« beendet. Sie widmet dieses Werk ihrer kleinen Großnichte Ariella und rät ihr:

»Halte Dich fest
Am roten Faden der Liebe.
Er zieht Dich voran.
Er lässt Dich nicht fallen
Er hält Dich fest.
Halte auch Du
Den roten Faden der Liebe
Ganz fest
In der Spirale der Zeit.«[34]

32 Erik Hornung. Das Totenbuch der Ägypter. Düsseldorf/Zürich 1997, S. 511
33 Lucia Gahlin. Ägypten – Götter, Mythen, Religionen. Reichelsheim 2001, S. 196
34 Annette Kuhn. Historia, S. 318

DIDAKTISCHE HANDREICHUNGEN ZU ARIADNE

1)

○ **Suche an deinem Körper nach der Spirale – als Form und als Bewegungsprinzip.**

2)

○ **Suche nach Tänzen, in denen Spiralbewegungen vorkommen.**
Studiere in einer geschlechtshomogenen Gruppe einen davon ein.

3) Das Labyrinth – ein Tanzplatz zum Feiern des Lebens

Ich glaube, wir sollten wieder tanzen, wir Frauen!
Lasst uns tanzen, wie die Göttin und ihre Töchter es taten,
mit wehenden Haaren und weitkreisenden Armen,
wild und ungebärdig, ekstatisch,
trunken, hemmungslos und schön.
Lasst uns laut singen und mit den Füßen
auf den Boden stampfen,
schäumend vor Lebenslust und Leidenschaft!
Und dazu die Trommel und die Flöte spielen
und was wir sonst noch an Musikinstrumenten haben.
Lasst unser Leben ein Urtanz sein, ein Lebenstanz
und ein langer Traumtanz Leben!
Das wird uns und der Göttin über alle Maßen gefallen!
Und wir werden sehen, was dann geschieht.

(Ingrid Maria Bertram, in: MatriaVal, Nr. 18, S. 36)

- ◯ **Wie wirkt dieser Aufruf auf dich? Tausche deine Gedanken mit anderen aus und fasse sie in einem Aufsatz zusammen.**

4) Mit den griechischen Sagen ist das Labyrinth von Kreta in die Weltliteratur eingegangen und seit 1991 ist, ausgehend von der Zürcher Labyrinthgruppe um Rosmarie Schmid und Agnes Barmettler, weltweit eine neue Labyrinthbewegung entstanden.

- ◯ **Informiere dich im Internet über diese Schweizer Labyrinthbewegung und ihre weltweite Ausbreitung und schreibe einen Bericht darüber.**

- ◯ **Zeichne nach den angegebenen und empfohlenen Vorgehensweisen selbst ein kretisches Labyrinth und füge es dem Bericht bei.**

- ◯ **Suche und besuche mit Freundinnen und Freunden einen Labyrinthplatz in deiner Nähe, schreitet zusammen das Labyrinth ab und tauscht euch darüber aus, was diese Erfahrung mit euch macht – körperlich, seelisch, gedanklich. Verfasse einen mündlichen Bericht darüber.**

- ◯ **Wenn dir ein Labyrinth ganz in deiner Nähe zugänglich ist, erfinde Feiern, die du mit deinen Freundinnen und Freunden oder deiner Familie mit und im Labyrinth begehen kannst – Geburtstage oder Jahrestage, das Aufnehmen und Willkommenheißen eines neuen Familienmitglieds, sei es als Baby oder Erwachsene. Gestalte ein Ritual für einen wichtigen Übergang: Abitur, Führerschein, Studienabschluss, Verlobung, Hochzeit, Trennung oder Scheidung, der Wegzug einer Freundin oder eines Freundes, der Abschied von einer/einem Verstorbenen. Schreibe dein Ritual und die Texte, die du dafür brauchst, auf und dokumentiere die Feier mit Fotos oder einem Film.**

5) In Basel gibt es seit 2003 ein siebengängiges Labyrinth auf dem Leonhardskirchplatz, das die Labyrinthkünstlerin Agnes Barmettler mit zwei Wendepunkten um zwei Lindenbäume herum angelegt hat. Vor der Begehung dieses Labyrinths wird in der Regel ein Spruch aufgesagt, den die Lehrerin Ingrid Gomolzik aus Husum für ihre Schulklasse geschrieben hat:

Das Labyrinth ist ein Rätsel.
Das Labyrinth ist das All und die Welt.
Das Labyrinth ist das Leben des Menschen
und der Schoß von Mutter Erde.
Das Labyrinth ist die Reise,
der Weg in die Mitte
und wieder hinaus.
Das Labyrinth ist der Weg
zu Dir selbst.

(Weitergabe mit Zustimmung von Ingrid Gomolzik im Interview mit Ursa Krattiger, Programmschaffende vom Schweizer Radio DRS, auf einer Labyrinth-Tagung in der Zürcher Paulus-Akademie)

○ **Wie kommt dieser Text bei dir an, was löst er aus? Einfach so – oder wenn du ihn vor einem Labyrinthgang rezitierst und bedenkst?**
Schreibe deine Gedanken auf und vergleiche sie mit denen deiner Kolleginnen und Kollegen.

6) Lege ein Knäuel roter Wolle oder roter Baumwolle vor dich hin.
Was fällt dir dazu ein, was möchtest du damit tun?
Mit den Fäden Geschenke einbinden? An einem Geburtstagsfest allen deinen Gästen ein rotes Band ums Handgelenk binden? Rote Fäden an eine Lampe oder an einen Türsturz hängen? Aus einem großen Knäuel viele kleine machen?

Anstelle von Buchzeichen rote Fäden in deine Bücher legen – z. B. um deine Lieblingsgedichte oder Lieblingsbilder leicht zu finden?
Oder? Spinne den roten Faden weiter ...

○ **Sammle Ideen und stelle sie auf einer Plakatwand dar.**

7) Magst du, wenn du menstruierst, zur Ehre dieser Tage dein Bad, dein Zimmer, dein Bett, deinen Arbeitsplatz, dein Gedeck bei Tisch mit einem roten Band schmücken?
Möchtest du an diesen Tagen deine Geschlechtsreife, deine Fruchtbarkeit (ob du sie physisch brauchen willst oder nicht), deine Kraft und Gesundheit würdigen? Was hältst du von der Idee, deinen Freundinnen und Bekannten an diesen Tagen rote Bänder und Tücher, rote Früchte und Gemüse, Farbstifte, Kugelschreiber, Leerbücher – was auch immer – zu schenken? Würdet ihr euch gegenseitig damit feiern? Kannst du dir vorstellen, dass auch Männer Frauen so beschenken und damit dankbar ihre Verbundenheit mit dem Lebensblut von Frauen feiern?

○ **Schreibe einer dir vertrauten Person einen fiktiven Brief, in dem du ihr mitteilst, wozu dich obige Fragen bewegen.**

8) Der Indianerhäuptling Chief Seattle hat 1954 gesagt:

Das Netzwerk des Lebens
haben wir nicht geflochten.
Wir sind nur ein Faden darin.
Was wir dem Netz antun,
tun wir uns selber an.

○ **Bereite auf der Grundlage dieser Worte eine fiktive politische Rede vor, die du in einem Parlament deines Landes halten würdest.**

9) Auf der großen internationalen Kunstmesse Art Basel waren im Juni 2014 in der Galerie »Kunstraum M 54« zwei Bilder von Andrew Pasquella aus Los Angeles zu sehen. In der Symbolwelt von rotem Faden/Lebensfaden/rotem Teppich verbindet er das Selbstvertrauen *»I'm Somebody«* mit einem roten Balken oder Teppich, während er die ängstlich-enttäuschte Haltung *»I'm Nobody«* mit derselben Form in Grau illustriert.

○ **Schreib auf, was diese beiden Gemälde in dir auslösen, ob dich diese Bildsprache anspricht oder kalt lässt. Gestalte selbst zu jeder der beiden Aussagen eine Collage, die deine eigenen Assoziationen, Gedanken und Gefühle zum Ausdruck bringt.**

Wenn ihr in einer Gruppe arbeiten wollt, sollte zunächst jede und jeder alleine ihre/seine Collagen gestalten. Macht dann anschließend eine Ausstellung mit euren Bildern und tauscht euch darüber aus.

PANDORA SPRICHT

Ich erhebe meine Stimme im Namen der Tochter, der Mutter und der Weisen Alten. Ich spreche zu dir als die, die ich von Anfang an war und die in ältesten Zeiten als Gefäßgöttin verehrt worden ist. Ich bin die Unfassbare und die Fassbare zugleich. Ich umfasse alles, was das Leben nährt und zum Wachsen bringt. Mein Name bedeutet die »All-Gebende«. Er zeigt dir, dass aus mir alle Gaben für diese Welt kommen. In jedem Frauenkörper spiegele ich mich, denn jede Frau ist ein lebendiges Gefäß, in dem werdendes Leben heranwachsen kann und genährt wird.

Auch »Anesidora«, die »Nahrung Herauf-bringende« werde ich genannt. Alle Schätze der Erde bringe ich hervor, die für das Gedeihen von Mensch und Tier notwendig sind. Kein Leben ohne meine Gaben. Ich bin für alles Lebendige die Quelle des Nährens und des Pflegens, des Schützens und des Schenkens. Alle Segnungen des Lebens kommen von mir. Du musst nicht an mich glauben, du kannst mich tagtäglich erleben.
Jeder Krug, jeder Kelch, jede Vase, jede Schale, jede Schüssel, jede Truhe – in all diesen Gefäßen habe ich mich den Menschen geschenkt. Es sind Symbolgefäße für meine göttlichen Gaben, für mein göttliches Geben und Vergeben. Ich bin die Fülle und die Erfüllung des Lebens. Jedes Füllhorn, dem du begegnest, zeugt von meiner Großzügigkeit und Vielfalt.

Noch heute preisen mich indigene Menschen in Kolumbien als All-Mutter: »Die Mutter unserer Gesänge brachte uns zu Beginn aller Dinge zur Welt, und daher ist sie die Mutter aller Arten von Menschen, die Mutter aller Völker. Sie ist die Mutter des Donners, die Mutter der Ströme. Die Mutter der Bäume und aller Dinge. Sie ist die Mutter der Welt … die Mutter der Früchte der Erde … Sie ist die einzige Mutter, die wir haben. Nur sie ist die Mutter des Feuers und der Sonne und der Milchstraße. Sie ist die Mutter des Regens … Wem gehören wir? Wessen Nachkommen sind wir? Allein unsrer Mutter gehören wir.«

Pandora:

Unheils-Büchse oder Segens-Gral?

Ich könnte nicht sagen, dass ich mit Pandora aufgewachsen bin. Sie kam ja kaum vor in Schule und Elternhaus und wenn, dann nur mit jener sprichwörtlichen Konnotation, die eindeutig war und schlimm genug: Wenn sie ihre Büchse öffnete – die gefürchtete, die unheilvolle Büchse der Pandora –, dann kamen Tod und Teufel über die Welt, Pestilenz und Cholera, alles, wovor wir uns fürchten, alles, was uns schadet. Und wie sollte es anders sein: Wie Eva in der hebräischen Bibel mit ihrer Unbotmäßigkeit das Unheil auf die Welt herab beschwört bzw. die Vertreibung aus dem Paradies verschuldet, ist es auch in der griechischen Mythologie ein Weibsbild, dessen Büchse alles Negative entströmt – »Weiber!«, würde »die Echse« des deutschen Komikers Michael Hatzius verächtlich stöhnen und die Asche von seiner Zigarre schnippen: »Weiber!«. Als junges Mädchen hätte ich ihm wohl sogar Recht gegeben, denn anderes hatte ja auch ich von Weibern wie Eva und Pandora nie vernommen.

Was bei anderen Göttinnen das Wissen über Leben und Tod symbolisiert, steht bei Pandora merkwürdigerweise für das Üble und Böse: das Kästchen – Pandora von Pierre Loison, 1861, Louvre

Erst als ich im Frauenmuseum Wiesbaden am 28. Juni 1993 Marija Gimbutas bei einem Vortrag persönlich kennenlernte und sie mir ihr Meisterwerk »The Language of the Goddess« (1985) – Die Sprache der Göttin – signierte, wurde ich mit der Überfülle weiblicher Gottesbilder aus der Ur- und Frühgeschichte konfrontiert. Und bekam damit Einblick in den ganzen Gestaltkreis weiblicher Gefäße, Schalen und Krüge, Becher und Kessel, Körbe und Kisten, also in all diese Abbilder des weiblichen Schoßes und seiner Fähigkeit, Leben entstehen und wachsen zu lassen, hervorzubringen und zu gebären. Aber wenn Pandoras »Büchse« eine Gestalt aus diesem Kreis weiblicher Gefäße darstellt, wieso wird sie dann

Die Gefäßgöttin hält nicht nur ein Gefäß, sie ist in Form einer sitzenden Frau selbst nicht nur ein, nein: DAS Gefäß schlechthin. Objekt um 4000 v. u. Z. im Israel Museum von Jerusalem.

nicht mit Ehrfurcht und Verehrung assoziiert, sondern mit der Schreck- und Angstvision des Unheils, das aus dieser Büchse entweicht, wird nur einmal kurz der Deckel gehoben? Haben wir es hier mit zwei diametral unterschiedlichen Einstellungen zum Leben, zur Natur und zur conditio humana in den Rahmenbedingungen von Raum und Zeit – also mit Geburtlichkeit und Sterblichkeit – zu tun? In der Schweizer »Sonntagszeitung« zitiert der selbst ja durchaus lebensfrohe Philosoph Rüdiger Safranski am 6. Juli 2014 Schopenhauer, »der sinngemäß sagte: Das Leben ist eine missliche Sache, und ich nehme mir das Vergnügen, darüber nachzudenken.«[1]

Das Leben eine missliche Sache? Da kommt mir die Galle hoch. Einverstanden, einfach ist das Leben nicht – im Gegenteil, es kann ausgesprochen anstrengend und anspruchsvoll sein. Und oft ist es hart, bitter, tragisch, aufreibend, ungerecht, extrem schwierig und belastend, schmerzlich, verlustreich, tödlich – die Liste der Adjektive lässt sich nach subjektiven Erfahrungen und nach dem täglichen Blick in die Medien beliebig erweitern. Aber einfach so und an und für sich »eine missliche Sache«? Der Büchse der Pandora entwichen mit ihren Schwefeldämpfen? Für die, denen es kollektiv oder individuell wirklich schlecht geht, ist das Adjektiv »misslich« ja ohnehin ein Hohn. Und für die, die jeden Morgen mit einem Loblied der Dankbarkeit erwachen – »gracias a la vida que mi ha dado tanto«[2] –, eine unverständliche Abwertung der Gnade, dass wir schlicht und einfach leben und atmen dürfen, in diesem ganz elementaren Sinn von »Nichts Schönres unter der Sonne als unter der Sonne zu sein …«[3]

Ja, das ist wohl wirklich die grundlegendste Differenz möglicher Lebenshaltungen: Die pessimistisch miesepetrige Einstellung zum Leben als einer durch und durch »misslichen Sache«, der wir im besten Fall durch Erfolg und Macht, materielle Güter und Prestige, Verfügungsgewalt und Status etwas (oder im besten Fall sogar viel) Gutes und

1 Rüdiger Safranski. »Die Sprache der Philosophen ist zum Teil pure Hochstapelei«
2 »Gracias a la vida«, Lied von Violeta Parra und Joan Boaz
3 Aus: Ingeborg Bachmann. »An die Sonne«, in: Dies. Werke. Bd. 1, S. 136

Förderliches für uns und die Unsrigen abgewinnen, abzwingen können. Oder die optimistisch staunende Dankbarkeit über das Wunder und die Schönheit von Leben und Schöpfung, Erde und Universum, Jahreszeiten und Lebensaltern, von Leib, Geist und Seele, Frauen, Männern und Kindern, Tieren und Pflanzen, Kostbarkeiten der Natur und Blüten menschlicher Kultur. Und wenn es mal hart auf hart geht, wäre dem Schwierigen mit unerschöpflicher Liebe zum Leben etwas Gutes und Sinnvolles abzuringen, ihm standzuhalten, schöpferisch damit umzugehen. Oder wie Safranski sagt: »Warten Sie nicht auf das Glück, sondern tun Sie etwas dafür.«[4]

Es würde mir gefallen, wenn ich sagen könnte: Männer neigen eher dazu, das Leben als eine »missliche Sache« anzusehen, während Frauen, die ja mit der Ausstattung ihres Leibes Anteil haben dürfen an der großen Schöpfungskraft des Lebens – ob sie diese Möglichkeit nun konkret nutzen oder nicht –, eher zu einer vital Leben-liebenden Einstellung neigen. Mit einer vergleichenden Literaturstudie ließe sich zwar nachweisen, dass »die Liebe zum Leben« ein Schlüsselbegriff ist in der feministischen Theologie wie in der feministischen Spiritualität und ihren einschlägigen Publikationen. Und dass MatriaVal, die Zeitschrift für matriarchale Werte, ihre vorläufig letzte Nummer im November 2013 Pandora und ihrem Füllhorn und »den Schenkenden« widmet, das spiegelt das Eingebundensein in matriarchale Werte und die Kultur der Allgebenden. Aber grundsätzlich ist es nicht so einfach. Man/n neigt nicht eo ipso dazu, im Leben eine »missliche Sache« zu sehen, und frau strotzt nicht schon ea ipsa allein aus hormoneller Veranlagung vor Leben-liebender Lebenslust. Allerdings lässt sich die lebensfeindliche Haltung mit gutem Recht dem Patriarchat als zivilisatorische Befindlichkeit zuschreiben, während sich die Leben-liebende Einstellung als alt-matriarchal und gleichzeitig neu-feministisch bezeichnen ließe. Und Fakt ist, dass die heilige Gefäßgöttin erst im Patriarchat zur Frau mit der unheilvollen Büchse herabgewürdigt wurde. Fakt ist ebenso, dass die unheilvolle Büchse eine Anspielung ist auf die abgewertete Vulva der Frau und dass männlichen Sexualfantasien so die Angst vor der Macht des Weiblichen inszenieren. Krass und für die damalige Zeit absolut schockierend spiegelt sich das in Frank Wedekinds Drama »Die Büchse der

4 Rüdiger Safranski. »Die Sprache der Philosophen ist zum Teil pure Hochstapelei«

Pandora. Eine Monstretragödie« von 1894, das er 1913 mit seinem früheren Werk »Erdgeist« zur fünfteiligen Bühnenfassung der Tragödie »Lulu« zusammenfügte.

Zeus macht die Allgeberin zur Unheilsbotin

Pandora war ursprünglich »die ›Allgeberin‹, die Erde in weiblicher Gestalt, die unaufhörlich Nahrung für Menschen und Tiere hervorbrachte. Auch *Anesidora* (›Die Gaben Heraufbringende‹) wurde sie genannt und als riesenhafte Frau dargestellt, die aus der Erde emporsteigt, während ihr kleine Männer mit Hammerschlägen den Weg öffneten.«[5] Und laut Joe J. Heydecker kann »Pandora, ›die Allbegabte‹, ... als eine der vielen Gestalten angesehen werden, die Gaia, die Urmutter der Welt, im Laufe der Zeit annahm.«[6] Wunderbar, eindrucksvoll. Aber wie kommt derselbe Autor dazu, Pandora schon im Register mit dem Beinamen »griechische Unglücksbringerin«[7] vorzustellen? Ganz einfach: Im Patriarchat wurde die vor-patriarchale Allgeberin umgedreht zur Unheilbringerin. Hesiod erzählt nämlich, dass Zeus über den Raub des Feuers durch Prometheus so empört war, dass er »vom olympischen Kunsthandwerker Hephaistos aus Lehm Pandora erschaffen« ließ, »die Frau, um den Menschen das Übel zu schicken. Von Athene bekam das Machwerk Leben eingehaucht, Aphrodite schenkte der Dame unwiderstehliche Schönheit, ›so dass die Männer die neue Plage lieben würden‹, Hermes, der Gott der Kaufleute und Diebe, brachte ihr die Künste von List und Verrat bei.«[8] Damit war Pandora laut Hesiod die erste Frau überhaupt, die in die angeblich nur aus Männern bestehende glücklich lebende Urgesellschaft geschickt wurde.[9] Neben ihrer guten Ausrüstung durch Athene, Aphrodite und Hermes bekam Pandora auf ihre Reise noch einen versiegelten Krug, eine Amphora, mit, bis oben vollgepackt mit allen Übeln, die »die Götter in langem Grübeln ersonnen hatten.

Pandora hebt den Deckel ihres Gefäßes – und flugs kommt das Unheil heraus ...

5 Patricia Monaghan. Lexikon der Göttinnen, S. 218
6 Joe J. Heydecker. Die Schwestern der Venus, S. 172
7 Ebd., S. 420
8 Ebd., S. 172
9 Vgl. Helma Mirus u. Erika Wisselinck (Hg.innen). Mit Mut und Phantasie, S. 229

Am Ziel angelangt, öffnete die Unheilsbotin neugierig den Deckel, worauf sich alle Plagen über die Erde und die bis dahin sorgen- und frauenfreie Männermenschheit ergossen.«[10]

Der Theologe, Philosoph und Altertumswissenschaftler Rüdiger Grimm versucht in seinem Beitrag über »Die Angst vor dem allmächtigen Vatergott und die uralte Verfemung des Weiblichen« nachzuspüren, »wie sehr dieses Bild von der Funktion der Frau als Geißel der Menschheit« das menschliche Leben in einer patriarchalen Kultur vergiftet und dem Verhältnis zwischen den Geschlechtern geschadet hat.[11] Denn der Traditionsstrang der »Büchse der Pandora«, kombiniert mit der christlichen Überlieferung vom Sündenfall der Eva, bürdet den Frauen ein schweres Erbe auf: Von frauenverachtenden Texten der Kirchenväter über die Hexenverfolgung bis zum Ausschluss von Bildung sowie bürgerlichen und politischen Rechten wurden Frauen zunehmend selbst mit dem Übel gleichgesetzt. Anne Schmidt-Cords stellte am 7. Juni 1986 am »Fest der 1000 Frauen«, das Dagmar v. Garnier in der Alten Oper von Frankfurt am Main organisiert hatte, Pandora dar und erzählt im Gedenkband, wie sehr sie die Recherchen über Pandora und das Vertiefen in ihre Geschichte belastet hatten. Deshalb bereitete sie mit anderen Frauen, die als antike Griechinnen zum großen Event »Frauen suchen ihre Geschichte« kamen, ein Ritual vor, bei dem diese das leere Gefäß erneut »mit guten Wünschen (›Pandora, ich gebe dir die anteilige Macht der Frauen im Staate zurück‹ … ›die Weisheit‹ … ›die Freiheit, du selbst zu sein‹ …) … symbolisch wieder« füllten.[12] Ute Felgendreher wirkte als Königin Klytaimnestra dabei mit und erlebte, wie »dieses Szenarium … durch die spontane Mitwirkung vieler umstehender Frauen zu einer wunderbaren Erlösung Pandoras wurde«.[13]

Dass Pandoras Gefäß keine Büchse war, sondern ein Honigkrug oder einfach ein Tongefäß, das antike Symbol für den weiblichen Schoß, für Geburt, Tod und Wiedergeburt, das betont auch Barbara G. Walker. Aus den frühesten Bestattungsriten kennen wir die Körbe oder Gefäße, in denen Verstorbene in Embryostellung begraben wurden; später

10 Joe J. Heydecker. Die Schwestern der Venus, S. 172
11 Rüdiger Grimm, in: Europa heißt die Weitblickende von Johanna Schacht u. a., S. 69 und der ganze Beitrag ab S. 51; siehe dazu auch Adelheid Bode-Paffenholz. Wildpfade, S. 57f.
12 Helma Mirus u. Erika Wisselinck (Hg.innen). Mit Mut und Phantasie, S. 233
13 Ebd., S. 217

ging daraus die Urne als Gefäß für die Aschenbestattung hervor. Dass aus diesem Tongefäß dann Pandoras sprichwörtliche Büchse wurde, verdanken wir ausgerechnet dem bedeutenden Humanisten und Griechischkenner sowie -übersetzer Erasmus von Rotterdam, der »pithos«, Tongefäß, irrtümlich als »pyxis«, Büchse, übersetzte. Aber ob Krug oder Büchse: Für die frauenfeindliche Geschichte kann Erasmus sowieso nichts. Der feinsinnige Mann war im Gegenteil ein Feminist vor seiner Zeit und einer der ersten Advokaten der Mädchenbildung. In einem seiner Colloquien lässt er eine junge hochgebildete Frau einem ungebildeten, aber umso stolzeren »Klotz von Abt« drohen: »Es gibt viele Frauen, die es mit jedem Mann aufnehmen … Wenn ihr nicht auf der Hut seid, wird es noch so weit kommen, dass wir in den theologischen Schulen den Vorsitz führen und in den Kirchen predigen«.[14]

Aber um nochmals in Pandoras Büchse zu schauen: Als Ausdruck abgefeimter Grausamkeit soll Zeus unten im Topf noch die Hoffnung untergebracht haben, um die leidenden Menschen trügerisch bei der Stange zu halten. Nach anderen Deutungen habe Pandora den Deckel der Büchse selbst zugeschlagen, bevor die Hoffnung daraus habe entweichen können.[15] Aber mit oder ohne Hoffnung: Einmal mehr wurde das, was einst für hochheilig gehalten wurde – der weibliche Schoß –, umgedreht und abgewertet, die edle Gabe zum durch und durch verderblichen Geschenk, der Segen zum Unheil. Und wie bei Eva spielt dabei in der hergebrachten Überlieferung weibliche Neugier eine verhängnisvolle Rolle. Hätte sich Eva doch nicht vom Apfel gelüsten und verführen lassen! Aber sie wollte halt wissen! Hätte sich Pandora doch nicht von ihrer Neugier, ihrem Wissenwollen, dazu verführen lassen, den Topf zu entsiegeln und zu öffnen, dann … Aber nein, neugierig, wie sie ist, erliegt die Frau der Verführung und richtet Unheil an. Seltsam, bei Männern heißt das gleiche Verhalten: Wissensdurst, Forschergeist, Wahrheitssuche, Erkenntnisstreben – ein Zeichen hoher Intelligenz und höchst ehrenwert und laufbahnfördernd.

14 Christine Christ-von Wedel. Erasmus von Rotterdam (1464/69-1536), in: Jahresbericht 2013 der Freunde des Klingentalmuseums, S. 57, siehe auch ganzen Vortrag, S. 51-60

15 Barbara G. Walker. Das geheime Wissen der Frauen, S. 834f.

Vase und Bundeslade, Füllhorn und Schale, Kelch und Kessel …

Gefäßgöttin in Form einer Bärin mit einer Schale zwischen ihren Pfoten; Kykladen, 3. Jahrtausend v. u. Z.

Doch zurück zur Gefäßgöttin. In ihren Publikationen zur Archäologie und Kulturgeschichte der Großen Göttin zeigen sowohl Marija Gimbutas wie Annine van der Meer in großer Vielfalt, wie die Göttin selbst als Gefäß dargestellt wird oder ein Gefäß auf dem Schoß hält oder auf dem Kopf trägt. Und diese Darstellungen gehören zu den ältesten Göttinnenbildern überhaupt, denn die »Allgeberin« ist die Große Göttin, Mutter Natur, Mutter Universum, die Quelle allen Lebens oder eben »MA, the primal mother«. Und überall in der Göttinnenikonographie wie in der Göttinnenliturgie kommt dieses Motiv immer wieder vor. In der lauretanischen Litanei etwa führt Maria unter zahllosen anderen Ehrentiteln ausgerechnet die Bezeichnung »vas« – Gefäß, Gebärmutter, Trägerin und Hervorbringerin neuen Lebens, christlich verstanden: des Erlösers. Und das gleich mehrfach. Dabei wird das Bild des Gefäßes zwar übernommen, aber gänzlich entkörperlicht und ins nur noch Geistige »sublimiert«: Maria ist »vas spirituale, vas honorabile, vas insigne devotionis«, »du geistliches, du ehrwürdiges, du vortreffliches Gefäß der Andacht«. Wenigstens ist Jesus noch im Ave Maria »fructus ventris tui«, d.h. die »Frucht deines Bauches«, beschönigend abgeschwächt zu »deines Leibs«![16]

Interessanterweise kommt unter den Marientiteln auch die »Arche des Bundes« oder »Bundeslade« des Alten Testamentes vor – auch hier wieder ein Gefäß. Arche soll vom lateinischen Wort arca für Truhe oder Schachtel stammen. Barbara G. Walker sieht in der hebräischen Bundeslade eine Nachahmung ägyptisch-akkadischer und chaldäischer Arche-Heiligtümer, bei denen eine Truhe an Stäben getragen wurde, die durch Ringe an den Seiten der Truhe geschoben worden waren. Über den Inhalt der heiligen Schachtel – Büchse? – konnte nur spekuliert werden: Waren es die steinernen Tafeln der Zehn Gebote

16 Lauretanische Litanei, siehe http://www.vatican.va/special/rosary/documents/litanie-lauretane_ge.html

oder eine bronzene Schlange, Symbole für Jahwe und seine Gefährtin Mari-Anath, vielleicht auch ein männliches und ein weibliches Idol? Weibliches in einer Truhe, einem Gefäß, das selbst ein Inbegriff für Weibliches ist? Auf jeden Fall wurde die Bundeslande – vielleicht eben wegen dieses weiblichen Bezugs – zur Zeit von Jeremias aufgegeben: »Sie wird niemand in den Sinn kommen; man denkt nicht mehr an sie, vermisst sie nicht und stellt auch keine neue her.« (Jeremias 3,17)[17]

In den Formenkreis der Gefäße gehören auch Korb und Kiste, Topf und Schale, Kelch und Füllhorn, Vase, Wiege und Urne – allesamt einzelne Ausformungen für die umfassende Bedeutung des Schoßes. Bei den Demeter-Mysterien in Eleusis gehörte es offenbar zu den Höhepunkten der »Feier der heiligen Weihenacht«, dass »die Mysten … die heiligen Gegenstände *(hiera)* aus der *cista mystica* nehmen« durften, was sich spiegelt in der Einweihungsformel: »›ich nahm (etwas) aus der Cista (dem Deckelgefäß), hantierte damit, legte es dann in den Kalathos (einen offenen Korb) und aus dem Korb wieder in die Cista‹«.[18] Auch ohne jeden kultischen Bezug ist das Füllhorn noch heute ein beliebtes Symbol des Überflusses und wurde einst als Verzierung auf Häusern, Tempeln und Lagerhäusern angebracht, um den Segen der allesspendenden Mutter anzulocken. In antiken Opferzeremonien wurde das Blut der Opfer in heiligen Schalen aufgefangen. Eine solche Schale hieß *amnion,* was auch den Schoß als Behältnis des weiblichen Blutes meinte. Sehr oft werden Göttinnen mit Opferschalen in der Hand dargestellt, und babylonische Schriften bezeichnen Erde und Kosmos als »Misch-Schale« der Göttin. Von den Opferschalen ist es ein kleiner Schritt zu den heiligen Kelchen mit Opferblut – ein starkes Symbol, das aus uralter Zeit in den christlichen Abendmahlskelch hinübergerettet wurde.[19]

In der biblischen Schöpfungsgeschichte formte Gott Adam aus *adamah,* was »blutiger Lehm« bedeutet – und direkt von der sumerisch-babylonischen Göttin Aruru übernommen wurde, die als die große »Töpferin« die ersten Menschen aus Lehm erschuf. In

17 Vgl. Barbara G. Walker. Die geheimen Symbole der Frauen, S. 224f. und 127f. Und generell über die Bedeutung der Gefäßgöttin: Gerda Weiler. Der enteignete Mythos, S. 101ff.
18 Vera Zingsem. Der Himmel ist mein, die Erde ist mein …, S. 171f.
19 Vgl. Barbara G. Walker. Die geheimen Symbole der Frauen, S. 132 u. 206f.

allen frühen Gesellschaften war das Arbeiten mit Lehm Frauensache und »die Mayas nannten ihre älteste Form der Töpferei *Mamon* oder ›Großmutter‹.«[20] Wie die Töpferei war auch die Korbmacherei ein weibliches Handwerk und der Korb wie alle anderen Gefäße ein Symbol für den mütterlichen Schoß und Körper. So ist es kein Wunder, dass viele göttliche oder Heroen-Kinder einen Weidenkorb als schwimmende Wiege hatten, wobei schon die Wiege selbst – lateinisch *cunabula* – als extra-uterine »Gebärmutter« auf der Erde mit dem Schoß verwandt ist. So heißt Vagina im Lateinischen »cunnus«, und »Cunina« war die römische Himmelskönigin als Beschützerin der Kleinkinder.[21]

Arkana-Karte Nr. 14 des Druiden und Wicca-Tarot: Kessel der Ceridwen mit der Göttin Brighid als Göttin des Feuers und der Heiligen Quelle sowie als druidische Alchimistin bei ihrer Arbeit.

Arkana-Karte Nr. 13 des Druiden und Wicca-Tarot: Kessel der Ceridwen mit der Göttin Ceridwen in ihrem Aspekt der Alten Weisen Cailleach.

… und der Heilige Gral

Zur Gefäßgöttin gehört auch der Kessel, in der keltischen Mythologie der Inbegriff von Schoß und Schöpfung, Wandlung und Heilung, Leben, Tod und Wiedergeburt. Hier ist es vor allem die Göttin Cerridwen, die immer wieder mit ihrem Kessel dargestellt wird. Wie sie hatten ihn auch die keltische Brigid, die nordische Große Göttin Freya und die osteuropäische Baba Jaga. Cerridwen hat aber auch in Ägypten beste Gesellschaft: »Die ägyptische Hieroglyphe für die große Tiefe des Weiblichen, den Schoß, der das Universum und die Götter hervorgebracht hatte, bestand aus der Darstellung von drei Kesseln.«[22] Dieselben *drei* Kessel kommen auch in der norwegischen Mythologie und bei den KeltInnen vor. Zudem geht der Kessel, der den Schoß der Großen Göttin meint, über in den Formenkreis um den Heiligen Gral. Auch wenn dieses lebensspendende Gefäß in den großen, frühmittelalterlichen »Parzival«-Dichtungen eine so zentrale Rolle spielt: Nach wissenschaftlicher

20 Ebd., S. 220
21 Vgl. ebd., S. 193 u. 229f.
22 Ebd., S. 190

Erkenntnis kann es kaum von einem verlorenen Kelch bei der Einsetzung des Abendmahls am Gründonnerstag abgeleitet werden, wie es die christlichen Romanautoren gerne hätten. Der Gral geht vielmehr auf heidnisch-weibliche Kesselgeschichten zurück, wozu auch passt, dass die Gralsprozession im Schloss einer Feenkönigin stattfindet und nicht in einer Kirche und der Gral von einer Jungfrau und keineswegs von einem Priester getragen wird. Heide Göttner-Abendroth lässt keinen Zweifel daran, dass »der Gral symbolisch für die Göttin selbst steht«, denn »wie beim Füllhorn oder dem unerschöpflichen Kessel quillt aus dem Gral die Fülle der Nahrung hervor, welche die Erde wachsen lässt. Damit ist er ein Symbol für den mütterlichen Schoß der Erde, die alle ihre Kinder ernährt. Wie der Kessel der Inspiration schenkt auch der Gral geistige Getränke und Freude; damit ist er ein Symbol für das geistige Licht und die Weisheit der Göttin«. Göttner-Abendroth bezeichnet den Gral darum »als das umfassendste und allgemein europäische Symbol für die Göttin.« Aber über den Gral hinaus gehören für Göttner-Abendroth die Geschichten von Parzival »als einem echt matriarchalen Helden« in Gänze »zu den klarsten Zeugnissen für die tiefgreifenden, sozialen Umwälzungen auf europäischem Boden durch das Aufeinandertreffen des Frühpatriarchats (UK: der blutige Speer der keltischen Krieger) auf die alten, matriarchalen Kulturen (UK: der Gral in Frauenhand, die Einsetzung des Königs durch die Göttin und die Bedeutung der Onkel/Mütterbrüder von Parzival).«[23]

Geschlossen eine Madonna mit Kind, geöffnet eine Frau/Mutter/Göttin, die die Trinität in ihrem Schoß »enthält«: »La vierge ouvrante« heißt diese Darstellungsform, hier aus dem Museum in Cluny, Ende 14. Jh./Anfang 15 Jh.

Bewegen die uralten Gefäßgöttinnen mit ihrer archaischen Eindeutigkeit, so verblüfft uns in Europa eine mittelalterliche Gefäßgöttin und zwingt uns die Frage auf, wie sie in einer christlich-patriarchalen Kultur überhaupt möglich war. Zwischen dem 13. und 15. Jahrhundert erschufen Künstler nämlich die damals enorm beliebten Skulpturen der »vierges ouvrantes«, d.h. von Madonnen – Marien mit Kind auf dem Arm –, die sich

23 Heide Göttner-Abendroth. Die Göttin und ihr Heros, S. 235, 238 und 242. Vgl. dazu ebenso Barbara G. Walker. Die geheimen Symbole der Frauen, S. 135ff. Siehe auch die Neu-Erzählung der Gralsgeschichte in Heide Göttner-Abendroth: Fee Morgane – Der Heilige Gral, S. 149-272.

in der Mitte öffnen ließen zu einer Art Triptychon und dann in ihrem Bauch die ganze Trinität offenbarten: Gottvater mit seinem gekreuzigten Sohn und der Geistestaube, die bei dem gezeigten Beispiel aus dem Musée de Cluny offenbar verloren gegangen ist. Als Rom bewusst wurde, was diese Darstellungsform eigentlich bedeutet, wurde sie radikal geächtet und verboten – wohl auch weitgehend zerstört, sodass nur noch sehr wenige »vierges ouvrantes« überhaupt erhalten und in den Museen von Wien und Paris zu sehen sind. Eine steht noch heute in der Kirche, für die sie um 1300 geschaffen wurde: die »vierge ouvrante« in der Pfarrkirche des elsässischen Eguisheim; ihre »Eingeweide« sind jedoch zerstört worden, wobei eine im Kiosk angebotene Kunstkarte vermeldet, die vierge habe in Eguisheim ohnehin nur eine Monstranz enthalten. Wenn Maria aber wie die »vierge ouvrante« im Pariser Musée de Cluny die männliche Trinität im Bauch hat, dann heißt das: Sie, die Große Göttin, sie hat die männliche Trinität hervorgebracht, sie ist die Urmutter, die Schöpferin von allem, die Quelle allen Seins, die Mutter aller Gottheiten, der Grund von allem – nicht er, Gottvater und seine beiden anderen Partner in der Spätfassung einer männlichen Trinität. Und das war und ist in einer katholisch-christlichen Theologie natürlich absolut unhaltbar, undenkbar, undarstellbar und musste weg.[24] Aber in dieser Darstellung hat sich eine Urform aus sehr früher Zeit wieder zum Durchbruch verholfen: die Gefäßgöttin! Und so landen wir wieder bei Pandora, die keine Unheils-Büchse in ihren Händen hält, sondern deren Schoß der Segens-Gral ist, auf den wir uns heute wieder beziehen können.

Den Schoß aller Dinge verehren

Im Rahmen der feministischen Theologie habe auch ich mich in der Abkehr von »Gottvater« nicht nur um nicht-anthropomorphe Gottesmetaphern wie die Seins-Mächtigkeit von Mary Daly bemüht, sondern auch um weibliche Gottesbilder. Und dabei war es für mich und mein Selbstwertgefühl als Frau enorm wichtig, den Weg dahin zu finden, auch

24 Vgl. Christa Mulack. Maria – die geheime Göttin im Christentum, S. 64; siehe auch Annine van der Meer. The Language of Ma, the primal mother, S. 544

»den Schoß aller Dinge« leibhaft konkret verehren zu können – von der »Icon of the Divine Vulva«, dem Symbol der Göttlichen Vulva, über die ihre Vulva zeigende Sheila-na-gig an einer irischen Kirche (siehe Kapitel zu Demeter) bis hin zur Freude an Quellheiligtümern[25] und zur Begeisterung für Gustave Courbets sensationelles Bild »L'Origine du monde«/ »Der Ursprung der Welt« von 1866 – seit 1995 in Paris im Musée d'Orsay –, das ohne jede falsche Scham die gespreizten Oberschenkel einer liegenden Frau zeigt, samt Schoß-Dreieck sowie Bauch und eine Brust.[26] Ohne diese Aufwertung weiblicher Sexualität durch positive Darstellungen von Schoß und Schoßöffnung und ohne das Würdigen weiblicher Potenz im Reproduktionsprozess durch die mich tief berührenden Figuren schwangerer, gebärender und ihre Brüste zeigender Göttinnen hätte ich selbst wohl nie Mutter werden können – denn wie hätte ich etwas wollen können, das so außerhalb jeder kulturellen Repräsentation, Hochachtung und Wertschätzung lag?

Selbst die in meinem Lebensumfeld ja vorhandene Madonna musste ich mir als streng protestantisch erzogene Frau zunächst einmal gegen alle bilderfeindliche Verfemung durch meine religiöse Sozialisation sehnsuchtsvoll und hartnäckig »erobern«[27], bis ich mich freuen konnte am Madonnenbildchen in der kleinen, hellblauen Baumkapelle im Alpbachtal und dem Spruch darunter: »Maria mit dem Kinde lieb/Uns allen Deinen Segen gib.« Und ich musste sogar 60 Jahre alt werden, bis 2006 eine erste »Theologie der Geburt« erscheinen konnte! Das ist das ungeheuer große Verdienst der pensionierten Pastorin Hanna Strack, die diesen Durchbruch geschafft hat. Damit hat sie das Links-Liegenlassen, ja das Negieren dessen durchbrochen, was doch das dauernd sich vollziehende, das von Frauen ununterbrochen geleistete Weiterführen der Schöpfung ist. Wie ist so etwas denn nur möglich? Warum haben wir uns das über Jahrhunderte und Jahrtausende vom Patriarchat bieten lassen? Zu Recht zitiert Strack die Aussage von Gertraud Ladner aus dem Jahr 2003: »Alle von uns hatten den Bauch als erstes Heim und

25 Siehe Ursa Krattiger. Die perlmutterne Mönchin, S. 121ff. Siehe auch Barbara Hutzl-Ronge. Quellgöttinnen, Flussheilige, Meerfrauen

26 Siehe dazu Günter Metken. Gustave Courbet. Der Ursprung der Welt. Ein Lust-Stück. Prestel 1997

27 Siehe Ursa Krattiger. Die perlmutterne Mönchin, S. 112ff.

wurden von Müttern geboren und genährt. Würde diese Basiserfahrung unserer Existenz Teil der theologischen Tradition, so gäbe es eine radikale Veränderung.«[28] Schmunzelnd erinnere ich mich daran, dass Gloria Steinem schon in den 80er-Jahren in ihrer Zeitschrift »Ms.«, der amerikanischen Vorgängerin der »Emma«, die verwegene Aussage machte: Könnten Männer menstruieren, wäre Menstruation ein Sakrament. Und ich gehe einen Schritt weiter: Wenn Männer schwanger sein und gebären könnten, dann wäre die Geburt das höchste aller Sakramente. Da Männer aber weder menstruieren noch gebären können (sich aber an ihrem Anteil an der Entstehung neuen Menschenlebens freuen könnten ...), müssen sie »das dem Menschen natürlich Geschenkte« herabwürdigen und verächtlich machen und dafür »das von ihnen mit ungeheurem Aufwand künstlich Geschaffene«[29] hochachten und anbeten, wie es Irmtraud Morgner in ihrem Hexenroman »Amanda« einem vom Gebärneid befallenen Mann in den Mund legt. Die brasilianische Ordensfrau Ivonne Gebara macht uns bewusst: »Der Körper ist Bezugspunkt sowohl für diejenigen, die ihn missachten, wie für diejenigen, die ihn lobpreisen, für diejenigen, die ihn unterdrücken, wie für diejenigen, die ihn respektieren.«[30] Wir haben die Wahl. Die Liebe zum Leben rät uns, unsere Geburtlichkeit zu achten, Pandoras Büchse als Übersetzungsfehler zu tilgen und den weiblichen Körper mit seinem Segens-Gral real und in all seinen köstlichen symbolischen Darstellungen zu verehren: Vas insigne devotionis, du vortreffliches Gefäß der Andacht. Wie eh und je gibt die Allgeberin alles. Seit allem Anfang, heute und immerdar. Oder um die Allgeberin mit der gängigen liturgischen Formel zu ehren: Sicut erat in principio et nunc et semper et in saecula saeculorum. Amen.

2008 malt Heather Taylor, wie Pandora ihr Kästchen öffnet, dem strahlendes Licht entströmt. Die Göttin selbst erscheint in einer vulvaähnlichen Form, die mich stark an Hildegard von Bingens Vision des Welteneis aus ihrem zentralen Werk »SCIVIAS – Wisse die Wege« erinnert.

28 Zit. nach: Hanna Strack. Die Frau ist Mit-Schöpferin, S. 179. Vgl. Hanna Strack. Spirituelle Reise zur Gebärmutter. Entdecken – Staunen – Würdigen. Zürich 2014. Eine gute Rezension von Kristin Flach-Köhler dazu: www.bzw-weiterdenken.de/2014/09/hanna-strack-spirituelle-reise-zur-gebaermutter-entdecken-staunen-wuerdigen-2/

29 Irmtraud Morgner. Amanda, S. 270f.

30 Zit. nach: Hanna Strack. Die Frau ist Mit-Schöpferin, S. 180

DIDAKTISCHE HANDREICHUNGEN ZU PANDORA

1) Gefäße

Du siehst hier ein Trinkgefäss der griechischen Antike abgebildet. Es ist ein Kantharos.

○ **Suche nach weiteren Gefäßen und erstelle eine Liste mit Formen und Erklärungen zu ihren Funktionen.**

2) Gefäße in der Sprache

○ **Erstelle Wortfamilien mit Nomen, Verben, Adjektiven etc. zu den Wörtern**
a) Gefäß
b) Behältnis
und verbinde jedes gefundene Wort mit einem Synonym.

3) Der Kessel

Der Kessel ist eine Gefäßform, der in der matriarchalen Spiritualität eine besondere Bedeutung hat. Er wird als »Quelle des Lebens, der Weisheit, Inspiration, Erkenntniskraft und Magie beschrieben. Er ist dem allgegenwärtigen ›Kessel mit Blut‹ in der Hand der Dreifachen Kali vergleichbar, der den uranfänglichen uterinen Blutozean versinnbildlicht, aus dem die Urenergie für die Schöpfung kommt.«

(Barbara G. Walker. Die weise Alte, S. 109)

○ **Präsentiere in einem Vortrag mit Bildern eine Göttin, die in Verbindung steht mit einem Kessel oder einem anderen Gefäß.**

4) *Ich, die ich die Schönheit der grünen Erde bin und die weiße Mondin unter den Sternen und das Mysterium der Wasser, ich rufe eure Seelen, sich zu erheben und zu mir zu kommen. Denn ich bin die Seele der Natur, die das Universum lebendig macht. Aus mir gehen alle Dinge hervor, und zu mir müssen sie zurückkehren. Ehret mich fröhlichen Herzens, denn seht, alle Akte der Liebe und der Freude sind meine Rituale. Lasst in euch walten Schönheit und Stärke, Kraft und Leidenschaft, Ehre und Demut, Heiterkeit und Ehrfurcht. Und ihr, die ihr mich erkennen wollt, wisset, dass euer Suchen und Sehnen euch nicht helfen wird, es sei denn, ihr kennt das Mysterium: Denn wenn ihr das, was ihr sucht, nicht in euch selbst findet, werdet ihr es auch niemals außer euch finden. Denn seht, ich bin bei euch gewesen von Anbeginn, und ich bin es, zu der ihr am Ende eurer Wünsche gelangt.*

(Starhawk. Die Kraft der großen Göttin, S. 18)

○ **Entwerfe eine künstlerische Darstellung zu diesen Worten der All-Göttin.**

5) Wenn Pandoras Büchse, Kessel, Gefäß für den Schoß, die Gebärmutter der Frau, steht und uns die Gefäßgöttin daran erinnert, dass es nichts und niemand ohne Mutter gibt, dann frag doch mal deine Mutter nach ihren Erinnerungen an deine Geburt. Lass dir deine Geburtsgeschichte, ihre Gebärerfahrungen erzählen. Frag sie nach allem, woran sie sich erinnert, ihre körperlichen Erlebnisse, Gefühle, Gedanken – vorher, während und danach. Und schaut zusammen alte Fotos an aus jener Zeit.

Vielleicht leben ja deine Großmütter noch. Frage sie nach ihren Erlebnissen rund um die Geburt deiner Mutter oder deines Vaters. Und vielleicht gibt es ja auch noch aus dieser Zeit Fotos.

○ **Dokumentiere in Wort und Bild deine ganz persönliche Geburtsgeschichte in Form eines kleinen Albums.**

6) *Und du, Pandora,*
Heiliges Gefäß der Gaben alle,
Die ergötzlich sind
Unter dem weiten Himmel,
Auf der unendlichen Erde,
Alles, was mich je erquickt von Wonnegefühl,
Was in des Schattens Kühle
Mir Labsal ergossen,
Der Sonne Liebe jemals Frühlingswonne,
Des Meeres laue Welle
Jemals Zärtlichkeit an meinem Busen angeschmiegt,
Und was ich je für reinen Himmelsglanz
und Seelenruhgenuss geschmeckt –
Das all all – – Meine Pandora!

(Johann Wolfgang Goethe. »Prometheus«.
Dramatisches Fragment von 1774, publiziert 1830, 1. Akt, Verse 174-187)

○ **Was empfindest du, was geht in dir vor, wenn du eine Lobpreisung wie diese liest? Mache dir deine Gefühle und Gedanken bewusst und tausche sie mit anderen aus. Gibt es in den Empfindungen und Überlegungen Unterschiede zwischen Mädchen und Jungen, Frauen und Männern?**

○ **Verfasse eine Gedichtinterpretation und lasse deine Gefühle und Gedanken einfließen.**

7) Im Louvre gibt es ein Gemälde von Jean Cousin dem Älteren aus dem Jahr 1550:

○ **Verfasse eine Bildbeschreibung und erkläre, warum das Gemälde den Titel »Eva, die erste Pandora« trägt, welche Botschaft es vermittelt und wie es auf dich wirkt.**

8) Die Große Mutter – Fiktion und Realität

»Avatar«, einer der erfolgreichsten Science-Fiction-Filme der letzten Jahre, trägt in der deutschen Fassung den Untertitel: »Aufbruch nach Pandora«. Damit ist ein ferner Stern gemeint, der ähnlich wie ein Mond in unserem Sonnensystem den Namen der Göttin trägt. Hier leben menschenähnliche Wesen in Verbundenheit mit der Natur und verehren die Große Mutter, die dafür sorgt, dass das Leben auf diesem Stern im Gleichgewicht bleibt. Doch durch die Invasion von Menschen wird ihre Lebensweise bedroht. Eine solche Bedrohung gibt es nicht nur in einer filmischen Fiktion, sondern auch ganz real auf unserem Planeten, wo in matriarchalen Gesellschaften eine Große Mutter verehrt wird. Diese Kulturen drohen vom weltweiten Patriarchat vereinnahmt zu werden.

- ○ **Verfasse einen schriftlichen Bericht über die Spiritualität der Pandora-BewohnerInnen, wie sie im Film »Avatar – Aufbruch nach Pandora« geschildert wird.**

- ○ **Gestalte mit der ganzen Klasse eine Ausstellung in eurem Schulhaus über heute noch existierende matriarchale Gesellschaften. Ladet Eltern und Bekannte zur Eröffnung ein und erklärt ihnen in Kurzreferaten, was ihr erarbeitet habt.**

9) Unter dem Titel »Pandora & ihre Töchter« findest du im Internet auf YouTube einen 7 $^1/_2$-minütigen Fotofilm zu dem Solo-Theaterstück von Mirjam Orlowsky vom »duo-mirabelle«.

- ○ **Erzähle den Film schriftlich nach, erkläre, welche Botschaft er vermittelt und welche Bezüge er von der antiken Pandora zu unserer heutigen Zeit herstellt.**

- ○ **Erarbeite, wenn du einen Film- oder Theaterkurs besuchst, in Analogie zu der künstlerischen Arbeit des »duo-mirabelle« eine eigene Produktion unter dem Titel »Medusa und ihre Töchter«.**

Literaturverzeichnis

Antikenmuseum Basel und Sammlung Ludwig (Hg.). Ausstellungsführer zu »Wann ist ein Mann ein Mann? Das starke Geschlecht in der Antike«. Basel 2013/2014

Apuleius. Der goldene Esel. Frankfurt am Main 1975

Actio. Lateinisches Unterrichtswerk, Bd. 1, Stuttgart 2005

Aliti, Angelika. Die wilde Frau. Rückkehr zu den Quellen weiblicher Macht und Energie. München 1994

Aradia. Die Lehren der Hexen. Kommentiert von Charles G. Leland. München 1979

Arguëlles, Miriam und José. Weiblich weit wie der Himmel. Haldenwang 1979

Armbruster, Kirsten. Gott die MUTTER. Eine Streitschrift wider den patriarchalen Monotheismus. BoD 2/2013

Auerbach, Angela Monika. Sie war umhüllt vom Duft wilder Nelken. Mein PyrenäenBuch. Rüsselsheim 2000

AutorInnengemeinschaft (Hg.in). Die Diskriminierung der Matriarchatsforschung. Eine moderne Hexenjagd. Bern 2003

Bachmann, Ingeborg. »An die Sonne«, in: Dies. Werke, Bd. 1, München/Zürich, S. 136f.

Bachofen, Johann Jakob. Das Mutterrecht. Bd. I. Basel 3/1948

Barmettler, Agnes u.a. Erzähl mir Labyrinth. Frauenkultur im öffentlichen Raum. 20 Jahre Labyrinthplatz Zürich. Rüsselsheim 2011

Bernstein, Frances. Frauenweisheit der Antike. Rituale für jeden Monat des Jahres. München 2001

Bode-Paffenholz, Adelheid. Wildpfade. Frauen und Spiritualität außerhalb der großen Weltreligionen. BoD 2009

Bolen, Jean Shinoda. Feuerfrau und Löwenmutter. Göttinnen des Weiblichen. Düsseldorf u. Zürich 2002 (Amerikanisches Original: Goddesses in Older Women)

Bolen, Jean Shinoda. Crones don't whine. Concentrated Wisdom for Juicy Women. New York 2003

Bolen, Jean Shinoda. Goddesses in Older Women. Archetypes in Women over fifty. New York 2001

Bolen, Jean Shinoda. Göttinnen in jeder Frau – Psychologie einer neuen Weiblichkeit. Basel 1986

Budapest, Zsuzanna E. Das magische Jahr. Mythen, Mondaspekte, Rituale. Das Handbuch der geheimen Frauenmacht. München 1999

Cavarero, Adriana. Platons Töchter. Frauengestalten der antiken Philosophie. Hamburg 1997

Christ-v.Wedel, Christine. »Erasmus von Rotterdam« (1464/69-1536), in: Jahresbericht der Freunde des Klingentalmuseums, Basel 2013

Cicero. De natura deorum, Buch II

Cotterell, Arthur. Die Welt der Mythen und Legenden. München 1990

Daly, Mary. Gyn/Ökologie. Eine Metaethik des radikalen Feminismus. München 1981

Daly, Mary. Beyond God the Father. Toward a Philosophy of Women's Liberation. Boston 1973

Daly, Mary: Jenseits von Gottvater Sohn & Co. München 1980

Diestel, Hedwig. »Erde, ich spüre dich«, in: Werkstatt für GeistesWissenschaft, http://www.diemorgengab.at/WfGW/zit/WfGWged00076.htm

Eisler, Riane. Von der Herrschaft zur Partnerschaft. Weibliches und männliches Prinzip in der Geschichte. München 1989

Ehmer, Manfred. Gaia. Portrait einer Göttin. Bielefeld 2014

Fleiss, Irene. Als alle Menschen Schwestern waren
Bd. 1. Leben in matriarchalen Gesellschaften. Rüsselsheim 2006
Bd. 2. Weiblichkeit in matriarchalen Gesellschaften – gestern und heute. Rüsselsheim 2007

Galeano, Eduardo. Erinnerungen an das Feuer. Wuppertal 1983

Gebser, Jean. Ursprung und Gegenwart. 3 Bde. München 1973 (verfasst 1949-1953)

Getty, Adele. Göttin. Mutter des Lebens. München 1993

Giebel, Marion. Das Geheimnis der Mysterien. Antike Kulte in Griechenland, Rom und Ägypten. Zürich 1990

Gimbutas, Marija. Die Sprache der Göttin. Das verschüttete Symbolsystem der westlichen Zivilisation. Frankfurt am Main 1995

Gimbutas, Marija. Die Zivilisation der Göttin. Die Welt des alten Europa. Frankfurt am Main 1996

Göttner-Abendroth, Heide. Die tanzende Göttin. Prinzipien einer matriarchalen Ästhetik. München 1988

Göttner-Abendroth, Heide. Das Matriarchat I. Geschichte seiner Erforschung. Stuttgart 1988

Göttner-Abendroth, Heide. Das Matriarchat II,1. Stammesgesellschaften in Ostasien, Indonesien, Ozeanien, Amerika. Stuttgart 1991

Göttner-Abendroth, Heide. Für Brigida. Göttin der Inspiration. Neun patriarchatskritische Essays und Thesen zum Matriarchat. Frankfurt am Main 1998

Göttner-Abendroth, Heide. Das Matriarchat II,2. Stammesgesellschaften in Amerika, Indien, Afrika. Stuttgart 2000

Göttner-Abendroth, Heide. Inanna, Gilgamesch, Isis, Rhea. Die großen Göttinnenmythen Sumers, Ägyptens und Griechenlands neu erzählt. Königstein/Taunus 2004

Göttner-Abendroth, Heide. Fee Morgane – Der Heilige Gral. Die großen Göttinnenmythen des keltischen Raumes neu erzählt. Königstein/Taunus 2005

Göttner-Abendroth, Heide. Der Weg zu einer egalitären Gesellschaft. Prinzipien und Praxis der Matriarchatspolitik. Klein Jasedow 2008

Göttner-Abendroth, Heide. Am Anfang die Mütter. Matriarchale Gesellschaft und Politik als Alternative. Stuttgart 2011

Göttner-Abendroth, Heide. Die Göttin und ihr Heros. Die matriarchalen Religionen in Mythen, Märchen, Dichtung. Stuttgart 2011

Grimm, Bernhard A. Die Frau – der bessere Mensch. Plädoyer gegen die uralte Abwertung des Weiblichen. Molbergen 1999

Gsell, Monika. Die Bedeutung der Baubo. Kulturgeschichtliche Studien zur Repräsentation des weiblichen Genitales. Frankfurt am Main 2001

Günter, Andrea (Hg.in). maria liest – das heilige fest der geburt. Rüsselsheim 2004

Heiler, Friedrich. Die Gottesmutter. Sondernummer der »Hochkirche«. Basel 1931

Heydecker, Joe J. Die Schwestern der Venus. Die Frau in den Mythen und Religionen. München 1991

Higgins, Reynold. Minoan and Mycenaean art. London 1981

Hofmann, Albert. »A challenging question and my answer«. In: The road to Eleusis. Ethymological Studies, Nr. 4. London 1978

Homer. Lob der Demeter.Aus den Myterien von Eleusis. Übertragen von Conrad Englert-Faye. Dornach 1996

Homerische Hymnen, hg. von Anton Weiher. München 1951

Hunger, Herbert. Lexikon der griechischen und römischen Mythologie. Reinbek 1974

Husain, Shahrukh. Die Göttin. Das Matriarchat. Mythen und Archetypen. Köln 2006

Hutzl-Ronge, Barbara. Feuergöttinnen, Sonnenheilige, Lichtfrauen. Mythen, Sagen und Sternzeichen zum Feuer. München 2000

Hutzl-Ronge, Barbara. Quellgöttinnen, Flußheilige, Meerfrauen. Mythen, Sagen und Sternzeichen zum Wasser. München 2002

Jenny-Kappers, Theodora. Muttergöttin und Gottesmutter in Ephesos. Von Artemis zu Maria. Zürich 1986

Johnson, Buffie. Die Große Mutter in ihren Tieren. Göttinnen alter Kulturen. Olten 1990

Kaiser, Rudolf. Indianischer Sonnengesang, Freiburg 4/1997

Kaschnitz, Marie Luise. Der alte Garten. Frankfurt am Main 1975

Keel, Othmar. Gott weiblich. Eine verborgene Seite des biblischen Gottes. Bibel+Orient Museum München 2008

Kloft, Hans. Mysterienkulte der Antike. Götter, Menschen, Rituale. München 2006

Krattiger, Ursa. Die perlmutterne Mönchin. Zürich 1983

Kraus, Theodor. Hekate. Heidelberg 1960

Kutter, Erni. Der Kult der Drei Jungfrauen. Eine Kraftquelle weiblicher Spiritualität neu entdeckt. München 1997

Kuhn, Annette. »Warum sitzt Europa auf dem Stier? Matriarchale Grundlagen von Europa«. In: Ministerium für Generationen, Familie, Frauen und Integration des Landes NRW: Frauen verändern EUROPA verändert Frauen. Düsseldorf 2009; http://www.hdfg.de/pdf/Europa-Handbuch-08_Kuhn.pdf

Kuhn, Annette. Historia. Frauengeschichte in der Spirale der Zeit. Leverkusen 2010

Langhammer, Fricka. Familie als Beginn. Die westliche Kleinfamilie und die matriarchale Großfamilie der Mosuo in China – (k)ein Vergleich. Rüsselsheim 2015

Lautwein, Thomas. Hekate. Die dunkle Göttin. Rudolstadt 2009

Lerner, Gerda. Die Entstehung des Patriarchats. Frankfurt am Main 1995

Lochmann, Tomas. »Gipsabgüsse für Übung, Studium und Genuss«, in: Basler Zeitung vom 9.11.12, S. 16

Lochmann, Tomas. »Visionen in Gips«, in: Kunstzeitschrift »fecit«, Nr. 3/2010, S. 28ff.

Madeisky, Uschi/Parr, Daniela/Margotsdotter, Dagmar. Wo die freien Frauen wohnen. Frankfurt am Main/Rüsselsheim 2014 (DVD)

Margotsdotter-Fricke, Dagmar. Die gute Mär. Mutterkunde im Märchen. Rüsselsheim 2008

Marmon, Edith. Drache und Schlange – die heiligen Tiere der Göttin. Eine Wieder-Aneignung ursprünglicher weiblicher Symbole. Rüsselsheim 2012

MatriaVal. Zeitschrift für matriarchale Werte. Frankfurt am Main 1/2007-23/2013

Meer, Annine van der. The Language of Ma, the primal mother. The evolution of the female image in 40'000 years of global Venus Art. Den Haag 2013

Meer, Annine van der. Venus is geen Vamp. Geesteren 2009

Meier-Seethaler, Carola. Von der göttlichen Löwin zum Wahrzeichen männlicher Macht. Ursprung und Wandel großer Symbole. Zürich 1993 (Der im Buchhandel vergriffene Bildband ist im Internetverlag »opus magnum« in Stuttgart abrufbar: www.opus-magnum.de)

Meier-Seethaler, Carola. Ursprünge und Befreiungen. Eine dissidente Kulturtheorie. Stuttgart 2011 (vollkommen revidierte Neuaufl.)

Miles, Rosalind. Weltgeschichte der Frau, Düsseldorf 1990

Mirus, Helma/Wisselinck, Erika (Hg.innen). Mit Mut und Phantasie. Frauen suchen ihre Geschichte. Eine Dokumentation. Rüsselsheim 1999

Moltmann-Wendel, Elisabeth. Ein eigener Mensch werden. Frauen um Jesus. Gütersloh 1980

Monaghan, Patricia. Lexikon der Göttinnen. Ein Standardwerk der Mythologie. Frankfurt am Main 1991

Monk Kidd, Sue/Kidd Taylor, Ann. Granatapfeljahre. Vom Glück, unterwegs zu sein. München 2010

Morgner, Irmtraud. Amanda. Ein Hexenroman (1983/1992). Leipzig 1995

Mulack, Christa. Die Wurzeln weiblicher Macht. Frauen erkennen ihre Stärke. Schalksmühle 2006

Mulack, Christa. Maria – die geheime Göttin im Christentum, Stuttgart 1985

Muraro, Luisa. Die symbolische Ordnung der Mutter. Rüsselsheim 2006

Nositschka, Gudrun. »Die heilige Hochzeit. Von Frauenmacht zur Männerherrschaft« (Nicht veröffentlichter Vortragstext vom 17. Oktober 2000, mit Ergänzungen 2005)

Nositschka, Gudrun. Bleibe unerschrocken. Briefwechsel mit der Matriarchatsforscherin Gerda Weiler. Bad Münstereifel 1996

Obermüller, Barbara. Die weibliche Seite der Ur- und Frühgeschichte. Rüsselsheim 2014

Ovid. Fasti, Buch VI

Ovid. Metamorphosen V, übers. von Michael von Albrecht. München 1981

Pausanias. Beschreibung Griechenlands, übers. von Ernst Meyer.

Plassmann, Joseph Otto. Orpheus. Altgriechische Mysterien. München 1992

Pogacnik, Marko. Venedig – Spiegel der Erdseele. Aarau 2009

Ranke-Graves, Robert von. Griechische Mythologie. Quellen und Deutung. Reinbek 2007

Regler-Bellinger, Brigitte. Die Himmelsherrin bin ich. Gebete und Hymnen an Göttinnen. Bonn 1993

Rich, Adrienne. Von Frauen geboren. Mutterschaft als Erfahrung und Institution. München 1979

River, Linday/Gilespie, Sally. Zeitknoten. Astrologie und weibliches Wissen. München 1987

Rüttner-Cova, Sonja. Frau Holle. Die gestürzte Göttin. Märchen, Mythen, Matriarchat. Basel 1986

Rush, Anne Kent. Mond, Mond. München 1978

Safranski, Rüdiger. »Die Sprache der Philosophen ist zum Teil pure Hochstapelei«. In: Die Sonntagszeitung, 6.7.2014

Saint Phalle, Niki de. La Grotte. Ostfildern 2003

Sanyal, Mithu M. Vulva. Die Enthüllung des unsichtbaren Geschlechts. Berlin 2009

Schacht, Johanna u.a. EUROPA heißt DIE WEITBLICKENDE. Postpatriarchale Perspektiven für die Kulturanthropologie. BoD 2012

Schreier, Josefine. Göttinnen. Ihr Einfluss von der Urzeit bis zur Gegenwart. München 1977

Schreiner, Olive. Träume. Berlin 1899

Schulte, Birgitta M. Der weibliche Faden. Geschichte weitergereicht. Rüsselsheim 1995

Schulte, Birgitta M. Ilse Langner. Ich möchte die Welt hinreißen … Ilse Langner 1899 – 1987. Rüsselsheim 1999

Shalima, Li. Die SYMBOLISCHE MUTTER in ORDNUNG bringen. Ein Labyrinth Film-Vortrag. Rüsselsheim 2011 (DVD)

Shalima, Li. Ursymbol Labyrinth TÁ PU ÀT. Philosophisches Bilder-Wandbuch. Rüsselsheim 2015

Simon, Erika. Die Götter der Griechen. Darmstadt 1985

Simon, Erika. Die Götter der Römer. München 1990

Sjöö, Monica/Mor, Barbara. Wiederkehr der Göttin. Die Religion der großen kosmischen Mutter und ihre Vertreibung durch den Vatergott. Braunschweig 1985

Sorge, Elga. Religion und Frau. Weibliche Spiritualität im Christentum. Stuttgart 1987

Stamer, Barbara (Hg.in). Märchen von Mutter Erde. Krummwisch 2013

Starhawk. Die Kraft der großen Göttin. Freiburg 1999

Starhawk. Der Hexenkult als Ur-Religion der Großen Göttin. München 1992

Strack, Hanna. Die Frau ist Mitschöpferin. Eine Theologie der Geburt. Rüsselsheim 2006

Ströter-Bender, Jutta. Liebesgöttinnen. Köln 1994

Tennant, Catherine. The Lost Zodiac. 22 Ancient Star Signs. What they mean and the legends behind them. London 1995 (Box mit Karten und Buch)

Voenix. Der griechische Götterhimmel. Uhlstädt-Kirchhasel 2009

Voss, Jutta. Das Schwarzmond-Tabu. Stuttgart 1990

Walker, Barbara G. Das geheime Wissen der Frauen. Ein Lexikon. München 1996

Walker, Barbara G. Die geheimen Symbole der Frauen. Lexikon der weiblichen Spiritualität. München 1988

Walker, Barbara G. Die weise Alte. Kulturgeschichte, Symbolik, Archetypus. München 1986

Wallfahrtsgeschichte von Mariastein, Mariastein 1973

Wasson, R. Gordon et al. The road to Eleusis. Unveiling the Secret of the Mysteries. New York/ London 1978

Watson-Franke, Maria-Barbara: »Maskulinität in matrilinearen Gesellschaften«, in: Sie und Er. Frauenmacht und Männerherrschaft im Kulturvergleich, hg. von Gisela Völger, Bd. 1, Köln 1997, S. 333-338

Wegner, Eva-Gesine. Bei den Steinen angekommen. Eva Gesine Wegner als Bildhauerin im Dialog mit Camille Claudel, Rüsselsheim 1998

Wegner, Eva-Gesine. Der Kopf der Medusa. Ein Dialog zwischen Eva-Gesine Wegner und Camille Claudel. Zwei Bildhauerinnen, zwei Frauen, zwei Schwestern. Frankfurt am Main 1989

Weiler, Gerda. Der enteignete Mythos. Eine feministische Revision der Archetypenlehre C.G. Jungs und Erich Neumanns. Königstein/Ts. 1996

Weiler, Gerda. Ich brauche die Göttin. Zur Kulturgeschichte eines Symbols. Königstein/Ts. 1997

Weiler, Gerda. Der aufrechte Gang der Menschenfrau. Eine feministische Anthropologie. Bd. 2. Frankfurt am Main 1994

Widmer, Hans/Riniker, Hans. Von Zeus zu Europa. Griechische Mythologie im Rahmen der Kulturgeschichte unter spezieller Berücksichtigung der orientalisch-biblischen Tradition und der abendländischen Übernahme. Biberstein 2001

Wolf, Christa. Kassandra. Frankfurt am Main 1989

Wolf, Christa. Voraussetzungen einer Erzählung: Kassandra. Frankfurt am Main 1989

Zingsem, Vera. Der Himmel ist mein, die Erde ist mein … Göttinnen großer Kulturen im Wandel der Zeiten. Tübingen 1995

Zingsem, Vera. Und Sie erschuf die Welt. Wie Schöpfungsmythen unser Leben prägen. Hamburg 2013

Bildnachweis

S. 23: Foto: Keystone, in: Basler Zeitung, 2. September 2013

S. 25: »Morgana's Mandala«, © Paula Franco 2010, aus: WE'MOON 2013. Die andere Seite, hg. von Mother Tongue Ink, S. 45

S. 26: Werk aus der frühen römischen Kaiserzeit in Anlehnung an ein griechisches Werk des frühen 5. Jhs. v.u.Z., Abguss in Basler Skulpturhalle (SH 291); Foto: Ursa Krattiger, Abdruck mit Genehmigung der Skulpturhalle Basel

S. 27: http://felisluna.de/bastet_tefnut/goddesses/index.html

S. 31: Wikipedia, gemeinfrei

S. 33: © Banco de México Diego Rivera & Frida Kahlo Museums Trust/VG Bild-Kunst, Bonn 2015

S. 35: Foto: Ursa Krattiger

S. 36: Foto: Ursa Krattiger, Abdruck mit Genehmigung der Skulpturhalle Basel

S. 38: Aus: Angela Monika Auerbach. Sie war umhüllt vom Duft wilder Nelken. Rüsselsheim 2000, S. 119

S. 41: Fotos: Bettina Bremer

S. 42: Fotos: Annine van der Meer, in: Dies. The language of MA, the primal Mother. Den Haag 2013, S. 288

S. 43 o.: Alte Postkarte

S. 43 u.: Foto: Annine van der Meer, in: Dies. The language of MA, the primal Mother. Den Haag 2013, S. 288

S. 44: Aus: Carola Meier-Seethaler. Von der göttlichen Löwin zum Wahrzeichen männlicher Macht, Zürich 1993, S. 110

S. 45: Aus: Ausstellungsführer Archäologisches Museum Iraklio, S. 68

S. 47: © Lynnette Shelley, USA

S. 59 o.: »Priesterin von Delphi« von John Collier, 1891; Wikipedia, gemeinfrei

S. 59 u.: Omphalos von Delphi; http://www.pictokon.net/bilder/2008-08-bilder-fotos-bild-material/bilder-kunst-der-antike-04-omphalos-von-delphi.html

S. 61: http://upload.wikimedia.org/wikipedia/commons/a/a7/Pythia.jpg?uselang=de, Mussklprozz

S. 62: Wikipedia, gemeinfrei

S. 65: http://upload.wikimedia.org/wikipedia/commons/e/e3/Tholos_Athena_Pronaia.JPG?uselang=de, Mr.checker

S. 66: Wikipedia, gemeinfrei

S. 70: Wikipedia, gemeinfrei

S. 73: British Library London/Manuscript Harley 4431, Londoner Prachthandschrift 1410-1415; http://www.bl.uk/catalogues/illuminatedmanuscripts/ILLUMIN.ASP?Size=mid&IllID=22649

S. 77: Hera mit Krone zwischen Löwinnen, Reliefpithos kykladischen Stils aus Theben, 680/670 v. u. Z. (Athen, Nationalmuseum); aus: Erika Simon. Die Götter der Griechen. Darmstadt 1985, S. 57

S. 80 l.: Aus dem Programmheft der Staatsoper Unter den Linden in Berlin vom Sommer 2002

S. 80 r.: © Hans Jörg Michel

S. 82: Foto: Ursa Krattiger, Abdruck mit Genehmigung der Skulpturhalle Basel

S. 84 l.: Postkarte (ohne Namensnennung des Fotografen/der Fotografin)

S. 84 r.: Heiligenbildchen

S. 87: Aus: E. Homann-Wedeking. Das archaische Griechenland. Baden-Baden 1979, S. 32

S. 91 o.: http://www.malerei-meisterwerke.de/bilder/jacopo-tintoretto-die-entstehung-der-milchstrasse-09515.html

S. 91 u.: Aus: Erika Simon. Die Götter der Römer. München 1990, S. 97 o.r.

S. 92: © Rheinisches Landesmuseum Trier, Foto: Thomas Zühmer, Museumsfotograf

S. 94: Foto: Ursa Krattiger, Abdruck mit Genehmigung der Skulpturhalle Basel

S. 103: Fotolia, f/2.8 by ARC

S. 106: Aus: Patricia Monaghan. Lexikon der Göttinnen. Bern, München, Wien 1997, S. 126

S. 107 o.: http://upload.wikimedia.org/wikipedia/commons/8/8c/4578_-_Roma_-_Fori_-_Tempio_di_Vesta_-_Foto_Giovanni_Dall%27Orto_-_17-Mar-2008.jpg?uselang=de; Giovanni Dall'Orto

S. 107 u.: Aus: Erika Simon. Die Götter der Römer. München 1990, S. 234

S. 110: Aus: Erika Simon. Die Götter der Römer. München 1990, S. 236

S. 111 o.: Aus: Erika Simon. Die Götter der Römer. München 1990, S. 238

S. 111 u.: Aus: Erika Simon. Die Götter der Römer. München 1990, S. 239

S. 112: Foto: Ursa Krattiger, Abdruck mit Genehmigung der Skulpturhalle Basel

S. 113: Foto: Ursa Krattiger, Abdruck mit Genehmigung der Skulpturhalle Basel

S. 115: Wikipedia, gemeinfrei

S. 116: © Labyrinthplatz Zürich, aus: Erzähl mir Labyrinth, hg. von Agnes Barmettler u.a., Rüsselsheim 2011, S. 161u.

S. 123: Demeter mit drei Ähren am Altar, Schaleninnenbild, um 450 v. u. Z.; aus: Erika Simon. Die Götter der Griechen. Darmstadt 1985, S. 115

S. 125: Wikipedia, gemeinfrei

S. 126: Foto: Annine van der Meer

S. 128: Aus: Carola Meier Seethaler. Von der göttlichen Löwin zum Wahrzeichen männlicher Macht. Zürich 1993, S. 153

S. 129: http://spiralgoddess.com/DemKorGL.jpg

S. 133: http://upload.wikimedia.org/wikipedia/commons/0/06/Eleusis2.jpg?uselang=de; Napoleon Vier aus nl

S. 134: Aus: R. Gordon Wasson u.a. The road to Eleusis. Harvest/HBJ Book 1978, Abb. 10, zw. S. 66 u. 67

S. 136: Fotos: Ursa Krattiger

S. 137 o.: Foto: Keystone, in: Basler Zeitung vom 12. Oktober 2011

S. 137 u.: Foto: Ursa Krattiger

S. 138: Wikipedia, gemeinfrei

S. 140: Aus: R. Gordon Wasson u.a. The road to Eleusis. Harvest/HBJ Book 1978, Abb. 1, zw. S. 66 u. 67

S. 142: Foto: Hans Hammarsköld/Moderna Museet-Stockholm

S. 143: Aus: Jutta Voss. Das Schwarzmond-Tabu. Stuttgart 1990, S. 211

S. 144: Aus: Dagmar Margotsdotter-Fricke. Menstruation – Von der Ohnmacht zur Macht. Rüsselsheim 2004, S. 8

S. 145: http://upload.wikimedia.org/wikipedia/commons/d/d1/SheelaWiki.jpg?uselang=de; Pryderi

S. 146: http://upload.wikimedia.org/wikipedia/commons/2/2b/Milano%2C_Castello_sforzesco_-_Donna_impudica_sec._XII_-_da_Porta_Tosa_-_Foto_Giovanni_Dall%27Orto_6-gen-2007_-_01.jpg; G.dallorto

S. 147: Foto: © Laura Baginski

S. 156: © The Museum of Modern Art/Scala, Florence

S. 158: http://www.vaginamuseum.at/KUNSTundKULTUR/index.php/id-26-vulva-weisende-nonne-saint-radegonde.html

S. 161: Hekate triformis, römische Kopie einer griechischen Statue des Bildhauers Alkamenes, um 420 v. u. Z.; Rijksmuseum van Oudheden, EW Leiden/Niederlande (http://www.rmo.nl/english/collection/highlights/roman-collection/hekate-triformis)

S. 163: http://upload.wikimedia.org/wikipedia/commons/1/1e/Relief_triplicate_Hekate_marble%2C_Hadrian_clasicism%2C_Prague_Kinsky%2C_NM-H10_4742%2C_140995.jpg?uselang=de; Zdenek Kratochvil

S. 165: © Antikenmuseum Basel und Sammlung Ludwig/D. Widmer

S. 168: Aus: Edith Marmon. Drache und Schlange – die heiligen Tiere der Göttin. Rüsselsheim 2012, S. 38, Abb. 12

S. 173: Aus: Voenix. Der griechische Götterhimmel. Uhlstädt-Kirchhasel 2009, S. 44; Künstler: voenix.de

S. 176 o.: © LVR-LandesMuseum Bonn, Foto: Axel Thünker DGPh; Matronenstein D 227

S. 176 u.: Foto: Ursa Krattiger

S. 178: Aus: Georg Hartmann. Goetheanum Glasfenster. Dornach 1971/1993, S. 48 u. 54

S. 182: Fotos: Ursa Krattiger

S. 189: Aphrodite auf einer fliegenden Gans, Schaleninnenbild, um 470/460 v. u. Z.; http://upload.wikimedia.org/wikipedia/commons/0/0d/Aphrodite_swan_BM_D2.jpg?uselang=de, © Marie-Lan Nguyen/Wikimedia Commons

S. 191 l.: Foto: Ursa Krattiger, Abdruck mit Genehmigung der Skulpturhalle Basel

S. 193: Aus: Erika Simon. Die Götter der Griechen. Darmstadt 1985, S. 245, Abb. 233

S. 195: Foto: Ursa Krattiger, Abdruck mit Genehmigung der Skulpturhalle Basel

S. 201: Wikipedia, gemeinfrei

S. 204: Foto: Ursa Krattiger, Abdruck mit Genehmigung der Skulpturhalle Basel

S. 205: https://upload.wikimedia.org/wikipedia/commons/1/18/VenusHohlefels2.jpg; Ramessos, Lizenz: CC BY-SA 3.0

S. 206: Foto: Ursa Krattiger, Abdruck mit Genehmigung der Skulpturhalle Basel

S. 208: kunstmuseum basel, Inv. Nr. 422

S. 213 l.: Aus: Vera Zingsem. Der Himmel ist mein, die Erde ist mein. Tübingen 1995, S. 90

S. 213 r.: Aus: Othmar Keel. Gott weiblich. Bibel+Orient Museum. München 2008, S. 125

S. 216: Aus: Gerda Weiler. Ich brauche die Göttin. Königstein/Ts. 1997, S. 65f.

S. 217: Artemis zielt auf Aktaion, Ausschnitt aus einer Vasenmalerei, Glockenkrater, um 480/470 v. u. Z.; http://www.theoi.com/Gallery/K6.1.html

S. 219: Foto des John Soane's Museum, London, das wir mit dessen freundlicher Genehmigung abdrucken dürfen.

S. 220 o.: Foto: Ursa Krattiger

S. 220 u.: Wikipedia, gemeinfrei

S. 221: Wikipedia, gemeinfrei

S. 222: aus: Erika Simon. Die Götter der Griechen. Darmstadt 1985, S. 151

S. 224: Die Karte »THE GREAT BEAR« von insgesamt 22 Karten aus der Box: Catherine Tennant. The Lost Zodiac. London 1995

S. 225: Aus: Marija Gimbutas. Die Sprache der Göttin. Frankfurt am Main 1995, S. 117, Abb. 184/1

S. 226: Fotos: © Martin Schulte-Kellinghaus, aus: Edith Schweizer-Völker. Mythische Orte am Oberrhein. Basel 2005, S. 79f.

S. 228: Weinetikette des Winzers Patrick Fonjallaz in Epesses/Waadtland in der Schweiz, Abdruck mit freundlicher Genehmigung

S. 229 o.: Foto: Ursa Krattiger (Die Informationen zur Altartafel stammen aus der Broschüre »Wallfahrtsgeschichte von Mariastein«, 1973, S. 124f.)

S. 229 u.: Wikipedia, gemeinfrei

S. 237: Athena mit Weinkrug, rotfigurige Amphora des sog. Berliner Malers, 500 – 480 v. u. Z.; http://www.messala.de/die-goettin-pallas-athene-3.htm

S. 239: Foto: Ursa Krattiger, Abdruck mit Genehmigung der Skulpturhalle Basel

S. 242: Aus: Frances Borzello. Ihre eigene Welt. Frauen in der Kunstgeschichte. Hildesheim 2000, S. 77

S. 243: Aus: Katerina Servi. Griechische Mythologie. Götter und Heroen, Trojanischer Krieg, Odyssee. Ekdotike Athenon S.A. Athen 1997, S. 33

S. 245: Brunnenentwurf von Theophil Hansen 1870, Verwirklichung der Figur durch Carl Kundmann; Wikipedia, gemeinfrei

S. 246: Aus: Erika Simon. Die Götter der Griechen. Darmstadt 1985, S. 188

S. 249: http://www.goettner-abendroth.de/matriarchat/matriarchale-mythologie.html

S. 251: gemeinfrei

S. 257: Wikipedia, gemeinfrei

S. 261: Gorgoneion als Antefix/Stirnziegel, 6. o. 5. Jh. v. u. Z., Puschkin-Museum, Moskau; http://upload.wikimedia.org/wikipedia/commons/9/98/Gorgona_pushkin.jpg?uselang=de; Shakko

S. 263: http://upload.wikimedia.org/wikipedia/commons/d/dd/Museo_Orsi_Gorgone_1475.JPG?uselang=de; Carlomorino

S. 264 l.: http://upload.wikimedia.org/wikipedia/commons/c/c0/Perseus_Cellini_Loggia_dei_Lanzi_2005_09_13.jpg?uselang=de; Jastrow

S. 264 r.: https://365artists.wordpress.com/

S. 265 o.: Aus: Eva-Gesine Wegner. Der Kopf der Medusa. Frankfurt am Main 1989, S. 87 u. 89

S. 265 u.: Aus: Monica Sjöö und Barbara Mor. Wiederkehr der Göttin. Braunschweig 1985, S. 90

S. 267 o.: Aus: Patricia Monaghan: Lexikon der Göttinnen. Bern, München, Wien 1997, S. 38

S. 267 u.: Aus: Adele Getty. Göttin. München 1993, S. 23

S. 270: Foto: Ursa Krattiger

S. 271 o.: Aus: Adele Getty. Göttin. München 1993, S. 69

S. 271 u.: Aus: Carola Meier-Seethaler. Von der göttlichen Löwin zum Wahrzeichen männlicher Macht. Zürich 1993, S. 53

S. 272: Walter Matysiak, ohne Titel (Ex Voto), 1980, Öl, 22,5 x 27 cm; Privatbesitz

S. 273: Foto: Muhittin Köroglu, Türkei, Kunstkarte

S. 277 l.: Wikipedia, gemeinfrei

S. 277 r.: Aus: Eva-Gesine Wegner. Bei den Steinen angekommen. Rüsselsheim 1998, S. 159

S. 279: Terrakottafigur aus Boeotia/Griechenland, ca. 470-450 v. u. Z.; Wikipedia, gemeinfrei

S. 281: gemeinfrei

S. 282: Wikipedia, gemeinfrei

S. 283: Aus: Annette Kuhn. Historia. Leverkusen 2010, S. 104

S. 284: Foto: Annine van der Meer, in: Dies. The language of MA, the primal mother. Den Haag 2013, S. 384

S. 288: Foto: Ursa Krattiger

S. 289: Foto: Ursa Krattiger

S. 290: Foto: Ursa Krattiger

S. 291: Fotos: Ursa Krattiger

S. 292: https://upload.wikimedia.org/wikipedia/commons/a/ae/Volando_sobre_el_toro_-_2008.jpg?uselang=de; Alberto Cabello from Vitoria Gasteiz

S. 294: Wikipedia, gemeinfrei

S. 296: Wikipedia, gemeinfrei

S. 297 o.: Foto: Uwe Greiss, Tralau

S. 297 u.: Klassisches kretisches Labyrinth; Wikipedia, gemeinfrei

S. 301: http://www.theoi.com/Gallery/K12.17.html

S. 302 o.: http://upload.wikimedia.org/wikipedia/commons/d/d6/Theseus_Minotaur_BM_Vase_E84.jpg?uselang=de; © Marie-Lan Nguyen/Wikimedia Commons

S. 302 u.: Aus: Heide Göttner-Abendroth. Innana, Gilgamesch, Isis, Rhea. Königstein/Ts. 2004, S. 202

S. 304 o.: Wikipedia, gemeinfrei

S. 304 u.: http://upload.wikimedia.org/wikipedia/commons/f/f2/Semperoper_-_Quadriga.JPG?uselang=de; Gliwi

S. 305: Wikipedia, gemeinfrei

S. 306: Die Karte »Corona Borealis« von insgesamt 22 Karten aus der Box: Catherine Tennants. The Lost Zodiac. London 1995

S. 307: Wikipedia, gemeinfrei

S. 310: Aus: Carola Meier-Seethaler. Von der göttlichen Löwin zum Wahrzeichen männlicher Macht. Zürich 1993, S. 28

S. 311: Skulpturensammlung, Staatliche Kunstsammlungen Dresden

S. 312: Wikipedia, gemeinfrei

S. 317: Andrew Pasquella, Los Angeles, 2014

S. 319 o.: Anthropomorphes Gefäß, Troja, Sammlung Schliemann, 2. Hälfte 3. Jahrtausend v. u. Z.; © bpk/Museum für Vor- und Frühgeschichte, Staatliche Museen zu Berlin/Claudia Plamp

S. 319 u.: Ostionischer, doppelgesichtiger Kantharos, um 540 v. u .Z.; Wikipedia, gemeinfrei

S. 321: http://upload.wikimedia.org/wikipedia/commons/c/c6/Pandora_Loison_cour_Carree_Louvre.jpg?uselang=de; © Marie-Lan Nguyen/Wikimedia Commons

S. 322: Aus: Othmar Keel u. Silvia Schroer. Eva – Mutter der Lebendigen. Fribourg 2004, S. 53

S. 324: http://www.hellenica.de/Griechenland/Mythos/Bild/FlPandoraBuechse.jpg

S. 327: Aus: Maria Gimbutas. Die Sprache der Göttin. Frankfurt am Main 1995, S. 119

S. 329: Philip und Stephanie Carr-Gomm. DruidCraft. Das Druiden- und Wicca-Tarot. Uhlstädt-Kirchhasel 2008/Eddison Sadd Editions Ltd, London (Interpretation gemäß Begleitbuch, S. 140-145)

S. 330: Aus: Christa Mulack. Maria. Die geheime Göttin im Christentum. Stuttgart 1985, Farbtafel 1 zw. S. 64 u. 65

S. 333: Pandora's Box © Heather Taylor 2008, published in We'Moon 2013 / We'Moon. Mit Gaia den Rhythmus finden. Jahreskalender 2013: Die andere Seite, hg. von Mother Tongue Ink. Dt.-engl. Ausg. Rüsselsheim 2012, S. 95

S. 338: Wikipedia, gemeinfrei

S. 354: Foto: Nguyen Dinh

S. 355: Foto: Nguyen Dinh

ULRIKE PITTNER

Geboren 1949 in Marburg/Lahn. Studium der Romanistik und Latinistik in Frankfurt und Gießen. Nach dem Masterabschluss Ausbildung zur Gymnasiallehrerin. 1975 Erwerb des Schweizer Passes und Studium der Heilpädagogik in Basel. Unterrichtserfahrung in Basel-Stadt und Basel-Landschaft auf sämtlichen Schulstufen sowie in der LehrerInnenausbildung und -fortbildung.

Politisiert durch die Schweizer Frauenbewegung und die Neue Matriarchatsforschung. Teilnahme an Heide Göttner-Abendroths Studienreisen nach Malta, Kreta, Gozo, Chios und Ägypten. Mitbegründerin der Basler »Frauenfachgruppe für ganzheitliche Bildung«, Mitautorin von diversen Publikationen im Bildungswesen. Ihr Aufsatz »Bildung neu denken. Visionen und Thesen für ein postpatriarchales Bildungswesen« (www.bzw-weiterdenken.de) beschreibt zum ersten Mal im deutschsprachigen Raum die weitreichende Bildungsrelevanz der Matriarchatsforschung. Neben der Unterrichtstätigkeit in Latein, Französisch und Deutsch Arbeit in der Gleichstellungskommission des basellandschaftlichen Regierungsrates und als Referentin für Bildungsfragen, als Genderbeauftragte bei Lehrplanarbeiten sowie als Verfasserin von feministischen Pressebeiträgen. Sie ist Autorin einer Neuversion der Schweizerischen Landeshymne in gerechter Sprache (www.landeshymne-in-gerechter-sprache.ch).

Ulrike Pittner hat in verschiedenen beglückenden Lebensgemeinschaften mit Partnern aus drei Kontinenten gelebt. Zweimal war eine Eheschließung nicht zu umgehen. Bei der zweiten betraf es den Vater ihrer heute erwachsenen Tochter und sie vereinbarte mit ihm, dass der Muttername zum Familienname wurde und so der Tochter weitergegeben werden konnte. Seit 2013 ist Ulrike Pittner pensioniert bzw. »Erntnerin«. Ihre großen Leidenschaften sind das Bergwandern, Tanzen und Yoga.

URSA KRATTIGER

Geboren hat mich im schweizerischen Rheinfelden am 4. Juli 1946 Martha Mehlin; vor ihrer Eheschließung mit dem reformierten Pfarrer Hans Krattiger im März 1941 war sie in Basel als Sekretärin berufstätig. Ich studierte nach der Schulzeit in Basel Schweizer Geschichte, Allgemeine Neuere Geschichte, Soziologie und Politische Wissenschaften in Basel, Tübingen und Bern. Nach meiner Promotion zum Begriff der »Mündigkeit« in der Geschichte der Schweizer Volksrechte ging 1973 mein Jungmädchen-Berufswunsch in Erfüllung: Ich wurde die erste Inlandredaktorin der »Basler Nachrichten« nach der Einführung des Frauenstimmrechts im Februar 1971. Seither Medienschaffende in Printmedien sowie zwanzig Jahre am Schweizerischen Rundfunk, Schwerpunkte: Frauenrechte, Feminismus, Frauenkultur, feministische Wissenschaften. Interviews u. a. mit Mary Daly, Erika Wisselinck, Hildegunde Wöller, Heide Göttner-Abendroth, Rosemary Radford Ruether, Dagmar von Garnier, Anita Roddick und Margarete Mitscherlich. Daneben immer auch Dozentin und Kursleiterin in der Erwachsenenbildung.

1977 schicksalhafte Begegnung mit der feministischen Theologin Catharina J.M. Halkes auf einem UNO-Kongress in Groningen – und seither vitale Verbindung von politischer Frauenbewegung mit Studien, Übersetzungen, Publikationen und Bildungsarbeit in feministischer Theologie und Spiritualität. 1983 erschien mein Buch Die perlmutterne Mönchin. Reise in eine weibliche Spiritualität«, und seit 1998 führe ich eine Ritualwerkstatt für nicht-konfessionelle religiöse Dienstleistungen (www.ave-ave.ch).

Ich war zweimal (mit Niederländern) verheiratet, bin Mutter einer erwachsenen (halb holländischen) Tochter und seit 2014 Großmutter eines (halb argentinischen) Enkels. Neben dieser Blutsverwandtschaft lebe ich im Freundschaftsnetz einer weitreichenden Wahlverwandtschaft. In Basel wohne ich in der Altstadt am Rhein, und am liebsten reise ich in Städte wie Venedig und London oder in Landschaften wie die Toskana oder Umbrien.

Bücher aus dem Christel Göttert Verlag

Edith Marmon:
Drache und Schlange – die heiligen Tiere der Göttin
Eine Wieder-Aneignung ursprünglicher weiblicher Symbole
ISBN 978-3-939623-41-0

Chaosdrache und Schlange symbolisierten die Ur-Mutter im Ur-Ozean, die aus dem Chaos alle Wesen schuf. Doch mit der Entstehung des Patriarchats wurden aus den heiligen Tieren der Göttin Symbole des Bösen. Die Psychotherapeutin macht Frauen mit ihren ältesten Symboltieren erneut vertraut und zeigt, wie deren Integration in unser Leben verschüttete Kraftquellen für die Bewältigung des Alltags öffnet.

Heide Göttner-Abendroth,
Marit Rullmann, Annegret Stopczyk:
Was Philosophinnen über die Göttin denken
ISBN 978-3-939623-00-7

Göttner-Abendroth erläutert die umfassende Bedeutung der Göttin in matriarchalen Gesellschaften. Rullmann erinnert daran, wie die Matriarchatsforscherin Gerda Weiler Göttinnen als vergessene Symbole für Frauenkraft lebendig machte. Stopczyk beschreibt ihr Verhältnis zu Sophia, der weiblichen Weisheit, als eigenleibliche Spürerfahrung. Gemeinsam diskutieren sie die Frage: Brauchen wir die Göttin?

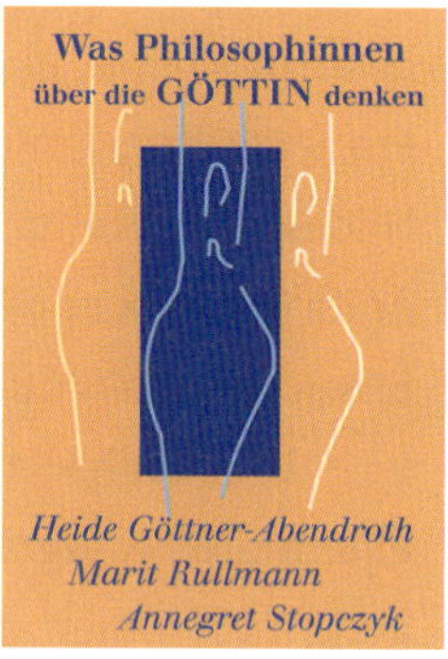

Dagmar Margotsdotter-Fricke:
Die gute Mär. Mutterkunde in Märchen
ISBN 978-3-939623-04-5

An »Aschenputtel«, »Gretel und Hänsel«, der »Goldmarie«, »Rotkäppchen« und weiteren märchenhaften Gestalten zeigt die Autorin: Echte Märchen sind abenteuerliche Geschichten aus der matriarchalen Zeit. Sie entstanden aus einer allesumfassenden Spiritualität und zeugen von Initiationen in die kosmische Ordnung – geführt von der Mutter im Haselstrauch, der Hexe, der Göttin Holle oder von Großmutter Wolf.

Birgitta M. Schulte:
Der weibliche Faden. Geschichte weitergereicht
ISBN 978-3-922499-23-7

Der Ursprung war weiblich, das zeigen einheitlich verschiedene Forschungswege. Hier werden frühe Forscherinnen und ihre Schülerinnen aus Archäologie, Anthropologie, Tanz und Tranceforschung befragt: Marija Gimbutas – Joan Marler, Felicitas Goodman – Gabriele Fischer, Gabriele Johannsmann, Marie König – Gabriele Meixner.

Barbara Obermüller:
Die weibliche Seite der Ur- und Frühgeschichte
Mit besonderem Blick auf Hessen
ISBN 978-3-939623-46-5

Die Autorin betrachtet Ergebnisse der traditionellen Wissenschaft mit dem Wissen der Matriarchatsforschung und öffnet so den Blick für ein verändertes Geschichtsbewusstsein. In Mitteleuropa geht sie Spuren weiblichen Wirkens im Alltag und in der kulturellen Entwicklung nach und stößt dabei immer wieder auf die Verehrung einer großen universalen Göttin.

Angela Monika Auerbach:
Sie war umhüllt vom Duft wilder Nelken
Mein PyrenäenBuch
ISBN 978-3-922499-77-0

Während ihrer Wanderungen durch die Pyrenäen entdeckt die Autorin ein geheimnisvolles Relief: die Schlangenfrau von Oô, deren Anblick sie nicht mehr loslässt. Auf der Suche nach dem ursprünglichen Kultort der alten Göttin entschlüsselt sie verdrängte matriarchale Riten und archaisches Wissen, das einen friedvollen und achtsamen Umgang der Menschen untereinander und mit der Natur einfordert.

Weitere Titel aus unserem Verlag

Irene Fleiss: *Als alle Menschen Schwestern waren*
Bd. 1: *Leben in matriarchalen Gesellschaften.* ISBN 978-3-922499-84-8
Bd. 2: *Weiblichkeit in matriarchalen Gesellschaften – gestern und heute*
ISBN 978-3-922499-88-6

Fricka Langhammer: *Familie als Beginn. Die westliche Kleinfamilie und die matriarchale Großfamilie der Mosuo in China – (k)ein Vergleich.* ISBN 978-3-939623-53-3

Uschi Madeisky (Hg.in): *Die Ordnung der Mutter – Wege aus dem Patriarchat Dokumentation des Internationalen MutterGipfels 2008.* ISBN 978-3-939623-25-0

Erika Wisselinck: *Anna im Goldenen Tor. Gegenlegende über die Mutter der Maria*
ISBN 978-3-939623-03-8

Erika Wisselinck, Helma Mirus: *Mit Mut und Phantasie. Frauen suchen ihre verlorene Geschichte.* ISBN 978-3-922499-37-4

Dagmar v. Garnier (Hg.in): *Buch der 1000 Frauen. Das Frauen-Gedenk-Labyrinth*
Bd. 1: ISBN 978-3-922499-45-9, Bd. 2: ISBN 978-3-922499-54-1

Agnes Barmettler u.a.: *Erzähl mir Labyrinth. Frauenkultur im öffentlichen Raum 20 Jahre Labyrinthplatz Zürich.* ISBN 978-3-939623-33-5

Eva Gesine Wegner: *Bei den Steinen angekommen. Als Bildhauerin im Dialog mit Camille Claudel.* ISBN 978-3-922499-32-9

Birgitta M. Schulte: *Ich möchte die Welt hinreißen ... Ilse Langner 1899-1987*
ISBN 978-3-922499-35-0

Eveline Ratzel: *The BiG SiN – Die Lust zum Sündigen. Mary Daly und ihr Werk*
ISBN 978-3-939623-32-8

Luce Irigaray: *Der Atem von Frauen. Weibliche Credos.* ISBN 978-3-922499-30-5

Luisa Muraro: *Die symbolische Ordnung der Mutter.* Erweiterte Neuauflage
ISBN 978-3-922499-79-4

Gerda Buchberger, Eva-Maria Rapp: *Von Sonnenbraut, Mutterwurz und Weiberkraut Begegnungen mit Heilkräutern.* ISBN 978-3-939623-42-7

Filme zu Matriarchaten und Matriarchatsforschung im Verlag

Uschi Madeisky, Daniela Parr, Dagmar Margotsdotter: *Wo die freien Frauen wohnen vom Matriarchat der Mosuo.* ISBN 978-3-939623-51-9 (2 DVDs)

Uschi Madeisky, Daniela Parr: *Die Tochter. Eine Clansaga aus dem Matriarchat der Khasi.* ISBN 978-3-939623-30-4 (DVD)

Uschi Madeisky, Klaus Werner: *Die Töchter der sieben Hütten. Ein Matriarchat in Indien.* ISBN 978-3-922499-92-3 (VHS), ISBN 978-3-922499-91-6 (DVD)

Uschi Madeisky, Klaus Werner: *Wo dem Gatten nur die Nacht gehört Besuchsehe bei den Jainta in Indien.* ISBN 978-3-922499-94-7 (VHS) ISBN 978-3-922499-93-0 (DVD)

Uschi Madeisky, Gudrun Frank-Wissmann: *Gesellschaft in Balance Dokumentation des 1. Weltkongresses für Matriarchatsforschung September 2003 in Luxemburg.* ISBN 978-3-939623-09-0 (VHS), ISBN 978-3-939623-08-3 (DVD)

Uschi Madeisky, Gudrun Frank-Wissmann: *Das Jahr der Erde. Matriarchale Mysterienfeste in der Akademie HAGIA.* ISBN 978-3-939623-11-3 (VHS), ISBN 978-3-939623-11-3 (VHS), ISBN 978-3-939623-10-6 (DVD)

Gudrun Frank-Wissmann. *Ein Leben für die Moderne Matriarchatsforschung Heide Göttner-Abendroth.* ISBN 978-3-939623-37-3 (DVD)

Heide Göttner-Abendroth: *Matriarchat der Mosuo. Bilder eingefangen auf einer Studienreise der Akademie HAGIA nach Südchina im April 1993* ISBN 978-3-939623-07-6 (VHS)

Im Internet finden Sie Informationen zu unseren Autorinnen und zu allen Titeln aus unseren Programmschwerpunkten Frauengeschichte / Frauenbiografien, Matriarchatsforschung / weibliches Wissen / Spiritualität, Philosophie und Politik der Frauen, Frauenliteratur und Ratgeberinnen. Gern schicken wir Ihnen unser Verlagsprogramm und Flyer zu Neuerscheinungen.

www.christel-goettert-verlag.de **info@christel-goettert-verlag.de**